»Richtig reisen«

Portugal

Fremde Kulturen kennenlernen und gastfreundlichen Menschen begegnen – wie sehr genießen wir das auf Reisen. Zu Hause bei uns jedoch wird mancher Ausländer von einer kleinen Minderheit beschimpft, bedroht oder sogar mißhandelt. Alle, die in fremden Ländern Gastrecht genossen haben, tragen hier besondere Verantwortung. Deshalb: Lassen Sie es nicht zu, daß Ausländer diffamiert und angegriffen werden. Lassen Sie uns gemeinsam für die Würde des Menschen einstehen.

Verlagsleitung und Mitarbeiter des DuMont Buchverlages

In der vorderen Umschlagklappe: Übersichtskarte von Portugal

In der hinteren Umschlagklappe: Stadtplan von Lissabon

»Richtig reisen«

Portugal

Reise-Handbuch

Thomas Fischer

DuMont Buchverlag Köln

Umschlagvorderseite: Fischer (Algarve)
Umschlaginnenklappe vorne: Markthalle von Santarém
Umschlagrückseite: Landschaft im Alentejo
Umschlaginnenklappe hinten: Óbidos
Signet S. 1: Portwein-Siegel
Frontispiz: Restaurant Cervejaria Trindade (Lissabon)

Über den Autor: Thomas Fischer, 1954 in Frankfurt/Main geboren, studierte Volkswirtschaft und Sozialwissenschaften und arbeitet seither als freiberuflicher Journalist. Zahlreiche Reisen führten ihn auf die Iberische Halbinsel, vor allem nach Portugal, wo er mehrere Jahre gelebt hat. Thomas Fischer ist Autor von DuMonts Richtig reisen Azoren und Co-Autor des in der gleichen Reihe erchienenen Bandes über Spanien.

7., aktualisierte Auflage 1994

Satz und Druck: Rasch, Bramsche
Buchbinderische Verarbeitung: Bramscher Buchbinder Betriebe

Printed in Germany ISBN 3-7701-1640-2

Inhalt

Städte und Landschaften Portugals

Praktische Reisehinweise

Vorbemerkungen

Das vorliegende Reise-Handbuch hat das Ziel, eine gründliche Übersicht über Portugals Sehenswürdigkeiten zu geben und dem Leser die Orientierung im Lande zu erleichtern; andererseits möchte es ihm einen Einblick in Geschichte und Kultur sowie in politische, wirtschaftliche und soziale Zusammenhänge verschaffen, ohne über Schattenseiten hinwegzusehen.

Der allgemeine Teil des Bandes befaßt sich mit Geographie, Bevölkerung, Politik und Wirtschaft, Lebensstandard, Geschichte, Architektur und Kunst, Literatur und Folklore.

Der Reiseteil konzentriert sich auf das portugiesische Festland; stichwortartig werden die Inselgruppen Azoren und Madeira zum Schluß des ›Gelben Teils‹ unter ›Weiterreise‹ umrissen.

Der Autor untergliedert das Festland in acht Regionen, entsprechend den – zum Teil zusammengefaßten – ›Historischen Provinzen‹ (s. S. 15). Diese haben zwar keine politische Bedeutung mehr, geographische und soziale Besonderheiten lassen sich an ihnen aber leichter festmachen als an den heutigen Verwaltungsdistrikten.

Nach kurzer Vorstellung einer jeden Region, ihrer typischen Gerichte und ihres Kunsthandwerks folgen in alphabetischer Reihenfolge dic wichtigsten Reiseziele – jeweils mit Einführung, eventuell einem geschichtlichen Rückblick und Rundgängen. Im Anschluß daran sind Unterkünfte und Verkehrsverbindungen genannt. Unter der Rubrik ›In der Nähe‹ wird die Aufmerksamkeit auf umliegende, kleinere Reiseziele gelenkt. Die beschriebenen Routen folgen meist den alten Landstraßen und nicht den vielen neuen Schnellstraßen, die seit Ende der 80er Jahre entstanden sind und kaum zu kleinen Orten führen.

Der ›Gelbe Teil‹ gibt nützliche Hinweise für die Reisevorbereitung und den Aufenthalt in Portugal. Auf Preisangaben in der Landeswährung (Escudos) wurde verzichtet, da diese bei Portugals hohen Inflationsraten rasch überholt wären. Statt dessen wird ein ungefährer DM-Gegenwert angegeben, der sich allerdings auch ändern kann, zumal Portugals Inflation in den letzten Jahren – anders als früher – nicht mehr mit einer entsprechenden Escudo-Abwertung einherging.

Noch einige Hinweise zu Jahreszahlen sowie zur Schreibweise von Orts- und Personennamen: Jahreszahlen hinter Königs- und Politikernamen – z. B. König Manuel (1495–1521) – bezeichnen die Regierungszeit, bei anderen Persönlichkeiten, sofern nicht anders angegeben, Geburts- und Sterbejahr.

Substantive und Eigennamen behalten ihr grammatikalisches Geschlecht. So heißt z. B. **O Algarve** korrekt **der** und nicht, wie sich im Deutschen eingebürgert hat, **die** Algarve. Wichtige Sehenswürdigkeiten werden im Text durch Fettdruck hervorgehoben.

Herzlich danken möchte der Autor allen, die mit Informationen, Hinweisen und Anregungen zur Entstehung dieses Buches beigetragen haben, insbesondere Manuela Christiansen (Portugiesisches Touristik-Amt, Frankfurt), Cidália Rodrigues (Coimbra), Margot Busch (Köln), Dirk Holler (Köln), Renate Fischer (Schwanewede/Bremen), Brigitta von Bülow (Köln) und Guilherme Anízio (Lissabon).

Portugal
im Überblick

Allgemeine Landeskunde

Staatsgebiet, Geographie

Zu Portugal gehören das europäische Festland am Westrand der Iberischen Halbinsel sowie die atlantischen Inselgruppen Azoren *(Açores)* und Madeira. Hauptstadt ist Lissabon *(Lisboa).*

Das Festland erstreckt sich zwischen dem 37. und 42. Grad nördlicher Breite. Seine maximale Nord-Süd-Ausdehnung beträgt 560 km, die Ost-West-Ausdehnung 218 km. Das Land hat eine 1215 km lange Grenze zu Spanien sowie eine Atlantikküste, die sich über 832 km hinzieht. Nordwestlich Lissabons liegt das ›Felsenkap‹ *(Cabo da Roca),* westlichster Punkt des europäischen Festlandes. Mit einer Fläche von knapp 92000 km^2 ist Portugal etwa so groß wie die Bundesländer Bayern und Hessen zusammen.

Verwaltung

Portugals Festland unterteilt sich in 18 Distrikte *(Distritos)*, die nach der jeweiligen Hauptstadt benannt werden. Die ›Historischen Provinzen‹ (s. Karte S. 15) haben keine politische Bedeutung mehr.

Auf dem Festland ist die Zusammenfassung mehrerer Distrikte zu administrativen Regionen geplant. Ziel ist mehr Bürgernähe und eine Entlastung der Hauptstadt Lissabon von landesweiten Verwaltungsaufgaben.

Autonome Regionen

Die Inselgruppen Azoren (neun Inseln) und Madeira (Inseln Madeira und Porto Santo) bilden seit 1976 Autonome Regionen mit begrenzter Verwaltungs- und Finanzhoheit. Ihre Bewohner wählen eigene Regionalversammlungen, sind aber auch bei landesweiten Wahlen voll stimmberechtigt (s. auch S. 389ff.).

Überseegebiete

Portugals letztes Überseegebiet ist Macau (bei Hongkong), das größtenteils von Chinesen bewohnt wird und laut Verfassung lediglich ›unter portugiesischer Verwaltung‹ steht. Anfang 1987 vereinbarten die Regierungen Portugals und der VR China die Rückgabe Macaus an China im Jahr 1999. Ungeklärt ist noch der endgültige Status der einstigen Kolonie Osttimor. Mehrere UN-Resolutionen (zuletzt 1982) verurteilten deren Annektierung durch Indonesien im Jahre 1975. Anfang 1993 wurde Indonesien von den UN wegen schwerer Verletzungen der Menschenrechte angeprangert.

Landschaftliche Gliederung

Portugal wird – grob gesagt – vom Rio Tejo in einen gebirgigen Norden und einen vergleichsweise flachen Süden geteilt: Fast 50% des Nordens, aber nur 3% des Südens liegen höher als

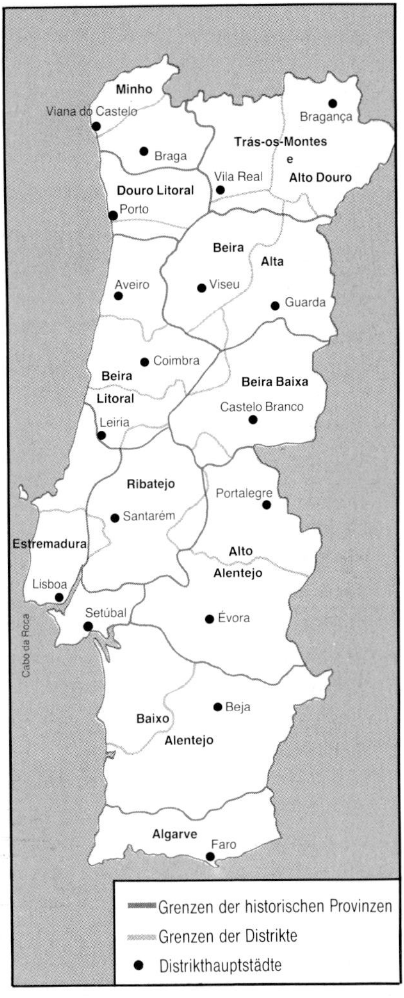

Historische Provinzen und heutige Distrikte

400 m über dem Meeresspiegel. Portugals höchster Gipfel ist der Pico (2351 m) auf der gleichnamigen Azoren-Insel. Höchste Erhebungen des Festlandes sind nach der bis 1991 m ansteigenden Serra de Estrela die flächenmäßig kleinen Gebirgszüge *(Serras)* Larouco (1525 m), Gerês (1507 m), Montezinho (1438 m), Açor (1418 m) und Peneda (1416 m), alle im Norden gelegen. Die höchsten Gebirge des Südens sind die Serra de São Mamede (1025 m) und die algarvische Serra de Monchique (902 m).

Gewässer

Die wichtigsten Flüsse (in Klammern die Mündungsorte am Atlantik): Rio Minho (Caminha), Rio Douro (bei Porto), Rio Mondego (Figueira da Foz), Rio Tejo (bei Lissabon), Rio Sado (bei Setúbal) und Rio Guadiana (Vila Real de Santo António). Zwecks Stromerzeugung wurden mehrere der wasserreichen Flüsse des Nordens durch Talsperren aufgestaut. Vor allem Sado und Guadiana führen im Sommer viel weniger Wasser als im Winter. Wegen starker Versandung vieler Flüsse beschränkt sich die Schiffahrt meist auf mündungsnahe Unterläufe. Anders der Rio Douro, der im Rahmen eines Großprojektes der 80er Jahre von der spanischen Grenze bis zur Mündung schiffbar gemacht wurde; ein ähnliches Projekt für den Tejo ist im Gespräch.

Klima

Portugal hat ein überwiegend moderates Klima mit mediterranen, atlantischen und kontinentalen Einflüssen. Die stärksten Niederschläge fallen im Dezember und Januar – größtenteils als Regen, im Bergland des Nordens vielfach auch als Schnee. Der Süden hat bis zu sechs, der Norden nur zwei ausgesprochen regenarme Monate im Jahr (Juli/August).

Die Südküste (Algarve) hat ein Mittelmeerklima mit langen Sommern und milden Wintern. Die ohnehin geringen Niederschläge (unter 500 mm/Jahr) fallen größtenteils im Winter. Im südlichen Landesinneren (Alentejo) kommen kontinentale Einflüsse hinzu.

An der Westküste nehmen die Mittelmeereinflüsse nach Norden hin ab, das Klima ist zunehmend atlantisch geprägt. Die Sommer werden kürzer und milder, die jährlichen Temperaturschwankungen geringer. Die Niederschläge nehmen nach Norden hin zu: Lissabon hat noch vier, Porto nur zwei ausgesprochen regenarme Monate im Jahr.

Im nördlichen, gebirgigen Landesinneren herrscht überwiegend atlantisch-kontinental geprägtes Mischklima (Mittelmeereinflüsse machen sich nur im Douro-Tal bemerkbar). Die Sommer sind etwas wärmer, aber auch kürzer als in den auf gleicher Höhe gelegenen Küstenregionen. Die Wintertemperaturen sinken häufig unter den Gefrierpunkt.

Klimatabelle
Algarve/Faro
Mittlere Tageshöchsttemperatur (°C)
Sonnenstunden/Tag
Wassertemperatur (°C)
Westküste/Lissabon
Mittlere Tageshöchsttemperatur (°C)
Sonnenstunden/Tag
Wassertemperatur (°C)
Westküste/Figueira da Foz
Mittlere Tageshöchsttemperatur (°C)
Sonnenstunden/Tag
Wassertemperatur (°C)
Westküste/Porto
Mittlere Tageshöchsttemperatur (°C)
Sonnenstunden/Tag
Wassertemperatur (°C)
Südl. Landesinnere/Beja
Mittlere Tageshöchsttemperatur (°C)
Sonnenstunden/Tag
Nördl. Landesinnere/Bragança
Mittlere Tageshöchsttemperatur (°C)
Sonnenstunden/Tag

Typische Hausformen

Portugal zeichnet sich durch eine Vielfalt traditioneller, jeweils regionalspezifischer ländlicher Bauweisen aus. Bei einer Grobeinteilung des Landes in Nord und Süd lassen sich jedoch zwei Grundtypen unterscheiden.

Als traditionelle Baumaterialien werden im Norden vor allem Granit- oder Schieferstein und Eichenholz verarbeitet. Die Bauernhäuser sind zweistöckig. Das Erdgeschoß dient als Lagerraum, Geräteschuppen und Stall; die Familie lebt in dem – über eine Außentreppe zugänglichen – Obergeschoß. Diese Bauweise ist platzsparend, da der verfügbare Boden nicht durch Stallungen und Wirtschaftsgebäude reduziert wird – in kleinbäuerlichen Gegenden ein wesentlicher Gesichtspunkt; zudem sind die Wohnräume vor Bodenkälte und -feuchtigkeit geschützt.

Im Süden dominieren Lehm- oder Steinhäuser mit hohen, oft kunstvoll verzierten Schornsteinen und weiß gekalkten Außenwänden. Um die Innenräume kühl zu halten, haben sie nur kleine – meist blau umrandete – Türen und Fenster (Blau, Farbe des Kleides der Jungfrau Maria, soll böse Geister abwehren). Die Häuser sind

Jan	Feb	März	April	Mai	Juni	Juli	Aug	Sept	Okt	Nov	Dez
15,3	16,1	17,5	19,7	21,9	25,2	28,2	28,2	26,7	22,4	18,9	16,2
5,1	5,6	6,8	9,0	11,2	11,2	12,9	12,2	8,6	7,6	6,4	6,2
15	15	15	16	17	18	19	20	20	19	17	16
Jan	Feb	März	April	Mai	Juni	Juli	Aug	Sept	Okt	Nov	Dez
13,9	15,2	17,3	19,6	21,4	24,8	27,4	27,7	25,9	22,3	17,2	14,5
4,6	5,1	6,8	8,3	10,6	10,3	12,5	11,7	9,1	7,2	5,1	5,1
14	14	14	15	16	17	18	19	19	18	16	15
Jan	Feb	März	April	Mai	Juni	Juli	Aug	Sept	Okt	Nov	Dez
14,0	16,7	18,2	20,9	22,5	26,1	28,9	29,3	27,7	23,0	17,8	14,4
4,5	4,9	6,4	7,4	9,8	9,4	10,8	10,5	7,6	6,4	4,7	4,9
14	14	14	15	16	17	18	19	19	18	16	14
Jan	Feb	März	April	Mai	Juni	Juli	Aug	Sept	Okt	Nov	Dez
13,2	14,2	16,3	18,4	19,6	22,6	24,7	25,0	23,7	20,8	16,7	13,7
4,1	4,6	8,6	8,0	9,9	9,7	11,2	10,3	7,6	6,8	4,4	4,4
14	13	13	14	15	16	17	18	18	17	16	14
Jan	Feb	März	April	Mai	Juni	Juli	Aug	Sept	Okt	Nov	Dez
13,1	14,8	17,2	20,2	23,2	28,3	32,0	31,9	28,4	23,0	17,4	13,7
4,7	5,0	6,2	8,2	10,5	10,6	12,6	11,6	8,1	6,8	4,9	5,0
Jan	Feb	März	April	Mai	Juni	Juli	Aug	Sept	Okt	Nov	Dez
7,6	10,5	12,7	11,8	18,5	23,9	27,6	28,1	23,5	17,6	11,9	8,0
3,5	4,5	6,1	7,6	9,9	10,6	13,2	12,0	7,8	6,6	4,4	3,6

Haus im traditionellen Stil der Beira Alta

einstöckig und dienen im allgemeinen nur zum Wohnen; für Geräte und Vieh gibt es separate Nebengebäude. Besonders im Alentejo stößt man oft auf große Gehöfte *(Montes)* mit dem Haus des Gutsverwalters, Wohngebäuden der Landarbeiter sowie Schuppen und Ställen.

Vegetation und Tierwelt

Seinem Klima entsprechend, läßt sich Portugal in mehrere Vegetationszonen unterteilen. Im mediterranen Raum des Algarve sind Johannisbrotbaum, Feigen- und Mandelbaum beheimatet. Kork- und Steineichen bestimmen das Landschaftsbild im nördlich angrenzenden Alentejo, in dessen küstennahen Gebieten auch

Pinien zu finden sind. Im nördlichen Landesinneren, wo die kontinentalen Wettereinflüsse zunehmen, überwiegen Eichen und Kastanien; Kiefern gedeihen vorzugsweise im atlantisch geprägten Klima der Küstenregionen nördlich des Tejo. Besonders im Tejo-Tal sind außerdem Feigenbäume, in den Tälern von Mondego und Douro auch Korkeichen anzutreffen. Olivenbäume sind in ganz Portugal verbreitet.

Immer öfter trifft man auch Eukalyptuswälder. Dieser ursprünglich aus Australien eingeführte Baum dient als Grundstoff für die Zelluloseindustrie. Da er dem Boden das in manchen Regionen knappe Wasser entzieht, ist seine Verbreitung ökologisch umstritten (s. S. 33 f.).

Freilebende Tiere sterben allmählich aus. Vor allem im Bergland Nordportugals gibt es aber noch Wildschweine, Füchse und Wölfe, örtlich auch Rehe; im Peneda-Gerês-Nationalpark leben noch Wildpferde.

Bevölkerung

Beim Zensus von 1991 hatte Portugal 9,862 Mio. Einwohner. Davon lebten 9, 371 Mio. auf dem Festland, 253 000 in der Inselregion Madeira und knapp 238 000 auf den Azoren. Rund 4,5 Mio. weitere Landsleute leben im Ausland (s. S. 22). Aus einer historischen Perspektive gesehen, sind die Portugiesen ein Mischvolk, das sich während der letzten 3000 Jahre aus Kelten, Römern, Germanen, Berbern, Arabern, Juden und Schwarzafrikanern (Sklaven!) entwickelt hat. Ethnische Minderheiten gibt es – von gut 20 000 *Ciganos* (teils Roma, teils Gitanos) abgesehen – wenige.

Steineiche

Im Lande leben gut 200000 Ausländer, überwiegend Afrikaner aus den früheren Kolonien sowie Brasilianer. Bis zu einer außerordentlichen Legalisierung im Jahre 1993 hielten sich rund die Hälfte aller Einwanderer ohne offizielle Genehmigung in Portugal auf. In den letzten Jahren ließen sich immer mehr EG-Bürger – Manager ebenso wie Aussteiger – in Portugal nieder.

Seit der Annexion Osttimors durch Indonesien im Jahr 1975 hat Portugal zahlreiche Flüchtlinge aus dieser Ex-Kolonie aufgenommen.

Über 90% der Bevölkerung gelten als römisch-katholisch (zur Stellung der Kirche s. S. 25). Hinzu kommen ca. 40000 Protestanten, einige Tausend bekennende Juden und eine kleine islamische Gemeinde.

Landessprache ist Portugiesisch. In abgelegenen Gebieten halten sich noch einige ›Mikrodialekte‹, die nur in einzelnen Städten und Dörfern verbreitet sind. Portugiesisch ist außerdem Amtssprache sechs ehemaliger Kolonien (in Afrika Angola, Cabo Verde, Guinea-Bissau, Moçambique und

der Republik São Tomé und Principe; in Südamerika Brasilien).

Als Muttersprache von ungefähr 150 Mio. Menschen rangiert Portugiesisch unter den wichtigsten Weltsprachen noch vor Französisch und Deutsch an siebter Stelle.

Wachstum, Dichte, Verteilung

Obwohl die Statistik stets Geburtenüberschüsse auswies, nahm die Bevölkerung bis in die 70er Jahre hinein ab, da Hunderttausende von Familien auswanderten. Dagegen wuchs sie allein zwischen den Volkszählungen von 1970 und 1981 von 8,7 auf 9,8 Mio. an – hauptsächlich wegen der über 700000 Rückwanderer *(Retornados)* aus Portugals ehemaligen Kolonien, die ab 1974/75 ins Mutterland strömten.

Die Bevölkerungsdichte liegt bei 107 (Vereintes Deutschland: 224) Einwohner/km^2 – bei sehr ungleicher regionaler Verteilung. Im Verwaltungsdistrikt Lissabon kommen etwa 747, im Distrikt Beja hingegen nur 16 Einwohner auf jeden km^2; 1991 lebten 60% der Bevölkerung in den Küstendistrikten Lissabon, Setúbal, Porto, Aveiro und Braga – auf die lediglich 17% der Staatsfläche entfallen. Während diese Ballungsräume weiter wachsen, leiden die ohnehin dünn besiedelten, ökonomisch unterentwickelten Gebiete des Landesinneren unter massenhafter Landflucht. Bei der Auswanderungswelle der 60er Jahre wurden viele Dörfer, vor allem in den nördlichen Landesteilen, fast entvöl-

Landarbeiterinnen im Alentejo

kert. Bis heute zieht es besonders jüngere Menschen in die küstennahen Großstädte, wo sie auf bessere Bildungs- und Arbeitsmöglichkeiten hoffen. Vielfach bleiben nur die älteren Leute zurück, und ganze Landstriche veröden und sterben langsam vor sich hin.

1980 lebten noch 31 % aller Portugiesen in Dörfern mit unter 1000 Einwohnern; auf Orte mit über 5000 Bewohnern entfielen 42 % der Bevölkerung. Bei solchen Proportionen verwundert es nicht, daß Städte oberhalb der 10000-Einwohner-Grenze verwaltungs- und finanzrechtlich im allgemeinen schon als Großstädte *(Cidades)* eingestuft werden.

Lissabon (über 660000, Großraum über 2 Mio. Einwohner) und Porto (300000, Großraum fast 1,7 Mio. Einw.) sind Portugals urbane Zentren.

Viehhirten im Ribatejo

Erwerbstätigkeit und traditionelle Sozialordnung

Von Portugals 9,86 Mio. Einwohnern sind ca. 4,8 Mio. erwerbstätig, davon rund ein Sechstel in der Landwirtschaft, ein Drittel in der Industrie und fast die Hälfte im Dienstleistungsbereich. Dies sind freilich Durchschnittswerte: Während sich die Industrie in den Küstengebieten konzentriert, leben in manchen abgelegenen Landstrichen noch annähernd 50 % der Bevölkerung von Ackerbau und Viehzucht. Angesichts fehlender Perspektiven in der Landwirtschaft ist die Beschäftigung in diesem Bereich jedoch bereits während der 80er Jahre stark gesunken.

Die traditionelle ländliche Sozialordnung ist regional unterschiedlich: Im Norden herrscht kleinbäuerlicher Grundbesitz vor, im Süden (außer im Algarve) wird Latifundienwirtschaft betrieben. Während im Norden besonders Kirche und konservative Parteien verankert sind, gilt der Süden als Hochburg der Linken. Die Wurzeln dieser Unterteilung reichen bis ins Mittelalter zurück:

Kleinbäuerlicher Landbesitz dominiert vor allem in den Gegenden, die im Jahr der Staatsgründung 1139 bereits zu Portugal gehörten oder um 1147 – dem Jahr der Eroberung von Santarém und Lissabon von den Mauren – hinzukamen.

Besonders in der Nordostregion Trás-os-Montes entstanden selbstverwaltete Dorfverbände, die die Bearbeitung des Landes, das Hüten der Schafe etc. kollektiv organisierten; Reste dieser Gemeinwirtschaft halten sich in einigen Dörfern bis heute (s. S. 251).

Die Gebiete südlich des Tejo waren 1147 noch in Maurenhand und konnten erst im 12. und 13. Jh. von Ritterorden erobert werden, die auch nach ihrer Umwandlung in Mönchsorden (16. Jh.) bis 1834 die Kontrolle über das Land behielten. Mit der Auflösung der Klöster und Konvente (1834, s. S. 62) wurde ihr Landbesitz verkauft. Damit war der Weg frei geworden für die Herausbildung einer neuen ländlichen Elite: die *Latifundistas* (Großgrundbesitzer).

Emigranten ...

Im Deutschen nennt man sie ›Gastarbeiter‹, in Portugal heißen sie *Emigrantes.* Nur rund 100000 von ihnen leben in Deutschland, vergleichsweise wenig gegenüber Türken, Griechen und Italienern. Allein im Großraum Paris aber wohnen mehr Portugiesen als in Portugals zweitgrößter Stadt Porto. In ganz Frankreich sind fast 800000 Emigranten ansässig – das sind mehr als Lissabon Einwohner hat. Weitere 1,2 Mio. Portugiesen leben in Brasilien, 600000 in Südafrika, 500000 in Kanada, je 400000 in den USA und in Venezuela, 135000 in der Schweiz und immerhin 50000 im kleinen Luxemburg (dort stellen die Portugiesen über 20 % der erwerbstätigen Bevölkerung). Kämen sämtliche 4,5 Mio. Auslandsportugiesen in das Land, das viele nur aus Erzählungen kennen, so drohte Portugal nicht nur eine Katastrophe auf dem Wohnungs- und Arbeitsmarkt. In kurzer Zeit wäre Portugal womöglich zahlungsunfähig, denn die im Ausland lebenden Bürger sind eine der wichtigsten Devisenquellen. Ihre Überweisungen in Dollar, DM und Franc reichen immerhin aus, um fast ein Fünftel von Portugals gesamten Warenimporten zu bezahlen.

Ein Auswanderungsland ist Portugal zwar schon seit dem Zeitalter der Entdeckungen. Angesichts wachsender wirtschaftlicher Probleme erreichte die Emigration aber erst in diesem Jahrhundert ihren Höhepunkt. Im Zeitraum 1900–1954 gingen 1,4 Mio. Portugiesen ins Ausland – die meisten nach Brasilien, viele auch nach Venezuela, in die USA sowie nach Kanada und Südafrika; zwischen 1955 und 1974 zogen weitere 1,1 Mio. Menschen nun größtenteils nach Frankreich, in die Bundesrepublik sowie die Benelux-Staaten und die Schweiz. Diese Länder suchten damals noch dringend nach zusätzlichen Arbeitskräften.

Mit Löhnen, die das Fünf- bis Zehnfache der portugiesischen betrugen, lockten sie vor allem die Kleinbauern der nördlichen Landesteile in die Ferne. Nach dem ›Ölschock‹ von 1973 dämmten verschärfte Einwanderungsbestimmungen der Aufnahmeländer den Zustrom neuer Arbeitskräfte ein. Zahlreiche ›Emigrantes‹ kehrten seither in ihre Heimatregion zurück. Mit Ersparnissen, erstatteten Rentenbeiträgen sowie zinsgünstigen Rückwanderungskrediten versuchten viele, sich als Händler oder Handwerker, Gastwirte, Taxifahrer oder Bauunternehmer selbständig zu machen. Der eigene Herr zu sein, das ist jahrelang die große Hoffnung vieler Rückkehrer und ihre einzige ökonomische Chance, stammten sie doch größtenteils aus unterentwickelten Regionen. Wer mit leeren Händen zurückkehrt, muß trotz erworbener beruflicher Fertigkeiten mit längerer Arbeitslosigkeit rechnen. Im Ausland geborene und aufgewachsene Emigrantenkinder bleiben nicht zuletzt deshalb oft lieber gleich in Köln oder Paris, anstatt mit ihren Eltern nach Portugal zu ziehen.

... und Afrika-Rückwanderer

Portugals Revolution vom 25. April 1974 (s. S. 66f.) brachte den afrikanischen Kolonien die langersehnte Unabhängigkeit. *Retornados* (›Zurückgekehrte‹) nannte man die Portugiesen aus Angola, Guinea-Bissau und Moçambique, die in den folgenden Jahren zu Hunderttausenden ins Mutterland strömten. Anders als die ›Emigrantes‹ konnten sie ihre Heimkehr nicht langfristig vorbereiten. Viele mußten mit Hotels, Campingplätzen oder schnell zusammengezimmerten Barackensiedlungen als erster Unterkunft vorliebnehmen, da anderer Wohnraum kurzfristig nicht zur Verfügung stand. Inzwischen sind die meisten gut versorgt. Neben finanziellen Eingliederungshilfen erhielten sie günstige Kredite für die Beschaffung von Wohnraum und den Aufbau selbständiger Existenzen, man sagt ihnen Unternehmergeist nach.

Im Großraum Lissabon sowie in der Region Trás-os-Montes stellten ›Retornados‹ zeitweise über 10 % der Bevölkerung.

Familie

Für die Portugiesen dreht sich fast alles um die Familie. Auf dem Land leben vielfach noch drei Generationen unter einem Dach; auch in den Städten wohnen Kinder häufig noch bis zur Heirat bei ihren Eltern, die jahrelang sparen, um dann bei der Beschaffung einer eigenen Unterkunft zu helfen.

Bei einem erst schwach ausgeprägten Sozialleistungssystem hat die Familie wichtige ökonomische Funktionen. Altersrente, Ausbildungsbeihilfen und Arbeitslosengeld sind sehr niedrig; fast immer muß die Familie einspringen.

Auf einem Markt in Lissabon

Frauen

Laut Verfassung sind die Geschlechter gleichberechtigt. Die meisten Frauen auf dem Lande haben aber nie gelernt, ihre Rechte auch einzufordern. Katholischer Moral entsprechend, brachte man ihnen noch in den 60er Jahren bei, sie müßten jungfräulich heiraten und ihre weitere Bestimmung sei dann Kochen und Kinderkriegen. Sie kamen kaum aus Haus und landwirtschaftlichem Kleinbetrieb heraus.

nho tinto
ADINHO

Vor allem in den Städten befindet sich die Rolle der Frau heute in raschem Wandel. Die jungen Mädchen erhalten eine höhere Schulbildung, und auch die verheiratete Frau verläßt immer mehr den häuslichen Bereich; ohne gleichzeitige Berufstätigkeit beider Ehepartner kommen viele Familien ohnehin nicht mehr über die Runden. Frauen stellen oft bis zu 70% der Belegschaften moderner Industriebetriebe; angeblich passen sie sich leichter als Männer an Fließband- und andere Routinearbeiten an. Der verfassungsgemäß garantierte gleiche Lohn für gleiche Arbeit wird allerdings nicht überall gezahlt.

Die Führungspositionen der Wirtschaft sind de facto noch Männern vorbehalten. Im staatlichen Bereich findet man dagegen Polizistinnen, Schulrätinnen, Richterinnen, Staatssekretärinnen; als erste Frau in der portugiesischen Geschichte übernahm 1979 die parteilose Maria de Lurdes Pintasilgo fünf Monate lang das Amt des Ministerpräsidenten.

Im Privatleben können sich die Frauen auf fortschrittliche Gesetze stützen. Die Ehescheidung wurde in Portugal 1910 – in Spanien und Italien erst in den 70er Jahren – ermöglicht (unter Salazar wurde die Scheidung kirchlich getrauter Partner wieder zeitweise untersagt), blieb aber bis heute eher die Ausnahme. Anders als etwa in Deutschland steht in Portugal auch die Vergewaltigung durch den Ehemann unter Strafe, sie kommt jedoch kaum zur Anzeige. Die Abtreibung ist seit 1984 in Ausnahmesituationen (Vergewaltigung, medizinische Indikation) legal.

◁ Für Gespräche bleibt immer Zeit

Kirche in Portugal

Hunderttausende von Pilgern, die teils noch zu Fuß in den Wallfahrtsort Fátima kommen (s. S. 184), zeugen vom Rang des katholischen Glaubens. Anders als in Deutschland zieht der Staat in Portugal aber keine Kirchensteuer ein. Laut Verfassung sind Staat und Kirche getrennt.

Schon seit dem 19. Jh. hatte die Amtskirche oft keinen leichten Stand. Nach dem Sieg der Liberalen über die Absolutisten im Bürgerkrieg von 1832–1834 wurden die religiösen Orden aufgelöst, ihr Besitz säkularisiert. In den ehemaligen Klöstern sind bis heute Verwaltungen, Krankenhäuser, Schulen, Museen, Fabriken oder Kasernen untergebracht. Die Orden durften sich aber bald wieder ausbreiten.

Die 1910 proklamierte Republik begnügte sich dann nicht mehr mit deren abermaliger Auflösung. Sie trennte Kirche und Staat, ermöglichte die Ehescheidung und leitete eine antiklerikale Phase ein, die mit der 1926 errichteten Diktatur ihr Ende fand.

Diktator Salazar, selbst im Priesterseminar großgeworden, vermied jeden Konflikt mit der Kirche. Umgekehrt erhoben nur wenige Geistliche die Stimme gegen Faschismus und Kolonialkrieg.

Bis heute verfügt die Kirche über staatlich anerkannte Schulen und Priesterseminare, in Lissabon gibt es eine katholische Universität. Die nationale Bischofskonferenz und das Patriarchat von Lissabon betreiben Portugals meistgehörten Rundfunksender ›Radio Renascença‹, der über zwei landesweite Frequenzen verfügt. Seit 1993 sendet gar das »christlich inspirierte Fernsehen« ›Televisão Independente‹ (TV1–4). Hauptanteilshaber ist Radio Renascença, mit von der Partie sind zahlreiche kirchliche Verbände und Privatleute. TV1–4 konkurriert mit den beiden Kanälen der staatlichen Fernsehanstalt RTP und mit der privaten SIC.

Trotz konservativer Grundtendenz der Institution Kirche haben sich namhafte Geistliche immer wieder kritisch zu akuten sozialen Problemen geäußert. Der Kardinal-Erzbischof von Lissabon, Dom António Ribeiro, prangerte mehrfach die Wohnungsnot an. Als ›roten Bischof‹ apostrophierte man den Oberhirten des Industriedistriktes Setúbal, Dom Manuel Martins. In ihm fanden die Gewerkschaften, die in den Jahren 1983/85 die Regierungen für Hunger und Armut in vielen Familien verantwortlich machten, einen Verbündeten. Als sich die Lage zu bessern begann, erinnerte er immer wieder an die Menschen, die im Schatten des Wirtschaftswunders lebten. Im Sommer 1991 war eine Pastoralwoche im Wallfahrtsort Fátima dem brisanten Thema der Prostitution gewidmet.

Streikende Arbeiter

Politisches System

Beinahe 48 Jahre währte die Diktatur, die mit dem Militäraufstand vom 25. April 1974 ihr überfälliges Ende fand. Die Aufbruchstimmung der ersten Zeit danach hat sich längst gelegt. Die Graffitimaler und Plakatkleber treten nur noch zur Wahlkampfzeit in Erscheinung.

Vorbei sind die Zeiten, da man von dem Journal, das jemand im Bus las, auf dessen politische Gesinnung schließen konnte. Es gibt nun weniger Politblätter, aber weit mehr unabhängige Zeitungen und Zeitschriften, nunmehr vier TV-Kanäle (darunter zwei private) und ein Lokalradio in fast jedem mittelgroßen Ort.

Portugal wurde zur »ganz normalen Demokratie«. Die Revolutionsideale vom Sozialismus blieben vollkommen, die von Solidarität und politischer Transparenz teilweise auf der Strecke – obwohl sich auf den Gebieten der Wissenschaft, Bildung und Kunst seit 1974 mehr bewegt hat als in dem halben Jahrhundert davor.

Unterdessen klagen die Portugiesen noch immer über Korruption

(Corrupção) und auch über eine äußerst schwerfällige Bürokratie; auch heute läuft ohne informelle Beziehungen *(Cunhas)* wenig.

Freilich sind Löhne und Lebensstandard seit dem Sturz der Diktatur gestiegen. Noch immer hört man aber in ländlichen Regionen, Politik sei etwas für »die Leute in Lissabon«.

Verfassung

Portugals Grundgesetz, Werk einer eigens vom Volk gewählten Versammlung, trat 1976 in Kraft – erfuhr 1982, 1989 und 1992 aber Änderungen (s. auch S. 69). Marktwirtschaftlich ausgerichtete Regierungen ab 1976 identifizierten sich immer weniger mit dem Urtext, der nicht nur die parlamentarische Demokratie etablierte, sondern – dem Revolutionsgeist von 1974/75 entsprechend – das Land auf sozialistischen Kurs einschwor.

Angesichts veränderter politischer Großwetterlage wich der im 1982er Artikel 1 noch postulierte »Übergang zu einer klassenlosen Gesellschaft« 1989 dem »Aufbau einer freien, gerechten und solidarischen Gesellschaft«, während aus Artikel 2 der »Übergang zum Sozialismus« verschwand.

Andererseits gewährt die Verfassung – über die in westlichen Demokratien üblichen Grundrechte hinaus – das Recht auf Arbeit, Wohnung und Bildung. Ein praktisch unbeschränktes Streikrecht hat ebenso Verfassungsrang wie Aussperrungsverbot und Kündigungsschutz.

Verankert sind ferner Mutter- und Kinderschutz, Behindertenrehabilita-

Zeitungsleser an einem Kiosk in Lissabon

tion, Verbraucheraufklärung, Umweltschutz – wovon vieles noch zu verwirklichen bleibt. Als Beitrag zur bürgernahen Demokratie wurde 1989 die Möglichkeit der Volksabstimmung eingeführt.

Auf wirtschaftlichem Gebiet wurde der lange heftig umstrittene alte Artikel 83, der die nach 1974 erfolgten Nationalisierungen von Banken und Großbetrieben zu »unumkehrbaren Errungenschaften« erklärt hatte, durch Grundsätze der Privatisierung ersetzt.

Obwohl auch die revidierte Verfassung die Umverteilung von Großgrundbesitz ausdrücklich zuläßt, ist die 1975 begonnene Agrarreform aus dem Gesetzestext verschwunden.

Staatsoberhaupt

Im portugiesischen Semipräsidialsystem besitzt der Staatschef, der alle fünf Jahre direkt vom Volk gewählt wird (Wahlrecht ab 18), einerseits keine so große Machtfülle wie sein französischer Amtskollege, andererseits ist er keine reine Repräsentationsfigur. Bei Regierungskrisen kann er die Regierung entlassen oder das Parlament auflösen und vorzeitige Neuwahlen ansetzen. Er hat außerdem ein (begrenztes) Vetorecht gegen Parlamentsbeschlüsse und ist kraft seines Amtes oberster Befehlshaber der Streitkräfte.

Im Präsidentenpalast des Lissabonner Vorortes Belém amtiert seit 1986 der frühere Generalsekretär der Sozialistischen Partei, Mário Soares, der 1991 mit überwältigender Mehrheit für eine zweite Amtszeit wiedergewählt wurde.

Parlament

Das nationale Parlament *(Assembleia da República)* hat 230 nach dem Verhältniswahlrecht gewählte Abgeordnete. Vier von ihnen werden durch die – bei Präsidentenwahlen nicht stimmberechtigten – Portugiesen im Ausland gewählt.

Die Legislaturperiode beträgt vier Jahre. De facto war sie zwischen 1976 und 1987 aber viel kürzer. Regierungs- und Koalitionskrisen prägten die politische Szene, und oft gab es keinen anderen Ausweg als die Ansetzung von Neuwahlen. 1987 konnte dann erstmals die Sozialdemokratische Partei (PSD) von Ministerpräsident Aníbal Cavaco Silva (der schon seit 1985 ein Minderheitskabinett angeführt hatte) allein die absolute Mehrheit im Parlament erzielen und 1991 verteidigen. Seit 1976 wurde die portugiesische Bevölkerung siebenmal zu Parlamentswahlen an die Urnen gerufen.

Parteien

(In Klammern Stimmanteil und Mandate bei der Parlamentswahl am 6. Oktober 1991.)

Sozialdemokratische Partei *(Partido Social Democrata – PSD*, 50,4 %, 135 Sitze), 1974 gegründete liberalkonservative Partei, seit 1980 ununterbrochen an der Regierung. Hochburgen: Nord- und Mittelportugal, Azoren, Madeira.

Sozialistische Partei *(Partido Socialista – PS*, 29,3 %, 72 Sitze), 1973 in der Bundesrepublik Deutschland gegründet, sozialdemokratisch orientiert, 1976–1978 und 1983–1985 an der Regierung, landesweit relativ gleichmäßiger Stimmanteil.

Kommunistische Partei *(Partido Comunista Português – PCP)*, 1921 gegründet, 1926–1974 illegal, 1974–1976 an Militärregierungen beteiligt. Sie bildet zusammen mit den Grünen *(Os Verdes)* die Koalition für Demokratische Einheit *(Coligação Democrática Unitária – CDU)*, die 1991 von 12,2% auf 8,8% zurückfiel und 17 Abgeordnete stellt. Hochburgen: Alentejo und der Industriegürtel um Lissabon.

Demokratisch-Soziales Zentrum/Volkspartei *(Centro Democrático Social/Partido Popular – CDS/PP,* 4,4%, 5 Sitze), 1974 gegründete konservative Partei, 1978 und 1980–1983 an Koalitionsregierungen beteiligt, Anhänger vor allem im ländlichen Norden.

Solidaritätspartei *(Partido de Solidariedade Nacional – PSN)*, als ›Rentnerpartei‹ apostrophierte Gruppe, die 1991 erstmals kandidierte und mit 1,7% der Stimmen ein Mandat errang.

Gewerkschaften

Zwei lange verfeindete Dachverbände unterschiedlicher Tendenz zählen je über eine Million Mitglieder. Noch unter der Diktatur entstand 1970 die großenteils kommunistisch geführte *CGTP-Intersindical*, die 1978/79 in der eher sozialistischen *UGT* Konkurrenz bekam. 1988 riefen die Rivalen erstmals zwar nicht gemeinsam, aber simultan zum Generalstreik auf und haben ihre Beziehungen seither schrittweise verbessert.

Militär

In der an Staatsstreichen reichen Geschichte der letzten 170 Jahre spielte die Armee stets eine wichtige innenpolitische Rolle. 1974 öffnete ein Militäraufstand dem Land den Weg in die Demokratie; bis 1982 wachte der aus Offizieren bestehende ›Revolutionsrat‹ über die Einhaltung des Grundgesetzes, dann löste ihn ein Verfassungsgericht ab. Teilnehmer und Sympathisanten des 1974er Aufstandes schlossen sich 1984 zur *Associação 25 de Abril (A25A)* zusammen. Die Aktivisten der ›Nelkenrevolution‹ fielen jedoch immer mehr in Ungnade und bekleiden in Armee, Marine und Luftwaffe kaum noch leitende Positionen.

Die Streitkräfte sind in die NATO integriert, der das Land seit 1949 angehört. Die USA unterhalten eine Luftwaffenbasis auf der Azoren-Insel Terceira, eine Übungsbasis der deutschen Luftwaffe in Beja/Alentejo wurde 1993 geschlossen. In Portugal lagern keine Atomwaffen.

Für junge Portugiesen besteht eine viermonatige Wehrpflicht, die auch verweigert werden kann.

Außenpolitik

Neben der NATO gehört Portugal seit 1955 den Vereinten Nationen an und wurde 1986 Mitglied der Europäischen Gemeinschaft (EG). Außenpolitisch folgte das Land in den letzten Jahren generell der Linie von NATO und EG.

Eine Sonderstellung haben daneben die Beziehungen zu Brasilien sowie zu den ehemaligen afrikanischen Kolonien. Portugal versucht, als Brücke zwischen diesen Ländern und der EG zu dienen und beim wirtschaftlichen Aufbau zu helfen. Die Regierung in Lissabon vermittelte zudem bei den Friedensgesprächen für Angola (wo der Bürgerkrieg nach dem Frieden von 1991 aber wieder entbrannte) und nahm als Beobachterin an den 1992 abgeschlossenen Friedensverhandlungen für Moçambique teil.

Wirtschaft

Vom Internationalen Währungsfonds wurde Portugal 1989 erstmals als ›Industrieland‹ klassifiziert und verzeichnete in letzter Zeit mit das höchste Wirtschaftswachstum in der Europäischen Gemeinschaft (1986–1990 über 4% pro Jahr, seither weniger). Bei einem Bruttoinlandsprodukt von 5225 ECU je Einwohner klafften 1991 aber noch riesige Lücken zum Nachbarn Spanien (10939 ECU) und zum vereinten Deutschland (19865 ECU). Nach diesen Zahlen war Portugal weiterhin das ärmste Mitglied der EG (Quelle: Institut der deutschen Wirtschaft).

Noch heute arbeitet jeder fünfte Erwerbstätige in der Landwirtschaft. Im Industrie- und Dienstleistungssektor sorgen Klein- und Mittelbetriebe für das Gros der Arbeitsplätze. Großindustrie gibt es praktisch nur in den Räumen Lissabon/Setúbal und Porto/Aveiro/Braga. Ein internationaler Wettbewerbsvorteil ergibt sich weniger aus rationeller Technik und Know-how als aus niedrigen Lohnkosten.

Portugals Hauptproblem ist – neben geringer Produktivität – eine starke Auslandsabhängigkeit. Das Land importiert nicht nur den Löwenanteil seiner Energie, sondern auch über die Hälfte seines Nahrungsmittelbedarfs. Global sind nur rund zwei Drittel aller Importe durch Ausfuhren gedeckt. Lebenswichtige Devisen liefern die

Fischer fahren zum Fang aus

im Ausland tätigen Emigranten, die Touristen und ausländische Investoren.

Jahrhundertelang wurde die heimische Wirtschaft vernachlässigt. Von den Eroberungsfahrten des 16. Jh. bis zum Ende der Diktatur 1974 lebte Portugal auf Kosten seiner Kolonien. Und noch zu den Zeiten des Diktators Salazar (Regierungszeit 1932–1968) kontrollierte eine Handvoll reicher Familien die Banken und die wenigen, vor ausländischer Konkurrenz abgeschotteten Industrien. Bei massenhaft billigen Arbeitskräften bestand kaum ein Anreiz zur Innovation.

Geld, das für den Ausbau der Wirtschaft und für die Verbesserung von Bildung und Infrastruktur nötig gewesen wäre, floß in den Jahren 1961–1974 nach Afrika in den Kolonialkrieg. Nach der Revolution vom 25.

April 1974 strömten die ›Retornados‹ auf den Arbeitsmarkt. Den gleichzeitigen ›Ölschock‹ von 1973/74 konnte das Land dann nicht auch noch verkraften. Die Auslandsschuld erreichte bedrohliche Dimensionen. 1978 und 1983 zog Portugal die Notbremse und schloß ›Beistandsabkommen‹ mit dem Internationalen Währungsfonds (IWF).

Die Inflation erreichte 1984 mit 30% einen traurigen Höhepunkt. Sie gab bis 1992 zwar auf 8,9% nach, lag damit für die Maßstäbe der Europäischen Gemeinschaft aber immer noch deutlich zu hoch. Mit der Geldentwertung gingen Escudo-Abwertungen einher. Für eine DM bekam man noch 1975 lediglich 10, 1993 schon 100 Escudos. In letzter Zeit hat sich das Abwertungstempo etwas verlangsamt, und seit 1992 ist der Escudo in den Mechanismus fester Wechselkurse im Europäischen Währungssystem (EWS) integriert. Nun beklagen die Exporteure, daß bei stabilen Wechselkursen die Inflation voll auf die Exportpreise durchschlägt.

Die Auslandsinvestitionen blieben lange hinter den Erwartungen zurück. Mit dem EG-Beitritt – und wohl vor allem in Hinblick auf den Binnenmarkt – begann jedoch der Boom. Die ausländischen Direktinvestitionen stiegen rasch von umgerechnet rund 0,354 Mrd. DM im Jahr 1986 auf rund 9 Mrd. DM 1991. In diesen Beträgen sind natürlich auch Übernahmen bereits bestehender Unternehmen wie auch Grundstückskäufe und so manche Anlage von fragwürdigem Nutzen enthalten. Fast drei Viertel der Direktinvestitionen werden von Unternehmen aus Ländern der Europäischen Gemeinschaft getätigt.

Das Gewicht des Staatssektors im Wirtschaftsleben hat sich in den letzten Jahren reduziert. Im Rahmen sozialistischer Perspektiven waren Banken, Versicherungen und wichtige Industrien (u.a. Energie, Eisen/Stahl, Zement, Petrochemie, Schiffbau) 1975 weitgehend verstaatlicht worden. Seit 1989 wurden viele Unternehmen reprivatisiert – jedoch nicht durch die Rückgabe an die Altbesitzer, sondern durch meistbietenden Verkauf. In manchen Fällen kauften die früheren Eigentümer ihre Unternehmen zurück, andere Betriebe fielen an Neulinge.

Landwirtschaft

Die Landwirtschaft trägt nur 8% zum Bruttoinlandsprodukt bei und gilt trotz der EG-Hilfen für die dringend nötige Modernisierung als Sorgenkind der europäischen Integration. In Portugals Supermärkten sind spanische Apfelsinen und holländische Kartoffeln billiger als nationale Ware, deren Produktion und Vertrieb unzureichend organisiert und teurer ist.

Über die Hälfte der Landwirte ist älter als 50 Jahre. Ihre Kinder wählen andere Berufe. Die Betriebe, in denen Traktoren und Mähdrescher erst teilweise Ochsenpflug und Sense ersetzt haben, werden eher aufgegeben als modernisiert. Im Norden, wo familiärer Klein- und Kleinstbesitz vorherrscht, ist der Einsatz neuer Techniken aufgrund der kleinen Parzellen nicht rentabel. Im Süden sind die entsprechenden Betriebsgrößen zwar

Moderne Maschinen kommen noch nicht überall zum Einsatz

vorhanden, die dortigen Latifundien wurden und werden aber nur unzureichend genutzt.

Die im Rahmen der Agrarreform des Jahres 1975 enteigneten Großgrundbesitzer erhielten inzwischen den größten Teil des Landes zurück (s. S. 307).

Die wichtigsten Agrarprodukte sind im Norden Roggen und Mais, im Süden Weizen und Hafer, in Flußniederungen und Bewässerungsgebieten auch Reis.

Im ganzen Land werden Oliven und Wein, in vielen Gegenden auch Zitrusfrüchte, Äpfel, Feigen, Mandeln, Kartoffeln und Tomaten angebaut. Im Norden sind Ziegen- und Rinderhaltung sowie Milchwirtschaft, im Süden Schweine-, Schaf- und Rinderzucht verbreitet. Aus Madeira kommen Bananen.

Forstwirtschaft

Von Bedeutung sind die Kiefern-, Pinien- und Eichenwälder für die heimische Möbelindustrie sowie der Kork aus dem Alentejo, der traditionell zu den wichtigsten Exportgütern zählt.

Zunehmende Verbreitung findet der in Australien beheimatete Eukalyptus. Aus seinem Holz erzeugt die Zellulose-Industrie eine Paste, die zur Produktion von Papier verwendet und größtenteils exportiert wird. Ökologisch ist der Eukalyptus sehr umstritten; er wächst rasch, entzieht dabei dem Boden das in vielen Gegenden ohnehin knappe Grundwasser und kann für die Landwirtschaft katastrophale Folgen haben. Kritiker befürchten, daß er ganze Landstriche in eine ›westeuropäische Sahelzone‹ ver-

wandeln könnte. Auch die Zelluloseindustrie selbst – die als eine von Portugals wichtigsten Wachstumsbranchen sehr hohe Löhne zahlt – gilt durch ihren hohen Wasserverbrauch als umweltgefährdend.

Fischerei

Portugals 36000 Fischer stellen knapp 1% der erwerbstätigen Bevölkerung. Vor der Festlandküste sowie um die Inselgruppe Azoren und Madeira erstreckt sich eine reiche Fischereizone, die mit 1,6 Mio. km² rund 17mal so groß ist wie die Staatsfläche.

Ein Großteil von Portugals 11000 Booten ist veraltet und schwach motorisiert. Eine EG-geförderte Modernisierung geht mit einem Rückgang der Fänge in internationalen Gewässern und einer besseren Nutzung der eigenen Hoheitszone einher. Insgesamt ist die jährliche Fangmenge von 1986 bis 1992 aber um 25% (auf etwa 300000 t) und die Tonnage um 22% gesunken.

Portugal exportiert Sardinen und Thunfischkonserven. In manchen Jahren haben aber die dennoch notwendigen Fischimporte die Exporte überstiegen.

Unterdessen gerät das gängige Klischee von Portugal als einem Land idyllischer Fischerdörfer ins Wanken. An mehreren Orten – wie Peniche oder Portimão – entstanden in den letzten Jahren große neue Fischereihäfen. An manchen Küstenorten aber werden die Fischerboote noch wie eh und je von Ochsen an Land gezogen (s. Abb. S. 168/169).

Bodenschätze und Energie

Portugals naturgegebener Reichtum an Bodenschätzen wurde bis heute bei weitem nicht optimal ausgenutzt. Im Norden lagern die größten Zinn- und Wolframvorkommen Westeuropas sowie Eisenerz- und Bleivorkommen. Im Süden werden verstärkt Pyrite und Kupfer abgebaut. Mit Marmorbrüchen vor allem im Alentejo zählt Portugal zu den größten Marmorerzeugern der Welt. Zu erwähnen ist des Landes reicher Bestand an Mineralwasserquellen. Salz liefern die Salinen um Faro, Setúbal und Aveiro.

Im Energiebereich besteht eine starke Abhängigkeit vom Ausland. Das Land muß nicht nur seinen gesamten Erdölbedarf durch Importe decken, es wird auch mehr Elektrizität verbraucht, als die bestehenden Kohle-, Öl- und Wasserkraftwerke erzeugen. Der Rest kommt über ein mit Spanien und Frankreich bestehendes Verbundnetz.

In Portugal existieren keine Kernkraftwerke. Ein Einstieg in die Atomenergie war zwar schon öfter im Gespräch, ist nun aber wenigstens mittelfristig nicht geplant. Um die Abhängigkeit vom Öl zu mindern, setzt man stattdessen nun auf algerisches Erdgas, das über Spanien nach Portugal gelangen soll. Man will zunächst die Ballungsräume an der Küste damit versorgen. Um das großangelegte Projekt überhaupt erst rentabel zu gestalten, ist zunächst der Bau zweier hochmoderner, kombinierter Gas- und Dampfkraftwerke geplant.

Industrie

Ein Drittel aller Arbeitsplätze findet sich im verarbeitenden Gewerbe, das wesentlich mehr kleine und mittlere als große Unternehmen umfaßt. Gemessen an deutschen Verhältnissen sind portugiesische ›Konzerne‹ geradezu klein. Portugals umsatzstärkstes Unternehmen, der teilstaatliche Mineralölkonzern Petrogal, zählt lediglich rund 4000 Beschäftigte.

Auch der Grad der Automatisierung ist bisher noch gering in Relation zu den europäischen Standards. Niedrige Löhne, die kaum mehr als ein Drittel der in Deutschland üblichen Bezahlung betragen, Steuererleichterungen und EG-Strukturhilfen zogen indes viele Investoren aus dem Ausland an. Sie bringen oft neue technische Entwicklungen in das Land.

Werftarbeiter

Einziges Eisen- und Stahlunternehmen ist die Siderurgia Nacional (gegründet 1961, Betriebe bei Lissabon und Porto), die rund 70 % des nationalen Bedarfs deckt.

Lissabon, Setúbal und Viana do Castelo sind Zentren von Schiffbau und -reparatur; die Werften arbeiten zum Großteil für ausländische Auftraggeber.

Große Zukunftshoffnungen ruhen auf der Automobilindustrie, die ja schon bald für ein Fünftel der nationalen Exporte sorgen könnte. Möglich wird dies durch den 1991 beschlossenen (und großzügig subventionierten) Bau eines gemeinsamen Automobilwerkes von Ford und VW in Palmela, südlich von Lissabon, wo von 1994 an 180000 Großraumlimousinen pro Jahr vom Band laufen sollen. Bei diesem Werk im Wert von umgerechnet rund 5 Mrd. DM handelt es sich um Portugals größte Auslandsinvestition aller Zeiten.

Unterdessen existieren – teils seit Jahrzehnten – Montagestätten, u. a. von Citroën, Fiat, Ford, General Motors und Renault. Ihre Produktion geht teils in den Export, teils auf den Inlandsmarkt, der jährlich rund 200000 Neuwagen aufnimmt. Immer häufiger sieht man auf portugiesischen Straßen den im Land hergestellten, aber mit Peugeot-Motor ausgerüsteten Geländewagen UMM.

Als eine weitere Branche mit Zukunft gilt die Elektro- und Elektronikindustrie. Werke bekannter ausländischer Unternehmen – u. a. Grundig, Samsung, Siemens – beliefern in- und ausländische Märkte.

Bei Lissabon, Porto und Sines gibt es Ölraffinerien. Die chemische Industrie, die Düngemittel und – teils unter ausländischen Lizenzen – Kunststoffe und Medikamente produziert, ist im ganzen Land verstreut.

Für über ein Drittel aller Ausfuhren sorgt die vor allem im Norden anzutreffende Textil-, Bekleidungs- und Schuhindustrie. In den letzten Jahren hat sie sich jedoch zum nationalen Sorgenkind entwickelt. Viele Unternehmer setzten zu lange einseitig auf einen Konkurrenzvorteil durch billige Arbeitskraft, vernachlässigten die Modernisierung und sind der Konkurrenz aus außereuropäischen Billiglohnländern nur bedingt gewachsen.

Jeder zehnte Erwerbstätige arbeitet am Bau. Zement, Ziegel, Fliesen und Kacheln werden überwiegend im Lande hergestellt; Flach- und Flaschenglas produziert seit dem 18. Jh. die Glasindustrie in Marinha Grande (bei Leiria).

Verkehr

Die Infrastruktur ist – vor allem im Landesinneren – ausbaubedürftig. Ganze elf Stunden dauert die mit zweifachem Umsteigen verbundene Bahnfahrt von Lissabon nach Bragança in der Nordostregion Trás-os-Montes, rund 500 km von der Hauptstadt entfernt. In den letzten Jahren hat sich aber vieles verändert. In allen Landesteilen entstanden neue, EG-geförderte Straßen, Brücken und Autobahnen. Der Straßenbau wird als Paradebeispiel für die Vorteile der EG-Mitgliedschaft hingestellt.

So wurde 1991 das letzte Teilstück der (vor 30 Jahren begonnenen!) Autobahn von Lissabon nach Porto eingeweiht. Mit neuen Schnellstraßen erschließt man nach und nach auch das bisher vernachlässigte Hinterland – womit ein schweres Hindernis für eine wirtschaftliche Entwicklung fällt.

EG-Gelder fließen zudem in den Ausbau wichtiger Eisenbahnlinien. Zwischen Lissabon und Porto will man moderne Schnellzüge einsetzen. In naher Zukunft sollen auch auf der Lissaboner ›Brücke des 25. April‹ Eisenbahnen verkehren.

Internationale Flughäfen haben Lissabon, Porto und Faro (sowie Funchal/Madeira und die Azoren-Inseln Terceira und São Miguel). Flüge der nationalen Fluglinie ›TAP‹ verbinden Portugal mit zahlreichen Zielen in Westeuropa, Afrika sowie Nord- und Südamerika; Inlandsflüge gibt es ab Lissabon nach Porto, Faro und anderen Zielen des Festlandes, außerdem nach Madeira und den Azoren.

Wichtigste Seehäfen sind Lissabon, Porto, Viana do Castelo und Sines/Alentejo, wo in den 70er Jahren ein hochmoderner Ölhafen entstand.

Außenhandel

Portugals Hauptproblem im Außenhandel ist ein chronisches Handelsbilanzdefizit, wobei vor allem Einfuhren von Maschinen, Fahrzeugen, Lebensmitteln und Energieträgern empfindlich zu Buche schlagen. Global

waren im Jahr 1990 nur 65,7% der Einfuhren durch Exporte gedeckt. Die übrigen EG-Länder sind für Portugal sowohl die größten Lieferanten als auch mit Abstand die wichtigsten Kunden. Mit ihnen wickelt Portugal drei Viertel seines gesamten Außenhandels ab.

Portugal importierte vor allem Maschinen (21,6% der Einfuhren), Fahrzeuge und Transportmaterial (16,5%), Agrarerzeugnisse und Lebensmittel (12,5%), Chemieprodukte (11,3%), Textilien, Bekleidung und Schuhe (10,9%) sowie Energie (8,1%). Wichtigste Ausfuhrgüter waren Bekleidung und Schuhe (30,4%), Maschinen (13,8%), Holz, Kork und Papier (10,7%) sowie Textilien und Lederwaren (8,6%).

Tourismus

Rund 10 Mio. Ausländer verbrachten 1992 Ferien in Portugal (Kurzbesuche von weniger als 24 Stunden nicht mitgezählt). Knapp die Hälfte kamen aus dem Nachbarland Spanien. In der Einreisestatistik folgen sodann Briten, Deutsche und Franzosen. Der Fremdenverkehr sichert rund 6% des Bruttoinlandsproduktes, 200000 Arbeitsplätze und ein Zehntel der ausländischen Investitionen. Er konzentriert sich aber auf nur wenige Regionen. Allein auf den Algarve entfällt fast die Hälfte aller Ausländer-Hotelübernachtungen. Jahrelang wurden Bettenburgen aus dem Boden gestampft, Küstenabschnitte zerstört, die Preise auch für Einheimische in die Höhe getrieben. Nun sollen Raumordnungspläne retten, was noch zu retten ist – mit welchem Erfolg, bleibt abzuwarten.

Unterdessen konnten sich manche Binnenregionen – teils dank der Fördermittel von Staat und EG – als neue »Reiseziele fern des Trubels« etablieren. Die Einrichtung von Unterkünften in ehemaligen Klöstern und Herrenhäusern (Turismo de Habitação) und der Ausbau des Netzes staatseigener Pousadas sollen vor allen Dingen den anspruchsvollen Individualtourismus fördern.

Die Ausweitung des Fremdenverkehrs im Landesinnern stößt indes auf Grenzen. Anders als Griechenland oder Italien hat sich Portugal trotz seiner Fülle historischer Bauten noch nicht als »Bildungsland« etablieren können und wird zu oft als Westanhängsel Spaniens betrachtet. Amerikaner, die in zehntägigen Bustouren kreuz und quer über die Iberische Halbinsel »gejagt« werden, bekommen außer Lissabon und dem Wallfahrtsort Fátima wenig zu sehen.

Bilanz ungewiß – Portugal in der Europäischen Gemeinschaft (EG)

Waren schon die Konditionen des EG-Beitritts umstritten, so sind auch die (Überlebens-)Chancen portugiesischer Betriebe im grenzenlosen Europa ungewiß. Vielerlei Kostenvorteilen stehen oft überholte Technik, schwache Kapitalbasis, fehlende Marketingstrategien und Unerfahrenheit mit Umwelt- und Verbraucherschutznormen gegenüber. Auch für den einzelnen Bürger bringt die EG Vor- und Nachteile.

Strukturhilfen: Bisher das schlagende Argument für Europa. EG-Gelder für den Straßenbau, die berufliche Bildung, die Landwirtschaft und neue Industrien halfen, die Wirtschaft anzukurbeln. In den nächsten Jahren soll viel mehr Geld fließen – 1 Mio. Escudos pro Minute, wie nach dem Gipfel von Edinburgh (Ende 1992) errechnet wurde! Gegen die Zweckentfremdung wurde leider noch kein wirksames Mittel entdeckt.

Die Investitionen in Portugal steigen sprunghaft an. Ausländische Unternehmen wollen sich offensichtlich mit billiger portugiesischer Arbeitskraft einen Vorteil auf dem Binnenmarkt sichern. Um nicht nur EG-Billiglohnland zu sein, muß Portugal Industrien anziehen, die dem Land auch technologische Vorteile sichern und trotzdem umweltverträglich sind.

Die Landwirtschaft ist Sorgenkind. Alle Übergangsfristen erscheinen zu kurz, um den rückständigen Sektor auf EG-Niveau zu heben.

Wirtschafts- und Währungsunion: Die ›Konvergenzkriterien‹ von Maastricht bringen Probleme. Die Inflation ist zu hoch. Auch läßt sich das Haushaltsdefizit nur schwer auf das Limit von 3% des Bruttoinlandsproduktes drücken. Es besteht die Gefahr, daß vor allem im Bildungs- und Gesundheitswesen gespart wird.

Die offenen Grenzen und die Niederlassungsfreiheit im EG-Raum begünstigen die Emigranten. Schärfere Einreisebestimmungen für Bürger aus Drittländern könnten andererseits Portugals gute Beziehungen zu Brasilien und den afrikanischen Ex-Kolonien empfindlich belasten.

Das »soziale Europa« wurde nach Ansicht von Gewerkschaften vertagt. Sie bemängeln insbesondere, daß es die Regierung mit der Europäisierung der Löhne und Arbeitszeiten nicht besonders eilig hat.

Lebensstandard

Die Löhne sind die niedrigsten der EG; was materiellen Lebensstandard, gesundheitliche Versorgung und Bildung angeht, ist Portugal westeuropäisches Schlußlicht.

All das gehört zum Erbe der Diktatur von 1926–74, die dem Volk Genügsamkeit verordnete.

Bis heute ist die Armut nicht verschwunden. Offiziell gilt immer noch ein Drittel der Bevölkerung als arm. Vor allem kinderreiche Familien und Rentner sind betroffen. In Nordportugal ist Kinderarbeit verbreitet.

Unterdessen schwelgen die übrigen zwei Drittel im Konsumrausch. An-

Portugal – Wirtschaft und Lebensstandard im internationalen Vergleich

	Portugal	Spanien	BRD
Bruttoinlandsprodukt (BIP) je Einwohner, ECU, 1991	5225	10939	19865[1)]
PKW je 1000 Einwohner, 1989	227	295	482[2)]
Fernsehgeräte je 1000 Einwohner, 1987	159	368	385[2)]
Telefonapparate je 1000 Einwohner, 1989	178	281	464[2)]

1) Alte und neue Länder; 2) nur alte Länder
Quellen: Institut der deutschen Wirtschaft sowie Eurostat

ders als in den 60er Jahren muß man nicht mehr emigrieren, um einen bescheidenen Wohlstand zu erreichen. Ohne gleichzeitige Berufstätigkeit von Mann und Frau aber kommen wenige Familien über die Runden (deshalb verbringen auch Kleinkinder aus Lissaboner Vororten oft zwölf oder mehr Stunden am Tag im Kinderhort). Viele Portugiesen haben Nebenjobs nach Feierabend. Wenn das Geld immer noch nicht reicht, wird auf Pump gelebt. Und Improvisation ist alles!

Hausarbeit ist meist noch sehr mühevoll

Löhne und Kaufkraft

Bei knapp 500 DM pro Monat lag 1993 der gesetzliche Mindestlohn. Wer dreimal soviel nach Hause brachte, verdiente schon mehr als den Durchschnitt. Ein Gymnasiallehrer bekommt nach zehn Dienstjahren wenig mehr als 1700 DM ausgezahlt. Manager und Spitzenbeamte aber hinken ihren mitteleuropäischen Kollegen nicht so stark hinterher.

Während in anderen EG-Ländern teils nur noch 35 Stunden pro Woche

gearbeitet werden, peilen die portugiesischen Gewerkschaften eine Reduzierung der Wochenarbeitszeit von 43 auf 40 Stunden an. In den meisten Branchen werden jedoch schon 14 Monatsgehälter gezahlt.

Ausländern bleibt unverständlich, wie man von diesen Löhnen überleben – geschweige denn leben – kann. Mit 700 DM im Monat arbeitet man immerhin rund 20 Minuten für einen Liter Milch, drei Stunden für ein Kilo Rindfleisch, einen bis drei Tage für ein Paar Schuhe, einen Monat für einen Farbfernsehapparat (in den meisten Wohnzimmern das wichtigste Möbelstück). Erstaunlicherweise finden sich jedes Jahr immer noch Käufer für rund 200000 Neuwagen.

Relativ niedrig sind die Altmieten. Wer dann noch Kartoffeln, Eier, Olivenöl und Wein von den Eltern auf dem Lande bezieht oder selbst einen Gemüsegarten hat, kann sich nach und nach so manches begehrte Konsumgut zusammensparen.

Heute besitzt jeder fünfte Portugiese ein Auto. Wegen der hohen Benzinpreise benutzen es viele aber nicht jeden Tag (mit Bahn oder Bus kommt man billiger zur Arbeit). Außerdem ist ein Fünftel aller Privatwagen älter als zehn Jahre. Für mitteleuropäische Verhältnisse schrottreife Wagen werden angesichts der niedrigen Werkstattlöhne immer wieder zusammengeschweißt. Vielen Besitzern graut natürlich vor der Einführung eines TÜV – womit jedoch frühestens 1996 zu rechnen ist.

Wohnen

Vor 1986 waren die Altmieten lange eingefroren, trotz nunmehr gelockerter Kontrollen sind Monatsmieten unter 100 DM nicht selten. Andererseits können die Horrormieten für freiwerdende Wohnungen leicht ein Monatseinkommen verschlingen. Billiger kommt die Rate für eine Ei-

Wohnraum wird auch in Portugal zunehmend zum Problem – in Stadt und Land

gentumswohnung. Ein Großteil des Wohnungsbestandes ist stark heruntergekommen. Noch 1989 lebten in den Räumen Lissabon, Setúbal und Porto 350000 Menschen in Baracken und Slums.

Leben ohne Lohn

Jugendliche und Frauen stellten 1993 den Löwenanteil der rund 230000 Erwerbslosen. Damit hatte Portugal mit die niedrigste Arbeitslosenrate der Europäischen Gemeinschaft (ca. 5%, nachdem die Arbeitslosigkeit über mehrere Jahre stark gesunken war, zeichnete sich Anfang 1993 wieder eine Erhöhung ab). Vor allem Berufsanfänger erhalten aber praktisch nur zeitlich befristete Arbeitsverträge und sitzen nach sechs Monaten nicht selten wieder auf der Straße. Wer einmal einen festen Arbeitsplatz bekommen hat, genießt seit mehreren Gesetzesänderungen auch nur noch begrenzten Kündigungsschutz.

Wer seinen Arbeitsplatz verliert, erhält als Abfindung meist einen Monatslohn für jedes Jahr der Betriebszugehörigkeit.

Einen Arbeitsplatz zu haben, bedeutet vor allem in Krisenzeiten nicht unbedingt, auch am Monatsende den Lohn zu bekommen. Zigtausende von Menschen im Land bleiben oft monatelang mittellos, bis die Arbeitgeber endlich bezahlen.

Gesundheit

Das Gesundheitswesen war das Stiefkind des ›Wirtschaftswunders‹ der 80er Jahre. Von einem sozialen Netz wie in Deutschland können die Portugiesen nur träumen. Sie sind zwar krankenversichert, gehen aber häufig lieber zu Privatärzten und tragen selbst einen Teil der Kosten, um nicht lange auf Termine in den staatlichen Gesundheitszentren warten zu müssen. Auch so dauert eine einfache Blutuntersuchung oft eine Woche.

Es fehlt weniger an qualifiziertem Personal als vielmehr an Infrastruktur und Organisation – vor allem im Landesinneren. Es gibt Hospitäler in allen mittelgroßen Städten, aber wenige komplett ausgestattete Kliniken wie in Lissabon, Porto und Coimbra.

Fortschritte sind dennoch zu verzeichnen. Von 1986 bis 1990 sank die Kindersterblichkeit um rund ein Drittel auf 10,9 je 1000 Neugeborene (das EG-Mittel lag 1990 bei 8,0).

Bildung

Das Bildungswesen verzeichnet seit den 70er Jahren einen Boom. Immer mehr Jugendliche erhalten eine (insgesamt zwölfjährige) höhere Schulbildung. Es gibt auch immer mehr Lehrer, die sich indes mit organisatorischen Unzulänglichkeiten und Schulraumnot konfrontiert sehen. Die Analphabetenrate ist zwischen den Volkszählungen von 1980 und 1991 von 18,6 % auf 12,7 % gesunken. Erst 1987 wurde die Schulpflicht von sechs auf neun Jahre ausgedehnt. Nur kommen längst nicht alle Kinder dieser Schulpflicht nach. In familiären Kleinbetrieben wie auch in der Bau- und Textilbranche ist Kinderarbeit 10- bis 14jähriger weit verbreitet.

Portugals wichtigste Universitäten sind in Lissabon, Coimbra und Porto angesiedelt. In den letzten Jahren wurden zahlreiche neue (staatliche und private) Hochschulen gegründet.

Was die berufliche Bildung anbelangt, so wird in den Betrieben mehr angelernt als systematisch ausgebildet. Die berufliche Qualifizierung wird mit EG-Mitteln gefördert; diese Gelder werden aber auch in nicht unerheblichem Maße zweckentfremdet.

Trotz verbessertem Bildungssystem ist die Analphabetenrate noch relativ hoch

Geschichte

Vor- und Frühgeschichte

Spuren menschlichen Lebens in Portugal reichen bis in die frühe Altsteinzeit (600000–100000 v. Chr.) zurück. Nichtseßhafte Jäger und Sammler sind die ersten Bewohner des heutigen Staatsgebietes. Aus der mittleren Altsteinzeit (100000–40000 v. Chr.) stammen älteste Knochenfunde. Ausgrabungen an rund 30 Fundstätten (größtenteils nahe der Flüsse Tejo und Sado) lassen für die Mittelsteinzeit (8000–5000 v. Chr.) bereits auf den Bau einfacher Hütten schließen. Aber erst zur Jungsteinzeit (5000–2000 v. Chr.) werden die Menschen dank Landwirtschaft, Tierhaltung und Lebensmittelbevorratung seßhaft.

Portugals Bronzezeit zieht sich über das 2. Jahrtausend v. Chr. hin. Im letzten Jahrtausend vor der Zeitenwende leiten dann mehrere Wanderbewegungen indo-europäischer (bzw. keltischer) Völker, die schon Eisen verwenden und nördlich des Douro teils noch erhaltene Wehrdörfer *(Citânias)* errichten, die Eisenzeit ein. Möglicherweise durch Vermischung der Indo-Europäer mit Einheimischen entsteht das – später von den Römern so benannte – Volk der Lusitaner, die südlich des Douro als Hirten leben und als Vorfahren der heutigen Portugiesen gelten. In diese Zeit fallen auch erste Handelskontakte mit Mittelmeervölkern. Phönizier kommen auf der Suche nach Silber, Kupfer und Zinn. An ihre Stelle treten dann allmählich die Karthager aus dem heutigen Tunesien, die den anfangs noch mit ihnen konkurrierenden Griechen 535 v. Chr. die Zufahrt zum Atlantik versperren. Die so errichtete Vormachtstellung im Mittelmeerraum verlieren die Karthager im Zweiten Punischen Krieg (218–201 v. Chr.) an das aufstrebende Rom.

Römische Herrschaft

Um 218 v. Chr. erreichen die Römer den Süden der Iberischen Halbinsel. Während die Gebiete südlich des Tejo schnell besetzt sind, gelingt die vollständige Kontrolle über Portugal erst kurz vor der Zeitenwende unter Kaiser Augustus. Widerstand leisten vor allem die Lusitaner zwischen Tejo und Douro. Deren Führer Viriathus (portugiesisch: Viriato) vereinigt mehrere Stämme im Kampf gegen die Römer, findet jedoch um 139 v. Chr. durch Verrat eigener, vom Gegner bestochener Leute den Tod.

Nach Olissipo (Lissabon) erheben die neuen Herren Ebora (Évora) und Myrtillis (Mértola) zu Städten römischen Rechts. Noch vor der Zeitenwende wird der größte Teil des heutigen Portugal der römischen Provinz Lusitanien zugeschlagen und verwaltungsmäßig in drei ›Konvente‹ – Braccara Augusta (Braga), Scallabis (Santarém) und Pax Iulia (Beja) – aufgeteilt. Der Einfluß der Römer zeigt sich vor allem im Süden. Die Stammesordnung der Ureinwohner weicht dem Sklavenhaltersystem. Die Römer modernisieren die Arbeitsmethoden, fördern die Salzgewinnung am Sado-Unterlauf ebenso wie den Kupferbergbau bei Aljustrel, die Weizenkulturen im

Alentejo und den Wein- sowie Olivenanbau im ganzen Land.

Um bei zunehmender Verbreitung des Geldes (Münzprägung vom 2. Jh. v. Chr. an) den Handel ausweiten zu können, überziehen sie das heutige Portugal mit einem Netz von Straßen und Brücken. Bald nach der Zeitenwende beginnt Portugals allmähliche Christianisierung.

Sueven und Westgoten

Ab 409 erlebte die Halbinsel mehrere Invasionen von Völkern, die von den Römern ›Barbaren‹ genannt werden. Aus Germanien stammende Sueven machen Braga zur Hauptstadt ihres Reiches im Nordwesten; Alanen und Vandalen, die im Kaukasus bzw. Osteuropa beheimatet sind, fallen südlich des Douro ein. Die zu einer Abwehr nicht mehr fähigen Römer schließen ein Zweckbündnis mit den Westgoten, die erst Alanen und Vandalen vertreiben, um sich mit wachsendem Verfall des römischen Reiches selbst als dominierende Kraft zu etablieren. 585 schlagen sie schließlich die Sueven und beherrschen von Toledo (nahe Madrid) aus die gesamte Halbinsel. Im 6. Jh. nehmen die Westgoten den christlichen Glauben an.

Maurische Herrschaft und Christliche Rückeroberung

Während die Westgoten die Halbinsel beherrschen, verkündet der Prophet Mohammed ab 610 im heutigen Saudi-Arabien die islamische Religion, die sich rasch auch in Nordafrika verbreitet. 711 überqueren die moslemischen Heere die Meerenge von Gibraltar und erobern binnen sieben Jahren die Iberische Halbinsel. Die als Mauren bezeichneten Invasoren sind größtenteils Berber aus Nordafrika, teils aber auch Araber aus dem östlichen Mittelmeerraum und Vorderasien. Zunächst wird die Halbinsel von Damaskus (Syrien) aus regiert, 756 fällt sie unter das Emirat von Córdoba (Südspanien). Die Mauren verbreiten den Islam, Christen und Juden genießen aber weitgehende Religionsfreiheit.

Im Jahr 718 beginnt die sogenannte Christliche Rückeroberung *(Reconquista)* der Halbinsel. Ausgangspunkt ist das nordspanische Königreich Asturien (später in León umbenannt und 1230 mit dem Nachbarreich Kastilien vereinigt). Schon im 8. Jh. verlieren die Mauren Teile des Nordens, im 11. Jh. Coimbra, kurz darauf Lissabon; 1250 ist Portugals Reconquista beendet. (Dagegen müssen die Mauren erst rund 240 Jahre später ihre letzte Hochburg im benachbarten Spanien räumen.) Während der Reconquista entsteht im heutigen Nordportugal erst eine Grafschaft, dann ein selbständiges Königreich.

Grafschaft Portucale

Unter Fernando I. (1037–1065) und Sancho II. (1065–1072) von Kastilien und León gelingen weite Vorstöße in das Gebiet der Mauren; dagegen befürchtet Afonso VI. (1072–1109) nach anfänglichen Erfolgen erneute Invasionen der Mauren, zu deren Abwehr er ausländische Hilfe benötigt. Aus dem französischen Burgund kommen zahlreiche Ritter, unter ihnen ein gewisser Henrique, der zur Belohnung für Verdienste auf dem Schlachtfeld die Hand von Afonsos unehelicher Tochter Teresa sowie – im Jahr 1097 – die Grafschaft Portucale im heutigen Nordportugal erhält. 1112 stirbt Henrique, Teresa wird Regentin für den erst im Jahr zuvor geborenen Sohn

Afonso Henriques

Afonso, der sich mit zunehmendem Alter nach und nach von der kastilianischen Oberhoheit lossagt – gegen den Widerstand seiner Mutter, die sogar Truppen gegen ihren Sohn aufbietet. Bei der Schlacht von São Mamede (bei Guimarães) schlagen Afonsos Truppen 1128 die seiner Mutter Teresa. 1139 nimmt er als Afonso I. Henriques den Königstitel an und regiert von Guimarães aus ein Gebiet, das vom Minho im Norden bis südlich von Coimbra reicht.

Unabhängiges Portugal

Unter dem von Afonso Henriques gegründeten Königshaus von Borgonha (Burgund) strebt die junge Monarchie zunächst nach Sicherung ihrer Unabhängigkeit und nach neuen Eroberungen maurisch besetzter Territorien. Den Frieden mit dem Nachbarreich Kastilien sichert 1143 der Vertrag von Zamora. Der Papst erkennt Afonso Henriques 1144 als Grafen, 1179 schließlich als König an.

Afonsos erster wichtiger Feldzug führt 1147 zur Eroberung der Maurenfestung Santarém an der Tejo-Linie. Um dann auch Lissabon einzunehmen, erhält sein kleines Heer Hilfe von 13000 englischen, flämischen und deutschen Kreuzrittern, die im Rahmen der (seit 1095 laufenden) Kreuzzüge auf dem Weg ins ›Heilige Land‹ in Porto anlegen. Sie lassen sich davon überzeugen, daß sie auch in Portugal gegen ›Ungläubige‹ kämpfen können, denn der König verspricht ihnen als Belohnung das Recht zur Plünderung Lissabons, das aber erst nach viermonatiger Belagerung fällt. Portugals Südgrenze verschiebt sich so von Coimbra – inzwischen Hauptstadt – nach Lissabon.

Zur Eroberung der im späten 12. Jh. noch maurischen Gebiete bedient sich die Krone zunehmend der – im ›Heiligen Land‹ eigens zur Bekämpfung der ›Ungläubigen‹ gegründeten – Ritterorden. (Dazu zählen neben den seit 1128 in Portugal tätigen Templern die Orden von Avis, Malta und Santiago.) Sie stellen die Heere für die Feldzüge gegen die Mauren; als Herren der eroberten Gebiete – die sie fortan auch zu verteidigen haben – dürfen sie Feudalabgaben eintreiben.

Die endgültige Eroberung des Algarve gelingt 1250 unter Afonso III. Portugal etabliert seine – von geringfügigen Änderungen abgesehen – bis heute gültige Landesgrenze mit Kastilien bzw. Spanien. Der Hof wechselt nach Lissabon über.

Trotz schwerer Machtkämpfe zwischen Kirche und Krone erlebt Portugal im 13. Jh. einen wirtschaftlichen und kulturellen Aufschwung. Schon 1226 sind 100 Kaufleute im Besitz von Handelslizenzen des englischen Königs; der Schiffbau blüht. König Dinis (1279–1325) gründet 1290 in Lissabon Portugals erste und für lange Zeit einzige Universität (1308 nach Coimbra verlegt, s. S. 173). Ein Handelsvertrag mit England begründet die bis heute fast ununterbrochen guten (wenngleich für Portugal nicht immer vorteilhaften) Beziehungen beider Länder.

Das Vermögen des im frühen 14. Jh. vom Avignon-Papst Clemens V. aufgehobenen Templerordens (s. S. 285) überträgt Dinis auf den neuen, rein nationalen Christusorden, der der Krone untersteht und später, im 15. Jh., die Entdeckungsexpeditionen mitfinanziert. Dinis' Gattin ist die (1625 heiliggesprochene) ›Heilige Königin‹ Isabel von Aragon, die sich als ›First Lady‹ der Armenhilfe widmet und brisante Erbstreitigkeiten zwischen einem ehelichen und einem der zahlreichen unehelichen Söhne ihres Gemahls schlichtet.

Dem Tod von Dinis folgen mehrere schwere Krisen. Afonso IV. führt ruinöse Kriege gegen Kastilien, die 1340 nur vorübergehend beigelegt werden können: Thronfolger Pedro heiratet eine Kastilianerin, die aber schon 1345 stirbt. Angesichts der wieder aufflammenden Kriege bedeutet Pedros neue Verbindung mit der kastilianischen Hofdame Inês de Castro – aus der zwei uneheliche Söhne hervorgehen – einen Skandal. Der König, der eine Zunahme kastilianischen Einflusses auf portugiesische Belange befürchtet, ordnet 1355 Inês' Ermordung an. Pedro, von 1357 an König, läßt die Tote zur Königin krönen und die Mörder grausam hinrichten. Danach stürzt er sich direkt in die nächste Verbindung, aus der ein weiterer unehelicher Sohn – der spätere König João I. – hervorgeht. Nach Pedros Tod im Jahr 1367 besteigt jedoch zunächst der legitime Sohn Fernando den Thron. Seiner von Kriegen und inneren Unruhen gezeichneten Regierungszeit folgt 1383 eine Revolution.

Ermordung von Inês de Castro

Die Revolution von 1383–1385

Im 14. Jh. zeigt Portugals Feudalordnung unübersehbare Krisenerscheinungen. Die Zeit der Leibeigenschaft ist größtenteils vorbei, dafür gibt es nun formal freie Kleinbauern, im Süden auch abhängige Landarbeiter. In den Städten Lissabon und Porto wächst ein mächtiges Handelsbürgertum heran; es exportiert überwiegend Salz, Fischerei- und Agrarprodukte. Handelspartner sind England, Flandern und – ab 1373 – auch die deutsche Hanse. Beengt fühlt sich das Bürgertum allerdings durch die Stellung des Landadels, der die Produktion wichtiger Exportgüter (z.B. Wein, Olivenöl) kontrolliert.

Nach der schweren Pestepidemie von 1346–1348 ziehen zahlreiche Landbewohner auf der Suche nach besseren Einkommen in die Städte. Der Adel, dem diese billige Arbeitskraft fehlt, erwirkt Verordnungen, mit denen abgewanderte Bauern gezwungen werden können, auf das Land zurückzukehren. Wiederum sieht sich die städtische Bevölkerung benachteiligt und wertet 1372 die Ankündigung von König Fernandos Hochzeit mit der hochadligen Leonor Teles als Affront. Die Lage spitzt sich noch weiter zu, als König Fernando, der keinen männlichen Thronfolger hat, nach drei verheerenden Kriegen gegen Kastilien seine Tochter Beatriz mit Kastiliens König Juan verheiratet und damit eine Vereinigung beider Reiche vorbereitet. Daran sind allenfalls Adelskreise, nicht aber das Bürgertum interessiert. Bei Fernandos Tod 1383 fällt die Regentschaft an Königin Leonor, die von allen Schichten des Volkes aber ebenso abgelehnt

João I.

wird wie ihr Berater und Liebhaber João Fernandes Andeiro. Eine Gruppe von Verschwörern beauftragt Fernandos Halbruder João, Großmeister des Avis-Ordens, mit einem Attentat auf den Berater der Königin. Mit dem Mord allein gibt sich die Bevölkerung indes nicht zufrieden. Revolten in Lissabon und im Alentejo richten sich gegen die Königin, die schließlich aus Lissabon flieht. João von Avis wird vom Volk zum Gegenregenten proklamiert, woraufhin die Truppen von Kastiliens König Juan einrücken. 1384 belagern sie Lissabon; dessenungeachtet bestimmt Anfang 1385 auch die Ständeversammlung den Avis-Meister zum König. Bei der entscheidenden Schlacht von Aljubarrota (s. S. 113) schlägt Joãos kleines, von englischen Bogenschützen verstärktes Heer die zahlenmäßig weit überlegenen Kastilianer.

Schlacht bei Aljubarrota

Portugal sichert seine Unabhängigkeit; König João I. (1385–1433) gründet die Avis-Dynastie, die in einer veränderten gesellschaftlichen Landschaft regiert. Dominierende Klasse wird anstelle des alten Feudaladels das Handelsbürgertum. João heiratet die englische Philipa (portugiesisch: Filipa) von Lancaster und schließt 1386 mit den Briten einen Freundschaftspakt (Vertrag von Windsor).

Das Kolonialzeitalter beginnt

Bis ins 14. Jh. hinein exportiert Portugal lediglich Güter aus eigener Produktion. Noch kontrollieren arabische Kaufleute den Handel mit Gold und Silber, Edelsteinen, Seide, Gewürzen und anderen Luxuswaren aus Indien und Ostasien. Diese Güter gelangen auf dem teuren und gefährlichen Landweg zunächst an die Mittelmeerküste und von dort per Schiff nach Genua oder Venedig – Städte, deren Blütezeit als Umschlagsplatz des Orienthandels nun rasch zu Ende geht: Die Portugiesen beginnen, unbekannte Küstenabschnitte zu erkunden und perfektionieren Schiffbau und Navigationstechniken. Als Pionier der Seefahrt gilt der Sohn von João I., Henrique (›Heinrich der Seefahrer‹, 1394–1460), von 1420 an Großmeister des Christus-Ordens. In Sagres (Algarve) bringt er Geografen, Astronomen, Mathematiker, Seefahrer und Schiffsbauer zusammen, um Portugals Vorstoß zu fernen Ufern wissenschaftlich vorzubereiten; in Sagres werden auch die schnellen, leichten und gut manövrierbaren Karavellen entwickelt.

Schon die Eroberungen der Portugiesen in Nord- und Westafrika bedrohen die Handelsmonopole der Genueser und Venezianer. Die Entdeckung des bislang unbekannten Seeweges nach Indien Ende des 15. Jh. leitet den Orienthandel auf den Indischen und Atlantischen Ozean um. Die Handelsplätze am Mittelmeer liegen plötzlich abseits.

Von Ceuta bis zum Kap der Guten Hoffnung

Portugals erste Eroberung ist die marokkanische Hafenstadt Ceuta, direkt am Eingang zum Mittelmeer. 1415 stechen 200 Schiffe in See, um diesen bedeutenden Umschlagplatz für Gold, Elfenbein und Gewürze einzunehmen.

Es bleibt nicht bei Ceuta. 1418/19 entdecken João Gonçalves Zarco und Tristão Vaz Teixeira die noch unbewohnte Inselgruppe Madeira; 1432 erreichen portugiesische Seefahrer die ebenfalls unbewohnten Azoren. Bereits unter König Duarte (1433–1438) umschifft Gil Eanes 1434 das westmarokkanische Kap Bojador, hinter dem man bis dahin das ›Meer der Finsternis‹ vermutete.

Unter Afonso V. (1438–1481) stoßen die Portugiesen zu den Kapverdischen Inseln, zum Niger-Delta und zur Elfenbeinküste vor. Die Seefahrer bringen nun Gold und Negersklaven mit in die Heimat zurück. 1471 läßt Afonso die marokkanischen Hafenstädte Tanger und Asilah einnehmen.

Zur Regierungszeit João II. (1481–1495) überquert Diogo Cão 1482 den Äquator und erreicht die Kongo-Mündung. 1488 umschifft Bartolomeu

Bau einer Karavelle

Dias die Südspitze Afrikas, die Kap der Guten Hoffnung genannt wird. Nun erscheint Indien in greifbarer Nähe! Allerdings begeht João II. einen gravierenden Fehler: Am Königshof erscheint ein Genuese, der verspricht, gegen reiche Belohnung neues Land im Westen zu entdecken. Der Empfehlung des Kronrates folgend, weist João den Mann ab. Sein Name: Christoph Kolumbus! Er wendet sich an den kastilianischen Hof, wo man seine Dienste gern in Anspruch nimmt.

Portugal bekommt Konkurrenz

In der zweiten Hälfte des 15. Jh. beginnt der systematische Sklavenfang. An der afrikanischen Küste entstehen befestigte Stützpunkte. (Die flächendeckende Kolonisation Afrikas läuft erst im 19. Jh. an.) Als Entdeckernation haben die Portugiesen gegenüber anderen europäischen Mächten einen bedeutenden Vorsprung, den sie mit päpstlicher Hilfe zu sichern versuchen: 1455 erläßt Papst Nikolaus V. eine Bulle, die Portugal alle bereits entdeckten und wahrscheinlich noch zu entdeckenden Länder südlich der (seit dem 14. Jh. dem Nachbarreich Kastilien bekannten) Kanarischen Inseln zuspricht.

1492 aber entflammt Streit. Die Mauren verlieren ihre letzte iberische Hochburg Granada. Unter dem Königspaar Isabel und Fernando wird der größte Teil des heutigen Spanien unter einer Krone vereinigt und steigt zur Weltmacht auf: Kolumbus, der unter spanischer Flagge segelt, stößt im Westen auf bislang unbekanntes Land, das Portugal – unter Berufung auf die Papstbulle – für sich beansprucht. Den Konflikt schlichtet der spanische Papst Alexander VI. Unter seiner Obhut schließen Portugal und Spanien 1494 im spanischen Tordesillas ein Abkommen zur Aufteilung der Welt unter sich. Bei 46 Grad westlicher Länge ziehen sie die Grenze zwischen der westlichen spanischen und der östlichen portugiesischen Einflußsphäre. (Der praktische Beweis, daß die Erde rund ist, steht noch aus.) Spanien erhält so den größten Teil des amerikanischen Kontinents; in der portugiesischen Sphäre liegen nicht nur Afrika – und damit die Stützpunkte auf dem erst teilweise entdeckten Seeweg nach Indien –, sondern auch ein Teil Brasiliens. Und das macht die Grenzziehung des Jahres 1494 bemerkenswert; denn offiziell wird Brasilien erst sechs Jahre später von Pedro Álvares Cabral entdeckt. Ursprünglich sollte die päpstliche Grenzziehung viel weiter östlich liegen. Der vehemente Protest des portugiesischen Königs zwang Spanien

zu Eingeständnissen und veranlaßte den Papst, die Grenze so weit westlich zu verschieben, bis Brasilien in der portugiesischen Einflußsphäre lag. Eine frühere, zunächst geheimgehaltene Entdeckung des Landes ist also denkbar. So erklärt der Tordesillas-Vertrag auch, daß in Brasilien heute Portugiesisch, im übrigen Lateinamerika Spanisch gesprochen wird.

Jedem, der die Tordesillas-Linie mißachtet, droht der Papst mit der Exkommunikation. England und die Niederlande, potentielle Hauptrivalen von Spanien und Portugal, lösen sich zwar bald von der römisch-katholischen Kirche, treten aber erst über 100 Jahre später als Kolonialmächte auf.

Indien, Ostasien, Brasilien – und der Anfang vom Ende

1497 ist es soweit – König Manuel, in dessen Thronzeit (1495–1521) der Höhepunkt von Portugals Seemacht fällt, sendet vier Schiffe unter dem Kommando von Admiral Vasco da Gama zur ersten Indienfahrt aus.

Sklaven – ›schwarze Menschenware‹

»Ein wunderbarer Anblick, wie sie da inmitten des jubelnden Volkes stehen«, heißt es in einem Bericht über die Ankunft der ersten Negersklaven in Lissabon Mitte des 15. Jh. »Solche, die fast weiß sind, andere, die wie Mulatten aussehen, und wieder andere, so schwarz wie Äthiopier. Einige halten ihre Häupter gesenkt, und ihre Gesichter sind in Tränen gebadet. Ab und zu blicken sie einander an, andere schluchzen erbärmlich und schauen laut stöhnend zum Himmel ...«

Im 16. Jh. stellen afrikanische Sklaven rund ein Zehntel von Portugals Bevölkerung. Ohne die ›schwarze Menschenware‹ erscheinen die Zuckerrohrkulturen auf Madeira ebenso undenkbar wie der Baumwoll- und Tabakanbau in Brasilien oder der Abbau brasilianischen Goldes. Vorsichtigen Schätzungen zufolge werden allein im 16. Jh. rund 900000 Sklaven aus Schwarzafrika verschleppt – und der Sklavenhandel erreicht erst im 18. Jh. seinen Höhepunkt!

»Der Sklavenhändler hat schon einen hinreichenden Gewinn, wenn nur die Hälfte der Ladung ankommt«, ist in einem Bericht aus dem Jahr 1826 zu lesen. Erst 1869 wird in Portugals Kolonien die Sklaverei beendet.

Diogo Cão an der Kongo-Mündung

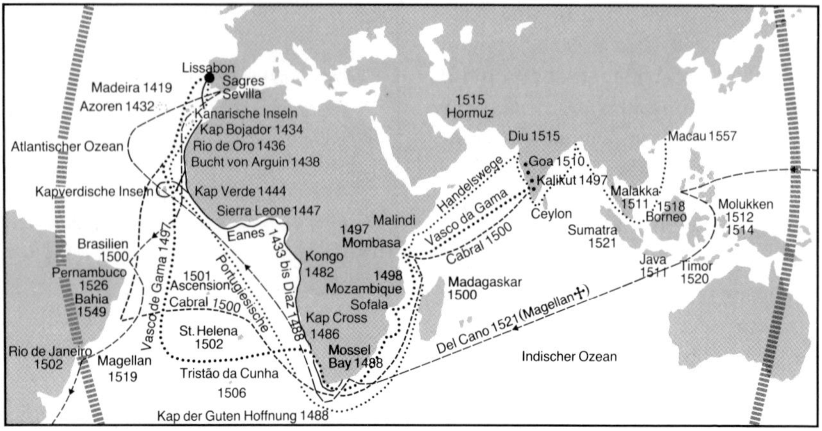

Portugiesische Eroberungsfahrten und die Grenzziehungen von Tordesillas (1494, li) und Zaragoza (1529, re)

Schon an der ostafrikanischen Küste entdeckt das Geschwader zahlreiche blühende, von arabischen Handelsschiffen angelaufene Häfen; im Mai 1498 erreicht es die südwestindische Stadt Kalikut und kehrt, mit Reichtümern beladen, nach Lissabon zurück. Friedlich verläuft diese Pionierfahrt natürlich nicht: Völlig grundlos setzt der Admiral mehrere Städte unter Beschuß; auf seiner folgenden, zweiten Indienreise läßt er einigen Fischern Hände und Füße abhacken als warnendes Beispiel für alle, die sich der portugiesischen Krone widersetzen.

Schnell steigt Lissabon zum wichtigsten europäischen Umschlagplatz des Indienhandels auf, die Gouverneure der indischen Handelsniederlassungen nennen sich nunmehr ›Vizekönige‹. Als erste Inhaber dieses Titels überziehen Francisco de Almeida (1505–1509) und Afonso de Albuquerque (1509–1515) den Indischen Ozean mit einem Netz von Stützpunkten. Nach der Küste des heutigen Moçambique und den Städten Mombasa (Kenia) und Mogadischu (Somalia) nehmen sie Maskat (Golf von Oman), Hormus (Persischer Golf), Goa und Diu (indische Westküste) sowie Colombo (Sri Lanka) ein; bald stoßen die Portugiesen auch bis Sumatra (Indonesien), Malakka (Malaya-Halbinsel), die Molukken (Südostasien) und, im Jahr 1513, bis China vor. Für Südostasien interessiert sich indes auch Spanien, das zur Entdeckung eines neuen Weges dorthin den portugiesischen Seefahrer Fernão de Magalhães kontraktiert. Sein Geschwader verläßt Europa 1519 in westlicher Richtung, überquert die Tordesillas-Linie, segelt durch die spanische Welthälfte, um Südamerika herum und erreicht portugiesisches Gebiet in Ostasien. Magalhães stirbt unterwegs (1521), ein – nach mehreren Meutereien verbleibender – Teil der Besatzung beweist aber mit dieser ersten, 1522 vollendeten Weltumsegelung, daß die Erde rund ist – womit der Tordesillas-Vertrag einer Ergänzung bedarf. Im Vertrag von Zaragoza ziehen Spanien und Portugal 1529 bei 135 Grad östlicher Länge eine zweite Demarkationslinie. Portugals Sphäre schließt nun die Molukken, Japan und China ein. 1542 ergeben sich erste Handelskontakte mit Japan, 1557 erhält Portugal von China den Stützpunkt Macau.

Brasilien, 1500 entdeckt und nach seinem ersten Ausfuhrgut, dem rötlichen, in der Färberei verwendeten Brasilholz, benannt, ist anfangs nicht so einträglich wie Indien. Doch bald schon wird mit afrikanischen Sklaven der Anbau von Zuckerrohr vorangetrieben, später kommen Baumwolle und Tabak hinzu; erst Ende des 17. Jh. beginnt in Brasilien der ›Goldrausch‹. An der Kolonialbeute von Spanien und Portugal wollen unterdessen auch andere teilhaben. Schon im frühen 16. Jh. werden Handelsschiffe vor der westafrikanischen Küste überfallen, ausgeraubt und versenkt; während der 60jährigen spanischen Herrschaft über Portugal (1580–1640; s. u.) gerät die einstige Vormachtstellung in Asien ins Wanken. Spaniens Feinde, allen voran die Niederlande und England, betrachten portugiesische Schiffe und Stützpunkte nunmehr als spanischen Besitz. Holländische und britische Kaperkapitäne – unter ihnen der berühmte Sir Francis Drake – machen den Seeweg aus Indien unsicher. Portugal verliert viele Schiffe und kann Stützpunkte wie die Molukken, Hormus, Malakka, Sri Lanka und mehrere indische Städte nicht mehr halten. Übrig bleiben in Asien bald nur noch die indischen Städte Diu, Goa und Daman sowie Macau und Osttimor – die Portugal bis ins 20. Jh. retten kann.

Innere Gegensätze

Voraussetzung für die kostspieligen Unternehmen der kolonialen Expansion ist die Stärkung der königlichen Zentralgewalt. Bereits Ende des 15. Jh. durchforstet der energische João II. den Dschungel althergebrachter Feudalprivilegien, womit er sich einige Feinde macht. Der Herzog von Bragança, Portugals größter Landbesitzer, wird der Teilnahme an einer Verschwörung gegen den König beschuldigt und 1483 enthauptet; viele andere hochrangige Vertreter von Klerus und Adel läßt João hinrichten oder in Kerkern verschmachten.

Unterdessen leisten sich die Krone und die im Kolonialgeschäft engagierte Oberschicht mit ihren Einnahmen aus Übersee ein luxuriöses Leben, das selbst in der Ständeversammlung auf Kritik stößt. Zugleich breiten sich in

Vasco da Gama

den wachsenden Städten Armut und Elend aus (worauf Joãos Gattin Leonor mit der Gründung von Krankenhäusern und *Misericórdias* – Einrichtungen der Armenhilfe – reagiert). Unter König Manuel entstehen allerorten Paläste, Kirchen und Klöster. Um trotz alledem noch seine Überseestützpunkte zumindest verteidigen zu können, muß sich Portugal unter João III. (1521–1557) bei ausländischen Bankiers verschulden.

Grund dieses wirtschaftlichen Verfalls: Anstatt die aus den Kolonien bezogenen Güter in Eigenregie weiterzuverarbeiten, betreibt Portugal einen reinen Zwischenhandel. Außerdem werden die Juden, die einen großen Teil des Handelsbürgertums stellen, ausgewiesen (bzw. ab 1536 von der Inquisition bedroht).

Spanische Fremdherrschaft (1580–1640)

Nach dem Tod von João III. im Jahr 1557 fällt der Thron an dessen dreijährigen Enkel Sebastião, für den erst die Großmutter Catarina, dann der Inquisitionskardinal und Großonkel Henrique die Regentschaft übernehmen. Der von Jesuiten erzogene Sebastião, der 1568 selbst den Thron besteigt, sieht Portugals Einfluß in Nordafrika bedroht. Ohne sich vorher um die eigene Nachfolge zu kümmern, führt er 1578 ein 18000 Mann starkes Heer nach Marokko. Bei Kasr el Kebir erleiden die Portugiesen eine vernichtende Niederlage, von der auch der König nicht zurückkehrt. Wieder regiert Großonkel Henrique, dessen Tod 1580 eine Nachfolgekrise auslöst.

Die Thronfolge entscheidet sich letztlich zwischen zwei Enkeln des (dreimal verheirateten) Königs Manuel – António, Prior von Crato, und Spaniens König Filipe II. Erst wird António zum König ausgerufen, kann jedoch aufgrund unzureichender Unterstützung den einfallenden Truppen des Herzogs von Alba nur geringen Widerstand leisten. Anfang 1581 wird der spanische Monarch Filipe II. in Tomar als Filipe I. von Portugal vereidigt. Seine Nachfolger Filipe III. und IV. werden als Filipe II. bzw. III. auch über Portugal herrschen.

Durch diese Königswahl erhoffen sich Teile der portugiesischen Oberschicht Zugang zu Spaniens Silberminen in Lateinamerika, wo auch Sklavenhändler gute Absatzchancen sehen. Portugal hat aber schon bald das Nachsehen. Die Niederländer, Gegner Spaniens im 30jährigen Krieg, besetzen zeitweise Teile Brasiliens und unterbrechen so die Lieferung brasilianischen Zuckers.

Die Steuern, die das portugiesische Volk obendrein für Spaniens Kriege zahlen muß, provozieren mehrere Revolten. Am 1. Dezember 1640 überfällt schließlich eine kleine Gruppe von Verschwörern den Lissabonner Königspalast, um wieder einen Portugiesen zum König zu erklären. Der Herzog von Bragança besteigt als João IV. den Thron (den die Bragança-Dynastie bis 1910 hält).

Seine wiedergewonnene Selbständigkeit muß Portugal noch in den ›Restaurationskriegen‹ gegen Spanien verteidigen. Hilfe kommt von den Briten, denen Portugal im Gegenzug die marokkanische Hafenstadt Tanger überläßt und Handelserleichterungen in Brasilien und Indien einräumt.

Die Inquisition

In Spanien beginnt die Inquisition schon gegen Ende des 15. Jh. Die bis dahin halbwegs tolerierten Juden und Mauren stehen plötzlich vor der Alternative, sich taufen zu lassen oder das Land zu verlassen. Unter João II. finden spanische Juden noch in Portugal Zuflucht. Sein Nachfolger Manuel aber liebäugelt mit einer Vereinigung von Portugal und Spanien, heiratet eine spanische Prinzessin und verpflichtet sich im Ehevertrag, die Juden auch aus Portugal auszuweisen. Bleiben dürfen nur diejenigen, die zum Katholizismus übertreten und fortan ›Neuchristen‹ heißen – ein Titel, der sie und ihre Nachkommen dennoch zu ehemaligen Juden stempelt und ihnen den Zugang zu öffentlichen Ämtern verwehrt. Diejenigen, die weiterhin offen oder heimlich den jüdischen Glauben praktizieren, sind ab 1536 vorrangige Opfer der von João III. eingeführten Inquisition; aber auch Moslems, Protestanten, im 18. Jh. auch den liberal ausgerichteten Freimaurern, droht Anklage vor den in Lissabon, Coimbra und Évora tagenden Ketzergerichten. Dabei sind der Denunziation keine Schranken gesetzt, die Verteidigung der Angeklagten ist äußerst schwer. Nicht zuletzt aufgrund der durch Folter erpreßten Geständnisse werden ›Schuldige‹ zu Haftstrafen verurteilt oder lebendig verbrannt.

Der Marquês de Pombal beendet im 18. Jh. die Diskriminierung der Neuchristen, 1821 wird die Inquisition abgeschafft.

Verbrennung von Inquisitionsopfern

Den Krieg beendet 1668 ein Friedensvertrag, in dem Spanien Portugals Unabhängigkeit anerkennt, Portugal andererseits aber seinen ältesten Überseebesitz Ceuta an Spanien abtritt.

Der Beginn der absolutistischen Herrschaft

Noch während der Restaurationskriege stirbt 1656 João IV. Anstelle seines minderjährigen Sohnes, dem kränklichen und später für schwachsinnig erklärten Afonso VI., führt Joãos Witwe Luise de Gusmão die Regierung. Erst nach einem Staatsstreich kommt Afonso 1662 zwar selbst formal an die Macht, de facto jedoch regiert sein starker Mann, der Graf Castelo Melhor. Sein autoritärer Führungsstil stößt in Adelskreisen auf Widerstand. 1667 schließlich reißt Afonsos jüngerer Bruder Pedro die Regentschaft an sich, Castelo Melhor verläßt den Hof, Afonso wird erst auf die Azoren deportiert, dann bis zu seinem Tod 1683 in Sintra bei Lissabon gefangengehalten.

Sein Bruder, bis jetzt Regent, besteigt als Pedro II. den Thron. In seiner Regierungszeit (1683–1706) und der seines Nachfolgers João V. (1706–1750) bildet sich in Portugal der Absolutismus heraus. Die Ständeversammlung tagt 1697/98 zum letzten Male, die Macht konzentriert sich in den Händen der Krone.

Angesichts prekärer Staatsfinanzen kommt die Entdeckung bedeutender Goldvorkommen in Brasilien Ende des 17. Jh. gerade recht. Portugal sieht sich allerdings auch mit neuen wirtschaftlichen Problemen konfrontiert, zumal der Absatzmarkt für Zucker, Tabak und andere Güter aus der inzwischen wichtigsten Kolonie Brasilien kaum noch wächst: Die Briten, bisherige Hauptabnehmer, bedienen sich zunehmend in eigenen Kolonien. Die in Porto ansässigen britischen Handelshäuser, die bislang vom Zukker- und Tabakexport gelebt haben, entdecken nun portugiesischen Wein (vor allem Portwein) als zukunftsträchtiges Ersatzprodukt. Dessen Absatzchancen verbessert noch der 1703 geschlossene (nach dem englischen Gesandten in Lissabon benannte) Methuen-Vertrag: England erhält Exporterleichterungen für seine Wollwaren und senkt dafür die Einfuhrzölle auf portugiesischen Wein.

Trotz des damit einsetzenden Portwein-Booms hat Portugal das Nachsehen. Englische Wollwaren überschwemmen den portugiesischen Markt, wodurch die Absatzmöglichkeiten heimischer Manufakturen sinken. Dafür erscheint der Weinbau in der Douro-Region so lukrativ, daß viele Landbesitzer anstatt Getreide nur noch Wein anbauen. Das Land bezieht von den Briten bald nicht nur Wollwaren, sondern auch Getreide und – in kleinen Mengen – gar Butter und Fisch.

Portugal bezahlt diese Einfuhren, die seine Exporte nach England um das Zwei- bis Dreifache übersteigen, mit brasilianischem Gold, das so letztlich in die Tresore britischer Banken fließt und nur in geringem Maße dem Aufbau heimischer Manufakturen zugute kommt. Auch der Bau protzig-repräsentativer Kirchen, Klöster und Paläste (z. B. Konvent von Mafra) verschlingt gewaltige Summen.

Der Marquês de Pombal

König José (1750–1777) tritt wenig in Erscheinung: die Regierungsgeschäfte überläßt er seinem Minister Sebastião de Carvalho e Melo – besser bekannt als Marquês de Pombal (1699–1782), der bereits als Botschafter in London und Wien Vertrauen am Hof gewonnen hat. Als allmächtiger Minister kann er im Zeitalter der Aufklärung tiefgreifende Reformen verwirklichen. Autorität verschafft er sich vor allem, als er nach einem schweren Erdbeben, das am 1. November 1755 große Teile Lissabons zerstört, die Stadt wieder aufbauen läßt und das öffentliche Leben reorganisiert.

Auf wirtschaftlichem Gebiet bemüht sich der Marquês, Portugals Importabhängigkeit einzuschränken. Neben Woll-, Glas-, Seide- und Porzellanmanufakturen gründet er Betriebe zur Baumwollverarbeitung sowie Portugals erste Zuckerraffinerie und erzielt sogar Überschüsse im Warenaustausch mit England. Als der Minister den Handel mit etlichen Kolonial- und Inlandsgütern in die Hände eigens ins Leben gerufener Monopolgesellschaften legt und damit die freie Konkurrenz einschränkt, macht er sich allerdings zahlreiche Feinde. Schon die Abgrenzung einer exklusiven Anbauregion für Portwein am Rio Douro begünstigt einseitig den Landadel und schließt viele Kleinbauern vom Weingeschäft aus; eine Monopolgesellschaft für den Handel mit Wein aus dieser Region bringt schließlich auch etliche Weinhändler

Marquês de Pombal

um die Existenzgrundlage und provoziert 1756 in Porto eine schwere Revolte. Von mehreren Tausend Teilnehmern werden 442 vor Gericht gestellt, 17 durch den Strang hingerichtet.

Pombal nimmt aber auch Adel und Klerus ins Visier. Nach einem mißglückten Attentat auf den König läßt er 1759 mehrere Adlige hinrichten. Den Jesuitenorden, der das Bildungs- und Kulturwesen beherrscht und damit ein Hindernis für Pombals Reformpläne darstellt, löst der Minister im selben Jahr kurzerhand auf. Im Rahmen einer Bildungsreform entstehen staatliche Schulen; die Universität Coimbra wendet sich endlich verstärkt den lange vernachlässigten Naturwissenschaften zu.

Pombal schafft die Inquisition zwar nicht ab, er unterstellt sie aber dem Staat und beendet die Diskriminierung der (von Juden abstammenden) ›Neuchristen‹.

Die Reform-Ära geht 1777 jäh zu Ende: König José stirbt, seine konservative Thronfolgerin Maria I. (›Die Wahnsinnige‹, 1777–1816) verbannt Pombal vom Hof. Portugal kann seinen ökonomischen Rückstand letztlich nicht aufholen und erlebt – anders als England und Frankreich im 17. bzw. 18. Jh. – vorerst keine bürgerlich-liberale Revolution.

Französische Invasionen, liberale Kämpfe

Frankreichs Revolution von 1789 findet auch in Portugal Anhänger, die in mehreren Städten Freimaurerlogen bilden; der Prinzregent João – der ab 1792 für seine geistesgestörte Mutter Maria I. regiert und 1816 den Thron besteigt – läßt diese jedoch verfolgen. 1793 verbündet er sich mit Spanien und England zu einer Invasion der jungen Republik.

Schon bald aber schert Spanien aus diesem Dreierbund aus; einem spanisch-französischen Separatfrieden kann sich Portugal aus Rücksicht auf den Bündnis- und Handelspartner England nicht anschließen. 1801 erklärt Spanien Portugal den Krieg, besetzt einige südportugiesische Städte. Zwar kommt es noch im gleichen Jahr zum ›Frieden von Badajoz‹, Portugal erhält – mit Ausnahme der Stadt Olivença, die bis heute zu Spanien gehört – die besetzten Orte zurück, verpflichtet sich aber, seine Seehäfen für englische Kriegsschiffe zu schließen.

Das Land bemüht sich nunmehr um Neutralität, will 1806 aber an der ›Kontinentalsperre‹ von Frankreichs

Kaiser Napoleon gegen England nicht teilnehmen und erlebt drei französische Invasionen, die nur mit englischer Hilfe abgewehrt werden können. Die erste unter General Junot erreicht 1807 Lissabon, die Königsfamilie flieht gerade noch rechtzeitig nach Brasilien (wo sie bis 1821 bleibt). 1808 müssen die Franzosen abziehen, fallen aber 1809 unter Führung von General Soult in Nordportugal ein. Bei ihrer dritten Invasion 1810/11 erleiden die Franzosen in Buçaco (bei Coimbra) eine ernste Niederlage; an den ›Linien von Torres Vedras‹ müssen sie sich angesichts einer Übermacht des britisch-portugiesischen Heeres von Arthur Wellesley (Duke of Wellington) zurückziehen.

In den folgenden Jahren wird Portugal praktisch eine englische Kolonie. General William Carr Beresford fungiert als Statthalter für die Königsfamilie, die im fernen Rio de Janeiro von zwei Seiten unter Druck gerät: In Portugal findet die liberale Bewegung immer mehr Anhänger und nach den Unabhängigkeitserklärungen mehrerer Länder Südamerikas zeichnet sich ab, daß auch Brasilien als ›Milchkuh‹ des Königshofes nicht mehr zu halten ist. Ab 1820 überschlagen sich die Ereignisse. Am 24. August 1820 erzwingt eine von Porto ausgehende liberale Revolution die Wahl einer verfassunggebenden Versammlung. Noch vor Erlaß der Verfassung werden 1821 Meinungs- und Pressefreiheit verkündet, die Inquisition abgeschafft. König João VI. (1816–1826) kehrt aus dem Exil heim, Kronprinz Pedro bleibt indes in Brasilien, wo die Nachrichten von den Ereignissen im Mutterland Wellen schlagen. Um Schlimmeres zu verhindern, erklärt Pedro am 7. September 1822 Brasilien für unabhängig und sich selbst zum Kaiser. Zwei Wochen später wird in Portugal die absolutistische Herrschaft durch die konstitutionelle Monarchie abgelöst. Eine radikal-liberale Verfassung führt das allgemeine Wahlrecht (außer für Frauen) ein, trennt die drei Gewalten und beseitigt Privilegien von Klerus und Adel. Ein Putsch von Prinz Miguel (dem jüngeren Bruder von Pedro) setzt die Vergünstigungen aber schon 1823 wieder in Kraft; sein Vater João VI. regiert mit absoluten Vollmachten. Miguel strebt selbst nach der Macht, scheitert aber mit einem erneuten Putschversuch und muß 1824 ins Wiener Exil.

1826 stirbt João VI. Kronprinz Pedro, der selbsternannte Kaiser von

Landung des liberalen Heeres bei Porto

Brasilien, kann beide Länder zugleich nicht regieren. Ehe er auf den portugiesischen Thron zugunsten des brasilianischen verzichtet, verkündet er für Portugal eine neue, gemäßigte Verfassung, die die Anhänger der 1822er Verfassung mit den Befürwortern absoluter Herrschaft versöhnen soll; vor seiner Rückkehr trifft er die Vorbereitungen für die Heirat seiner noch minderjährigen Tochter Maria mit seinem Bruder Miguel. Der schwört im Wiener Exil Treue zur Verfassung, kehrt nach Portugal zurück, läßt sich 1828 zum König ausrufen – um prompt die Verfassung für nichtig zu erklären und zur Hexenjagd auf Liberale zu blasen! Die verfolgten Liberalen sammeln sich auf den Azoren-Inseln. Angeführt von Miguels Bruder Pedro, der 1831 auch auf den brasilianischen Thron verzichtet, stellen sie eine Armee auf, die 1832 in Richtung Porto in See sticht. Mit ihrer Landung beginnt ein zweijähriger Bürgerkrieg zwischen den liberalen Anhängern von Pedro IV. und der reaktionären Gefolgschaft Miguels. Die Miguelisten, anfangs in der Oberhand, verlieren am 24. Juli 1833 Lissabon; ihre endgültige Niederlage besiegelt 1834 der Friede von Evoramonte: Miguel muß das Land verlassen. Zur Schwächung der im Lande verbleibenden feudal-klerikalen Reaktion läßt Pedros Justizminister Joaquim António de Aguiar im gleichen Jahr sämtliche Orden, Klöster und Konvente auflösen. Ihr Besitz wird beschlagnahmt, später größtenteils verkauft.

Als Nachfolgerin Pedros, der 1834 stirbt, regiert Maria II. (1834–1853) mit der gemäßigten Verfassung von 1826. Danach bestimmen lediglich die Einwohner mit bestimmten Mindesteinkommen die Mitglieder eines Repräsentantenhauses, dem noch eine Kammer auf Lebenszeit ernannter Adliger mit erblichen Ämtern übergeordnet ist. Mit diesem System finden sich die Anhänger der radikalen Konstitution von 1822 nicht ab, Verfassungskämpfe und Militärputsche bestimmen die innenpolitische Szene bis 1851. Dann leitet eine Verfassungsänderung, die das Wahlrecht erweitert, eine Phase relativer Stabilität ein.

Das Ende der Monarchie

Abwechselnd regieren ab 1851 die moderat-konservative Regenerationspartei und die progressive Historische Partei. Portugal erlebt politische und wirtschaftliche Fortschritte: 1867 wird die Todesstrafe abgeschafft. Der Minister Fontes Pereira de Melo und seine Amtsnachfolger lassen Eisenbahnlinien, Brücken und Straßen bauen, Telegrafenleitungen verlegen. Die Industrialisierung des Landes kommt aber – nicht zuletzt wegen der übermächtigen Konkurrenz britischer Waren – nur langsam voran. Zahlreiche Portugiesen aus den dicht bevölkerten nördlichen Landesteilen sehen in der Emigration nach Nord- oder Südamerika ihre einzige wirtschaftliche Chance. Unterdessen zeigt sich an der Gründung erster Arbeiterverbände sowie – in den 70er Jahren – einer republikanischen und einer sozialistischen Partei eine wachsende Unzufriedenheit mit einem System, das zur Lösung brennender Probleme außerstande ist.

Straßenbarrikade in Lissabon am 5. 10. 1910

Schon in den 80er Jahren befindet sich Portugal am Rande des Staatsbankrotts. Der Verlust der einstigen Kolonie Brasilien ist längst nicht überwunden. Zwar beginnen nun Expeditionen ins bislang wenig erforschte Hinterland der afrikanischen Kolonien, doch dort kommt es zum Streit mit England: Portugals Anspruch auf das Land zwischen Angola und Moçambique provoziert 1890 ein Ultimatum der Engländer, die ein Kolonialreich ›von Kairo bis zum Kap‹ etablieren wollen. Portugal gibt nach – trotz heftiger Kritik der Republikaner, die in den folgenden Jahren Auftrieb erhalten. Zwar scheitert am 31. Januar 1891 in Porto eine republikanische Revolte, die Tage der Monarchie sind dennoch gezählt. König Carlos (1889–1908), der 1907 eine diktatorische Regierung einsetzt, fällt 1908 gemeinsam mit Kronprinz Luís Filipe in Lissabon einem Attentat von Anarchisten zum Opfer. Sein Nachfolger Manuel II. kann den Thron nur noch zwei Jahre halten. Nach einem erfolgreichen Militäraufstand in Lissabon wird am 5. Oktober 1910 die Republik ausgerufen, die Königsfamilie flieht nach England.

Die Republik von 1910–1926

In Portugal etabliert sich – nach Frankreich und der Schweiz – Europas dritte Republik. 1910/11 verkündet eine provisorische Regierung unter Teófilo Braga weitreichende Reformen wie Pressefreiheit und Streikrecht, den Fortfall aller Adelstitel und die Trennung von Kirche und Staat; der Religionsunterricht wird abgeschafft, die Ehescheidung ermöglicht, die seit Mitte des 19. Jh. wieder aktiven religiösen Orden löst die Regierung abermals auf.

Priorität genießt unter dem neuen Regime die Breitenbildung, denn noch sind drei Viertel der Bevölkerung Analphabeten; in Lissabon und Porto entstehen neue Universitäten. Stadtbewohnern kommen mieterfreundliche Gesetze zugute. Ansonsten bleibt es eher bei bürgerlich-liberalen Reformen. Mit den wirtschaftlichen und sozialen Problemen des Landes ist letztlich auch die Republik überfordert. Eine im Süden dringend notwendige Landreform findet nicht statt. Landarbeiterstreiks im Alentejo, die die Polizei 1912 niederschlägt, provozieren Generalstreiks im Raum Lissabon/Setúbal. Allmählich verliert das Regime seine anfängliche Unterstützung durch die zahlenmäßig noch schwache, aber wachsende Industriearbeiterschaft, in deren Reihen anarchistische Gewerkschaften an Einfluß gewinnen. 1921 wird die kommunistische Partei gegründet.

Im Ersten Weltkrieg bemüht sich Portugal zunächst um Neutralität, ist allerdings nicht in der Lage, seine an die deutschen Kolonien grenzenden Afrika-Besitzungen ohne die Hilfe des Empire zu verteidigen. Auf britische Pressionen hin beschlagnahmt die Regierung 1916 alle deutschen Schiffe in portugiesischen Häfen (woraufhin Deutschland den Krieg erklärt, in Portugal aber nicht einfällt). Portugal schickt Truppen an die Front in Flandern. Durch einen Putsch errichtet Sidónio Pais Ende 1917 eine Militärdiktatur, die bald nach dem Krieg wieder endet. In den Folgejahren zerfallen die führenden Parteien in Fraktionen. 45 Regierungen und 15 Militärputsche sind nach 16 Jahren die Bilanz der Republik.

Salazar und der faschistische ›Neue Staat‹

Am 28. Mai 1926 führt General Gomes da Costa von Braga aus einen konservativen Militärputsch durch. Damit beginnt eine 48 Jahre dauernde reaktionäre Diktatur, die demokratische Freiheiten unterdrückt. 1927 werden Aufstände in Lissabon und Porto niedergeschlagen. Aus einer Wahlfarce geht 1928 General Fragoso Carmona als Staatspräsident (bis 1951) hervor; Portugals starker Mann wird indes António de Oliveira Salazar (1889–1970), ein im Priesterseminar erzogener Professor der Universität Coimbra. 1928 zum Finanzminister berufen, kann er den Staatshaushalt zwar konsolidieren, dies allerdings nur mit Steuererhöhungen und drastischen Ausgabekürzungen, um dann zu weitergehenden Plänen auszuholen: Der vom italienischen Diktator Mussolini inspirierte Diktator ist 1930 Mitbegründer der *União Nacional,* der fortan einzigen legalen Partei im Land. 1932 übernimmt er das Amt des Ministerpräsidenten (bis 1968) und gründet 1933 mit einer neuen Verfassung den sogenannten ›Neuen Staat‹. An die Stelle des einstigen Parlaments tritt eine ständische Abgeordnetenkammer. Der ›Deutschen Arbeitsfront‹ vergleichbare Syndikate lösen die früheren Gewerkschaften ab. 1936 entstehen der faschistische Jugendverband *Mocidade Portuguesa* und die Geheimpolizei PIDE (1969 in

Humberto Delgado, Präsidentschaftskandidat der demokratischen Opposition, bei einer Pressekonferenz 1958

DGS umbenannt). Regimegegnern drohen Verhaftung, Folter und Tod.

Dennoch hat Salazar stets mit einer starken Opposition zu kämpfen. Deren Hauptkraft ist die von 1926 an illegale Kommunistische Partei, die aus dem Untergrund heraus immer wieder erfolgreich Streiks organisieren kann. Ihre Aktivisten sind allerdings scharfer Verfolgung ausgesetzt. Offiziell duldet das Regime lediglich die ›Bewegung für Demokratische Einheit‹ (MUD), an ihre Stelle tritt später das ›Demokratische Wahlzentrum‹ (CDE). Diese Bewegungen dürfen aber wenig mehr, als zu den Scheinwahlen des Staatspräsidenten Gegenkandidaten aufzustellen. 1958 kandidiert der ›furchtlose General‹ Humberto Delgado gegen den offiziellen Kandidaten Américo Tomás. Auf einer Pressekonferenz antwortet er auf die Frage, was er im Fall seiner Wahl mit Salazar tun werde: »Ich entlasse ihn, ist doch klar«. Delgado erhält nach dem offiziellen, wohl manipulierten Ergebnis über 20 % der Stimmen. 1965 wird er von der PIDE ermordet.

Salazars Außenpolitik ist zwiespältig. Im Spanischen Bürgerkrieg (1936–1939) bleibt Portugal neutral, unterstützt die Franco-Kräfte aber indirekt und schließt nach Kriegsende mit dem Nachbarland einen Freundschaftspakt. Um gute Beziehungen mit Großbritannien wie auch mit Nazi-Deutschland bemüht, nimmt Portugal auch am Zweiten Weltkrieg nicht aktiv teil. 1942 sieht sich Salazar jedoch gezwungen, den Alliierten die Einrichtung einer Luftwaffenbasis auf den Azoren zu gestatten; die NATO, der Portugal 1949 beitritt, weiß Salazar als Bündnisgenossen im Kampf gegen den Kommunismus zu schätzen.

Gesellschaftspolitisch läßt sich der Diktator von konservativ-klerikalen Idealen leiten. Mit Hilfe der drei F's (Fußball, Fado, Fátima) versucht er, die Massen zu entpolitisieren. Schulbildung ist für ihn drittrangig (Analphabetenrate 1974: fast 40 %), die Industrialisierung macht nur sehr langsam Fortschritte. Durch die Herausbildung einer starken Arbeiterschaft wächst nach Meinung Salazars lediglich ein unerwünschtes Konfliktpotential.

Portugal lebt überwiegend von seinen Kolonien; erst in den 40er Jahren beginnt ein wirtschaftlicher Aufbau, der indes nicht unter marktwirtschaftlichen Gesichtspunkten abläuft. Eine Handvoll privilegierter Familien kontrolliert Banken, Versicherungen und Industrien sowohl im Mutterland als auch in den Überseegebieten; neben Energie und Industrieerzeugnissen muß Portugal stets auch Agrarprodukte einführen; extrem niedrige Löhne aber begrenzen den Importbedarf. Armut und Unterentwicklung führen zur massenhaften Auswanderung; in den 50er Jahren beginnt die Emigration nach Frankreich und in die Bundesrepublik Deutschland. Durch Überweisungen der ›Gastarbeiter‹ erhält Portugal Devisen.

Doch dieses künstliche wirtschaftliche Gleichgewicht gerät ins Wanken. Allein 1960 erlangen 17 afrikanische Länder die Unabhängigkeit; unterdessen versucht Salazar, seine Kolonien mit aller Gewalt zu halten. 1961 nehmen die Befreiungskräfte in Angola den bewaffneten Kampf gegen die Kolonialmacht auf, im gleichen Jahr besetzen indische Truppen die noch von Portugal gehaltenen Städte Diu, Daman und Goa. Ungeachtet wachsender UNO-Kritik an seiner Kolonialpolitik nimmt Salazar 1963/64 noch den Kampf gegen die Unabhängigkeitsbewegungen in Guinea und Moçambique auf. Das ärmste Land Europas verstrickt sich in aussichtslose Kriege, die als ›portugiesische Vietnams‹ bald horrende Geldsummen verschlingen. Hoffnungen auf den überfälligen politischen Wandel erwachen, als 1968 Marcelo Caetano an die Stelle des greisen und schwer erkrankten Salazar tritt. Der strebt eine vorsichtige Öffnung an, scheitert jedoch an konservativen Widerständen. Die politische Verfolgung ist nicht mehr so scharf, die Geheimpolizei aber bleibt bestehen, und zu einer politischen Lösung der Kolonialfrage ist auch Caetano nicht fähig. Die Opposition formiert sich: 1970 entsteht der linke Gewerkschaftsbund CGTP, 1973 wird in der Bundesrepublik Deutschland die Sozialistische Partei Portugals gegründet, zugleich wenden sich immer mehr Offiziere gegen Diktatur und Kolonialkrieg. Bei einem unblutigen Militärputsch übernimmt 1974 eine ›Bewegung der Streitkräfte‹ (MFA) die Macht.

Die ›Nelkenrevolution‹ 1974–1976

25. April 1974, 00.30 Uhr. Der Radiosender ›Radio Renascença‹ spielt José Afonsos – vom Regime verbotenes – Lied ›Grândola, Vila Morena‹, verabredetes Geheimsignal für den begin-

Verbrüderung von Volk und Militär am 25. April 1974

nenden Militäraufstand. Binnen weniger Stunden ist Lissabon besetzt. Die Bevölkerung strömt auf die Straßen und schenkt den Soldaten rote Nelken (bis heute Symbol für Portugals Freiheit). Ministerpräsident Caetano bleibt keine Wahl: Er übergibt die Macht an General António de Spínola, Chef einer ›Junta der Nationalen Errettung‹, die sogleich die politischen Gefangenen befreit, die Geheimpolizei auflöst und die Führer des alten Regimes ins Ausland abschiebt. Bei der Kundgebung am 1. Mai 1974 umjubelt eine riesige Menschenmenge die aus dem Exil heimgekehrten Parteiführer von Sozialisten und Kommunisten, Mário Soares und Álvaro Cunhal (die aber bald miteinander in Konflikt geraten ...). Parteien können wieder frei auftreten, in den nächsten Monaten entstehen die Demokratische Volkspartei (PPD; heute Sozialdemokratische Partei – PSD) und das Demokratisch-Soziale Zentrum (CDS).

Briefmarke zur Einheit von Bauer und Soldat

Staatspräsident Spínola bestimmt im Mai Adelino de Palma Carlos zu der Bildung einer ersten Provisorischen Regierung. Unter Beteiligung sozialistischer, kommunistischer und parteiloser Minister wird erstmals ein nationaler Mindestlohn von 3300 Escudos (damals ca. 330 DM) verkündet, der über die Hälfte aller Arbeitnehmer begünstigt.

MFA-Plakate

Unterdessen ist sich das Militär uneins, wie die drei Ziele der Revolution – Demokratisierung, Entkolonialisierung und Entwicklung des rückständigen Landes – zu erreichen sind. Die einen setzen auf einen markwirtschaftlichen Weg, die anderen wollen einen sozialistischen Kurs einschlagen – und diese Gruppe setzt sich allmählich durch. Im Juli 1974 übernimmt der linke Oberst Vasco Gonçalves das Amt des Ministerpräsidenten; Staatschef Spínola gerät in Konflikt mit der Regierung und muß im September Generalstabschef Costa Gomes Platz machen.

Portugal ist im Aufbruch. Buchläden füllen sich mit bis dahin verbotener Literatur. Mit Massenkundgebungen, Betriebsbesetzungen und Streiks verschaffen große Teile der Bevölkerung ihren Forderungen nach besseren Lebensbedingungen Gehör. Anfang 1975 leiten südportugiesische Landarbeiter mit der – später legalisierten – Besetzung von Großgrundbesitz eine Agrarreform ein (Motto: »Das Land denen, die es bearbeiten«). Nach einem vergeblichen Putschversuch Spínolas am 11. März beginnt die Nationalisierung von Banken, Versicherungen und Großindustrien.

Indessen machen sich wirtschaftliche Schwierigkeiten bemerkbar.

Die Regierung sieht sich mit enormer Kapitalflucht sowie einem Investitionsboykott ausländischer Firmen konfrontiert. Rückwanderer aus den afrikanischen Kolonien – die Portugal 1974/75 in die Unabhängigkeit entläßt – belasten den Arbeitsmarkt, und seit dem Ölschock Ende 1973 schmelzen die Devisenreserven des Landes dahin. Die Regierungen der EG-Staaten, die Portugals Revolution mit Skepsis beobachten, knüpfen die Gewährung von Finanzhilfen an innenpolitische Bedingungen. Auf Wunsch der USA wird die Beteiligung der Portugiesen in der ›Nuklearen Planungsgruppe‹ der NATO gestoppt.

NATO und EG hoffen auf eine mäßigende Rolle der Sozialistischen Partei, die die Wahlen zu einer Verfassunggebenden Versammlung am 25. April 1975 mit 38 % Stimmanteil gewinnt. Innerhalb der Regierung wie auch im MFA-›Revolutionsrat‹ stehen die Anhänger der Sozialisten in zunehmendem Gegensatz zu den Kommunisten. Im Juli 1975 treten die sozialistischen Minister demonstrativ aus dem Kabinett aus, die ›Bewegung der Streitkräfte‹ (MFA) zerfällt in drei Fraktionen: Die ›Gonçalves-Gruppe‹, die auf Unterstützung durch Kommunisten und Gewerkschaften baut; die »Antunes-Gruppe«, die der Sozialistischen Partei (PS) nahesteht; schließlich die basisdemokratisch ausgerichtete ›COPCON-Gruppe‹ um den ›Chefstrategen‹ des 25. April, Otelo Saraiva de Carvalho. Nach innenpolitischen Turbulenzen – u. a. Brandanschlägen auf kommunistische Parteibüros – wird Ministerpräsident Gonçålves im Herbst 1975 vom PS-protegierten Admiral Pinheiro de Azevedo abgelöst. Durch Niederschlagung einer Revolte von Teilen des Militärs, die der ›COPCON-Gruppe‹ nahestehen, gewinnen am 25. November 1975 moderate und gemäßigt konservative Kräfte die Oberhand.

Portugal seit 1976

Aus den ersten Parlamentswahlen am 25. April 1976 gehen die Sozialisten als stärkste Partei hervor, verfehlen jedoch die absolute Mehrheit; die Wahl zum Staatspräsidenten gewinnt wenig später der parteilose General Ramalho Eanes, der bis 1986 amtiert.

Durch die Verfassungsrevision von 1982 wird der ›Revolutionsrat‹ aufgelöst, das Militär ›in die Kasernen zurückgeschickt‹. Im Zeitraum 1976–86 lösen sich nicht weniger als zehn Regierungen ab, wichtige Ergebnisse der Revolution geraten unter Beschuß. Unter sozialistischer Alleinregierung beginnt 1977 die Rückgabe von Agrarreformland an Großgrundbesitzer. Die nachfolgenden Regierungen streben zunehmend nach Reprivatisierung staatseigener Unternehmen. Die konkreten Probleme aber bleiben. 1984/85 führen eine Inflation von bis zu 30 % und die wachsende Arbeitslosigkeit zu sozialen Unruhen gegen eine neoliberale Wirtschaftspolitik. 1986 vollzieht sich der (1977 beantragte) Beitritt zur EG, mit deren finanzieller Unterstützung endlich ein wirtschaftlicher Aufschwung gelingt. Unter Ministerpräsident Cavaco Silva, dessen Sozialdemokratische Partei 1987 die absolute Mehrheit im Parlament erringt (s. S. 28), läuft 1989 die Privatisierung staatseigener Unternehmen an. 1989 erfolgt eine zweite Reform der Verfassung, die 1992 abermals leicht geändert wird, damit Portugal in der Lage ist, den Vertrag von Maastricht zu ratifizieren.

1987 einigen sich die Regierungen Portugals und der Volksrepublik China über die Rückgabe des Fernost-Territoriums im Jahr 1999.

ZEITTAFEL

	Vor der Staatsgründung	
219	Die Römer erreichen den Süden der Iberischen Halbinsel	
139	Mord am Lusitanerführer Viriato; Widerstand gegen die Römer nimmt ab	
25–16	Befriedung Lusitaniens, Einsatz einer zivilen Verwaltung	
v. Chr.		
n. Chr.		
ab 409	Invasionen von Alanen, Sueven und Vandalen	
469	Westgoten erobern einen Teil der Halbinsel	
585	Westgoten schlagen Sueven und beherrschen die Halbinsel	
711	Mauren aus Nordafrika erobern die Iberische Halbinsel	
718	Beginn der Christlichen Rückeroberung (ausgehend von Nordspanien, in Portgual 1250 abgeschlossen)	
868	Porto und Braga unter christlicher Herrschaft	
1064	Christlicher Vorstoß zum Mondego, Mauren verlieren Coimbra	
1097	Henrique von Burgund regiert die Grafschaft Portucale im heutigen Nordportugal (Teil des Königreiches Kastilien und León)	
1139	Henriques Sohn Afonso gründet das Königreich Portugal	
1139–1383	**Haus Burgund (Borgonha)**	
1139–85	König Afonso I. Henriques	
1147	Christen erobern Santarém und Lissabon von den Mauren	
1179	Papst Alexander III. erkennt Portugals Selbständigkeit an	
1185–1211	König Sancho I.	Weitere Feldzüge gegen die Mauren Konflikte mit der Kirche (ab 1220) Überseehandel u. a. mit England
1211–23	König Afonso II.	
1223–48	König Sancho II.	
1246–79	König Afonso III.	
1250	Mauren verlieren den Algarve, Portugal etabliert (von kleinen Änderungen abgesehen) seine heutigen Landesgrenzen	
1254	Klerus, Adel und Volk sind in der Ständeversammlung vertreten	
1279–1325	König Dinis; wirtschaftlicher und kultureller Aufschwung	
1290	Universitätsgründung in Lissabon (1308 nach Coimbra verlegt)	
1308	Handelsabkommen mit England	
1325–57	König Afonso IV.	
1336–86	Krieg mit Kastilien	
1348	Pestepidemie; Beginn heftiger Konflikte zwischen Landadel und Handelsbürgertum	
1357–67	König Pedro I.	
1367–83	König Fernando I.	
1369–70	Krieg mit Kastilien	
1383	Heirat von Prinzessin Beatriz mit Kastiliens König Juan I.	
1383–85	Fernando stirbt ohne männlichen Thronfolger; eine Revolution verhindert eine Vereinigung Portugal–Kastilien und bringt die Avis-Dynastie zur Macht	
1385	Sieg über Kastiliens Invasionsheer bei Aljubarrota	

1385–1580	**Haus Avis**
1385–1433	König João I.; Beginn der Übersee-Expansion, vorangetrieben durch Prinz Henrique (›Heinrich der Seefahrer‹, 1394–1460)
1386	Freundschaftsvertrag mit England
1415	Einnahme von Ceuta/Marokko (Portugals erster Überseebesitz)
1418/32	Entdeckung der Inselgruppen Madeira und Azoren
1433–38	König Duarte
1434	Gil Eanes umschifft das westmarokkanische Kap Bojador
1438–81	König Afonso V.; Portugiesen erreichen Kapverdische Inseln, Elfenbeinküste und Niger-Delta; Beginn des Sklavenfangs (1441); Einnahme von Asilah und Tanger/Marokko (1471)
1481–95	König João II., Kämpfe zwischen Krone und Feudaladel/Klerus
1482	Diogo Cão erreicht die Kongo-Mündung
1488	Bartolomeu Dias erreicht das Kap der Guten Hoffnung
1492	Kolumbus segelt (unter spanischer Flagge) nach Amerika
1494	Im Vertrag von Tordesillas teilen Portugal und Spanien die Welt unter sich auf (unter Obhut von Papst Alexander VI.)
1495–1521	König Manuel I.; Portugals ›Goldenes Zeitalter‹
1497/98	Vasco da Gama erreicht Indien auf dem Seeweg
1500	Entdeckung Brasiliens durch Pedro Álvares Cabral
ab 1505	Portugal errichtet etliche Stützpunkte im Indischen Ozean
1513	Portugiesen erreichen China
1521–57	König João III.; Finanzkrise
1536	Beginn der Inquisition (1821 abgeschafft)
1542	Handelskontakte mit Japan
1557	China überläßt Portugal den Stützpunkt Macau
1557–78	König Sebastião
1578	Tod des Königs bei Kämpfen in Nordafrika
1578–80	Kardinal-König Henrique, mit dessen Tod das Haus Avis ausstirbt
1580–1640	**Personalunion Portugal/Spanien**
1580–98	König Filipe I. (II. von Spanien) } Schwächung von Portugals Position in Übersee; Verlust mehrerer Stützpunkte
1598–1621	König Filipe II. (III. von Spanien) }
1621–40	König Filipe III. (IV. von Spanien) }
1640	Revolte in Lissabon, Portugal wieder selbständig (1. Dezember)
1640–1910	**Haus Bragança**
1640–56	König João IV.
1640–68	Restaurationskriege mit Spanien
1656–67	König Afonso VI. (1667 aus dem Amt gedrängt, † 1683)
1667–1706	König Pedro II. (bis 1683 Regent, dann König); Absolutismus
1693	Beginn des Goldrausches in Brasilien
1703	Methuen-Handelsvertrag mit England (Wollwaren gegen Wein)
1706–50	König João V.; Höhepunkt des Absolutismus, wirtschaftlicher Abstieg
1750–77	König José; Regierung des Marquês de Pombal
1755	Schweres Erdbeben in Lissabon
1759	Ausweisung der Jesuiten; Beginn einer Bildungsreform

1772	Die Inquisition wird dem Staat unterstellt
1777–1816	Königin Maria I. (Gatte: Pedro III.); konservative Wende, Verbannung Pombals
1793	Bündnis Portugal-Spanien-England gegen Frankreich
1801	Spanische Truppen fallen in Portugal ein
1807–11	Französische Invasionen, Abwehr mit englischer Hilfe
1807	Flucht der Königsfamilie nach Brasilien (bis 1821)
1816–26	König João VI. (ab 1792 Regent, 1821 Rückkehr aus Brasilien)
1820	Liberale Revolution in Porto setzt konstituierende Versammlung ein;
1821	Pressefreiheit, Ende der Inquisition
1822	Radikal-liberale Verfassung tritt in Kraft (konstitutionelle Monarchie)
1822	Unabhängigkeit Brasiliens
1826–28	König Pedro IV., seit 1822 auch Kaiser Brasiliens, verzichtet auf portugiesischen Thron
1826	Pedro erläßt eine neue, gemäßigte Verfassung
1828–34	König Miguel; regiert absolutistisch, setzt Verfassung außer Kraft und läßt Liberale verfolgen
1832–34	Bürgerkrieg zwischen liberalen Anhängern Pedros und absolutistischen Anhängern Miguels
1834	Sieg der Liberalen, Auflösung der Orden, Miguel geht ins Exil
1834–53	Königin Maria II. (Gatte: Fernando II.); Verfassungskämpfe und verschiedene Militärputsche
ab 1851	Beginn der *Regeneração* (Wiedergeburt): Politische Stabilität, technischer Fortschritt, ab 1853 Eisenbahnbau
1853–61	König Pedro V.
1861–89	König Luís; wirtschaftlicher Niedergang, Aufkommen von republikanischen und sozialistischen Bewegungen
1867	Abschaffung der Todesstrafe
1869	Ende der Sklaverei in Überseegebieten
ab 1877	Expeditionen ins Landesinnere Afrikas
1889–1908	König Carlos; republikanische Bewegung wächst
1890	›Englisches Ultimatum‹ zwingt Portugal zum Verzicht auf afrikanisches Gebiet zwischen Angola und Moçambique
1891	Staatsbankrott; republikanische Revolte in Porto scheitert
1908	König Carlos wird bei einem Attentat getötet
1908–10	König Manuel II. († 1932 im Exil)
1910	Ausrufung der Republik in Lissabon (5. Oktober), Ende der Monarchie
1910–26	**Erste Republik,** 45 Regierungen in 16 Jahren
1910	Trennung von Kirche und Staat
1911	Republikanische Verfassung
1916–18	Teilnahme Portugals am Ersten Weltkrieg auf alliierter Seite
1921	Gründung der Kommunistischen Partei
1922	Gago Coutinho und Sacadura Cabral gelingt der erste Flug über den Südatlantik (Lissabon – Rio de Janeiro)
1926	Rechter Putsch unter General Gomes da Costa (28. Mai)

1926–74	**Faschistische Diktatur**
1926–28	Unterdrückung demokratischer Freiheiten
1928	Salazar wird Finanzminister
1930	Gründung der *União Nacional*, nunmehr einzige legale Partei
1932–68	Salazar Ministerpräsident
1933	Eine neue Verfassung etabliert den faschistischen ›Neuen Staat‹
1939–45	Portugal bleibt im Zweiten Weltkrieg neutral, überläßt den Alliierten 1942 jedoch eine Luftwaffenbasis auf den Azoren
1949	Portugal wird NATO-Mitglied
1955	UN-Beitritt
1961	Indien besetzt Portugals Kolonien Goa, Diu und Daman
1961–74	Unabhängigkeitskriege in Afrika (Angola, Guinea, Moçambique)
1968	Abtritt Salazars († 1970), Caetano wird Ministerpräsident; vorsichtige Reformen, aber keine Lösung der Kolonialfrage
1974	Sturz des Faschismus durch Militäraufstand (25. April)
seit 1974	**Demokratisches Portugal**
1974–76	Linke Militärregierungen legalisieren Parteien und bereiten Rückweg zur Demokratie vor; Richtungskämpfe, insgesamt schlägt Portugal vorübergehend einen sozialistischen Weg ein
1975	Nationalisierung von Banken und Großindustrien; Agrarreform. Wahl einer Verfassunggebenden Versammlung. Gescheiterter linksextremer Militäraufstand (25. November) signalisiert moderate Wende
1974–76	Unabhängigkeit der Afrika-Kolonien; Osttimor von Indonesien annektiert; Portugal behält nur Macau
1976	Demokratische Verfassung tritt in Kraft. Erste freie Parlaments- und Präsidentschaftswahlen
1976–86	General Ramalho Eanes Staatspräsident; in diese Zeit fallen insgesamt zehn Regierungen
1982	Erste Verfassungsrevision, Fortfall einiger sozialistischer Passagen
1986	Beitritt zur EG
seit 1986	Mário Soares Staatspräsident (1991 wiedergewählt)
1987	Luso-chinesisches Abkommen über Rückgabe Macaus im Jahr 1999
1989	Zweite Verfassungsrevision
1992	Portugal übernimmt erstmals den EG-Vorsitz. Dritte Verfassungsrevision, um die Verträge von Maastricht ratifizieren zu können

Kunsthistorische Spuren von Portugals Vor- und Frühgeschichte sind nicht nur in den zahlreichen archäologischen Museen zu besichtigen. Als älteste Kunstwerke im heutigen Staatsgebiet gelten Höhlenmalereien bei Escoural (nahe Montemor-o-Novo/Alentejo), wahrscheinlich vom Ende der späten Altsteinzeit (40000–8000 v. Chr.). In vielen Landesteilen stößt man auf Hünengräber aus der Jungsteinzeit (5000–2000 v. Chr.). Im letzten Jahrtausend vor der Zeitenwende siedelten indogermanische Völker nördlich des Douro. Von ihren Wehrdörfern (Citânias) sind vielfach noch Schutzwälle sowie Grundmauern runder oder rechteckiger Häuser erhalten. Bekannteste Citânia ist die von Briteiros, zwischen Braga und Guimarães.

Die Römer entfalteten im gesamten Land eine rege Bautätigkeit; kunsthistorisch interessante Beispiele sind die Ruinen der früheren Stadt Conímbriga (bei Coimbra, gute Mosaiken) sowie ein Tempel in Évora aus dem 2. oder 3. Jh. Beachtung verdienen ferner die Ruinen von Milreu (bei Faro), Pisões (bei Beja), Miróbriga (Santiago do Cacém/Alentejo) und Cetóbriga (Tróia, bei Setúbal). Ehemals römische Straßen und Brücken dienen teilweise noch dem Autoverkehr des 20. Jh.

Die Westgoten nahmen während ihrer Herrschaft auf der Iberischen Halbinsel (5. bis frühes 8. Jh.) den katholischen Glauben an. Aus dem 6. Jh. stammt die ehemalige Kathedrale von Idanha-a-Velha (bei Castelo Branco); im 7. Jh. entstand bei Braga die byzantinische Basilika São Frutuoso (auf dem Grundriß eines griechischen Kreuzes), bei Lamego die Kirche São Pedro de Balsemão.

Die Mauren, die im Jahr 711 einfielen, hielten den Norden Portugals bis zum 9. Jh., den Süden hingegen bis zum 13. Jh. Einziges erhaltenes Beispiel ihrer religiösen Architektur ist die seit dem 13. Jh. als Pfarrkirche genutzte Moschee von Mértola/Alentejo; die meisten anderen Moscheen wurden nach Eroberung der maurischen Gebiete durch die Christen zerstört – oft, um an gleicher Stelle Kir-

Domus Municipalis in Bragança

chen zu errichten. Dagegen wurden zahlreiche maurische Burgen unter christlicher Herrschaft noch ausgebaut und verstärkt; besonders sehenswert sind die Kastelle von Sintra sowie Silves/Algarve. Typisch für den arabischen Städtebau ist Lissabons labyrinthisches Altstadtviertel Alfama.

Während der moslemischen Herrschaft kam die christliche Architektur nicht etwa zum Erliegen. Übrig geblieben ist aus dieser Zeit nur die 912 begonnene Pfarrkirche von Lourosa (ca. 70 km östlich von Coimbra), die westgotische und maurische Einflüsse aufweist.

Die Romanik verbreitete sich in Portugal vom späten 11. Jh. an. Erstlingswerk ist die 1096 begonnene Kathedrale von Braga. Vor allem in Nord- und Mittelportugal entstanden zahlreiche romanische Kirchen und Klöster – die in den folgenden Jahrhunderten vielfach allerdings An- und Umbauten nach dem jeweiligen Zeitgeschmack erfuhren. In Südportugal, wo zur Blütezeit der Romanik im 12. Jh. noch die Mauren herrschten, sind Beispiele dieses Stils rar. Zu den wichtigsten romanisch begonnenen Bauwerken zählen die Kathedralen von Braga, Porto und Lissabon sowie die Alte Kathedrale von Coimbra. Romanische Kirchen haben eine schlichte Ausstattung, Zierwerk konzentriert sich auf Portale, Kapitelle und Fensterrosen.

Vom vorherrschenden ein- oder dreischiffigen Kirchentyp hebt sich die im 12. Jh. auf 16-seitigem Grund-

Manuelinische Säulen im Kloster von Belém

riß erbaute Rundkirche des Templerordens in Tomar ab; zu den wenigen Beispielen nichtreligiöser romanischer Baukunst zählt das als Zisterne erbaute, ab dem 16. Jh. für Bürgerversammlungen genutzte *Domus Municipalis* von Bragança.

Die Gotik, die sich von Frankreich nach Portugal ausbreitete, beeinflußte die Architektur vom späten 12. Jh. an. Während die 1168 angefangene Kathedrale von Évora noch Merkmale von Romanik und Frühgotik vereinigt, gilt die zehn Jahre später begonnene Zisterzienser-Klosterkirche von Alcobaça als erstes rein gotisches Bauwerk Portugals. Allgemein durchsetzen konnte sich die Gotik erst im 14. Jh. Paradestück ist die Klosterkirche von Batalha (bei Leiria, Baubeginn 1388), die auch englische Einflüsse aufweist. Im gotischen Stil entstanden aber auch Burgen (u. a. Vila da Feira/Aveiro und Leiria). Die Bildhauerei dieser Zeit ist durch die Sarkophage von König Pedro I. und Inês de Castro (in der Klosterkirche Alcobaça) hervorragend vertreten.

Prangerpfahl in Elvas

Während der gotischen Epoche gingen auch maurische Stilelemente in die christliche Architektur ein. Der **Mudejar-Stil,** der durch ›Schlüssellochbögen‹ und anderes arabisches Zierwerk gekennzeichnet ist, zeigt sich u. a. am Königspalast von Sintra sowie an Évoras Kirche São Francisco. Zur Wandverkleidung nahm man vom späten 14. Jh. an bunte Kacheln *(Azulejos),* die maurisch beeinflußte Künstler im benachbarten Spanien produzierten.

Von der Malerei ist bis zum 15. Jh. nur wenig bekannt; ab dann orientierte man sich zunächst an flämischen und italienischen Vorbildern. Da Portugals Maler größtenteils in Kollektiven arbeiteten, sind nur wenige Meister namentlich bekannt. Eine Ausnahme bildet Nuno Gonçalves (zweite Hälfte des 15. Jh.). Als sein größtes Werk gilt das Polyptychon *Painéis de São Vicente (Museu Nacional de Arte Antiga,* Lissabon), ein Gesellschaftsporträt jener Zeit, auf dem der Heilige von Angehörigen aller sozialen Schichten umgeben ist.

Ein verspielt-dekorativer Baustil ist die **Manuelinik,** die sich auf spätgotischen Grundformen entwickelte und nur in Portugal Verbreitung fand. Benannt nach König Manuel, zu dessen Regierungszeit (1495–1521) Vasco da Gama den Seeweg nach Indien entdeckte und Portugal zur Weltmacht aufstieg, spiegelt die Manuelinik den in Übersee erworbenen Reichtum wider, den eine Oberschicht aus Krone, Klerus und Adel für den Bau repräsentativer Kirchen, Klöster und Paläste verwendete (oder, ökonomisch gesehen, verschwendete). Portale, Gewölbe und Fassaden schmückte man üppig mit Elementen aus der Seefahrt – aus Stein gehauenen Ankern, Tauen, Muscheln, Tang –, teils findet sich auch indisches und maurisches Zierwerk. So präsentiert sich die Manuelinik als phantasievoller, fast fröhlich-heiterer Stil, ohne das Ernste oder Ehrfurchterweckende, das Kirchenbauten oft zu eigen ist. Wichtigste Bauten sind Lissabons Jerónimos-Kloster und der Turm von Belém sowie die Kirche des Christus-Konventes in Tomar; im manuelinischen Stil entstanden aber auch einfache Pfarrkirchen, Rathäuser, Prangersäulen und Wohnhäuser. Herausragende Künstler sind Boitaca, Mateus Fernandes und die Brüder Diogo und Francisco Arruda. Kunsthistorisch bildet die Manuelinik das portugiesische Bindeglied zwischen der Spätgotik und der **Renaissance,** die die Architektur und Bildhauerei etwa von 1520 an prägte. Sie zeigt sich zunächst an der Ausschmückung spätgotisch oder manuelinisch begonnener Kirchen; erst ab 1530 entstanden reine Renaissance-Bauten, die sich durch übersichtlichere Grundlinien und -formen sowie durch die Verwendung griechischer und römischer Stilelemente (u. a. Säulen, Bögen) auszeichneten. Hauptbauwerke der Renaissance sind die Universität von Évora und der Filipes-Kreuzgang im Christus-Konvent von Tomar; als Bildhauer treten insbesondere Nicolau Chantarene und João de Ruão hervor (Werke u. a. in der Kirche Santa Cruz und in der Alten Kathedrale von Coimbra).

Auf dem Gebiet der Malerei begründete der von Nuno Gonçalves beeinflußte Vasco Fernandes (›Grão Vasco‹) während der ersten Hälfte des 16. Jh. in Viseu eine eigenständige Schule (Werke im Museum Grão Vasco, Viseu); bekannt wurden auch seine Zeitgenossen Jorge Afonso, Gregório Lopes und Cristóvão de Figueiredo.

Der Manierismus beherrschte die Architektur des späten 16. und frühen 17. Jh. Am Bau bevorzugte man strenge Formen; hervorragende Beispiele dieses Stiles sind die Kirche São Vicente de Fora in Lissabon sowie die Neue Kathedrale von Coimbra.

Als Innenschmuck nahm man immer öfter mehrfarbigen Marmor oder Azulejos, die Portugal nunmehr selbst produzierte. Auf dem Gebiet der Malerei wurden u. a. Cristóvão Lopes, Cristóvão Morais, Gaspar Dias und Diogo Teixeira bekannt.

Vom Barock geprägt zeigte sich das 17. und 18. Jh. In dieser Zeit bildete sich auf politischem Gebiet der Absolutismus heraus, wirtschaftlich geriet Portugal in englische Abhängigkeit; ein Großteil des Goldes, das man Ende des 17. Jh. in Brasilien entdeckte, floß in immer verspieltere Kirchen, Klöster und Prestigebauten. 1717–1730 ließ João V. mit Hilfe von 50000

Azulejos – portugiesische Kachelkunst

Azulejos (von az-Zulayi [arab.] = kleiner Stein) nennt man die – meist blau-weißen oder blau-weiß-gelben – Kacheln, die überall in Portugal anzutreffen sind. Sie zieren Kirchen, Klöster und Paläste wie auch Bahnhöfe, Markthallen, Gärten und Brunnen (Farbabb. 4). Wie Teile eines großen Puzzles zusammengesetzt, stellen sie mal Heilige oder Englein inmitten sprießender Blumenpracht, mal Schäfer, Marktfrauen oder Landschaften dar; Kacheln mit geometrischen oder orientalischen Mustern ersetzen auf Innen- und Außenwänden oft Tapeten, Farbe und Putz. Seit nunmehr 500 Jahren schätzt man Azulejos als reizvolles, billiges und beständiges Dekorationsmaterial.

Die Kachelkunst stammt von den Mauren. Maurische oder maurisch beeinflußte Künstler im benachbarten Spanien lieferten die Azulejos, die im späten 15. Jh. in Portugal in Mode kamen. Importware aus dieser Zeit ist u. a. im Königspalast von Sintra, im Conceição-Konvent von Beja und in Coimbras Alter Kathedrale zu sehen. Die Oberflächen der mehrfarbigen Kacheln weisen Vertiefungen auf, die durch kleine Erhebungen voneinander getrennt sind, damit die Farben beim Brennen nicht verlaufen. Vom 16. Jh. an beschichtete man statt dessen flache Kacheln vor dem Bemalen mit Zinnoxyd oder bemalte sie mit Oxydfarben *(Majolica-Technik,* Kobalt ergibt z. B. blau, Eisen gelb).

Eigene Azulejos produzierte Portugal vom späten 16. Jh. an, auch ältere Bauwerke wurden nach und nach verkachelt, zuerst in blau-weiß-gelblichem, dann vor allem in blau-weißem Dekor. 1767 leitete die Gründung einer Königlichen Manufaktur einen Azulejo-Boom ein, und bald fand man auch an anderen Farben wieder Gefallen. In Lissabon gibt es ein Museum der Kachelkunst (s. S. 129), in Vila Fresca de Azeitão, nahe Setúbal, ist eine Manufaktur zu besichtigen (s. S. 159).

Arbeitern (nach Plänen des deutschen Architekten Johann Friedrich Ludwig) den pompösen Konvent von Mafra errichten; Joãos zweites großes ›Paradestück‹ ist die Universitätsbibliothek von Coimbra. An zahlreichen Barock-Kirchen im Raum Porto zeigt sich das Wirken des Italieners Nasoni, zugleich Architekt des Mateus-Herrenhauses bei Vila Real.

Beim Innenschmuck entwickelte sich eine Vorliebe für blau-weiße Azulejos sowie für vergoldetes Holzschnitzwerk *(Talha Dourada;* das Gold kam aus Brasilien).

Im **Rokoko-Stil** (eine Spätform des Barock) entstand 1758–1794 der als ›Portugiesisches Versailles‹ konzipierte Königspalast von Queluz. Bei Braga dokumentiert die über eine 600-stufige Freitreppe zu erreichende Wallfahrtskirche Bom Jesus do Monte die Macht des Klerus Ende des 18. Jh.

Die Zerstörungen des schweren Erdbebens von 1755 zwangen aber auch zu rationelleren Bauweisen. Vom Geist der Aufklärung inspiriert, ließ der Marquês de Pombal Lissabons Unterstadt auf geometrischem Grundriß neu aufbauen.

Als Maler dieser Epoche sind vor allem Vieira Lusitano (1699–1783) und Domingos António Sequeira (1768–1837) hervorzuheben; bedeutendster Bildhauer ist Machado de Castro (1731–1822), der u. a. das Reiterstandbild König Josés auf der Lissaboner Praça do Comércio schuf.

Das 19. Jh. ist von einem Rückgang der kirchlichen Bautätigkeit gekennzeichnet, zumal die religiösen Orden 1834 aufgelöst, Kirche und Staat 1910 getrennt wurden.

In der zivilen Architektur lebten Stile vergangener Epochen wieder auf. Am 1840 begonnenen Pena-Palast von Sintra stellte der deutsche Baron von Eschwege gotische, maurische, manuelinisiche und barocke Anleihen zusammen; neo-manuelinisch sind Lissabons Rossio-Bahnhof und das 1888 vom Italiener Manini konzipierte königliche Sommerschloß von Buçaco (bei Coimbra); zu erwähnen ist auch der ›Maurische Saal‹ der Börse von Porto.

Gegen Ende des 19. Jh. entwarf der französische Ingenieur Eiffel in Nordportugal mehrere Eisenbahnbrücken (u. a. in Porto und Viana do Castelo).

Auf dem Gebiet der Malerei ragen der Naturalist Silva Porto (1850–1893), der Porträt- und Volksmaler José Malhoa (1855–1933), der Porträtist Columbano Bordalo Pinheiro (1857–1929) und der Kubist Souza Cardoso (1887–1918) heraus; in der Bildhauerei treten Soares dos Reis (1847–1889) und dessen Schüler Teixeira Lopes (1872–1942) hervor. (Werke der Malerei und Bildhauerei des 19. Jh. befinden sich in Portos Museum Soares dos Reis sowie im Museum José Malhoa, Caldas da Rainha.)

Der ›Neue Staat‹ (1926–1974) betrieb eine ›Fassadenarchitektur‹. Es entstanden monumentale Bauten wie z. B. Lissabons Universitätsstadt und die neuen Universitätsgebäude von Coimbra.

1963 wurde Portos Arrábida-Brücke über den Douro, 1966 Lissabons 2,3 km lange Tejo-Brücke eröffnet.

Die Basilika von Fátima symbolisiert das Erstarken der Kirche.

Zahlreiche Künstler wirkten im Ausland, unter ihnen die Malerin Maria Helena Vieira da Silva (1908–1992).

Die Revolutionsjahre 1974/75 trugen die Kunst auf die Straße. Originel-

Für einen traditionellen Wettbewerb liebevoll hergerichtetes Boot

1 Felsenkap Cabo da Roca

2 Leuchtturm von Cascais

3 LISSABON Blick über die Alfama

4 Azulejos in der Alfama

5 Alfama-Gasse

6 Lissabon Park Eduardo VII. mit der Praça Marques de Pombal

VARIG

7 Blick auf den Pena-Palast von Sintra

8 Burg von Óbidos

9 Kloster Batalha

10 Z… P… Palast von Sintra

11. Riódão in der Serra do Açor

12 Lagunenlandschaft bei Ovar

13 QUELUZ Azulejos im Palastgarten

14 Brunnenhaus im Kloster Batalha

Sintra, auf dem Weg zur Burg: maurisch inspirierte historische Hausfassade

le Plakate warben für das Bündnis von Volk und Streitkräften; riesige, über Nacht entstandene Wandmalereien propagierten die Agrarreform.

In jüngerer Zeit wurden zwei portugiesische Architekten international bekannt. Mit postmodernen, teilweise umstrittenen Bauten wie dem Amoreiras-Komplex in Lissabon profilierte sich Tomás Taveira. Dagegen gilt Álvaro Siza Vieira als Architekt, der zwar gern mit Formen experimentiert, sein Werk aber mehr nach sozialen Bedürfnissen ausrichtet. Er ist Träger des Europäischen Architekturpreises 1988 (s. S. 249); nach dem Großbrand von Lissabon (1988) wurde er mit dem Neuaufbau betraut.

Manuel Salgado und der Italiener Vittorio Gregotti konzipierten Lissabons 1992 eröffneten Prestigebau ›Centro Cultural de Belém‹.

Portugiesische Literatur

Zur folgenden Übersicht ist anzumerken, daß die portugiesische Literatur seit Ende des 19. Jh. auch im deutschen Sprachraum relativ starkes Interesse gefunden hat. Liegen Übersetzungen vor, so wird (meist nach Angaben des Portugiesischen Buchinstituts/*Instituto Português do Livro*) auf den deutschen Titel hingewiesen.

Als Portugals bedeutendster Dichter gilt der Krieger und Poet **Luís de Camões** (1524?–1580). Nach Verlust eines Auges bei Kämpfen in Nordafrika kommt er 1553 nach Asien. Bei einem Schiffbruch im Mekong-Delta rettet er das Manuskript von seinem 1572 erschienenen Hauptwerk *Os Lusíadas* (›Die Lusiaden‹, deutsche Teilübersetzung Darmstadt 1979). In diesem Heldenepos auf das portugiesische Volk (den Nachfahren der Lusiaden bzw. Lusitaner) stellt er das Unternehmen der Entdeckungen als historische Mission dar.

Während der Inquisition fordert der Jesuitenpater **António Vieira** (1608–1697) in seinen *Sermões* (Predigten) und *Cartas* (Briefen) den Schutz der Neuchristen (= konvertierte Juden) – und handelt sich selbst drei Jahre Inquisitionshaft ein. Er wirkt u.a. in Brasilien, wo er für die Rechte der Indios eintritt.

Im 18. Jh., dem Zeitalter der Aufklärung, schafft sich der Lyriker und Satiriker **Manuel Maria du Bocage** (1765–1805) einen Namen.

Die Hauptvertreter der Romantik sind dem Liberalismus verbunden und oft Schriftsteller und Politiker zugleich. Als Novellist und Erneuerer des Theaters gilt **Almeida Garret** (1799–1854), der auch als Soldat im Bürgerkrieg von 1832–1834 kämpft. Von Victor Hugo beeinflußt, schreibt der Historiker **Alexandre Herculano** (1810–1877) Romane und eine von der Kirche hart attackierte Geschichte Portugals. Herausragender Novellist des 19. Jh. ist **Camilo Castelo Branco** (1825–1890), bekannt vor allem durch ›Das Verhängnis der Liebe‹ (Freiburg 1988).

Wohl meistübersetzter Portugiese im deutschen Sprachraum ist der Romancier **Eça de Queiroz** (1845–1900), der sein Land als Diplomat in Cuba, England und Frankreich vertrat. In streckenweise ironisierenden, streckenweise tragisch-resignativen Romanen karikiert er die Gesellschaft seiner Zeit. ›Die Maias‹ (München 1986) spielt im aristokratisch-bürger-

Luís de Camões liest aus den Lusiaden

lichen Milieu Lissabons. ›Das Verbrechen des Paters Amaro‹ (Ost-Berlin 1973) spöttelt über Einfluß und allzu menschliche (und männliche) Bedürfnisse des Klerus in einer Kleinstadt. Weitere Werke: ›Die Reliquie‹ (München 1987), ›Der Mandarin‹ (Frankfurt 1987).

Die portugiesische Literatur des 20. Jh. ist untrennbar verbunden mit **Fernando Pessoa** (1888–1935), der als Portugals literarisches Genie gefeiert und gleich zu den ganz Großen der Weltliteratur gerechnet wird. Unter richtigem Namen und vier Heteronymen schreibt er – u. a. in der Zeitschrift ›Orpheu‹ – Essays und Gedichte mal zu Fragen der portugiesischen Zeitgeschichte, mal des menschlichen Daseins überhaupt. Auf Deutsch erschienen u. a. ›Das fremde Ich‹ (Berlin/New York 1971), ›Ich lege die Maske ab‹ (Leipzig 1978). Als Modernist ragt auch der Dichter und Dramatiker **José Régio** (1901–1969) hervor.

Unter der Salazar-Diktatur, in der manche Werke auf den Index gesetzt

Manuel Maria du Bocage (1765–1805)

werden, schildert der Neo-Realismus von den 30er Jahren an die Lebensbedingungen der unteren sozialen Schichten. Der Kommunist **Soeiro Pereira Gomes** (1909–1949) schreibt die Novelle ›Esteiros‹ (Ost-Berlin 1954), **Alves Redol** (1911–1969) ›Der Mann mit den sieben Namen‹ (Ost-Berlin 1968). Von **Fernando Namora** (1919–1989) wurden u. a. die Romane ›Sonntagnachmittag‹ (Einsiedeln/Schweiz 1962), ›Der Mann mit der Maske‹ (Ost-Berlin 1974) und ›Der traurige Fluß‹ (München 1985) übersetzt. Die illegale Arbeit von Portugals KP ist Thema des 1975 veröffentlichten Romans ›Bis morgen, Genossen‹ (Ost-Berlin 1979) von **Manuel Tiago** – ein Pseudonym, hinter dem der frühere KP-Generalsekretär Álvaro Cunhal (* 1913) vermutet wird.

Alexandre Herculano (1810–1877)

Weitere Autoren des 20. Jh.: Im deutschen Sprachraum ist **Aquilino Ribeiro** (1885–1963) mit ›Wenn die Wölfe heulen‹ (Frankfurt 1965), **Ferreira de Castro** (1898–1963) mit sei-

Eça de Queiroz (1845–1900)

nem 1928 publizierten Roman ›Auswanderer‹ (Wien 1953) sowie ›Wolle und Schnee‹ (Bremen 1954) vertreten. Von **José Cardoso Pires** (* 1925) erschienen die Romane ›Der Dauphin‹ (Tübingen/Basel 1963) und ›Seine Exzellenz der Dinosaurus‹ (Ost-Berlin 1978), von **Urbano Tavares Rodrigues** (* 1923) ›Bastarde der Sonne‹ (Ost-Berlin 1978) und der Erzählband ›Der schwarze Karneval‹ (Leipzig 1982).

José Saramago (* 1922) ist im In- und Ausland längst ein Begriff. Bekannt wurde er zunächst mit der Familienchronik ›Hoffnung im Alentejo‹ (Ost-Berlin 1985/Reinbek 1987, s. S. 307) und dem Roman ›Das Memorial‹ (Reinbek 1986, s. S. 148). Einige jüngere Werke des Kommunisten Saramago wurden in politisch und kirchlich konservativen Kreisen stark kritisiert.

Musik und Folklore

Sowohl was Musik und Tanz als auch regionale Trachten anbelangt, hat Portugal eine sehr vielseitige Folklore. Wie kaum ein anderes Medium ist sie Ausdruck von Lebensverhältnissen, religiösen Bräuchen und den Arbeitsbedingungen der Menschen auf dem Land. Gesungen wurde früher oft zum Rhythmus der Arbeit, die dann weniger ermüdend war; typische Bewegungen wie das Stampfen der Trauben oder das Einziehen der Fischernetze gingen in manche Tänze ein.

Von den Musikinstrumenten kennt man vor allem die mandolinenförmige portugiesische Gitarre. Mit zwölf Saiten ist sie im Klang feiner als die ebenfalls gebräuchliche spanische Gitarre, die nur sechs Saiten hat. Vier Saiten besitzt der *Cavaquinho,* von der Form her eine Mini-Gitarre, der Ukulele ähnlich. Zu den melodischen Instrumenten zählen noch *Flauta* – Holz- oder Rohrflöte –, *Gaita* – ein ursprünglich wohl keltischer Dudelsack aus Ziegenleder – und das Akkordeon. Für Rhythmus sorgen *Tambor* – Trommel –, *Adufe* – eine rechteckige Schellentrommel –, Triangel oder einfach ein aufgeschlitzter, mit der Hand geschlagener Bambusstock. (Plattentips: Carlos Paredes ist Virtuose der portugiesischen Gitarre, Júlio Pereira sowie Rão Kyao zeigen in Instrumentalstücken die Vielfalt traditioneller Instrumente.)

Volksmusik und -tänze sind regional sehr verschieden. In der abgelegenen Landschaft Trás-os-Montes haben sich keltische Züge bewahrt, hier spielt man Dudelsack; in Miranda do Douro (s. S. 260f.) tanzen die Männer in ›Kilts‹. Im Minho ist die Folklore sehr lebendig, bei Volksfesten und Prozessionen tragen Frauen reichverzierte Kleider und Goldschmuck. Hier tanzt man die schnelle *Vira.*

Im Ribatejo, wo Mut und Geschick der Stierhirten gefragt sind, tanzen die Männer *Fandango* (s. S. 279), eine Mischung aus Tanz und Wettstreit. Im heißen Alentejo ist der langsame, oft etwas schwermütige Chorgesang ein Ausdruck der Solidarität unter den Landarbeitern. Schneller und schwungvoller werden Musik und Tanz wieder in der Algarve-Region.

Die Folkloregruppe der Universität Coimbra ›GEFAC‹, hat zahlreiche Volkstänze gesammelt und auf die Bühne gebracht. Lieder verschiedener Regionen sangen (auf Platte) die Grup-

pen ›Terra a Terra‹ und ›Brigada Victor Jara‹.

Der *Fado* – was wörtlich Schicksal, Bestimmung heißt – ist ein melancholisch stimmender Gesang, der vor allem in Lissabon zu hören ist, vorgetragen von einem Solisten, begleitet von portugiesischer und spanischer Gitarre. Besungen werden *Saudades* – Sammelwort für Sehnsucht und Wehmut –, enttäuschte Liebe, Abschied und soziale Not (neuere Texte loben die Reize Lissabons).

Der genaue Ursprung des Fado ist unbekannt. Die einen hören maurische Einflüsse heraus, die anderen meinen, der Fado sei von Seeleuten fern der Heimat gesungen worden. Bekannteste *Fadista* ist Amália Rodrigues. In letzter Zeit hat Carlos do Carmo das Fado-Repertoire inhaltlich (um sehr volkstümliche Themen) und musikalisch erweitert.

Vom Lissaboner Fado unterscheidet sich grundlegend der Fado von Coimbra, der im Studentenmilieu der alten Universitätsstadt entstand. Er ist langsam, die Grenzen zur Ballade sind fließend; vorgetragen wird er ausschließlich von männlichen Studenten in schwarzen Umhängen zum Klang der Gitarre.

Fischer in Nazaré (um 1930)

Das politische Lied verwendet viele Elemente portugiesischer Volksmusik. Es verbreitete sich gegen Ende der Diktatur vor allem durch die oppositionellen Liedermacher Adriano Correia de Oliveira († 1982) und José Afonso († 1987, seine Beerdigung mobilisierte eine riesige Menschenmenge). José Afonsos ›Grândola, Vila Morena‹ – dem Stil nach ein alentejanisches Volkslied – wurde 1974 Symbol der ›Nelkenrevolution‹ (s. S. 66 und 325). Bis heute vermitteln die Autoren ihre Anliegen eher in lyrischen Texten; nur in den Revolutionsjahren 1974/75 wurden politische Aussagen ›knallhart‹ vertont. Zu den bekannten Liedermachern zählen Sérgio Godinho und José Mário Branco.

Die Jazz-Sängerin Maria João ist auch in Deutschland bekannt. Als Pianist hat sich António Pinho Vargas mit seiner Jazz-Band einen Namen erworben. Rui Veloso gilt als Vater des portugiesischen Rocks. ›GNR‹ und ›Rádio Macau‹ sind bekannte Rockbands. Eine traditionell, spirituell und modern beeinflußte Musik sowie die helle, reine Stimme der Sängerin Teresa Salgueiro sind Markenzeichen der Gruppe ›Madredeus‹.

Portugiesischer Stierkampf

Von Ostern bis Oktober ist – vor allem in den Arenen von Lissabon und Cascais sowie im Ribatejo – Stierkampfsaison. Die Kämpfe finden donnerstags und sonntags statt und dauern meist rund drei Stunden; sechs Stiere treten nacheinander an, werden aber nicht im Ring getötet.

Gefragt sind zunächst Reitkunst und Treffsicherheit der drei berittenen *Cavaleiros* (einer für je zwei Stiere), deren Namen in dicken Lettern die Ankündigungsplakate zieren. Auf den Cavaleiro in einer Tracht aus dem 18. Jh. konzentriert sich zu Beginn eines jeden Kampfes das Interesse. Dem Stier (mit abgepolsterten Hörnern) – den immer wieder auch zwei *Toureiros* mit gelb- und violettfarbenen *Capas* reizen – muß er sieben oder acht Pfeile – *Farpas* – in den Nakken stechen, möglichst aus nächster Nähe; mit seinem Pferd zeigt er manches Beispiel der Hohen Schule, ehe er unter Beifall die Arena verläßt.

Zu Fuß kommen nun acht *Forcados,* die hintereinander, dem Stier gegenüber, in Stellung gehen. Das rund 400 kg schwere Tier rennt auf sie los, der erste Forcado wirft sich ihm zwischen die Hörner, klammert sich fest (fällt manchmal aber auch mit akrobatischem Salto zu Boden); dann kommen die anderen, greifen den Stier an Kopf, Beinen und Schwanz, um ihn zu bezwingen. Der Kampf ist zu Ende, Hirten treiben Ochsen in den Ring, der Stier geht mit ihnen hinaus – und landet oft bald im Schlachthof.

Beim Straßenstierkampf darf auch das Publikum in den ›Ring‹ steigen ▷

Ankündigungsplakat

Sport

Volkssport Nummer eins ist auch in Portugal der Fußball. In fast jedem Dorf gibt es eine Amateurmannschaft. Die Profi-Fußballszene dominieren drei Clubs – Benfica und Sporting aus Lissabon und der FC Porto –,

sie machen den Meistertitel in der Ersten Liga faktisch unter sich aus. In rund 60 Jahren setzte sich nur einmal ein Außenseiter durch. Zweimal qualifizierte die Nationalelf sich für die Fußball-Weltmeisterschaft. Mit dem legendären Eusébio kam sie 1966 in England auf den dritten Platz, 1986 in Mexico schied sie schon vor dem Achtelfinale aus. Im Mai 1987 gewann der FC Porto den Pokal der Landesmeister durch einen 2:1-Sieg über Bayern München in Wien.

Stolz erfüllte die Nation, als der Langstreckenläufer Carlos Lopes im Marathon von Los Angeles 1984 Portugals allererste olympische Goldmedaille gewann. Ebenfalls Gold holte Rosa Mota 1988 in Seoul im Marathon der Frauen.

Städte und Landschaften Portugals

Mittlere Atlantikküste

Lissabon

und Estremadura

Die Estremadura ist ein Küstenstreifen, der im Norden nahe Leiria (s. Beira Litoral) beginnt, die Tejo-Mündung und den Ballungsraum Lissabon/Setúbal einschließt und im Süden vom Mündungstrichter des Rio Sado begrenzt wird. Burgen und Windmühlen krönen zahlreiche Anhöhen dieses Hügellandes, das zum Meer hin steil abfällt. Die 144 m hohe Landspitze des Cabo da Roca (Farbabb. 1) bildet nordwestlich von Lissabon den westlichsten Punkt des europäischen Kontinents.

Seit jeher ernähren sich die Menschen der Küste vom Fischfang. In der Landwirtschaft dominiert der Anbau von Weizen, Mais, Oliven und Wein, wobei die Betriebsgrößen nach Süden zunehmen. Um Lissabon/Setúbal sind Basisindustrien wie Chemie, Petrochemie, Zement, Eisen und Stahl angesiedelt.

Hauptanziehungspunkte der Region sind Lissabon und die umliegenden Königspaläste von Sintra, Mafra und Queluz. In der Region finden sich aber auch herrliche Naturlandschaften wie die Serra de Sintra (nordwestlich Lissabons) und die Serra de Arrábida (zwischen Sesimbra und Setúbal). Wer sich am Meer auf die faule Haut legen möchte, kann zwischen felsgesäumten Badebuchten und weiten Dünenstränden wählen.

Wo jeder vierte Portugiese lebt

Was wäre Portugal ohne Lissabon? Diese Frage muß sich auch König Afonso Henriques gestellt haben. Als er 1139 den Herrschertitel annahm, war sein Reich nahe Leiria zu Ende. Der Süden war noch fest in maurischer Hand.

In den Jahren 1147/48 gelang seinen Truppen der entscheidende Vorstoß. Nach den maurischen Hochburgen Santárem und Lissabon fielen auch Óbidos, Sintra und Palmela an die Christen, die bald die gesamte Estremadura beherrschten. Ein gutes Jahrhundert verstrich aber noch, ehe Afonso III. Lissabon – nach Guimarães und Coimbra – zu Portugals dritter Hauptstadt erhob. Durch das Kolonialzeitalter hindurch bis in die Gegenwart konzentrierte sich in der Estremadura das politische und wirtschaftliche Geschehen. Vom 19. Jh. an zählte der Raum Lissabon/Setúbal zu den wenigen Teilen Portugals, die einen nennenswerten industriellen Aufschwung erfuhren – und letztlich auch einen Sog auf das Landesinnere ausübten. Bei wachsendem Einkommens- und Wohlstandsgefälle zogen immer mehr Menschen in die neuen Industriegebiete. Allein der Verwaltungsdistrikt Setúbal (dessen dichter besiedelter Teil zur Estremadura gehört) erlebte in den 70er Jahren – teils durch Zuwanderung aus anderen Gegenden, teils durch Afrika-Rückwanderer bedingt – einen Bevölkerungszuwachs von fast 40%. Noch immer schießen im Raum Lissabon/Setúbal

Porto
Marinha Grande
São Pedro de Muel
Leiria
Batalha
Atlantischer Ozean
Fátima
Nazaré
Porto de Mós
Mira de Aire
Alcobaça
Alvados-Höhlen
São Martinho do Porto
Serra de Sto. António
Torres Novas
Berlenga
Foz do Arelho
Caldas da Rainha
Baleal
Óbidos
Peniche
Rio Maior
Consolação
São Bernardino
Praia da Areia Branca
Bombarral
Santarém
Alcoentre
Almeirim
Praia de Porto Novo
Serra de Montejunto
Cartaxo
Praia de Sta. Cruz
Ponta do Rol
Rio Tejo
Muge
Torres Vedras
Azambuja
Alenquer
Carregado
Salvaterra de Magos
Ericeira
Sobreiro
Vila Franca de Xira
Mafra
Malveira
Samora Correia
Lousa
Alverca
Azenhas do Mar
Terrugem
Montelavar
Praia das Maças
Loures
Praia Grande
Sintra
Odivelas
Sacavém
Cabo da Roca
Serra de Sintra
Belas
Amadora
Lissabon (Lisboa)
Alcochete
Queluz
Alcabideche
Carnaxide
Estoril
Paço de Arcos
Belém
Cabo Raso
Oeiras
Montijo
Cascais
Pareo
Almada
Barreiro
São João
Caparica
Moita
Costa da Caparica
Seixal
Palmela
Vila Fresca de Azeitão
Setúbal
Serra da Arrábida
Rio Sado
Portinho da Arrábida
Praia dos Lagosteiros
Sesimbra
Cabo Espichel
Halbinsel Tróia
N
0
20 km

allerorten neue Schlafstädte aus dem Boden, denn der Zustrom hält an – wenn auch nicht mehr so stark. In der Estremadura lebt gut ein Viertel von Portugals 10 Mio. Einwohnern.

Seit den 70er Jahren ist vor allem das Industriegebiet zwischen Tejo und Sado einem ständigen Wechselbad von wirtschaftlichem Aufschwung und sozialer Krise ausgesetzt. Mehrere staatliche und private Großunternehmen haben ihre Belegschaften seit Mitte der 80er Jahre drastisch reduziert. Mit neuen, meist von der Europäischen Gemeinschaft geförderten Großprojekten (z. B. dem Autowerk von VW und Ford, s. S. 37 und 152) wird versucht, einen Ausgleich zu schaffen.

Typische Gerichte: Brotsuppe mit Languste *(Açorda de Lagosta, Ericeira)*, Fischsuppe *(Caldeirada)* und Sägefisch *(Espadarte)* in Sesimbra, Rotbarsch *(Salmonete)* und Seezunge *(Linguado)* in Setúbal, Muscheln *(Ameijoas)*, Aale *(Enguias)* in Óbidos, Stockfisch *(Bacalhau)*, Gemüseragout mit Kochfleisch und -wurst *(Cozido à Portuguesa)*, Schweinshaxe *(Chispe)*

Süßspeisen: *Queijadas* (Sintra), *Pastéis de Feijão* (Torres Vedras), *Cavacos* (Caldas da Rainha)

Weine: Rot- und Weißweine aus Bombarral, Bucelas, Colares, Palmela, Torres Vedras; Muskateller (Süßwein) aus Setúbal

Kunsthandwerk: Bunte Keramikarbeiten *(Cerâmica)* in Alcobaça und Caldas da Rainha, Klöppelspitzen *(Rendas de Bilro)* in Peniche, Schmiedeeisen *(Ferro Forjado)* in verschiedenen Gegenden

Alcobaça

Kleinstadt mit ca. 5000 Einwohnern am Zusammenfluß der Bäche Alcoa und Baça. Der burgundische Zisterzienser-Orden, der hier für 999 Mönche das **Kloster Santa Maria** bauen ließ, besaß im Mittelalter über 60 000 Hektar Land, 13 Städte und drei Seehäfen. Alcobaças Klosterkirche ist die größte von ganz Portugal. (Böse Zungen meinen indes, Alcobaça sei alles bis auf ein Kloster gewesen ...!)

Bedeutung haben seit dem Mittelalter die Obst- und Weinkulturen der Umgebung. An der Ausfallstraße nach Leiria befindet sich das **Nationalmuseum für Wein** *(Museu Nacional do Vinho)*, das größte seiner Art im Lande. Einkaufstip: ›Atlantis‹-Kristallglas aus Alcobaça.

Geschichte

Ordensbrüder sollten von eigener Arbeit leben, ohne Reichtümer anzuhäufen, meinte der heilige Bernhard von Clairvaux, der 1112 die mächtige Benediktiner-Abtei im burgundischen Cluny verließ und den Zisterzienser-Orden gründete. Seine Fürsprache verhalf Portugals erstem König Afonso Henriques zur päpstlichen Anerkennung seines 1139 gegründeten Reiches. Der König revanchierte sich: Wie 1147, kurz vor Einnahme der maurischen Hochburg Santarém versprochen, schenkte er dem Zisterzienser-Orden 1153 einen Großteil des eroberten Landes. Französische Mönche begannen 1178 mit dem Bau eines Klosters. Als Mitglied des Kronrates zählte der Abt von Alcobaça zu den einflußreichsten Persönlichkeiten im Reich. Im Jahr 1834 wurde die Abtei aufgelöst.

Das Gebäude, das im Laufe der Jahrhunderte etliche Veränderungen erfuhr, wurde 1989 von der UNESCO als Weltkulturgut klassifiziert.

Klosterkirche von Alcobaça

Besichtigung

In der Mitte der 220 m langen Westfront des Klosters erhebt sich dessen frühgotische Kirche mit einer Barockfassade aus dem 18. Jh. Das Portal flankieren Nischen mit Statuen des Heiligen Benedikt *(São Bento)* und des Heiligen Bernhard *(São Bernar-*

Kloster Alcobaça
1 Eingang Klosterkirche
2 Sarkophag von Inês de Castro
3 Sarkophag von Pedro I.
4 Kapelle des Hl. Bernhard
5 Grabkapelle
6 Portal der Sakristei
7 Kapitelsaal
8 Küche
9 Brunnen
10 Refektorium
11 Königssaal

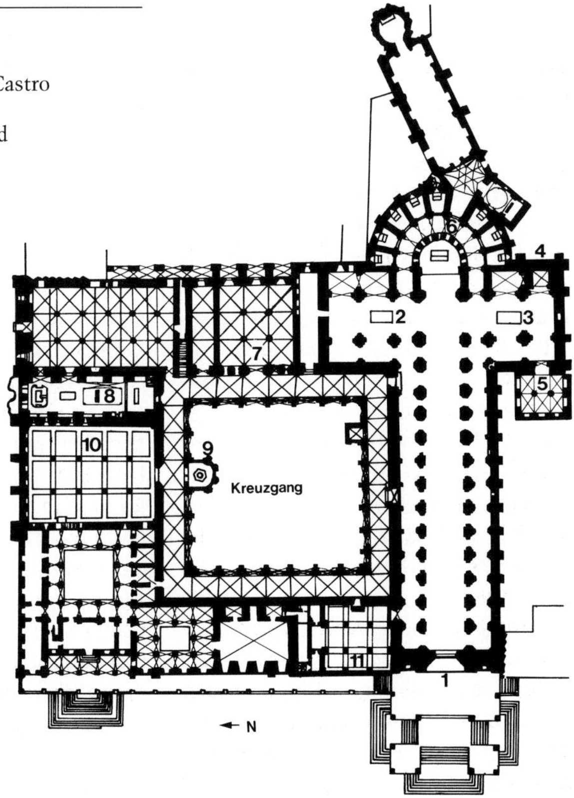

do). Mit der architektonischen Schlichtheit des 106 m langen dreischiffigen Innenraumes kontrastieren zwei gotische Prachtsarkophage im Querschiff. Rechts ruht König Pedro I. (1357–1367), links seine spanische Geliebte Inês de Castro, 1355 auf Weisung von Pedros Vater Afonso IV. aus Gründen der Staatsräson ermordet. Pedro ließ die Tote 1357 zur Königin krönen (s. S. 48). Man sagt, die Sarkophage stünden einander gegenüber, damit sich die Toten am Tage der Auferstehung sofort gegenseitig erblikken könnten. Der von Inês zeigt u. a. Szenen aus dem Leben von Jesus Christus, am Fußende von Pedros Sarkophag sind Episoden aus dem Leben des berühmtesten Liebespaares der portugiesischen Geschichte eingemeißelt.

Grabplatten für Afonso II. und Afonso III. flankieren die Kapelle des Hl. Bernhard, sein Tod wird im Retabel dargestellt. Um den Hauptaltar sind neun Kapellen angeordnet. Das manuelinische Portal zur Sakristei schuf 1519 João de Castilho.

Nach Plänen von Domingo Domingues begann 1308 der Bau des Kreuzganges. An dessen Ostseite liegen die frühere Sakristei, der Kapitelsaal und das ›Sprechzimmer‹ (nur hier durften die Schweigemönche miteinander sprechen). Eine Treppe führt zum früheren Schlafsaal hinauf. An der Nordseite des Kreuzganges liegt die wahrhaft imposante Küche (18. Jh) mit einem 18 m hohen Rauchfang und einem großen, mit dem Alcoa-Flüßchen verbundenen Wasserbecken für die Fische.

Die Wände des Königssaales *(Sala dos Reis)* an der Westseite des Kreuzganges zieren blau-weiße Azulejo-Darstellungen vom Bau des Klosters. Mönche schufen hier die Statuen portugiesischer Könige, von denen einige beim Erdbeben von 1755 zerstört und nie ersetzt wurden.

Hotel: ** Santa Maria
Pensionen: *** Corações Unidos, *** Mosteiro
Turismo de Habitação: Casa da Padeira (ca. 5 km in Richtung Leiria); Quinta do Campo, in Valado (ca. 6 km in Richtung Nazaré)
Camping: * Parque Municipal (ganzjährig geöffnet)

Nächster Bahnhof: Valado (ca. 6 km), Linha do Oeste
Busse: Rodoviária-Expressos nach Nazaré-Peniche, Coimbra-Porto, Lissabon, Rodoviária-Nahverbindungen u.a. auch nach Tomar, Caldas, Óbidos und zu den Tropfsteinhöhlen bei Porto de Mós.

PLZ: 2460; **Vorwahl:** 062 (Netz Caldas); **Turismo:** Praça 25 de Abril, ✆ 42377

Batalha

Früher war diese Kleinstadt (ca. 6000 Einwohner) 11 km südlich von Leiria kaum zu verfehlen. Ihr Wahrzeichen, das **Siegeskloster Santa Maria,** ragt direkt neben der Nationalstraße 1 von Lissabon nach Porto empor. Von der UNESCO wurde das Kloster als Weltkulturgut klassifiziert. Seitdem jedoch ein Großteil des Verkehrs über die neue, weiter östlich verlaufende Autobahn rollt, läßt man dieses Glanzstück der portugiesischen Gotik leicht links liegen. Es erinnert an die Schlacht bei Aljubarrota (s. S. 49), wo Portugal am 14. August 1385 seine Unabhängigkeit gegen Kastilien verteidigte.

Geschichte

Nach dem Tod von König Fernando übernahm 1383 dessen Frau Leonor die Regentschaft für die noch minderjährige Tochter Beatriz, die Fernando mit Kastiliens König Juan I. verheiratet hatte. Volk und Bürgertum revoltierten gegen die nun drohende Vereinigung mit dem Nachbarreich und proklamierten João von Avis, den unehelichen Halbbruder Fernandos, zum Gegenregenten. Entschieden wurde der Thronstreit auf dem Schlachtfeld. Bei Aljubarrota (nahe Batalha) schlug Joãos 7000-Mann-Heer mit Hilfe englischer Bogenschützen die zahlenmäßig weit überlegenen Invasionstruppen von König Juan. In Erfüllung eines zuvor abgelegten Schwures ließ João 1388 mit dem Bau des Siegesklosters Batalha (= Schlacht) beginnen. Rund 140 Jahre lang arbeiteten die besten Künstler des Landes an diesem Prachtbau (Farbabb. 9 und 14), mit dessen Grundstil – englisch beeinflußte Gotik – sich im 15. und 16. Jh. auch Elemente von Manuelinik und Renaissance vermengten. João III. (1521–1557) aber zog die Bauleute und Künstler zum Lissabonner Jerónimos-Kloster ab, Batalha blieb unvollendet. Im frühen 19. Jh. wurde das Kloster von französischen Truppen schwer beschädigt, nach 1834 restauriert.

Besichtigung

Ein Reiterstandbild von Nuno Álvares Pereira, Heerführer der Schlacht bei Aljubarrota, steht vor der Südfront der dreischiffigen, aus ockerfarbenem Kalkstein gebauten Klosterkirche. Zahlreiche Heiligenfiguren zieren das sechsbögige Westportal, durch das man den 32,5 m hohen, schlichten, im Grundriß schlüsselförmigen Innenraum betritt. Den ›Schlüsselring‹ bilden die ›Unvollendeten Grabkapellen‹, der ›Bart‹ ist die an das rechte Seitenschiff angebaute Gründerkapelle. In deren Mitte, unter der großen

Kloster Batalha
1 Hauptportal
2 Klosterkirche
3 Gründerkapelle
4 Königlicher Kreuzgang
5 Kapitelsaal
6 Brunnen
7 Refektorium (Museum)
8 Kreuzgang Afonso V.
9 Unvollendete Kapellen

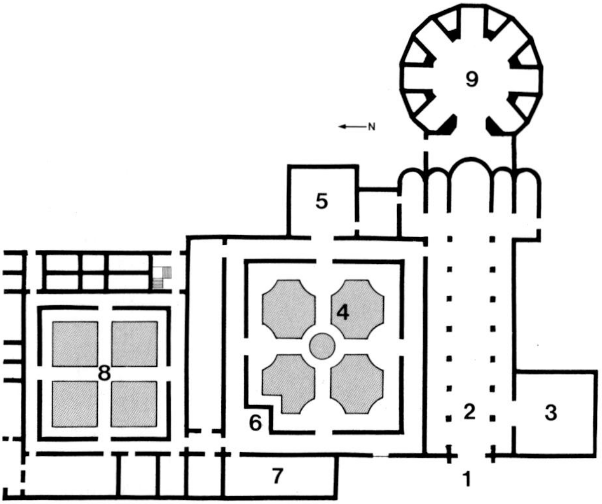

achteckigen Kuppel, befindet sich der von Löwen getragene Doppelsarkophag von König João I. († 1433) und dessen englischer Gemahlin Filipa von Lancaster. An der Südwand ruht u. a. Prinz Henrique (Heinrich der Seefahrer, 1394–1460). An der Westwand wurden die Könige Afonso V. (1438–1481) und João II. (1481–1495) beigesetzt. Vom linken Kirchenschiff kommt man zum ›Königlichen Kreuzgang‹ (Eintritt) mit nachträglich ausgeschmückten gotischen Spitzbögen: König Manuel ließ das feine, manuelinisch-maurische Stein-Netzwerk anfertigen, durch das in die Gänge dringendes Sonnenlicht gesiebt wird.

Im Kapitelsaal mit den bewachten Gräbern von zwei unbekannten Soldaten aus dem Ersten Weltkrieg soll Baumeister Afonso Domingues einmal eine Nacht verbracht haben, um sein Vertrauen in die als gewagt geltende Deckenkonstruktion zu beweisen. In der Nordwestecke des Kreuzganges sind der manuelinische Brunnenpavillon und das – als Museum des Unbekannten Soldaten eingerichtete – Refektorium.

Im angrenzenden Kreuzgang Alfonso V. (15. Jh.) kann man den Handwerkern einer Steinmetzschule zusehen. An der Außenwand des Klosters entlang kommt man zu den ›Unvollendeten Kapellen‹ (Capelas Imperfeitas). In der mittleren ruht König Duarte (1433–1438).

Pousada do Mestre Afonso Domingues
Residencial: ***Batalha (zentral); gute Privatzimmer auch in der Casa do Outeiro
Turismo da Habitacão: Quinta do Fidalgo (zentral)
Motel: *** São Jorge, ca. 3 km südlich
Nächster Bahnhof: Leiria, Linha do Oeste, 13 km
Busse: Rodoviária-Expressos und Nahverbindungen in alle Richtungen, auch zu den nahegelegenen Tropfsteinhöhlen (s. u.)

Stadtfest: 14. August, Jahrestag der Schlacht bei Aljubarrota

PLZ: 2440; **Vorwahl:** 044 (Netz Leiria); **Turismo:** Largo Paulo VI, ✆ 96180

In der Nähe

Porto de Mós (ca. 8 km): eine für ihren Marmor bekannte Kleinstadt, überragt von einer ursprünglich maurischen, im frühen 13. Jh. restaurierten fünfeckigen Burg.

Ab hier zu den Tropfsteinhöhlen *(Grutas,* blau beschildert) **Mira de Aire** (6 km, über die EN-243) oder vorher rechts abbiegen zu den Höhlen von **Alvados** (12 km) und **Santo António** (14 km). Ab Grutas de Santo António führt eine landschaftlich reizvolle, schmale Nebenstrecke (Olivenhaine, wilder Oregano) in Richtung Torres Novas oder Santarém.

Caldas da Rainha

Dieser lebhafte Markt- und Thermalkurort mit ca. 22000 Einwohnern ist Zentrum des Keramik-Kunsthandwerks. Seine Gründung verdankt er Königin Leonor, Frau von João II. Auf der Durchreise sah sie 1484, wie die Bewohner in schwefelhaltigen Quellen badeten. Persönlich überzeugte sie sich von deren rheumalindernder Wirkung und gründete 1485 Portugals erstes, bis heute bestehendes Badehospital. ›Quellen der Königin‹ heißt ihr zu Ehren die Stadt, die auch Kunstfreunde anzieht: Caldas war Geburtsort des Malers José Malhoa (1855–1933), nach dem ein sehenswertes Museum benannt ist. Am Ort existiert zudem eine Hochschule für Kunst und Design. Keramikmesse im Juli. Nächster Strand: Foz do Arelho.

Besichtigung

Überall in Caldas stößt man auf Läden, in denen ulkige Keramikwaren verkauft werden: Da gibt es Kaffeetassen, deren Böden mit grüngelb-glibbrigen Fröschen ›verziert‹ sind oder appetitlich glänzende, rotbäckige Äpfel, an denen man sich die Zähne ausbeißt. Selbst bei den Obst- und Gemüsefrauen auf dem allmorgendlichen Markt findet man die kleinen Mönchs-, Koch- und Fußballspielerfiguren, über die ganz Portugal schmunzelt: Zieht man an einer Schnur, so heben sich unter Kutten, Schürzen oder als Lendenschurz dienenden Vereinswimpeln überdimensionale männliche Körperteile. Museumsexponate (s. u.) aus dem letzten Jahrhundert beweisen, daß es sich hier um keinen modernen Gag handelt. Manche vermuten, die Mönche im nahen Kloster Alcobaça hätten einen mystischen Phalluskult gepflegt. Genaues weiß aber keiner.

Im schattigen Stadtpark D. Carlos befindet sich das **Museum José Malhoa.** Bilder Malhoas und anderer portugiesischer Maler des 19. und 20. Jh. sind hier ausgestellt. Eine zweite, über einen Separateingang zugängliche Abteilung ist dem **Keramik-Kunsthandwerk** gewidmet. Südlich des Parkes empfiehlt sich ein Besuch des modernen **Museums und Ateliers für Bildhauerei António Duarte**. In der Tradition des Künstlers Bordalo Pinheiro steht die **Casa-Museu de São Rafael**, wo Keramiken zu sehen sind. Einziges wirklich bedeutendes Bauwerk der Stadt ist die frühmanuelinische **Pópulo-Kirche** (ehemals Kran-

Keramik-Figuren von Caldas da Rainha

kenhauskapelle) aus dem späten 15. Jh. Interessant sind Gewölbe, Azulejos und Taufbecken.

Hotels: *** Caldas Internacional (neu, am Stadtrand), *** Malhoa (zentral)
Pensionen und Residencial-Häuser: *** Portugal, *** Res. Dona Leonor, *** Res. D. Carlos, *** Res. Europeia, *** Res. Olhos Pretos, *** Res. Berquó; ** Res. Central, ** Res. Estremadura, ** Res. Nova Delpa
Camping: ** Orbitur (zentral), schließt von November bis Mitte Januar

Bahnlinie: Linha do Oeste (Lissabon – Figueira da Foz)
Busse: Rodoviária-Expressos nach Lissabon, Peniche, Leiria-Coimbra-Porto; Nahverkehr u. a. nach Óbidos, Foz do Arelho

PLZ: 2500; **Vorwahl:** 062; **Turismo:** Praça 25 de Abril, ✆ 831003

In der Nähe
Foz do Arelho (10 km): kleiner Badeort mit breitem Strand, an der Mündung der Lagune Lagoa de Óbidos
Unterkunft: ** Res. Foz Praia, ** Res. Penedo Furado; Turismo de Habitacao: Quinta da Foz; ** Camping Municipal (mehrere km vom Strand; Mitte Mai bis Ende September)

Cascais

Kosmopolitischer Fischer-, Bade- und Villenort (ca. 28000 Einwohner; Farbabb. 2) 28 km westlich der Hauptstadt Lissabon, mit der Cascais durch eine Bahnlinie verbunden. Mit der Sauberkeit des Badewassers steht es hier leider nicht zum besten. Eine neue Abwasser-Sammelanlage soll Abhilfe schaffen. Erste Teile sind seit 1993 in Betrieb, mit der Vollendung ist jedoch erst für 1996/97 zu rechnen.

Im 14. Jh. erhielt der Ort die Stadtrechte und wurde als westlicher Vorposten Lissabons befestigt. Ab 1871 war er Sommerresidenz von Portugals Monarchen und entwickelte sich bald zum Strandort der in- und ausländischen High Society (in neuerer Zeit auch mehr und mehr zur Schlafstadt Lissabons). Cascais bietet neben seinen für den Andrang viel zu kleinen Stränden verschiedene Sportmöglichkeiten (Reiten, Tennis, Wasserski, Windsurfing; der Bau eines Yachthafens ist geplant), Discos, Bars und einige Folklore-Lokale, im Sommer ein Musikfestival. Ein Spielcasino gibt es im benachbarten Estoril (2 km, s. dort), mit dem Cascais mehr und mehr zusammengewachsen ist. Beide Orte sind auch im Winter bei durchschnittlichen Temperaturen von 11–12 °C beliebte Reiseziele.

Sehenswert ist der Fischmarkt am Largo 5 de Outubro; weiterhin die **Zitadelle** in der Nähe des Largo da Assunção. Stadtauswärts liegt rechts der Straße der **Stadtpark** mit dem früheren Palast des Grafen Castro Guimarães (frühes 20. Jh.; Mobiliar, Gemälde u. a.), wo an manchen Sonntagnachmittagen klassische Konzerte aufgeführt werden. Nördlich des Parks empfiehlt sich ein Besuch im neuen **Museo do Mar.** Über die Küstenstraße stadtauswärts erreicht man die **Boca do Inferno** (›Höllenschlund‹), ein vom Meer bizarr ausgehöhltes Felsmassiv.

Hotels: ***** Marinha Golf & Country Club (außerhalb, in Richtung Guincho), ***** Albatroz, ***** Estoril Sol; **** Cidadela, **** Aparthotel Village Cascais, *** Baia, *** Aparthotel Equador, *** Nau
Pensionen und Residencial-Häuser: *** Res. Itália, *** Res. Palma

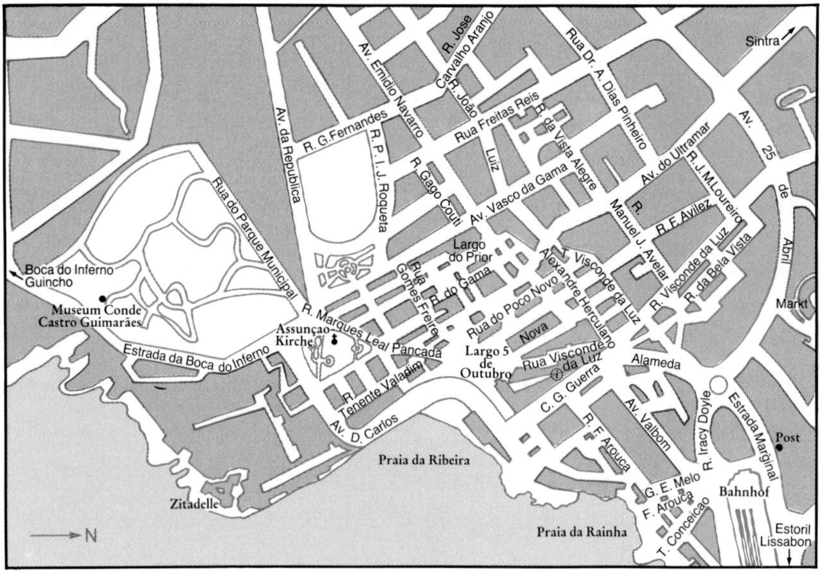

Cascais

Estalagens: ***** Senhora da Guia; **** Farol, **** Nossa Senhora das Preces, **** Solar Dom Carlos
Albergaria: **** Valbom, **** Cascais Jardim
Luxus-Ferienanlage: Aldeamento Turístico Quinta da Marinha (Guia, außerhalb)
Camping: *** Orbitur (Guincho, ca. 10 km)

Bahnlinie: Linha de Estoril und Cascais, ab Lissabon/Cais do Sodré
Busse: verschiedene Rodoviária-Nahverbindungen

Veranstaltungen: Musikfestival von Estoril und Cascais (Jazz, Klassik u. a.) im Juli/August; Stierkämpfe ebenfalls Juli/August

PLZ: 2750; **Vorwahl:** 01 (Netz Lissabon); **Turismo:** Rua Visconde da Luz, ✆ 4868204

In der Nähe

Westlich stadtauswärts entlang der Küstenstraße und vorbei am Cabo Raso liegt der breite, von Felsen eingefaßte Sandstrand **Praia de Guincho.** Guincho gilt als eines der besten Brandungssurf-Reviere.

Unterkunft: ***** Hotel do Guincho (am Meer, in einer früheren Festung); Estalagem ***** Muchaxo

Nördlich liegt das ›Felsenkap‹ Cabo da Roca (s. unter Sintra).

Estoril

Vor allem wegen des Spielcasinos bekannter Villen- und Badeort (ca. 25000 Einwohner), der 26 km westlich von Lissabon liegt und immer mehr mit dem benachbarten Cascais verschmilzt. Seiner geschützten Lage südlich der Serra de Sintra verdankt Estoril ein stets mildes Klima und eine subtropische Palmenvegetation. Der großzügig angelegte Ort mit einem Hauch von ›Jet-set‹ hat allerdings kaum Sehenswürdigkeiten und weniger Eigenleben als Cascais. Auch

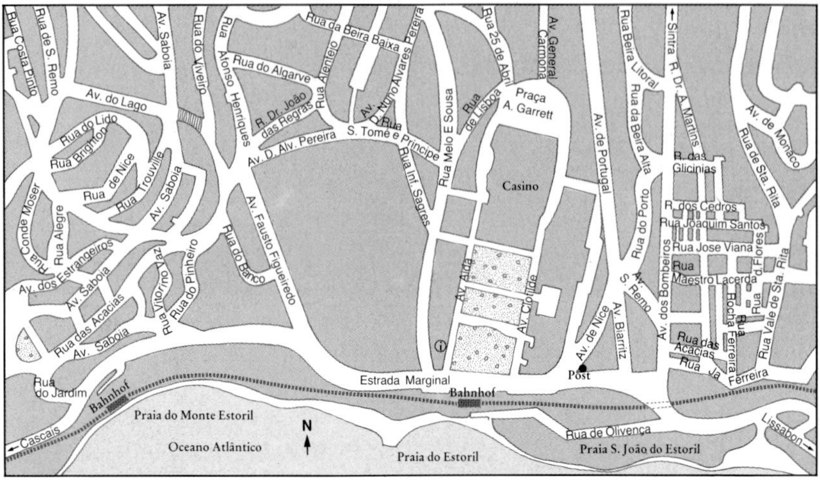

Estoril

an den Stränden von Estoril soll die neue Abwasser-Sammelanlage (s. S. 116) für saubereres Badewasser sorgen. Bevorzugte Sportarten sind hier Windsurfing, Reiten und Golf. Auch Estoril hat etliche Discos und Bars. Im Juli/August gibt es eine Kunsthandwerksmesse *(Feira do Artesanato),* in den übrigen Monaten am Sonntagnachmittag eine Sammler- und Antiquitätenbörse *(Feira de Coleccionismo e Velharias).* Auf Estorils Motodrom wird meist im September in der Formel-1 ›Der Große Preis von Portugal‹ ausgetragen.

Hotels: ***** Estoril Sol, ***** Palácio, **** Atlântico, **** Atlantis Sintra-Estoril (nahe der Rennstrecke), **** Apartamento Estoril Eden, **** Apartamentos Clube Mimosa, **** Estoril Praia, *** Grande Hotel, *** Lido, *** Londres, *** Paris, *** Aparthotel Touring, *** Zenith, ** Inglaterra, ** São Mamede
Estalagens: **** Belvedere, **** Lennox Country Club, **** Fundador, **** Pica-Pau
Pensionen und Residencial-Häuser: *** Res. Casa Londres, *** Continental, *** S. Cristóvão, *** Res Smart, ** Costa, ** Maryluz
Bahnlinie: Linha de Estoril de Cascais, ab Lissabon/Cais do Sodré
Busse: Nahverbindungen der Rodoviária

Unterhaltung/Nachtleben: Bars und Discos, tägliche Shows im Casino
Veranstaltungen: Musikfestival, Kunsthandwerksmesse (s. Cascais)

PLZ: 2756; **Vorwahl:** 01 (Netz Lissabon); **Turismo:** Arcadas do Parque, ✆ 4680113/ 4681697/4687044

LISSABON

Lissabon, sagt man, ist Portugal, alles andere ist Landschaft. Seit Jahrhunderten zentriert sich in der Hauptstadt das politische, wirtschaftliche und kulturelle Geschehen des gesamten Landes. Die sogenannte ›Siebenhügelstadt‹ mit einem liebenswert-altmodischen Flair erhebt sich über dem rechten Ufer des Rio Tejo, der ab hier einen breiten Mündungstrichter (*Mar de Palha* – Strohmeer) bildet und knapp 20 km weiter in den Atlantik fließt. Die Stadt selbst hatte 1991 nur noch rund 660000 Einwohner (18,4% weniger als 1981, wohl nicht zuletzt wegen der Verteuerung und Verknappung von Wohnraum). Stark gewachsen ist unterdessen die Einwohnerzahl der umliegenden Landkreise. Im Großraum Lissabon leben über 2 Mio. Menschen – mehr als ein Fünftel von Portugals Gesamtbevölkerung. Hat die Hauptstadt an sich eher das Profil eines Verwaltungs- und Dienstleistungszentrums, so sind in der Umgebung Schiffbau, Zement-, Stahl-, Metall- und Chemieindustrie angesiedelt. Lissabon verfügt über Portugals größten Hafen und wichtigsten Flugplatz und ist außerdem Erzbischofssitz und Universitätsstadt.

In der Provinz kritisiert man überzogenen Zentralismus. »Die in Lissabon«, heißt es, »machen Politik für sich selbst.« In anderen Landesteilen wurde Lissabon zudem immer mehr Synonym für stetes Verkehrschaos, Lärm, Streß. Nur die besseren Arbeitsmöglichkeiten zogen viele Menschen vom Lande an den Tejo. Auf dem Weg zwischen Vorstadt-Wohnsilos und Arbeit verlieren zahllose Pendler täglich Stunden in Autoschlangen oder vollgepferchten Booten, Bussen und Bahnen... Für viele alteingesessene *Lisboetas* ist Lissabon indes ein Mythos. Fados besingen eine Liebe zwischen der als schöne Frau personifizierten Stadt und dem Tejo. Jeden Besucher reizen spontan die vielen Panoramablicke, die sich von den sanft oder steil ansteigenden Hügeln, vom Fluß oder der 2,3 km langen Auto-Brücke des 25. April aus auf Stadt und Tejo bieten. In Geschäftsstraßen mit prächtigen Ladenfassaden wie auch in den alten Wohnvierteln mit steilen, verwinkelten Gassen offenbart sich einerseits der Charme einer Stadt, der seit gut 160 Jahren jeglicher Krieg erspart blieb. Andererseits zeigt sich, was Spekulation und Neubaumanie auch ohne Krieg zerstören können. Vor allem seit dem EG-Beitritt schnellen die Bodenpreise in die Höhe. Während Prestigebauten aus Glas, Beton und Stahl in die Skyline schießen, verfallen historische Viertel wie die Alfama und Bairro Alto. Ob jüngste Rettungsaktionen noch rechtzeitig kommen, bleibt abzuwarten. Die seit 1989 regierende Koalition aus Sozialisten und Kommunisten ist mit schweren Aufgaben konfrontiert.

Lissabon wurde zur Europäischen **Kulturhauptstadt** des Jahres 1994 erkoren. Bis 1998 will man dann ein Gelände am Tejo im Ostviertel Beirolas für die ›Expo '98‹ (Thema: ›Die Ozeane – ein Erbe für die Zukunft‹) herrichten. Bis dahin sollen Züge auf der ›Brücke des 25. April‹ und Autos auf einer neuen Brücke über den Fluß fahren. Lissabon steht die größte Erneuerung seit dem Erdbeben 1755 bevor!

Lissabon vor und während des Erdbebens von 1755

Geschichte

Die bekannteste der vielen Legenden um den Ursprung Lissabons schließt aus dem römischen Stadtnamen Olissipo auf eine Gründung durch den Ithaker-König Ulysses (Odysseus) – wofür aber jeglicher Beweis fehlt. Sicher ist indes, daß um 1200 v. Chr. erst die Phönizier, später die Karthager auf dem Burghügel siedelten, ehe im Jahr 205 v. Chr. die Römer das nördliche Tejo-Ufer besetzten. Als erste Stadt Römischen Rechts im heutigen Portugal und – nach Mérida/Spanien – zweitwichtigste Stadt ganz Lusitaniens erhielt Olissipo den Beinamen Felicitas Iulia (nach Julius Caesar).

Die römische Ära endet 409 mit dem Einfall der Alanen. Ihnen folgten die Sueven und – um 469 – die Westgoten, die die ältesten noch erhaltenen Teile der Burg São Jorge errichteten und einen Teil der heutigen Alfama mit einer Mauer umschlossen. Die Bischofsstadt am Tejo verloren sie im frühen 8. Jh. an die Mauren, die die Stellungen noch verstärkten und trotz zahlreicher Angriffe durch christliche Truppen über 400 Jahre hielten – bis 1147, als die Stadt nach viermonatiger Belagerung an König Afonso Henriques fiel. Nach der endgültigen Vertreibung der Mauren aus dem heutigen Staatsgebiet im Jahr 1250 verlegte König Afonso III. den Sitz des Hofes von Coimbra nach Lissabon. Sein Nachfolger Dinis gründete hier 1290 Portugals erste Universität, die er aber 17 Jahre später nach Coimbra transferierte.

Schon im 13. Jh. war Lissabon eine Metropole des Seehandels mit Flandern und England. 1383 begann hier die Revolution, bei der das aufstrebende Bürgertum João von Avis – den späteren König João I. (1385–1433, s. S. 49) – zum Regenten ausrief. Durch die Kolonial-Expansion stieg Lissabon im 15. Jh. zum Zentrum eines Weltreiches – nach Entdeckung des Seewegs nach Indien 1498 – und für knapp 80 Jahre zu Europas Hauptumschlagplatz des Orienthandels auf. Einen Rückschlag brachte ab 1580 die spanische Fremdherrschaft, die 1640 durch eine Revolte in der Hauptstadt zu Ende ging.

Unermeßlichen Schaden verursachte ein schweres Erdbeben am Morgen des 1. November 1755. Mehrere kurze, aber heftige Erdstöße, anschließende Brände sowie tosende Flutwellen zerstörten einen Großteil der Stadt, nur Bairro Alto und Belém blieben verschont. Zwischen 10000 und 30000 von Lissabons rund 150000 Bewohnern fanden den Tod.

Diese Katastrophe überlebten sowohl König José als auch sein Minister Marquês de Pombal, der das öffentliche Leben reorganisierte (und Plünderer an den Galgen brachte). Die Unterstadt ließ er nach Plänen von Eugénio dos Santos, Manuel de Maia und Carlos Mardel auf geometrischem Grundriß neu aufbauen.

Im Zuge der napoleonischen Invasionen war Lissabon 1807/08 von französischen Truppen besetzt (der Hof floh – bis 1821 – nach Brasilien). Im Bürgerkrieg von 1832–1834 fiel die Stadt am 24. Juli 1833 an die Liberalen.

Im Zeitraum 1862–1900 wuchs die Bevölkerung von knapp 156000 auf 300000 Einwohner, die zum Großteil in neuen Industrien arbeiteten. 1856 fuhr vom Bahnhof Santa Apolónia Portugals erste Eisenbahn. 1873 wurde mit der Pferdebahn erstmals ein öffentlicher Nahverkehr eingeführt.

Auf den Straßen Lissabons wurde am 4./5. Oktober 1910 die Republik erkämpft, 1911 erhielt die Hauptstadt wieder eine Universität.

In die Zeit der Diktatur von 1926–1974 fiel der Zweite Weltkrieg, in dem Portugal neutral blieb; über Lissabon gelang vielen Nazi-Verfolgten per Schiff die Flucht nach Amerika (historischer Hintergrund für Erich Maria Remarques Roman ›Die Nacht von Lissabon‹).

Am Morgen des 25. April 1974 stürzte in Lissabon aufständisches Militär unter begeisterter Anteilnahme des Volkes die 48jährige Diktatur.

Seit den 50er Jahren platzt Lissabon aus allen Nähten. Der neue Industriegürtel um die Hauptstadt zog viele Landbewohner an. Nach 1974 kamen zahlreiche Landsleute aus den Ex-Kolonien hinzu. Im Raum Lissabon leben überdies (zumeist in den Armen-Vierteln) die meisten der über 100000 afrikanischen Einwanderer in Portugal.

Im Stadtgebiet entstanden Slum- und Armenviertel (in manchen grassiert der Drogenhandel und -konsum; berüchtigt ist das Viertel Casal Ventoso). Die Hauptstadt wuchs aber auch nach Norden, Westen und – nach der Eröffnung der Tejo-Brücke 1966 – nach Süden über ihre Grenzen hinaus. Es wurden und werden noch immer Schlafstädte aus dem Boden gestampft.

Praça Marquês de Pombal

Besichtigung

Gut eine Woche braucht man schon, um von Lissabon einen nicht nur flüchtigen Eindruck zu gewinnen. Nachfolgend beschriebene Routen 1–7 führen durch das 87 km^2 große Stadtgebiet selbst, Route 8 erfaßt das südliche Tejo-Ufer.

Route 1

Avenida da Liberdade,
Unterstadt (Baixa)

Von der Praça Marquês de Pombal am Nordende der Avenida da Liberdade zur Praça do Comércio am Tejo-Ufer. Dazwischen liegt **Lisboa Pombalina,** benannt nach König Josés mächtigem Minister, der diesen Teil der Hauptstadt nach dem Erdbeben von 1755 komplett neu aufbauen ließ.

Dem Geist der Aufklärung entsprechend, ist alles übersichtlich angelegt, besonders in der **Unterstadt** (*Baixa*) zwischen Rossio-Platz und Praça do Comércio. Auf dem Stadtplan erkennt man rechtwinklig und parallel zueinander verlaufende Straßenzüge mit Namen wie Goldstraße *(Rua Áurea),* Silberstraße *(Rua da Prata)* oder Tuchhändlerstraße *(Rua dos Fanqueiros).* In dieser Gegend – der ›City‹ – findet man Banken, Mode- und Juwelierläden, Teehäuser, Cafés und auch kleine Lebensmittelgeschäfte; der zentrale Rossio-Platz ist Geschäftszentrum von Blumenhändlern, Losverkäufern und Schuhputzern, aber auch der Drogenhändler und der Männer, die illegale Kartentricks anbieten und davonlaufen, sobald ein Polizist in Sicht ist.

Man beginne an der **Praça Marquês de Pombal** (Metro Rotunda), südlich

Lissabons ›Elektrische‹

Anderswo wären sie längst im Museum oder auf dem Schrottplatz gelandet, für Zigtausende Lissaboner sind sie bis heute das bevorzugte Verkehrsmittel für den Weg zum Einkaufen oder zur Arbeit: die Oldtimer-Straßenbahnen, die man hier *Eléctricos* nennt. Ende 1992 waren noch 128 ›Elektrische‹ in Betrieb – nur noch rund halb so viele wie im Jahr 1986. Die ältesten hatten bereits 70 Jahre auf dem Buckel, die allerneuesten kamen 1947/48 hinzu. Alle werden bis heute regelmäßig zerlegt, technisch von Grund auf überholt und originalgetreu wieder zusammengesetzt. Im öffentlichen Nahverkehr der Tejo-Metropole mit ihren steilen krummen Gassen sind sie einfach nicht zu ersetzen. Auf ihrer 90-Zentimeter-Spur rattern sie kreuz und quer durch Lissabon, bergauf und bergab durch die alten Viertel Graça und Alfama, wo Straßen und Kurven teils so eng sind, daß die Strecke eingleisig wird. Dort gibt es den Straßenwärter, der den ganzen Tag vor einer Kneipe sitzt und mit einer Signalfahne den Verkehr mal in die eine, mal in die andere Richtung freigibt.

Die allerersten ›Elektrischen‹ fuhren in Lissabon 1901 (damals ersetzten sie die 1873 eingeweihte Pferdebahn); erst seit 1948 gibt es auch Autobuslinien, ihr Streckennetz von 566 km ist inzwischen fast achtmal so lang wie das der Straßenbahn (76 km), die 1960 noch die U-Bahn als Konkurrenz bekam. Auf vielen Linien wurden die alten Trams schon durch Busse ersetzt, und auf manchen Strecken denkt man an die Einführung neuer, moderner Gelenkbahnen. Die Betreibergesellschaft der Busse und Bahnen, die Carris, versichert aber, daß an eine völlige Abschaffung der ›Elektrischen‹, die 1992 noch über 40 Mio. Fahrgäste beförderten, nicht gedacht wird.

Für eine Stadttour besonderer Art nehme man einfach einen ›Eléctrico‹ der Linie 28. Zwischen ihren Endstationen Prazeres und Graça liegen Estrela-Basilika, Parlamentsgebäude São Bento, Bairro Alto, Unterstadt, Kathedrale und Alfama. Mit Vorverkaufsmarken kostet das umgerechnet weniger als eine Mark. Nicht ganz so billig sind im Sommer veranstaltete Stadtrundfahrten in einer aufgemöbelten Tram von Anfang des Jahrhunderts.

Älter als die elektrische Straßenbahn sind Lissabons drei Kabelbahnen (*Elevadores*), von unterirdisch verlegten Seilen gezogene Straßenbahnen mit schrägem Fahrgestell, die auf kurzen Strecken zur Überwindung starker Steigungen dienen. Ende des 19. Jh. eingeweiht, wurden sie erst ab 1902 von Dampf- auf Elektrobetrieb umgestellt. Stets fährt gleichzeitig ein Wagen bergauf, einer bergab.

Ein Unikum in Portugal ist schließlich der 1902 eingeweihte Aufzug Santa Justa. An der Rua Áurea (Unterstadt) steigt man in eine seiner beiden Fahrstuhlkabinen ein, entrichtet beim Schaffner den Fahrpreis und ist im Nu an der oberen Station, von wo eine Eisenbrücke zum Largo do Carmo im Bairro Alto führt.

des Parkes Eduardo VII. (s. Route 6). In der Mitte dieses Kreisverkehrs steht eine Säule mit einer Statue Pombals (neben einem Löwen), der aus 36 m Höhe Lissabons Unterstadt überblickt. Drei Figurengruppen an der Säule stellen Pombals Reformen in den Bereichen Landwirtschaft, Manufaktur und Bildung dar; eine Frauenstatue steht für das nach 1755 neu aufgebaute Lissabon.

In südliche Richtung verläuft die 1,5 km lange, 90 m breite **Avenida da Liberdade.** Geschäftsbauten, Hotels und Büros von Fluglinien säumen die Allee; auf ihren Gehsteigen ergeben schwarz-weiße Basalt- und Kalksteinchen originelle Muster. Rechter Hand ein Denkmal für die Opfer des Ersten Weltkrieges, an dem Portugal 1916–1918 auf alliierter Seite teilnahm. An der kurz vorher rechts abgehenden Rua Barata Salgueiro, Nr. 39, zeigt ein kleines **Filmmuseum** antike Kinoapparate (nur Mo–Fr.).

Die Avenida endet an der **Praça dos Restauradores,** benannt nach den Initiatoren einer Revolte, die am 1. Dezember 1640 zur Befreiung Portugals von spanischer Herrschaft führte. An den Aufstand und die folgenden Unabhängigkeitskriege erinnert ein Obelisk. Rechts der ab 1755 erbaute **Palácio Foz,** Sitz des Staatssekretariates für Tourismus sowie eines Tourismo-Büros. Seitlich davon fährt die Kabelbahn **Elevador da Glória** zum Bairro Alto (s. Route 4) hinauf. Etwas weiter liegt rechts der neo-manuelinische Rossio-Bahnhof aus dem 19. Jh. Von hier fahren die zur Stoßzeit vollgedrängten Vorortzüge nach Queluz und Sintra sowie Bahnen in Richtung Figueira da Foz ab. Ein 2,6 km langer Tunnel führt aus der Stadt heraus.

Aufzug Santa Justa

Nun zum **Rossio** bzw. **Praça D. Pedro IV.,** benannt nach König Pedro, der 1826 als erster Kaiser des unabhängigen Brasilien auf den portugiesischen Thron verzichtete, aber in Portugals Bürgerkrieg von 1832–1834 die Liberalen anführte (s. S. 62). Seine Statue krönt eine Säule in der Platzmitte. Am Nordende des Rossio befindet sich das **Nationaltheater Maria II.** (erbaut 1841–46).

Gemälde zieren den Innenraum des stilvoll altmodischen Café Nicola an der Rossio-Westseite. Im winzigen ›A Ginjinha‹, im Nordostwinkel des Platzes, gibt es guten Sauerkirschlikör. Zahlreiche Restaurants findet man an der nördlich abgehenden Rua das Portas de Santo Antão.

Östlich des Rossio ist die **Praça da Figueira** mit einem Reiterstandbild von König João I. (1385–1433). Von hier hat man einen guten Blick auf die Burg São Jorge (Auffahrt mit Bus 37).

Ab Rossio weiter durch die Rua Áurea; rechts erhebt sich ein ungewöhnliches Verkehrsmittel: der 1902 eingeweihte, 45 m hohe **Aufzug Santa Justa,** ein Werk des Eiffel-Schülers Raul Mesnier de Ponsard (ein Portugiese, trotz des französischen Namens). Von der oberen Station (Blick über Rossio, Unterstadt und Burg) führt eine Brükke über die im August 1988 teilweise niedergebrannte Rua do Carmo zum Largo do Carmo (s. Route 4).

Die Rua Áurea endet an der am Tejo gelegenen **Praça do Comércio,** auch ›Terreiro do Paço‹ (Schloßplatz) genannt, da hier bis zum Erdbeben von 1755 ein Königspalast stand. Ministerien (u. a. Finanzen) nehmen drei Seiten des Platzes ein, den Pombal nach Plänen von Eugénio dos Santos anlegen ließ. Im Norden öffnet sich ein monumentaler ›Triumphbogen‹ (1755 begonnen, 1873 beendet) zur Rua Augusta, einer lebhaften Fußgängerzone (mitunter Straßentheater u. a.). Im oberen Teil des Torbogens sind Figuren des Aljubarrota-Heerführers Nuno Álvares Pereira, des Lusitanerhelden Viriato (links) sowie des Marquês de Pombal und Vasco da Gama (rechts) auszumachen.

Auf diesem Platz fiel 1908 König Carlos einem Attentat zum Opfer. In der Mitte dieser wohl schönsten Parkfläche der Welt steht eine Reiterstatue von König José (1750–77). Die Stadtväter planen indes, die Autos ringsherum zu verbannen, um Raum für Straßencafés und kulturelle Veranstaltungen zu schaffen.

Im Nordosten des Platzes liegt das 1782 gegründete Café *Martinho da Arcada* – berühmt vor allem deshalb, weil der Schriftsteller Fernando Pessoa zu den Stammgästen zählte. Im Südosten der Praça do Comércio befindet sich seit über 200 Jahren die Aktienbörse, die jedoch in den Norden der Stadt verlegt werden soll.

Jenseits der Uferstraße, am Tejo, liegen ein kleiner Marktplatz sowie die Bootsanlegestelle Terreiro do Paço. Von dort fahren u. a. Fährboote zum Bahnhof Barreiro sowie zum gegenüberliegenden Cacilhas (zahlreiche Fischrestaurants, Busse zur Statue Cristo Rei, s. Route 8) wie auch Touristen-Ausflugsboote (im Sommer).

Route 2

Unterstadt, Kathedrale, Burg (ab dort um die Alfama [s. Route 3] herum), Kirche São Vicente de Fora, Flohmarkt (Di/Sa), Pantheon Santa Engrácia, Kirche Madre de Deus (mit Azulejo-Museum), Militärmuseum

Ab Unterstadt/Rua da Conceição geht es in östliche Richtung, der Straßenbahnlinie 28 folgend, bergauf. Aus dem 16./18. Jh. stammt links die volkstümliche **Kirche Santo António da Sé.** Ihre heutige Krypta gilt als Geburtsraum des heiligen António (1195 bis 1231), dessen Volksfeste alljährlich in der Nacht vom 12. zum 13. Juni das ganze Altstadtviertel Alfama auf die Beine bringt. Angeschlossen ist ein Antonius-Museum.

Bergauf nun zur **Kathedrale** *(Sé)*, Lissabons ältestem Gotteshaus. Der dreischiffige, im Grundstil romanische Bau entstand in der zweiten Hälfte des 12. Jh. – also kurz nach Eroberung der Stadt von den Mauren –, möglicherweise über einer Moschee, erfuhr im Laufe jedoch etliche Veränderungen. In seiner wehrhaften Westfront öffnet sich ein romanisches Portal zum Kircheninnenraum. Gleich links das Becken, wo der Heilige Antonio getauft worden sein soll sowie die gotische Capela de Bartolomeu Joanes mit einem Gemälde von Vasco Fernandes (frühes 16. Jh.) und einer Krippe des Bildhauers Machado de Castro (spätes 18. Jh.).

Im barockgeschmückten Chor befinden sich die Sarkophage von König Afonso IV. (1325–1357) und dessen Gattin. In der Sakristei ist ein Reliquienschrein des heiligen Vinzenz.

Gleich bei der Kathedrale war vor 1974 die Geheimpolizei PIDE aktiv: der Straßenbahnlinie folgend, passiert man links ein Haus mit vergitterten Fenstern, außen erinnert eine Tafel an Haft und Folter.

An der nächsten Ecke geht es links bergauf, 2000 Jahre in der Zeit zurück. An der Rua da Saudade, die zur Burg São Jorge hochführt, begann 1989 die Freilegung und Rekonstruktion eines **römischen Theaters** aus der Zeit von Kaiser Augustus (1. Jh. n. Chr.). Gruppen können das Theater und die Thermen an der Rua das Pedras Negras nach vorheriger Vereinbarung (✆ 8860343) besichtigen. Nahe dem Theater ist ein Museum geplant.

Königsresidenz war. Eine Aussichtsterrasse mit Azulejo-Orientierungstafel bietet einen spektakulären Blick über Lissabons Innenstadt, das Tejo-Ufer und die Brücke des 25. April. In

Ab hier geht es teils steil bergauf zur Burg **Castelo de São Jorge** (Auffahrt ab Praça da Figueira mit Bus Nr. 37). Unter maurischer Herrschaft wurden vom 8. Jh. an bereits existierende Befestigungsanlagen der Westgoten ausgebaut, 1147 fiel das Kastell an König Alfonso Henriques. Kernstück der Burg ist ein Mauerring mit zehn wuchtigen, im Grundriß quadratischen Türmen (Besteigung möglich); er umschließt auch Reste eines früheren Palastes, der bis zum 16. Jh.

der Burganlage finden sich zahlreiche schattige Plätzchen für eine Rast an heißen Sommertagen sowie das feine Restaurant ›Casa do Leão‹.

Zurück zu den Straßenbahnschienen der Linie 28, dann links. Vom Aussichtspunkt **Miradouro de Santa Luzia** hat man einen guten Blick über Alfama und Fluß. Wenige Schritte weiter erreicht man den Largo das Portas do Sol (›Sonnentorplatz‹), wo sich zur Maurenzeit eines der sieben Stadttore befand (zugleich Startpunkt unserer Alfama-Route 3). Linker Hand befindet sich das **Museum für Dekorative Künste** *(Artes Decorativas),* ein ehemaliger Adelspalast aus dem 18. Jh., den ein Bankier erwarb und in den 50er Jahren mitsamt Mobiliar sowie einer Sammlung von Gemälden und anderen Kunstobjekten in die Espírito-Santo-Stiftung einbrachte.

An der Gabelung der Straßenbahnlinie geht es halblinks (nunmehr der Linie 12 nach). Über den Largo Rodrigues de Freitas, der sich bald zur Linken öffnet, kommt man zur **Casa do Menino de Deus** (*Haus vom Gotteskind,* Hausnummer 4), eines von Lissabons wenigen noch erhaltenen Wohnhäusern aus dem 16. Jh. Am Largo Rodrigues de Freitas, Nr. 19A, gibt es ein **Marionettenmuseum.**

Nun verlasse man die Straßenbahnlinie und folge der Calçada da Graça bergauf zur Graça-Kirche; davor ist ein **Aussichtspunkt**, der einen weiteren Panoramablick über die Stadt bietet.

Jetzt geht es um die Kirche herum zum Largo da Graça und ab dort bergab durch die Rua Voz do Operário (wieder der Straßenbahnlinie 28 nach) zur **Kirche São Vicente de Fora.** Diese ehemalige Augustinerkirche, die König Afonso Henriques 1147 zu Ehren des heiligen Vinzenz erbauen ließ, stand außerhalb (= *de fora*) der damaligen Stadtmauer. Ab 1590 wurde sie nach den Plänen des Italieners Terzi im Stile von Renaissance und Manierismus umgestaltet.

An die Kirche grenzt rechts der Kreuzgang, u.a. mit Azulejos (18. Jh.), die die Eroberung der maurischen Hochburgen Lissabon und Santarém (1147) illustrieren. Im ehemaligen Refektorium befindet sich das Pantheon der Bragança-Dynastie, die von 1640 bis 1910 regierte. Hier ruhen fast alle Monarchen des Hauses Bragança – von João IV. (1640–1656) bis Manuel II. (1908–1910, † 1932 im Exil). Es fehlen nur Maria I. (1777–1816), die in der Estrela Basilika beigesetzt ist, sowie Pedro IV. (1826–1828, ab 1822 erster Kaiser Brasiliens), der 1972 nach Brasilien umgebettet wurde.

Beim Verlassen der Kirche nach rechts, unter einem Bogen hindurch, zum Campo de Santa Clara; jeden Dienstag und Samstag findet hier der **Flohmarkt Feira da Ladra** statt (Antiquitäten, Kleidung u. a.; böse Zungen behaupten auch, auto- oder taschendiebgeschädigte Touristen könnten hier ihre Radios oder Kameras käuflich zurückerwerben...).

Bergab zu der ebenfalls als Pantheon eingerichteten **Kirche Santa Engrácia,** deren Bau 1682 im Barockstil begann, aber erst 1963 zum Abschluß kam. (›Santa-Engrácia-Arbeiten‹ bespöttelt man seither nie endende Bauvorhaben.) Sie hat den Grundriß eines griechischen Kreuzes und eine mächtige Zentralkuppel, die aus der Skyline Lissabons nicht wegzudenken ist. Im marmorgeschmückten Hauptraum erinnern leere Sarkophage an anderswo bestattete Nationalhelden (Nuno Alvares Pereira, Heinrich der Seefahrer, Afonso de Albuquerque, Vasco da Gama, Pedro Álvares Cabral und Luís de Camões). In einem Nebenraum wurden drei Staatspräsidenten (Teófilo Braga, Sidónio Pais, Carmona), in einem anderen drei Dichter (Garrett, João de Deus, Guerra Junqueiro) beigesetzt. In einem Raum für sich ruht der von der PIDE ermordete Oppositionskandidat bei der Präsidentenwahl von 1958, Humberto Delgado (s. S. 65). Er wurde 1990 posthum vom General zum Marschall befördert und von einem Friedhof hierher umgebettet.

Bergab stößt man auf die Rua dos Caminhos de Ferro. Gut 1 km stadtauswärts liegt die **Kirche Madre de Deus,** der das einzigartige **Azulejo-Museum** angeschlossen ist (Bus 104 ab Praça do Comércio, 105 ab Martim Moniz, beide Buslinien fahren über Santa Apolónis).

Wer sich für Industriegeschichte interessiert, mache unterwegs noch einen Abstecher – erst durch die Calçada dos Barbadinhos bergauf, dann durch die Rua do Alviela – zum **Wassermuseum** *(Museu da Água,* 1990 mit dem Museumspreis des Europarates ausgezeichnet). In der 1880 erbauten Pumpstation für die öffentliche Wasserversorgung stehen die Dampfmaschinen, die bis 1930 das hierher geleitete Wasser des Alviela-Flüßchens zum höchsten Punkt der Stadt pumpten. Auf dem Rückweg zum Stadtzentrum liegen der Bahnhof Santa Apolónia sowie, gleich gegenüber, das **Militärmuseum** mit Waffen und Uniformen aus verschiedenen Epochen.

Route 3

Alfama, Haus der Spitzen *(Casa dos Bicos)* und Kirche Conceição Velha; Rundgang möglichst vormittags (wegen des Straßenmarktes)

Die **Alfama,** ein labyrinthisches Gewirr von steilen Treppen und engen krummen Gassen, wo üppiger Blumenschmuck die schmiedeeisernen Veranden vier- bis sechsstöckiger Häuser überwuchert, ist das älteste

Mieten wie zu Großvaters Zeiten

Wer erlebt hat, wie sonst überall in Westeuropa historische Altstädte ›kaputtsaniert‹ oder touristisch vermarktet werden, kann in Lissabons Alfama nur staunen. Hier haben die winzigen Schuster- und Tischlerwerkstätten und die kleinen Kneipen, deren Wirte den Wein noch aus großen Holzfässern zapfen, den teuren Souvenirläden und Schickeria-Cafés im allgemeinen noch nicht weichen müssen. In den Häusern mit Azulejo-Heiligenbildchen und schmiedeeisernen Brüstungen wohnen bis heute einfache – größtenteils ältere – Leute. Portugals Mietrecht machte jahrzehntelang – trotz bis zu 30%iger Inflation – Erhöhungen einmal vereinbarter Mieten fast unmöglich (s. S. 42). Monatsmieten von umgerechnet 5–10 DM waren bis Mitte der 80er Jahre keine Seltenheit. Allerdings geschah kaum noch etwas zur Erhaltung verfallender, mitunter einsturzbedrohter Häuser oder zur Modernisierung von Wohnungen ohne Bad. Auch nachdem 1986 einmalige Mieterhöhungen von bis zu 300% (oder mehr) und fortan jährliche Anpassungen erlaubt wurden, lassen sich von den immer noch relativ niedrigen Monatsbeträgen die notwendigen Instandsetzungen kaum finanzieren. Mieten, wie sie auf dem freien Markt üblich sind, könnten andererseits die meisten Alfama-Bewohner schwer aufbringen. Um Bausubstanz und sozialen Charakter der Alfama zugleich zu erhalten, lief inzwischen ein kommunaler Plan zugunsten des historischen Viertels an. Häuser in besonders prekärem Zustand wurden restauriert, anschließend zogen die gleichen Mieter wieder ein.

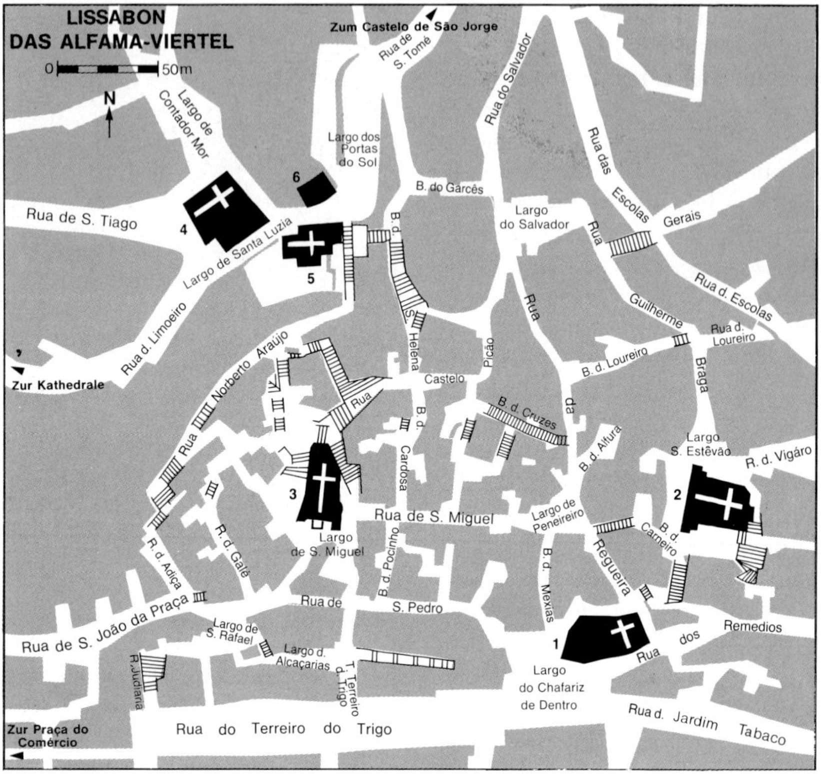

1 Remédios-Kapelle 2 Santo Estêvão 3 Kirche São Miguel 4 Kirche São Tiago 5 Kapelle Santa Luzia 6 Museu de Arte Decorativa

Viertel Lissabons (Farbabb. 3–5). Am Hang zwischen Burg und Tejo siedelten schon die Westgoten.

Der Name Alfama aber ist arabischen Ursprungs (von *al-Hama*) und erinnert an warme Quellen, die die Mauren hier vorfanden. In diesem Viertel lebten jahrhundertelang Christen, Juden und Mauren. Von den Adelshäusern, die es früher gab, überstanden nur wenige das Erdbeben von 1755. Die Alfama wurde zum Fischer-, Handwerker- und Arbeiterviertel, in dessen Gassen Kinder spielen, Kanarienvögel in Käfigen vor den Haustüren zwitschern und Hühner frei herumlaufen. Wenn eine Panflöte erklingt, dann kommt der Scherenschleifer zur Kundschaft. In der unteren Alfama kann man morgens den **Fischmarkt** erleben, abends füllen sich die vielen kleinen Kneipen. In der Nacht vom 12. zum 13. Juni begeht man das Fest des Volksheiligen Santo António.

Unser Streifzug beginnt an der **Aussichtsterrasse (Miradouro) Santa Luzia** (s. Route 2, S. 125). Gleich hinter der gleichnamigen kleinen Kapelle geht es Treppen hinunter, dann rechts durch die Rua Noberto de Araújo und bald links, Zickzack-Treppen hinab, zur **Kirche São Miguel** (18. Jh., innen Talha-Schmuck).

Ab hier in östliche Richtung durch die Rua de São Miguel und am Ende geradeaus, eine Treppe hinauf, durch den **Beco do Carneiro.** Dies ist die engste Gasse der Alfama: so eng, daß sich die Dächer der Häuser über den Köpfen der Passanten berühren. Man erreicht einen kleinen Platz mit azulejogeschmücktem Brunnen und blickt links hinauf zu der im 18. Jh. rekonstruierten Kirche Santo Estêvão. Von hier aus scharf rechts, wieder Treppen hinab, am Ende links und sodann rechts durch die Rua dos Remédios, wo einige manuelinische Hauseingänge erhalten sind.

Man stößt bald auf den belebten Largo do Chafariz de Dentro (›Brunnenplatz innerhalb der Stadtmauer‹), in dessen Umgebung einige Fado-Lokale zu finden sind.

In einer Alfama-Gasse

Haus der Spitzen

Weiter durch die *Rua de São Pedro,* Schauplatz des morgendlichen Fischmarktes, zum Largo de São Rafael; diesen kleinen Marktplatz überragt ein Turm der westgotischen Stadtmauer.

Nun durch die *Rua da Judiaria.* Zentrum des einstigen Judenviertels; zur Rechten ein Stück der Stadtmauer mit manuelinischen Zwillingsfenstern. An einem kleinen Platz befindet sich der **›Dichterbrunnen‹** *(Fonte do Poeta)* mit ineinander verschlungenen Fischen.

Durch einen Bogengang kommt man zum Largo do Terreiro do Trigo und von dort, der Straßenbahnlinie nach, zur Praça do Comércio. Auf dem Weg liegt rechts die **Casa dos Bicos** (›Haus der Spitzen‹, die aus der Fassade ragen), die Brás de Albuquerque (Sohn des ›Vizekönigs‹ von Indien, s. S. 54) 1522 erbauen ließ. 1983 wurde sie restauriert und ist heute Sitz der Kommission für die 500-Jahr-

Scherenschleifer

Feiern der portugiesischen Entdekkungen. Ein Stück weiter erhebt sich rechts, in der Rua de Alfândega (›Zollstraße‹), die **Kirche Conceição Velha** (auch Misericórdia genannt, frühes 16. Jh.). Am manuelinischen Portal sind u. a. das Kreuz des Christusordens, die Sphärenkugel König Manuels sowie – zwischen den Türen – eine Justitia-Figur zu erkennen.

Route 4

Chiado, Bairro Alto (Oberstadt), São Bento, Estrela. Ein Brand zerstörte 1988 einen Teil des traditionellen Chiado-Viertels, wo in den Romanen von Eça de Queiroz (1845–1900, s. S. 98; eine Statue von Eça steht an der Rua do Alecrim) die High Society stolzierte und einige wenige Journalisten, Politiker, Bankiers und Weltmänner über Portugals Geschicke entschieden.

Vom Chiado kommt man zum **Bairro Alto,** dem alten Viertel zwischen gestern und morgen – ein Wohngebiet vor allem älterer Menschen, mit marmorverkleideten Tante-Emma-Läden, kachelgeschmückten Kneipen, Trödelläden, Antiquariaten, aber auch chromglänzenden HiFi-Geschäften und kahlen Designer-Boutiquen. Abends gibt's Kontrastprogramm: Melancholisches Fado, der von den Touristenlokalen mit Mindestverzehr in die Tavernen, wo der Wirt selbst singt, zurückfindet. Und Discos für jeden Geschmack (wo die Nacht erst um 24 Uhr beginnt). An der Rua da Atalaia liegt die Szene-Disco Frágil. Im Ritz-Club an der Rua da Glória ist Afro-Livemusik zu hören.

Ab Unterstadt/Rua de Conceição geht es zu Fuß oder mit der Straßenbahn (Richtung Prazeres; s. jedoch Hinweis S. 123) ein Stück bergauf und sodann rechts durch den Rua Serpa Pinto. An der linken Seite erhebt sich das innen plüschig-vornehme Opernhaus São Carlos. An der nächsten Kreuzung links durch die Einkaufsstraße Rua Garrett (Fassaden aus der Zeit der Jahrhundertwende beachten). Draußen vor dem **Café A Brasileira** (Hausnr. 120, im Innern Gemälde) sitzt eine Statue des Dichters Fernando Pessoa (1888–1935) der in diesem Milieu zu Hause war. Am Largo do Chiado, wenige Schritte weiter, ehrt ein Denkmal den Dichter António Ribeiro Chiado (1520–91).

Rechts die im 17. Jh. erbaute italienische **Loreto-Kirche** mit Deckenmalereien aus dem 19. Jh. Jenseits der Hauptstraße Rua do Alecrim liegt die Praça Luís de Camões mit einer Statue von Portugals Nationaldichter (s. S. 98).

Zurück durch die Rua Garrett (im Haus Nr. 18/26 der rechts abzweigenden Rua António Maria Cardoso befand sich bis 1974 das Hauptquartier der Geheimpolizei PIDE) und links über die Calçada do Sacramento zum Largo do Carmo. Diesen gemütlichen kleinen Platz beherrscht die Ruine der gotischen **Carmo-Kirche** (14. Jh). Der Raum zwischen Bögen und Gewölben, die 1755 das Erdbeben übrigließ, wurde zum archäologischen Museum ausgestaltet. Rechts der Kirche ist der Zugang zur oberen Station des Aufzuges Santa Justa (s. S. 125); links die Carmo-Polizeikaserne, wo sich der Diktatur letzter Ministerpräsident Caetano am Morgen des 25. April 1974 verschanzte. Nach mehrstündiger Belagerung übergab er die Macht an die aufständischen Militärs.

Nun der Straßenbahnlinie 24 nach, durch die Rua da Trindade. Rechts das azulejoverkleidete Haus (Nr. 28/32), im 19. Jh. Residenz des Karikaturisten Rafael Bordalo Pinheiro.

Weiter rechts durch die Rua Nova da Trindade. Keinesfalls auslassen: das 1836 gegründete Bierlokal *Cervejaria da Trindade* (rechts, Nr. 22), das innen mit Azulejos des 19. Jh. geschmückt ist.

Nun zum Largo Trindade Coelho mit der einschiffigen **Kirche São Roque,** die die Jesuiten im 16. Jh. nach Plänen des Italieners Terzi errichten ließen. Vorzeigestück des mit Azulejos, Marmor, Gemälden und Schnitzwerk verzierten Innenraumes ist die Capela de São João Baptista (4. Seitenkapelle links), die der verschwenderische König João V. 1742 in Italien in Auftrag gab. Über 100 Künstler arbeiteten an diesem Meisterstück italienischen Barocks, das u. a. aus Marmor, Lapislazuli, Alabaster, Jade, Gold und Silber besteht und mit Gemälden und Mosaiken ausgeschmückt ist. 1748 fertiggestellt, wurde die Kapelle in Rom vom Papst gesegnet, dann zerlegt, mit drei Schiffen nach Lissabon gebracht und dort wieder zusammengebaut! Der Kirche angeschlossen ist das **Museum für Sakrale Kunst** *(Arte Sacra).*

Beim Verlassen des Gotteshauses weiter durch die Rua São Pedro de Alcântara. Rechts die Station der Kabelbahn Elevador da Glória, links (Nr. 45) der **Solar do Vinho do Porto,** wo man zu annehmbaren Preisen über 100 verschiedene Portweine probieren kann (täglich außer So). Nach einigen Schritten bietet rechts der Park São Pedro de Alcântara einen Blick über Unterstadt und Burg. Etwas weiter, an der Rua da Escola Politécnica, liegt rechts der Eingang zum **Botanischen Garten** (Mo–Fr).

Zurück zur Praça de Camões, ab dort mit Straßenbahnlinie 28 in Richtung Prazeres (Strecke war allerdings in diesem Abschnitt Anfang 1992 wegen Bauarbeiten unterbrochen). Nach einigen Haltestellen erblickt man rechts den **Palácio de São Bento,** einst Benediktinerkonvent (1598–1615 erbaut, 1834 säkularisiert, im 19./20. Jh.

umgestaltet), heute Sitz des Parlamentes *(Assembleia da República)*.

Mehrere Stationen weiter erhebt sich links die neoklassische **Basílica da Estrela,** 1779 auf Initiative von Maria I. begonnen und zehn Jahre später geweiht. Mit den beiden Glockentürmen und einer mächtigen Zentralkuppel erinnert der weiße Kalksteinbau an die Klosterkirche von Mafra. Den Innenraum ziert mehrfarbiger Marmor. Im rechten Querschiff ist Maria I. († 1816) und in der Sakristei ihr Beichtvater Frei Inácio de Caetano beigesetzt.

Gegenüber der Basilika liegt der **Estrela-Park,** dessen Hinterausgang zu einem Denkmal des Brasilien-Entdeckers Pedro Álvares Cabral führt.

Die umliegenden Viertel Estrela und Lapa beherbergten Anfang des Jahrhunderts die High Society, heute eine Reihe ausländischer Botschaften.

Route 5

Rathaus und Nationalmuseum für Alte Kunst

Ab Praça do Comércio westlich an der Post vorbei, Straßenbahnschienen folgend, durch die Rua do Arsenal. Zur Rechten öffnet sich die Praça do Município mit dem 1867–1875 erbauten **Rathaus** *(Câmara Municipal)*. Am Giebel finden sich einige Figuren, die im 19. Jh. ›öffentliches Ärgernis‹ erregt haben sollen. Von der Veranda des Rathauses aus wurde am 5. Oktober 1910 die Republik ausgerufen.

Weiter der Straßenbahnlinie nach zur Praça Duque de Terceira mit einer Statue dieses liberalen Heerführers im Bürgerkrieg von 1832–1834. Jenseits der breiten Avenida 24 de Julho (Tag der Einnahme Lissabons durch die Liberalen 1833) ist der Bahnhof Cais do Sodré, wo Züge nach Estoril und Cascais abfahren. Schräg gegenüber des Bahnhofs, wiederum an der Nordseite der Av. 24 de Julho, große **Markthallen** *(Mercado da Ribeira)*.

Straßencafé am Rossio (im Hintergrund das Nationaltheater Maria II)

Azulejos im Alltag

Azulejos sind nicht nur in den Kirchen, sondern auch im Lissaboner Untergrund zu sehen: in den neueren Metro-Stationen hat man Werke zeitgenössischer Maler ›verkachelt‹. Júlio Pomar (* 1926) schuf etwa die Porträts des Dichters Fernando Pessoa am U-Bahnhof Alto dos Moinhos. In der Station Cidade Universitária prangt eine Kachelversion des Gemäldes ›Le Metro‹ (1942) von Helena Vieira da Silva (1908–1992). Jede der neuen Stationen hat ihr eigenes ›Markenzeichen‹.

Angefertigt wurden die meisten Azulejos in der 1849 gegründeten **Keramikfabrik Viúva Lamego.** Im alten Fabrikgebäude am Largo do Intenendente (Metro Intenendente), aus dem die Produktion jedoch längst ausgelagert wurde, kann man sich nach originellen Kachel-Souvenirs umsehen (man muß nur darauf gefaßt sein, daß in der Umgebung etwas zwielichtiges Volk herumsteht).

Für ein Essen in Azulejo-Atmosphäre bieten sich die Cervejaria Portugália (Avenida Almirante Reis, 117) oder die Cervejaria Trindade (s. S. 133) an.

Wenn samstags morgens die Bars und Discos schließen, öffnen sie gerade ihre Tore, und die Nachtschwärmer kommen zum Frühstück hierher.

Mit dem Bus (Linie 40 oder 60) gelangt man von hier stadtauswärts zum **Nationalmuseum für Alte Kunst** (Museo Nacional de Arte Antiga, Rua das Janelas Verdes). Als bedeutendstes Kunstmuseum des Landes enthält es hervorragende Beispiele der Malerei ab dem 15. Jh. Paradestücke sind die *Painéis de Sao Vicente* (Nuno Gonçalves, 15. Jh., s. S. 76) und Hieronymus Boschs *Tentaçoes de Santo Antao* (›Versuchungen des hl. Anton‹). Zudem hat es Abteilungen für Glas und Keramik, Silber- und Goldschmiedearbeiten, Bildhauerei und Tapisserie.

Route 6
Lissabons nördliche Stadtteile

An der Straße vom Marquês de Pombal zur Brücke des 25. April beherbergt ein moderner Hochhauskomplex das **Shopping Center Amoreiras** – ein Denkmal der Konsumgesellschaft, erbaut von Tomás Taveira.

Nördlich der Praça Marquês de Pombal liegt der geometrisch angelegte **Park Eduardo VII.,** benannt nach dem britischen König, der 1902 Lissabon besuchte (Farbabb. 6). Beide Säulen am Nordende des Parkes wurden 1957 von Elizabeth II. eingeweiht. In der Nordwestecke liegt die **Estufa Fria** (›Kaltes Treibhaus‹), eine exotische Wunderwelt mit Blumen und Sträuchern, riesigen Palmen und seltenen Bäumen. Überall plätschern kleine Wasserfälle, Brunnen und Bäche.

Ab Praça Duque de Saldanha führt die breite *Avenida da República* nördlich stadtauswärts. Nach ca. 1 km liegt rechts der Campo Pequeno (Metro-Station) mit der **Stierkampfarena** *(Praça de Touros)*, nach Plänen des Architekten Dias de Silva unter Verwendung maurischer Stilelemente erbaut, 1892 eröffnet. Sie faßt ca. 8500 Zuschauer. Angeschlossen ist ein kleines Stierkampfmuseum. Am

Nordende der Av. da República (Metro Entrecampos) ein Denkmal für die Opfer der französischen Invasionen des frühen 19. Jh.; links der **Vergnügungspark Feira Popular** (April–Oktober).

Im Norden schließt sich der ca. 1,2 km lange Campo Grande mit einem parkartig ausgebauten Mittelstreifen an. An der Westseite liegt die Nationalbibliothek, dahinter die **Universitätsstadt** *(Cidade Universitária)* aus den 50er Jahren. An der gleichen Seite sieht man den 1990 beendeten Neubau für das **Staatsarchiv** *(Torre do Tombo;* nach dem Erdbeben von 1755 war dieses ›provisorisch‹ vom Kastell São Jorge in den Palast von São Bento verlegt worden, nur währte dieses ›Provisorium‹ 230 Jahre...) und schließlich das **Stadtmuseum** *(Museu da Cidade),* in dem Gemälde und Dokumente zur Stadtgeschichte ausgestellt sind. Gegenüber liegt das **Museum Rafael Bordalo Pinheiro** mit Keramiken und Zeichnungen dieses Karikaturisten aus dem 19. Jh., der sich gern mit dem einfachen Volk befaßte.

Vom Campo Pequeno führt die Avenida de Berna zur **Praça de Espanha** (Metro Palhavã). Im Umkreis entstehen Bank- und Bürobauten für Lissabons künftiges Finanzviertel, die neue ›City‹. Aber auch die Künste sind hier zu Hause. Im Südosten der Praça de Espanha erhebt sich der moderne Baukomplex der **Gulbenkian-Stiftung** *(Fundaçaõ Calouste Gulbenkian)* zur Förderung von Wissenschaften und Künsten. Benannt ist sie nach ihrem Stifter, einem armenischen Ölmagnaten und Kunstsammler, der die letzten 13 Jahre bis zu seinem Tod 1955 in Lissabon lebte und wegen seiner fünfprozentigen Anteile an vielen Ölfirmen den Beinamen ›Mr. Five Percent‹ bekam. Die Anlage der Stiftung umfaßt Konferenz- und Konzertsäle, Freilichttheater, Bibliothek, ein Museum mit Gulbenkians wertvoller Sammlung ausgewählter Kunstobjekte verschiedener Epochen sowie ein *Zentrum für moderne Kunst.*

An der Südseite der Praça de Espanha erhebt sich der Palácio Palhavã aus dem 17. Jh., heute Residenz der spanischen Botschaft. Dahinter ist die 1984 fertiggestellte Moschee der islamischen Gemeinde zu erkennen.

Die Straße in Richtung Brücke des 25. April unterquert nach einigen 100 m den **Águas-Livres-Aquädukt,** 1729–1748 im Auftrag von João V. erbaut. Die Gesamtlänge der Wasserführung beträgt 18,6 km. Dieser 941 m lange Abschnitt überquert ein Tal auf 35 Bögen, von denen der höchste 66 m hoch ist. Der Aquädukt zählt zu den Bauwerken Lissabons, die das Erdbeben von 1755 überstanden.

Nahe der Metro-Station Sete Rios liegt der **Zoo** *(Jardim Zoológico).* Er wurde 1884 angelegt und gilt als einer der schönsten Europas.

Am Rande des Stadtteils Benfica – das dem berühmten Fußballverein den Namen gab – ziert eine originelle Azulejo-Vielfalt die Gärten des **Palácio do Marquês de Fronteira** (Privatbesitz 17. Jh.). Zu festgelegten Zeiten ist aber auch der Palácio selbst zu besichtigen (Lage: Largo de São Domingos de Benfica, nahe Bahnstation Cruz da Pedra [ab Rossio]; ab Metro Sete Rios ca. 1 km Fußweg).

Nach Westen hin erstreckt sich der Waldpark **Parque Florestal de Monsanto,** der früher sehr verrufen war, sich in letzter Zeit aber zu wandeln begann.

Im **Parque Ecológico** wurden Eichhörnchen ausgesetzt. In dem Park **Alto da Serafina** (Bus Nr. 24 ab Bahnhof Benfica) gibt es einen Abenteuerspielplatz, 1994 soll auch ein Freibad mit Panoramablick über die Stadt eröffnet werden. Im Süden Monsantos liegt ein weiterer Spielplatz, der **Parque Infantil de Alvito.**

Im **Monsanto-Park** liegt das ›Restaurant Panorámico‹ mit schönem Ausblick. Originell aber teuer ist das Restaurant ›Mercado do Peixe‹ (›Fischmarkt‹), wo man sich in einer großen Halle Fisch auswählen und dann beim Grillen zusehen kann.

Route 7
Belém und Ajuda

Belém ist der Vorort am Tejo, von wo aus früher die Seefahrer in die Ferne aufbrachen. An das Entdeckungszeitalter erinnert das **Jerónimos-Kloster** (Straßenbahnlinien 15 und 17 ab Praça do Comércio; Busse 27, 28, 29, 43; Bahnlinie Cais do Sodré–Cascais, Station Belém), mit dessen Bau im Jahre 1502 begonnen wurde. Dieses Paradestück manuelinischer Baukunst wirkt mit seinem Steinzierwerk aus Meeresgetier, Korallen und Tauen so, als sei es dem Ozean entwachsen. Zusammen mit dem Turm von Belém wurde es von der UNESCO zum Weltkulturgut erhoben.

In der Klosterkirche (Igreja de Santa Maria) finden sich Sarkophage für Vasco da Gama (links) und Luís de Camões (rechts). Im Querschiff dominieren die von Elefanten getragenen Sarkophage für den in Afrika verschollenen König Sebastião (rechts) sowie von Kardinal-König Henrique (links); im Chor ähnliche Sarkophage von König Manuel I. und Frau Maria (links) sowie João III. und Gemahlin Catarina.

Jerónimos-Kloster

Jerónimos-Kloster
1 Südportal
2 Westportal
3 Klosterkirche
4 Kreuzgang
5 Löwenbrunnen
6 Sakristei
7 Refektorium
8 Kapitelsaal

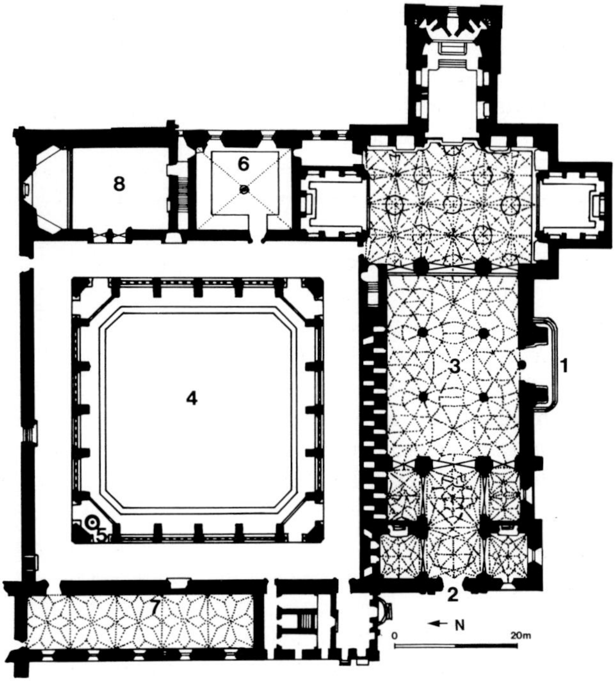

Ein wahres Juwel ist der Kreuzgang (zweistöckig, 55 × 55 m). Am 12. Juni 1985 diente er als Kulisse für die Unterzeichnung des Abkommens über Portugals EG-Beitritt. Im Kreuzgang selbst ist der Dichter Fernando Pessoa (1888–1935), im Kapitelsaal der Romancier und Historiker Alexandre Herculano (1810–1877) beigesetzt.

Im einstigen Dormitorium zeigt das **Nationalmuseum für Archäologie** Funde aus prähistorischer und römischer Zeit. Nebenan das **Seefahrtsmuseum** *(Museu da Marinha);* hier läßt sich u. a. das Wasserflugzeug besichtigen, mit dem Gago Coutinho und Sacadura Cabral 1922 die erste Luftüberquerung des Südatlantik (Lissabon – Rio de Janeiro) gelang. Etwas zurückliegend das **Gulbenkian-Planetarium,** das Einführungen in die Himmels- und Sternenkunde gibt.

Jenseits der Praço do Império erhebt sich am Tejo-Ufer das **Denkmal der Entdeckungen** *(Padrão dos Descobrimentos),* das wie eine Karavelle ins Wasser ragt. Vorn auf dem Bug eine Statue von Heinrich dem Seefahrer – zu dessen 500. Todestag man das Monument 1960 errichtete –, gefolgt von König Manuel, weiteren Nautikern sowie Künstlern und Geistlichen des Entdeckungszeitalters.

Am nahegelegenen Yachthafen ist das **Museum für Volkskunst** *(Arte Popular)* untergebracht, das einen Überblick über Kunsthandwerk und Brauchtum verschiedener Landesteile gibt.

Ein kleines Stück westlich sieht man den in den Tejo ragenden Festungsturm **Torre de Belém,** den König Manuel 1515–1521 im manuelinischen Stil errichten ließ (Mo geschlossen). Baumeister war Francisco de Arruda, der von seinem Bruder Diogo unterstützt wurde und, nach mehrjähriger Tätigkeit am Festungsbau in Marokko, auch viele orientalische Dekorelemente verwendete. Der Turm, nach Lissabons Schutzpatron auch Torre de São Vicente genannt, diente als Festung, zeitweise auch als Gefängnis. Für die aus der Ferne heimkehrenden Seefahrer war er lange das Wahrzeichen der Stadt.

Der Turm besteht aus einem sechseckigen Bollwerk mit viereckigem Turmaufsatz. Unter der Wasserlinie befanden sich einst die Waffenarsenale, im Torre u. a. die Räume des Festungskommandanten sowie – im zweiten Stock – der ›Königssaal‹ mit einer venezianisch inspirierten Südveranda. Für einen guten Rundblick kann man bis zur 35 m hohen Terrasse aufsteigen. Bollwerk und Turm sind von Steintauwerk umschlungen, die Zinnen mit dem Kreuz des Christusordens verziert.

Zwischen dem Turm von Belém und dem Jerónimos-Kloster erhebt sich das nagelneue ›**Centro Cultural de Belém**‹ – eine pompöse Kulisse für die portugiesische EG-Präsidentschaft im ersten Halbjahr 1992. Der Bau stieß wegen der hohen Kosten und der Lage zwischen zwei so bedeutenden Monumenten auf Kritik.

Zurück zum Jerónimos-Kloster; bergauf gelangt man zum **Museum für Ethnologie** (Av. Ilha da Madeira, 1 km, Busse 28, 49) mit Exponaten zur Völkerkunde von Portugiesisch-Afrika.

Vom Kloster geht es stadteinwärts zur Praça Afonso de Albuquerque, benannt nach dem ›Vizekönig‹ von Indien, dessen Statue eine Säule in der

Turm von Belém

Platzmitte krönt. An der Nordseite steht der im frühen 18. Jh. erbaute **Palácio de Belém,** heute Amtssitz des portugiesischen Staatspräsidenten. Der ehemalige Reitstall beherbergt das 1905 eröffnete **Kutschenmuseum** *(Museu dos Coches).* Es zeigt eine weltweit einzigartige Sammlung von ca. 60 Kutschen des 16.–19. Jh., die einst Könige, hohe Adelige und kirchliche Würdenträger beförderten.

Von hier führt die Calçada da Ajuda bergauf, vorbei am Botanischen Garten *(Jardim do Ultramar)* zum **Palácio da Ajuda** (ab Belém Bus 14, ab Praça do Comércio Bus 14, Straßenbahn 18) auf einem von Lissabons sieben Stadthügeln. Nach Zerstörung des alten Königspalastes am Terreiro do Paço beim Erdbeben von 1755 entstand dort zunächst ein Ersatzpalast aus Holz (um Erdstößen zu widerstehen), der 1794 abbrannte. Ab 1802 ließ Prinzregent João (der spätere João VI.,

1816–1826, von 1807–1821 im brasilianischen Exil) den neoklassizistischen Neubau errichten. Bis 1910 residierten dort mehrere Monarchen und Infanten der Bragança-Dynastie, bis heute wird der Palast für Staatsempfänge genutzt. Hinter der unattraktiven Fassade verbirgt sich eine kostbare Innenausstattung.

Sehenswert ist noch das **Elektrizitätsmuseum** *(Museu da Electricidade)* in einem alten Kraftwerk am Tejo, zwischen Belém und der Brücke des 25. April.

Route 8

Südliches Tejo-Ufer

Auto- oder Bootsausflug an das südliche Tejo-Ufer *(Margem Sul),* das bereits zum Verwaltungsdistrikt Setúbal gehört. Die mächtige Christus-Statue Cristo Rei überragt dieses Industriegebiet, zu dem u.a. die auf Schiffsreparatur spezialisierten Lisnave-Werften, die Stahlwerke von Seixal und die Quimigal-Chemiewerke von Barreiro gehören. Ringsherum entstanden – und entstehen noch immer – Hochhaussiedlungen (deren Bewohner zwischen Betonklötzen erstaunlich viel Platz für kleine Gemüsegärten finden).

Autofahrer überqueren die Tejo-Brücke **Ponte 25 de Abril.** Sie ist Portugals wichtigste Nord-Süd-Verkehrsader und mit einer Länge von knapp 2,3 km die längste Hängebrükke von ganz Europa; ihre 80 m ins Flußbett getriebenen Fundamente sind die tiefsten der Welt. 1962 begonnen, wurde sie 1966 eröffnet, 1974 von Ponte Salazar (nach dem langjährigen Diktator) in Ponte 25 de Abril (dem Revolutionsdatum) umbenannt. In nördliche Richtung ist die Brücke gebührenpflichtig. Zu Stoßzeiten sowie an schönen Sommerwochenenden ist sie derart hoffnungslos verstopft, daß man den Bau einer zweiten Tejo-Brücke beschloß. Zusätzlich soll unter der jetzigen Autofahrbahn eine Bahnlinie verkehren.

Reisende ohne Auto nehmen ab Cais de Alfândega (Terreiro do Paço) ein orangefarbenes Fährboot nach **Cacilhas.** Rund 10 Minuten dauert die Tejo-Überquerung mit Panoramablick auf Lissabon. Gleich bei der Anlegestelle findet man eine Reihe von Fischrestaurants.

Von Cacilhas fahren Busse zum **Cristo Rei,** einer 1959 unter Salazar aufgestellten Christus-Statue (zum Dank dafür, daß Portugal nicht in den Zweiten Weltkrieg verwickelt wurde). Auf einem 82 m hohen Sockel erhebt sich das 28 m hohe Denkmal des Bildhauers Francisco Franco. Empfehlenswert ist der Besuch wegen des vorzüglichen Rundblicks, den man von der Terrasse des Sockels (Aufzug) aus genießen kann.

Praktische Hinweise

Bei der Orientierung in Lissabon und im übrigen Portugal hilft die Informationsbroschüre ›Bússola‹, die in den Turismo-Büros (auch in deutscher und englischer Sprache) kostenlos verteilt wird. Sie enthält einen Stadtplan, auf dem Hotels, Pensionen und Monumente eingezeichnet sind, sowie nützliche Anschriften und Telefonnummern (Airlines, Autovermietungen, Botschaften, Läden, Restaurants). Über Veranstaltungen und Öffnungszeiten von Museen informiert die Broschüre ›What's on in Lisbon‹, die ebenfalls beim Turismo erhältlich ist.

Unterkunft

Hotels

Nördlich des Marquês de Pombal, Großraum Praça de Espanha: ***** Alfa, Av. Columb. Bordalo Pinheiro; ***** Altis, Rua Castilho, 11; ***** Sheraton e Towers, Rua Latino Coelho, 2; ***** Meridien, Rua Castilho, 149; ***** Ritz, Rua Rodrigo da Fonseca, 88; ****Novotel, Av. José Malhoa; **** Diplomático, Rua Castilho, 74; **** D. Manuel I, Av. Duque d'Avila, 187; **** Penta, Av. dos Combatentes; **** Holiday Inn Lisboa, Av. António José de Almeida, 28A; Zurique, Rua Ivone Silva; *** Amazónia, Travessa da Fábrica dos Pentes, 12; *** Impala, Rua Filipe Folque; *** Miraparque, Av. Sidónio Pais,12; *** Príncipe, Av. Duque d'Avila, 199; *** Rex, Rua Castilho, 169

Lissabon Nordost: **** Lutécia, Av. Frei Miguel Contreiras; *** Roma, Av. de Roma; ** D. Afonso Henriques, Rua Cristóvão Falcão, 8

Marquês de Pombal – Avenida da Liberdade (mit angrenzenden höherliegenden Gebieten) – Restauradores: ***** Avenida Palace, Rua 1 de Dezembro; ***** Tivoli, Av. da Liberdade, 185; **** Tivoli Jardim, Rua Júlio César Machado, 7; **** Fénix, Praça Marquês de Pombal; **** Plaza, Travessa do Salitre, 7; **** Príncipe Real, Rua da Alegria, 53; *** Britânia, Rua Rodrigues Sampaio, 17; *** Excelsior, Rua Rodrigues Sampaio, 172

Unterstadt/Bairro Alto: ** Borges, Rua Garrett, 108; ** Duas Nações, Rua da Vitória, 41; ** Internacional, Rua da Betesga, 3; ** Metrópole, Rossio, 30; ** Suiço Atlântico, Rua da Glória, 3; * Bragança, Rua do Alecrim, 12; * Portugal, Rua João das Regras

Lapa: ***** Hotel da Lapa, Rua Pau da Bandeira, 4 (Palast, 19. Jh. mit Neuanbau)

Belém: *** Torre, Rua dos Jerónimos, 8

Pensionen, Albergarias und Residencial-Häuser

Nördliche Stadtteile:
**** Res. Imperador, Av. 5 de Outubro, 55; **** Res. Nazareth, Av. António Augusto de Aguiar, 25; *** Res. Horizonte, Av. António Augusto de Aguiar, 42; *** Res. Dom João, Rua José Estêvão, 43; *** Res. Avenida Alameda, Av. Sidónio Pais, 4; ** Res. Campo Grande, Av. 5 de Outubro, 298; ** Res. Embaixatriz, Rua Pedro Nunes, 45

Avenida da Liberdade mit angrenzenden und höherliegenden Gebieten: **** Res. Mucaba, Av. da Liberdade, 53; **** Res. Roma, Travessa da Glória, 22 A; **** Albergaria Insulana (Res.), Rua da Assunção, 52; **** Albergaria Metro Avenida, Av. da Liberdade 140; **** Res. D. Sancho I., Av. da Liberdade, 202; *** Astória, Rua Braancamp, 10; *** Luena, Rua Pascoal de Melo, 9; *** Res. Casa Belmonte, Av. Duque de Loulé, 95; ** Res. Monumental, Rua da Glória, 21; ** Res. Santana, Rua Luciano Cordeiro, 30

Unterstadt/Bairro Alto: *** Res. Camões, Travessa do Poço da Cidade, 38; *** Res. Coimbra e Madrid, Praça da Figueira, 3; *** Res. Norte, Rua dos Douradores, 159; *** Res. Casa de São Mamede, Rua da Escola Politécnica, 159; *** Dinastia I, Rua D. João V, 7; ** Londres, Rua D. Pedro V, 53; ** Res. Alegria, Praça da Alegria, 12; ** Estação Central, Calçada do Carmo, 17; ** Res. Evora, Rossio, 59

Lissabon Nordost: **** Albergaria Terminus, Av. Gago Coutinho, 153 (nahe Flughafen)

Burgnähe: **** Albergaria Senhora do Monte, Calçada do Monte, 39 (viele Zimmer mit Burgblick); *** Res. Ninho das Aguias, Costa do Castelo, 74 (einfach und familiär, Zugang über steile Wendeltreppe)

Westlich des Zentrums (nahe Nationalmuseum für Alte Kunst): **** York House, Rua das Janelas Verdes, 32 (stilvolles altes Anwesen); *** A Barca do Tejo, Travessa da Cruz da Rocha, 3

Jugendherberge: Pousada de Juventude, Rua Andrade Corvo, 46 (Querstraße der Av. Fontes Peireira de Melo, Metro Picoas)

Campingplatz: **** Parque Municipal, gelegen im Park von Monsanto im Nordwesten Lissabons, an der Autobahn nach Estoril, ausgeschildert; Busse 14/43 ab Praça da Figueira (über Praça do Comércio-Tejo-Ufer-Belém); weitere Campingplätze u. a. Costa da Caparica (mehrere), Guincho (s. unter Cascais) und in Oeiras (* Parque Municipal, nur Mai–Okt.).

Verkehr

Flughafen: Im Norden der Stadt, am Autobahnzubringer nach Porto. Verbindung mit Bus Nr. 90 ab Bahnhof Santa Apolónia über Praça do Comércio-Rossio-Av. da Liberdade-Marquês de Pombal, zwischen ca. 7 und 21 Uhr alle 15 Minuten; Taxi in die Stadt ca. 5–20 DM. **Flugverbindungen** international s. S. 363, national s. S. 365. **Telefonische Flughafenauskunft:** ✆ 802060. **TAP-Auskunft:** ✆ 8416790 (international), 8415976 (national)

Eisenbahn: Lissabon hat vier Endbahnhöfe (zwischen denen keine Eisenbahnverbindung besteht). Wichtigster Bahnhof ist **Santa Apolónia** (Busse 9, 25, 25A, 28, 39, 46, 59, 81, 82, 90 ab Südseite; 35, 39A, 104, 105, 107 ab Nordseite), für die Linien Norte (Coimbra–Porto–Braga), Leste (Badajoz/Spanien), Beira Alta (Coimbra–Guarda–Vilar Formoso), Beira Baixa (Castelo Branco–Guarda) sowie der Züge nach Madrid und Paris. Dort ist auch das Terminal für Autoreisezüge. Vom **Rossio-Bahnhof** (Metro Rossio, ab Santa Apolónia Busse 9, 39, 46) fahren Züge der Linha do Oeste (Torres Vedras–Caldas da Rainha–Figueira da Foz) sowie Bahnen nach Queluz und Sintra. Züge nach Queluz fahren auch vom Terminal an der Av. 5 de Outubro. Ab **Cais do Sodré** (von Santa Apolónia Busse 28, 35, 107) fahren Vorortzüge nach Belém–Estoril–Cascais; ab **Terreiro do Paço** (Praça do Comércio) verkehren Personenfährboote der Bahngesellschaft CP zum Bahnhof **Barreiro** (südliches Tejo-Ufer, Fahrzeit 25 Min.), wo alle Züge nach Zielen in Südportugal (Setúbal, Alentejo, Algarve) abfahren. **Tel. Zugauskunft:** ✆ 8884025

Busse (Fernverbindungen – Expressos): Expressos der **Rodoviária** ab Terminal Avenida Casal Ribeiro, 18A (Metro Saldanha) nach fast allen größeren Orten des Landes; ab dort auch Linien nach Spanien/Mitteleuropa. Vom selben Terminal fahren **Mundial**-Expressos in Richtung Porto, Évora und Algarve (Mundial-Agentur: Av. António Augusto de Aguiar, 90-B).

Sonstige Expressos: (Ziele in Klammern): Autoviação do Minho, Campo Pequeno, 11 (Porto–Viana do Castelo und verschiedene Städte im Minho); Autoviação Tâmega, gleiches Büro (Coimbra–Viseu– Lamego–Chaves bzw. Bragança); Turilis, Campo Pequeno, 42 (Porto–Viana do Castelo, Valença–Monção); Joalto, gleiches Büro (Castelo Branco, Covilhã, Guarda); AVIC, Campo Pequeno, 67 (Figueira da Foz und Porto–Viana–Monção–Melgaço); Solexpresso, Rua Entrecampos, 1A, bei Campo Pequeno (Peniche, Setúbal, Portalegre, Estremoz, Elvas, Beja, Algarve); Marques, Rua de Entrecampos, 2A (Coimbra, Viseu, Guarda); Rodonorte, Campo Grande, 30 (Lamego–Vila Real– Bragança, Coimbra–Porto–Amarante); Novo Mundo, Rua Augusto dos Santos, 9 (Viseu); RENEX – Pool der Unternehmen Caima, Frota Azul und Resende, Büros am Campo das Cebolas, nahe Praça do Comércio (Porto–Braga–Ponte de Lima, Algarve); Santos, Agentur Resende (Coimbra–Trás-os-Montes); Guedes, Rua dos Bacalhoeiros, 16, am Campo das Cebolas (Coimbra, Viseu, Trás-os-Montes)

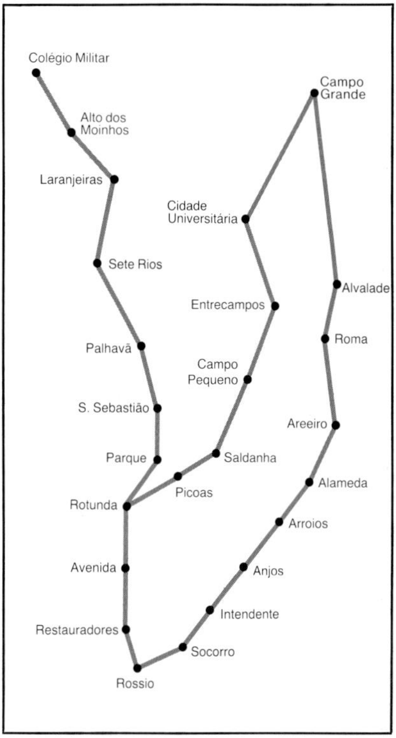

U-Bahn-Plan von Lissabon

Busse in Lissabons Umgebung: Rodoviária-Busse u. a. ab Praça de Espanha (Metro Palhavã) nach Costa de Caparica (Strand), Sesimbra, Setúbal, teils auch nach Zielen im Alentejo/Algarve; ab Colégio Militar (Metro) nach Queluz; ab Cacilhas (mit der Fähre ab Praça do Comércio zu erreichen) zur Statue Cristo Rei, zur Costa de Caparica sowie Vila Nogueira de Azeitão, Sesimbra und Setúbal; ab Barreiro (mit CP-Fähren ab Praça do Comércio zu erreichen) nach Moita, Montijo und Palmela; Mafrense-Busse nach Mafra (Rua Fernandes da Fonseca, 18/nahe Praça Martim Moniz)

Boote über den Tejo: ab Terreiro do Paço Boote der Bahngesellschaft CP zum Bahnhof Barreiro (meist halbstündlich oder öfter, spät seltener, Betriebsruhe von ca. 2.45–5.45 Uhr, ab Barreiro ca. 2–5 Uhr); zudem Boote der Linie Transtejo – TT – nach Montijo. Von der benachbarten Anlegestelle Cais da Alfândega TT-Boote nach Cacilhas. Ab Cais do Sodré Personen- und Autofähre nach Cacilhas (auch nachts). Ab Belém TT-Boote nach Porto Brandão und Trafaria.

Innerstädtischer Verkehr

U-Bahn *(Metropolitano)* mit z. Zt. 25 Stationen, s. Plan S. 143; mehrere Verlängerungen sind im Bau oder geplant. Betrieb ca. 6.30 bis 1.30 Uhr. Tarifsystem: Einheitstarif, Fahrkarten im Zehnerblock billiger. Es gibt auch Tages- und Dreitageskarten.

Busse *(Autocarros)* und **Straßenbahnen** *(Eléctricos)* wie auch drei **Standseilbahnen** *(Elevadores)* und den **Aufzug** *(Elevador)* Santa Justa betreibt die Gesellschaft ›Carris‹.

Beim Fahrer sind die Fahrkarten teurer als im Vorverkauf. An Carris-Schaltern erhält man z. B. *Bilhetes Únicos de Coroa (BUC)*, die in Carris-Bussen (außer in der Linie 90 zum Flughafen), Trams und Standseilbahnen gelten (nicht aber in der U-Bahn). Je nach Fahrstrecke muß man die Tickets an einem Ende oder an beiden Enden entwerten. Man hat das Streckennetz in einen urbanen und einen suburbanen Bereich unterteilt. Für alle Fahrten, bei denen man sich nur in der urbanen oder nur in der suburbanen Zone bewegt, muß man die Karte einmal, bei zonenübergreifenden Fahrten zweimal stempeln. Nähere Informationen an den Haltestellen; s. a. S. 369 f., 367 ff.

Auch für die Carris-Verkehrsmittel gibt es Tages- und Dreitageskarten.

Betriebszeiten: Busse (ca. 90 Linien) und Straßenbahnen (9 Linien) je nach Linie zwischen 5–7 Uhr und ca. 20–1.30 Uhr; manche nur Mo–Fr oder Mo–Sa. Standseilbahnen täglich 7–23 Uhr. Aufzug Santa Justa 7–1 Uhr.

Touristenpässe *(Passes Turísticos):* für Straßenbahnen, Busse, Standseilbahnen, Aufzug und Metro im Vorverkauf, für vier oder sieben Tage

Hinweise für Autofahrer: gebührenfreie Autobahn nach Estoril; gebührenpflichtige Autobahn A 1 Richtung Porto; für alle Ziele in Südportugal muß man die in nördliche Richtung gebührenpflichtige Brücke Ponte 25 de Abril (Schildern ›AE Sul/Ponte‹ folgen) überqueren. Tempolimits beachten, ständige Radarkontrollen. Besonders an Sommerwochenenden ist auf Brücke und Zufahrten mit teils stundenlangen Staus zu rechnen.

Stadtrundfahrten/Organisierte Ausflüge: Verschiedene Veranstalter bieten halb- oder ganztägige Stadtrundfahrten und

Abendtouren an (meist in Verbindung mit dem Besuch eines Fado-Lokals oder dem Casino von Estoril); außerdem halb- oder ganztägige Ausflüge nach Queluz/Sintra/Cabo da Roca/Cascais/Estoril oder Mafra/Ericeira; Ganztagestouren u. a. nach Nazaré/Óbidos/Fátima sowie Sesimbra/Setúbal/Serra de Arrábida (mit Weinprobe); organisierte Ausflüge gibt es auch zu Stierkämpfen in der Umgebung.

Panorama-Bootsfahrten auf dem Tejo starten von April bis Oktober ab Terreiro do Paço; im Sommer mancher Jahre werden auch Bootsfahrten nach Cascais angeboten.

Essen, Unterhaltung, Einkauf

Restaurants: zahlreiche, großenteils von Berufstätigen frequentierte Restaurants und Snackbars unterer und mittlerer Preislage in der Unterstadt und angrenzenden Gebieten. Große Auswahl von mittlerer Preislage bis Luxus im Raum Restauradores und vor allem in der Rua das Portas de Santo Antão. Alle Preislagen im Bairro Alto und in der Alfama. Einige einfache Häuser u. a. in der Nähe der Bahnhöfe Cais do Sodré und Santa Apolónia. Spezialrestaurants u. a. für chinesische, französische, italienische und griechische Küche sowie für Gerichte aus Madeira. Fado- und Folklorerestaurants s. unten.
Cafés, Teesalons *(Cafés, Pastelarias, Casas de Chá):* vor allem in der Unterstadt (Rossio/Praça da Figueira) sowie im Raum Chiado. Besonders bekannt sind u. a. die Cafés Pastelaria Suiça, Nicola (Rossio) und ›A Brasileira‹ (Rua Garrett).
Sonstige Lokale: u. a. Bierlokal Cervejaria Trindade, Rua Nova da Trindade (s. S. 133); Solar do Vinho do Porto (Rua São Pedro de Alcântara) für Portwein (s. S. 134).
Fado- und Folklorerestaurants: vor allem im Bairro Alto, aber auch im Estrela-Viertel und in der Alfama. Einlaß meist ab ca. 20.30/21 Uhr. Fados, in manchen Lokalen auch Volkstänze, ab ca. 22 Uhr oder später. Preise, Mindestverzehr etc. s. S. 383. Ursprünglicheren Fado gibt es in kleineren Kneipen des Bairro Alto, wo die Gäste singen oder der Wirt selbst den melancholischen Gesang anstimmt – und das Glas Wein weniger als eine Mark kostet.
Discos, Bars, Pubs: hauptsächlich im Bairro Alto, einige auch nahe dem Bahnhof Cais de Sodré sowie westlich in Richtung Alcântara, wo das Kremlin und das Alcântara-Mar ›in‹ sind. Spielcasino in Estoril (s. dort).
Kinos/Theater: Kinos im Stadtgebiet verstreut. Theater (Hauptspielzeit Oktober–Mai) u. a. Teatro Nacional Maria II, Rossio; Teatro Nacional São Carlos, Largo de São Carlos; Teatro Aberto, Praça de Espanha; verschiedene Kleinbühnen (Varieté, Kabarett im Parque Mayer, Travessa do Salitre [Nebenstraße der Av. da Liberdade], wo auch mehrere Restaurants zu finden sind).
Vergnügungspark (Feira Popular, April bis Oktober): am Nordende der Av. da República (Metro Entrecampos)
Stierkampfarena: am Campo Pequeno (Metro Campo Pequeno), Stierkämpfe April–Oktober, meist Do; Stierkämpfe auch in umliegenden Orten wie Cascais, Moita, Montijo, Vila Franca de Xira (meist So)

Feste/Veranstaltungen: Bekanntestes Volksfest ist die Festa de Santo António, die in der Nacht vom 12. zum 13. Juni vor allem in der Alfama begangen wird. Der 13. Juni ist in ganz Lissabon Feiertag. Es folgen die Feste der anderen Volksheiligen *(Santos Populares)* São João (23./24. 6.) und São Pedro (28./29. 6.). Weitere Veranstaltungen: Prozession Senhor dos Passos, Ende Februar/Anfang März, im Graça-Viertel; Revolutionsfeierlichkeiten am 25. April (Feiertag); Demonstrationen und Volksfeste am 1. Mai, Tag der Arbeit; Buchmesse im Mai (s. u.); Anfang September ist in Seixal – am anderen Tejo-Ufer – das Fest der ›Avante‹ (Zeitung der Kommunistischen Partei) mit Konzerten, Ausstellungen, regionalen Speisen und Getränken. Von der Teilnehmerzahl her ist es die größte politisch-kulturelle Veranstaltung Portugals. Kommunales Kulturprogramm im Sommer/Herbst.

Einkauf: Haupteinkaufsgegend ist die Unterstadt (Straßen zwischen Praça do Comércio und Rossio) und die westlich angrenzende, 1988 teils abgebrannte Gegend

Chiado/Rua do Carmo. In dieser Gegend findet man Läden für Bekleidung/Mode (Schlußverkauf – *Saldos* – im August), Gold und Silber (Juweliere), Bücher, Schallplatten wie auch Kunsthandwerk (Kork, Stickereien, Arraiolos-Teppiche). Antiquariate für Bücher, Bilder u. ä. vor allem im Bairro Alto. Die Avenida de Roma ist als Zentrum der modischen Boutiquen bekannt. Im Stadtgebiet gibt es auch mehrere Ladenzentren *(Centros Comerciais)*, die bis spätabends und Sa/So geöffnet sind, u. a. im Rossio-Bahnhof, am Restauradores-Platz (unweit der Post) und an der Rua das Amoreiras (extravaganter Hochhaus-Neubau). Markthalle am Bahnhof Cais do Sodré. Flohmarkt *(Feira da Ladra)*, Campo de Santa Clara, jeden Di/Sa. Markt am Sonntagmorgen beim Kreisverkehr am Flughafen *(Feira do Relógio)*. Buchmesse jeden Mai im Parque Eduardo VII. Sammlermarken im Postamt Praça do Comércio.

Information und wichtige Adressen

Post/Telefon: PLZ: zentrale Stadtteile 1000, 1100 und 1200, Außenbezirke 1300 bis 1900

Vorwahl: 01. Postämter *(Correios):* wichtigste Postämter an der Praça do Comércio (PLZ 1100) sowie an der Praça dos Restauradores (PLZ 1200; dieses Amt ist täglich, auch Sa/So, 8–22 Uhr geöffnet). Postlagernde Sendungen *(Posta Restante)* adressiere man am besten an eines dieser Ämter. Weitere Postämter u. a. am Bahnhof Santa Apolónia und an der Praça Luís de Camões. Die **Post am Flughafen** ist sieben Tage rund um die Uhr geöffnet.

Fundbüros *(Achados e Perdidos):* allgemein in der Rua Cidade Salazar (bei der Polizei – PSP) im nördlichen Stadtteil Olivais. Vom Rossio fahren die Busse 21 und 31 dorthin.

Krankenhäuser: Hospital de São José, Rua José António Serrano (zentral, ✆ 8860848); Hospital Santa Maria, Av. Prof. Egas Moniz (nördlich, ✆ 7975171); Hospital de São Francisco Xavier (Alto do Restelo, westlich, ✆ 3017351).

Polizeistationen (PSP): u. a. Largo de São Carlos/Rua Capelo; Praça da Alegria (Metro Avenida); Largo do Museu da Artilharia (beim Bahnhof Santa Apolónia); Rua Tomás Ribeiro (Metro Picoas; s. S. 387).

Turismo: Zentrales Informationsbüro an der Praça dos Restauradores, mit Schaltern des für die touristische Promotion zuständigen Institutes für Außenhandel (ICEP, ✆ 3463643, 3466307) und der Stadt Lissabon (✆ 3463314); einen Schalter des ICEP gibt es auch am Flughafen (in der Auskunftshalle, nur für ankommende Fluggäste). Allgemeines städtisches Info-Büro (nicht speziell für Tourismus) im Centro Comercial Amoreiras, 2. Stock, Laden 2016.

In der Nähe

Richtung Estoril/Cascais (ca. 30 km): Von Lissabon geht es per Auto oder Eisenbahn (ab Bahnhof Cais do Sodré) westlich an den Tejo-Hafenanlagen entlang. Jenseits der Brücke des 25. April liegt **Belém** (s. Lissabon, Route 7). Westlich angrenzend erst der Vorort **Algés,** dann **Dafundo,** wo im *Aquarium Vasco da Gama* lebende und konservierte Meerestiere zu sehen sind. Weiter über **Cruz Quebrada** nach **Caxias,** wo sich bis 1974 ein Gefängnis für politische Häftlinge befand. In **Paço de Arcos** empfiehlt sich ein Besuch im **Museum für Oldtimer-Autos** *(Museu do Automóvel Antigo,* Quinta da Terrugem, ausgeschildert) mit einer wechselnden Ausstellung von ca. 20 in Privatbesitz befindlichen Uralt-Autos. Über die Uferstraße kommt man nach **Oeiras** mit dem einstigen Landsitz des Marquês de Pombal, der in der Umgebung über große Weingüter verfügte. Ein Stück weiter markiert das auf einem Felsvorsprung erbaute Fort São Julião die Mündung des Tejo in den Atlantik. Nunmehr der Meeresküste folgend, kommt man über die alten Strandorte **Carcavelos** (donnerstags riesiger Markt) und **Parede** – zur Wasserverschmutzung s. S. 116 – nach **Estoril** und **Cascais.**

Richtung Porto: Rund 20 km nördlich Lissabons liegt **Alverca** (an Autobahn A 1 beschildert, Bahnlinien Norte, Beira Alta, Beira Baixa) mit einem *Luftfahrtmuseum (Museu do Ar,* Bahnhofsnähe). Weiter nördlich (32 km von Lissabon) folgt die für ihre Stierkampftradition bekannte Agrar-

und Industriestadt **Vila Franca de Xira** (Stierkämpfe u.a. beim Fest der ›Roten Weste‹ Anfang Juli und bei der dreitägigen ›Oktobermesse‹). Im Gestüt ›Centro Equestre da Lezíria Grande‹ (in Povos, an der EN1) werden verschiedene Reitsportarten gelehrt und praktiziert. Im Sommer organisiert die örtliche Touristik-Behörde (Rua Almirante Cândido dos Reis, 147, ✆ 063/26053) Bootsausflüge in Randzonen eines Natur- und Vogelschutzgebietes am Tejo (*** Hotel Lezíria Parque, Neubau unweit der A1; *** Pensão Flora; * Res. Ribatejana). An der Landstraße nach Porto liegt der terrassenförmig angelegte Ort **Alenquer** mit dem archäologischen Museum Hipólito Cabaço.

Östlich des Tejo-Mündungstrichters: Bei Vila Franca de Xira kommt man über die Tejo-Brücke in das endlos anmutende Flachland östlich des Tejo-›Strohmeeres‹ *(Mar de Palha)*, mit wichtiger Landwirtschaft (u.a. Wein, Melonen), Viehzucht und Salzgewinnung (Salinen); Montijo verfügt auch über Korkfabriken und ein finnisches Traktorenwerk. Montijo, Moita und Alcochete sind Zentren des Stierkampfes. Umweltschützer wandten sich in den letzten Jahren gegen die geplante Erweiterung eines Schieß- und Bombenabwurfplatzes bei Alcochete, vor allem wegen der Nähe eines Brutgebietes verschiedener Vogelarten.

Strände um Lissabon (nördlich des Tejo): Estoril und Cascais (s. jeweils dort), Guincho (s. unter Cascais), Praia das Maçãs (s. unter Sintra); südlich des Tejo liegt Lissabons Hausstrand **Costa da Caparica** (zu erreichen über die Brücke des 25. April, Rodoviária-Busse ab Lissabon/Praça de Espanha), der zu einem vollständig ausgestatteten Badeort herangewachsen ist. Eine Schmalspur-Strandbahn fährt einen Teil des insgesamt ca. 20 km langen Dünenstrandes ab. An abgelegenen Abschnitten wird – inoffiziell – FKK praktiziert. Am Ort gibt es zwei ** Hotels, mehrere Residencial-Häuser sowie Campingplätze. Die Fischrestaurants am Strand sind besonders im Winter, bei weniger Andrang, zu empfehlen. Turismo: ✆ 01/2900071.

Weiter südlich liegt die Lagune **Lagoa de Albufeira.** Hier gibt es zwei Campingplätze und einige Buden-Restaurants. Weiter südlich erstreckt sich der herrliche, kaum bebaute Strand **Praia do Meco.** In der Nähe liegen zwei Campingplätze. In abgelegenen Strandbereichen wird FKK praktiziert.

Das »Denkmal der Entdeckungen« im Stadtteil Bélem

Mafra

Den Nachwuchssorgen von König João V. (1706–1750) verdankt die ca. 10000 Einwohner zählende Kleinstadt Mafra (35 km nordwestlich von Lissabon) den riesigen **Kloster-Palast‹**, der zu den teuersten Anlagen des Landes gehört (Di geschlossen).

50000 Menschen arbeiteten 13 Jahre lang an dem 40000 m² großen Barock-Vorzeigebau, den der absolutistisch regierende König zum Dank für die Geburt eines Thronfolgers errichten ließ. Auf der Geschichte des Baus basiert José Saramagos Roman ›Das Memorial‹ (s. S. 101).

Geschichte

›Seine Feste waren religiöse Prozessionen; wenn er einen Palast wollte, so baute er ein Kloster; begehrte er eine Geliebte, so nahm er eine Nonne‹, spöttelte Voltaire über den ebenso frommen wie ausschweifenden König João V., dessen österreichische Gemahlin Maria Anna nach dreijähriger Ehe noch immer keinen Thronfolger zur Welt gebracht hatte. Auf Anraten eines Mönches versprach der besorgte João, ein Kloster bauen zu lassen, falls ihm der Himmel einen Thronerben schenkte.

Tatsächlich gebar seine Gattin 1711 erst eine Tochter, 1714 dann den späteren König José; 1717 begann nach Plänen des deutschen Architekten Johann Friedrich Ludwig der versprochene Klosterbau, wobei man keine Kosten scheute, um Spaniens El Escorial (Prunkbau von Filipe II., nahe Madrid) in den Schatten zu stellen. Aus Brasilien kamen kostbare Hölzer, aus Antwerpen die 114 Glocken der Klosterkirche; Bildhauer rief man aus Italien herbei. 1381 Arbeiter fanden während des Baus den Tod. Trotz der enormen Baukosten, die nur mit brasilianischem Gold zu finanzieren waren, kam die Königsfamilie nur selten nach Mafra. Manuel II. (1908–1910) verbrachte dort seine letzte Nacht in Portugal, ehe er am 5. Oktober 1910, dem Tag der Ausrufung der Republik, ins englische Exil floh.

Besichtigung

In der Mitte der 220 m langen Westfront erhebt sich die **Klosterkirche** mit einer 70 m hohen Zentralkuppel (die der des Petersdomes nachempfunden ist) sowie zwei 62 m hohen Glockentürmen. Rund zehn Tonnen wiegt die schwerste der 114 Glocken, die sonntags erklingen. Durch die Kirchenvorhalle mit überlebensgroßen Heiligenskulpturen betritt man den Innenraum, der mit weißem und rosafarbenem Marmor ausgeschmückt ist. Links der Kirche liegt der Eingang zum Konvent und Palast, über die im Boden eingelassenen Grabplatten der verstorbenen Mönche gelangt man zur Klosterapotheke, zur Krankenstation und der dazugehörigen Küche. Ein Stockwerk höher liegen die ehemaligen Schlaf-, Wohn- und Arbeitsräume verschiedener Monarchen. Weiter geht es durch die Wohnzellen und Gemeinschaftsräume der 300 Mönche zum Prunkstück des gesamten Baus: Der 88 m langen, 9,5 m breiten **Bibliothek,** die mit weißem, grauem und rosa Marmor geschmückt ist und rund 36000 Bände zählt.

Unterkunft: ** Hotel Castelão; s. auch unter Ericeira.

Bahnlinie: Linha do Oeste (Bahnhof außerhalb), schlechte Verbindungen
Busse: Rodoviária nach Lissabon (Casal Ribeiro) und Ericeira; Mafrense nach Lissabon (Martim Moniz), Ericeira und Sintra

PLZ: 2640; **Vorwahl:** 061 (Netz Torres Vedras); **Turismo:** Av. 25 de Abril, ✆ 812023

In der Nähe

Sobreiro (ca. 5 km Richtung Ericeira): Rechts der Hauptstraße ist das Mini-Dorf Aldeia de José Franco mit Töpferei, einigen wie anno dazumal eingerichteten Läden und kleinen Modelldörfern, wo von der Windmühle bis zum Wasserrad alles funktioniert.

Ericeira (ca. 11 km): alter Fischerort mit mehreren guten, teils am Fuße von Steilfelsen gelegenen Stränden. Trotz zunehmenden Andrangs ist es hier noch nicht unangenehm voll. Weitere Strände nördlich und südlich. Gut auch für Surfer.

Hotels: **** Morais, **** Albergaria Vilazul; *** de Turismo; ** Albergaria Dom Fernando (Talefe, ca. 6 km nördlich), ** Pedro o Pescador. *Pensionen:* ** Fortunato; ** Gomes; Res. Casa do Monte. *Camping:* Mil Regos (ca. 2 km), Sobreiro (ca. 5 km Richtung Mafra)
PLZ: 2655; *Vorwahl:* 061 (Netz Torres Vedras); *Turismo:* Rua Dr. Eduardo Burnay, 46, ✆ 63122

Kloster-Palast von Mafra

Nazaré

Für seine Folkloretradition bekannter Fischer- und Badeort in einer Bucht am Fuße des 110 m hohen Sítio-Berges. Noch heute fahren die Fischer mit ulkigen Trachten und bunt bemalten Booten auf das Meer hinaus. Die ›urtypische Fischerstadt‹ von einst hat sich zu einem vielbesuchten Touristenort gewandelt. An Sehenswürdigkeiten bietet Nazaré nicht viel. Zu empfehlen ist die Fahrt mit einer Kabelbahn auf den **Sítio-Berg,** vor allem wegen der Aussicht; oben befindet sich auch ein Volkskundemuseum und die Stierkampfarena.

Noch vor wenigen Jahren wurden die Boote abends von Ochsen oder Traktoren an Land gezogen und von barfüßigen Frauen entladen. Mit dieser Idylle, die für die Fischer und ihre Frauen nie eine war, ist es vorbei: Seit 1984 hat Nazaré einen eigenen Fischereihafen, auch die Fischauktion wurde inzwischen dorthin verlegt.

Viele der 10000 Einwohner haben neben dem Fischfang die Zimmervermietung als Einnahmequelle entdeckt; Souvenirläden, Touristencafés und Bingo-Salons beherrschen die Strandpromenade. Im Hochsommer, wenn die Badeurlauber gedrängt am Strand liegen, ist Nazaré laut, eng und oft ungemütlich. Ausweichvorschläge: São Martinho do Porto (s. In der Nähe) oder São Pedro de Muel (s. S. 188).

Hotels: *** Maré, *** da Nazaré, *** da Praia; ** Dom Fuas.
Pensionen und Residencial-Häuser: *** Central, *** Res. Cubata, *** Madeira, *** Res. Oceano; ** Europa, ** Leonardo, ** Beira Mar, ** Nazarense, ** Ribamar; * Res. Marina, * Ideal; viele Privatzimmer.

Camping: *** Vale Paraiso, ca. 2 km; ** Orbitur, ca. 2 km (16. 1.–15. 11.)

Nächster Bahnhof: Valado, ca. 6 km, Linha do Oeste (Lissabon–Figueira da Foz)
Busse: Rodoviária-Expressos nach Caldas-Lissabon, Peniche, Leiria–Coimbra–Porto; Nahverbindung nach Alcobaça–Batalha–Fátima, Tomar-Abrantes, Caldas–Óbidos–Peniche

Stadtfest: Nossa Senhora de Nazaré, um den 8. September (s. oben)

PLZ: 2450; **Vorwahl:** 062 (Netz Caldas); **Turismo:** Av. da República, ✆ 561194

In der Nähe

São Martinho do Porto (14 km südlich): kleiner Fischer- und Badeort mit einem natürlichen, hufeisenförmigen Hafen und Stränden, die wegen ihres ruhigen Wassers vor allem Familien mit Kindern anziehen. Fischer vermieten Ruderboote. Im Norden des Hafens führt ein Fußgängertunnel durch Felsen hindurch zum tosenden Meer.

Unterkunft: *Albergaria:* **** São Pedro; *Pensionen:* *** Americana, *** Carvalho, *** Concha, ** Parque; *Apartamentos Turísticos und Privatzimmer*

Camping: Colina do Sol (schließt Mitte Dez. bis Mitte Jan.) und Parquetur (nur im Sommer geöffnet).

Bahnlinie: Linha do Oeste; *Busse:* gleiche Linie wie Nazaré

PLZ: 2465; *Vorwahl:* 062 (Netz Caldas); *Turismo:* Av. 25 de Abril, ✆ 989440

Óbidos

Eine mittelalterliche **Burgenstadt** wie aus dem Bilderbuch, vollständig von einer bis zu 13 m hohen Mauer umgeben (Farbabb. 8); in den blumengeschmückten Gassen mit weißen Häusern, Töpferwerkstätten und Kunstgalerien fühlt man sich – trotz starker Kommerzialisierung – leicht um 300 Jahre zurückversetzt. Gegründet wurde die 3000 Einwohner zählende Stadt von den Kelten, denen Römer, Westgoten und – im Jahr 714 – die Mauren folgten. Zu Ehren der Ritter von König Afonso Henriques, die sich mit

Strandpromenade von Nazaré

Sauerkirschzweigen tarnten, um die Stadt 1148 einzunehmen, trinkt man bis heute Sauerkirschlikör *(Ginja)*. Von 1282, als König Dinis die Stadt seiner ›Heiligen Königin‹ Isabel schenkte, bis 1833 war Óbidos Leibbesitz von Portugals Königinnen. Am 1. Dezember 1973 begannen hier die Planungen zum Sturz der faschistischen Diktatur.

Örtliche Spezialitäten sind Ginja, Rot- und Weißweine aus dem nahen Gaeiras und Aale *(Enguias)* aus der wenige km entfernten Lagune *(Lagoa de Óbidos)*.

Besichtigung

Óbidos wurde auf dem Grundriß eines spitzwinkligen Dreiecks erbaut und ist von einer ursprünglich maurischen, nach 1148 mehrfach verstärkten Mauer umgeben. Oben führt ein ungesicherter Fußweg ganz um den Ort herum.

Unmittelbar oberhalb der Straße nach Caldas da Rainha, nahe einem Aquädukt aus dem 16. Jh., befindet sich ein (innen azulejogeschmücktes) **Stadttor.** Innerhalb der Mauer sieht man gleich links das neue Kulturhaus ›Casa da Música‹. Es steht an der Stelle der früheren Gesangshalle, wo das konspirative Offizierstreffen von 1973 stattfand.

Von hier führt die Rua Direita zu der am Nordostende der Stadt gelegenen **Burg** (Farbabb. 8). Ihre Mauern schützten einen Königspalast, der beim großen Erdbeben von 1755 beschädigt wurde. Viel manuelinisches Dekor aber blieb erhalten. In dem Gebäude wurde eine Pousada eingerichtet – eine von Portugals schönsten.

Auf etwa halbem Wege zwischen Stadttor und Burg sieht man einen Prangerpfahl aus dem 15. Jh. In der Nähe liegen das **Stadtmuseum** (Archäologie, Waffen von der französischen Invasion im frühen 19. Jh., romanische und gotische Malerei, täglich außer Mo) und die **Pfarrkirche Santa Maria** (ursprünglich 8. Jh., im 16. Jh. komplett erneuert).

Unterkunft (i = innerhalb der Stadtmauer, a = außerhalb): *Pousada:* do Castelo (i); *Estalagem:* **** do Convento (a); *Albergarias:* **** Josefa de Óbidos (a), **** Rainha Santa Isabel (i); *Hotel:* *** Mansão da Torre (a, ca. 3 km); *Residencial:* *** Martim de Freitas (a); *Turismo de Habitação:* Casa do Relógio (a); *Turismo Rural:* Casa do Poço (i), Casa do Pinhão (a, ca. 3 km)

Bahnlinie: Linha do Oeste, Bahnhof ca. 1 km

Blick über Óbidos auf die Burg

Busse: Rodoviária u. a. nach Caldas und Peniche, wo auch Expressos abfahren.

Veranstaltungen: Biennale mit wechselndem Schwerpunkt im Sommer ungerader Jahre; Festival antiker Musik, jährlich Anfang Oktober

PLZ: 2510; **Vorwahl:** 062 (Netz Caldas); **Turismo:** Rua Direita, ✆ 959231

In der Nähe
Lagoa de Óbidos (ca. 15 km): 670 ha große Lagune mit einer schmalen Öffnung zum Meer, teils von Sanddünen umgeben. Hier werden Aale gefangen, interessant ist die Vogelwelt (u. a. Reiher).

Palmela

Mittelalterliche Festung und Weinort am Nordhang der Serra de Arrábida, sieben km nördlich von Setúbal (ca. 14000 Einwohner). Als Industriestandort ist Palmela im Kommen. In der Nähe begann 1990 der Bau eines Ford-Radiowerkes. In der **Ritterburg** über dem Ort gaben im Sommer 1991 Vertreter von Ford und VW ihren Entschluß bekannt, bei Palmela ein gemeinsames Werk für Großraumlimousinen mit fast 5000 Arbeitsplätzen zu errichten (s. S. 37).

Schon wegen des Rundblickes lohnt sich die Fahrt zur ursprünglich römischen, im 8. Jh. von den Mauren verstärkten Burg, die sich am Rande eines Felsens über der Stadt erhebt und im Mittelalter heftig umkämpft war. Die Mauren verloren sie 1148 an König Afonso Henriques, konnten sie 1165/66 aber kurzzeitig wieder einnehmen; Sancho I. schenkte sie 1186 dem Ritterorden von Santiago, der die Stellung nach abermaliger Rückeroberung und Zerstörung durch die Mauren 1191 neu aufbauen ließ und 1423 zum Ordenssitz erhob. In einer Zisterne wurde 1484 Évoras Bischof

Garcia de Meneses nach Aufdeckung eines Komplotts reaktionärer Teile von Adel und Klerus vergiftet. Das Kloster des (1834 aufgehobenen) Santiago-Ordens dient heute als Pousada.

Von der Burg reicht der Blick im Norden bis nach Lissabon, im Süden bis zur Tróia-Halbinsel.

Unterkunft: Pousada Castelo de Palmela; eine Residencial war 1993 in Bau

Rodoviária-Busse: u. a. nach Barreiro, Setúbal
Bahn: Barreiro-Praias Sado (Bahnhof ca. 4 km)

Veranstaltungen: Winzerfest, Anfang September

PLZ: 2950; **Vorwahl:** 01 (Netz Lissabon)
Turismo: Largo do Chafariz (ein Umzug in die Burg war 1993 geplant), ✆ 2350089

Peniche

Peniche liegt auf einer knapp 3 km langen Halbinsel, die nur durch einen schmalen Sanddamm mit dem Festland verbunden ist. Für die 16000 Einwohner dreht sich fast alles um Fischfang und Konservenindustrie. Der Hafen zählt zu den größten und modernsten ganz Portugals, bis heute begeht Peniche dennoch jeden Sommer die Schiffsprozession zu Ehren ›Unserer Lieben Frau der Guten Fahrt‹. Auf den Straßen kann man noch Frauen beim Spitzenklöppeln zusehen.

Besichtigung

1988 eröffnete Peniches neuer Fischereihafen, die Fischer zieht es jedoch nach der Arbeit immer noch in Kneipen um den älteren Hafen – wo nun Yachten anlegen und Boote zur Insel Berlenga (s. S. 155) abfahren. Umliegende Restaurants servieren gegrillte Sardinen und vorzügliche Fischsuppe. Nahebei erhebt sich ein im 16. Jh. erbautes **Fort,** dessen Umwandlung zum Stadtmuseum düstere Jahre vorausgingen. Diktator Salazar machte es zu Portugals wichtigstem Gefängnis für politische Häftlinge. Prominentester Insasse war KP-Generalsekretär Ávaro Cunhal, dem nach elfjähriger Haft 1960, gemeinsam mit anderen ZK-Mitgliedern, eine spektakuläre Flucht gelang. Am 27. April 1974, zwei Tage nach der ›Nelkenrevolution‹, kamen die letzten Gefangenen frei. Sehen kann man den früheren Besuchsraum, Zellentrakt und die Dunkelzellen, wo die Häftlinge wochenlang in Einzelhaft isoliert wurden. Ein Teil des Forts ist als Fischereimuseum eingerichtet, in einem anderen Teil ist eine Schule für Spitzenklöppelei zu besichtigen.

Keinesfalls auslassen: eine Fahrt zum **Leuchtturm Kap Carvoeiro,** der Westspitze der Halbinsel. Auf dem Weg dorthin bieten sich herrliche Blicke über faszinierende, vom Meer ausgehöhlte Steinformationen auf die Felseninsel Berlenga (s. u.).

Hotel: *** Praia Norte
Pensionen und Residencial-Häuser: *** Res. Félita; ** Res. Vasco da Gama; * Res. Aviz; Res. Katekero, Marítimo, Miranda, Cristal
Camping: ** Municipal (ca. 1 km) sowie bei Baleal
Jugendherberge: in Areia Branca (ca. 15 km, s. In der Nähe).

Nächster Bahnhof: Dagorda-Peniche, Linha do Oeste (ca. 20 km); in Caldas da Rainha (ca. 32 km) halten auch Eilzüge.

Palast von Queluz

Insel Berlenga mit Festung Fortaleza de São João Baptista ▷

Busse: Rodoviária-Expressos nach Areia Branca – Torres Vedras – Lissabon sowie Caldas – Nazaré – Alcobaça – Leiria – Coimbra – Porto, Solexpresso-Busse nach Lissabon

Stadtfest: Senhora da Boa Viagem in den ersten Augusttagen

PLZ: 2520; **Vorwahl:** 062 (Netz Caldas da Rainha); **Turismo:** Im Stadtpark, ✆ 789571

In der Nähe

Baleal (4 km nördlich) ist ein etwas zersiedeltes Dorf auf einem Felssporn mit bizarren Steinformationen, der zwischen weiten, oft windigen Dünenstränden ins Meer ragt. Mitunter ist die Zufahrtsstraße von Sand überweht.

Unterkunft: Residencial Casa das Marés Südlich von **Peniche** liegen das nicht so windige Areal **Praia do Sul** sowie die Strände **Praia da Consolação** (Camping) und **Praia de São Bernardino.** 15 km weiter südlich von Peniche erreicht man den Villen- und Badeort **Praia da Areia Branca.**

Unterkunft: **** Estalagem Areia Branca; Res. Dom Lourenço; Apartamentos São João; Jugendherberge; * Campingplatz (Juni bis September). Weitere Unterkünfte landeinwärts in Lourinha. *Turismo:* ✆ 422167 (Vorwahl 061).

Ilha da Berlenga: Keinesfalls versäumen sollte man die 78 ha große, von kristallklarem Wasser umgebene Felseninsel ca. 12 km vor der Küste. Rund 45 Minuten dauert ab Peniche die – wegen der rauhen See nur von Juni bis September mögliche – Bootsfahrt zu diesem Naturschutzgebiet. Außer dem Leuchtturmwärter leben hier, monatelang von den Familien getrennt, nur einige Fischer aus Peniche. Sehenswert ist das ins Meer ragende Fort São João Baptista (17. Jh.). Wer Bettwäsche mitbringt, kann dort übernachten (Reservierung im Clube Naval von Peniche). Vornehmer schläft man im Gästehaus Mar e Sol (✆ 789731). Es gibt zudem einen Campingplatz (unbedingt vorher beim Turismo in Peniche anmelden), einen Mini Markt und ein teures, aber gutes Restaurant. Ein Muß ist die kurze Bootsfahrt zur faszinierenden **blauen Grotte.** Boote von Peniche zur Insel meist 1 mal täglich im Juni und Sept., 3 mal täglich im Juli/August, Hin- und Rückfahrt am gleichen Tag möglich. Boote mitunter ausgebucht.

Queluz

Das portugiesische Versailles, 15 km nordwestlich von Lissabon (Farbabb. 13). Zwischen 1758 und 1794 entstand der prächtige Rokoko-Palast als Sommerresidenz für die spätere Königin Maria I. und deren Gatten Pedro III. In dem überaus reichhaltig und prunkvoll ausgestatteten Palast mit

seinen verspielten umliegenden Gärten werden bis heute Staatsgäste untergebracht und bewirtet (tägl. außer Di geöffnet, bei Staatsbesuchen teilweise gesperrt). Ende 1994 soll im früheren königlichen Theater (gegenüber dem Palast) eine Pousada eröffnet werden, die auch Urlaubern fürstlichen Luxus bieten wird. Im Spätsommer veranstaltet man in den Gärten die ›Nächte von Queluz‹ mit Musik und Tanz im Stil des späten 18. Jh. In einem Flügel des Palastes befindet sich das Luxusrestaurant Cozinha Velha.

Für Pferdefreunde zeigt die ›Portugiesische Schule für Reitkunst‹ *(Escola Portuguesa de Arte Equestre)* auf der Reitbahn des Palastes jeden letzten Mittwoch der Monate Mai bis Oktober ihr außergewöhnliches Können.

Nahe dem Palast liegt eine Schlafstadt, in der über 60000 Menschen wohnen.

Unterkunft: *** Hotel Poma (Tercena, 3 km); *** Pensão Nova Cidade (Amadora, 3 km)

Bahnlinie: Linha de Sintra, ab Lissabon-Rossio, Bahnhof Queluz-Belas , ca. 1 km Fußweg zum Palast

Rodoviária-Busse: ab Lissabon (Colégio Militar) in Richtung Queluz/Monte Abraão oder Massamá (nicht aber Queluz de Baixo)

PLZ: 2745; **Vorwahl:** 01 (Netz Lissabon); **Turismo:** Im Palast, ✆ 4363415

Sesimbra

Am steilen Südhang der Serra de Arrábida gelegene Fischer- und Hafenstadt mit ca. 19000 Einwohnern, die sich zu einem beliebten Ferienzentrum entwickelt hat. Neben hervorragenden Restaurants (Spezialitäten Sägefisch und Fischsuppe) bietet der Ort gute Voraussetzungen zum Tauchen, Wasserski und Sportangeln. Sesimbras Strand ist im Sommer überlaufen.

Im Frühjahr ist die Stadt eine Hochburg des **Karnevals.** Man feiert ihn nach Rio-Manier – mit Samba, der in Schulen am Ort zu erlernen ist. Nicht auslassen: Eine Fahrt durch die Serra da Arrábida (s. unter Setúbal).

Besichtigung

Einen guten Blick auf Sesimbra bietet die **Burg,** die die Mauren 240 m über dem Ort errichteten. 1165 wurde sie unter König Afonso Henriques erobert, um 1200 umgebaut. An der Meeresfront liegt die Festung **Fortaleza de Santiago** aus dem 17. Jh. Nahebei das archäologische Stadtmuseum.

In den Straßen Sesimbras sind stets Fischer mit dem Spannen und Flicken ihrer Netze beschäftigt. Die Boote aber liegen im Fischereihafen westlich der Stadt, wo Frühaufsteher die allmorgendliche Fischauktion miterleben können.

Sehenswert auch ein 1987 eröffnetes **Meeresmuseum** (Museu do Mar).

Hotel: **** do Mar
Estalagem: **** dos Zimbros (außerhalb, an der Straße zum Cabo Espichel)
Residencial-Häuser: *** Espadarte, *** Naútico
Camping: ** Forte do Cavalo (westlich des Fischereihafens, Busverbindung, 1.3.–31.10.); Parque de Campismo da Maçã, 5 km Richtung Setúbal (1.6.–30.9.)

Nächster Bahnhof: Setúbal
Busse: Rodoviária nach Cacilhas und Lissabon (Praça de Espanha); Busse der Linie Covas & Filhos u. a. nach Setúbal und Cabo Espichel

Feste: Senhor Jesus das Chagas (traditionelles Fischerfest) Anfang Mai; Festival do Mar (Meeresfest), im September/Oktober

PLZ: 2970; **Vorwahl:** 01 (Netz Lissabon); **Turismo:** Largo da Marinha, ✆ 2235743

In der Nähe

Cabo Espichel (13 km westlich): Steilkap am Südwestzipfel der Arrábida-Halbinsel. Am letzten Sonntag im September wird ein Fischerfest gefeiert. Kurz vor dem windigen Kap führt ein mit dem Auto schwer passierbarer Holperweg bergab zum geschützten kleinen Strand **Praia dos Lagosteiros.**

Auf dem Weg zurück nach Sesimbra gelangt man über Nebenstraßen links zum breiten Dünenstrand **Praia do Meco** (Camping).

Setúbal

Die Umgebung ist auf den ersten Blick gewiß anziehender als die 1149 von König Afonso Henriques gegründete Hafen- und Bischofsstadt an der Trichtermündung des Rio Sado selbst. Vom alten Setúbal, das König João II. (1481–1495) zu seiner Residenz machte, ist außer der Jesus-Kirche und einigen typischen Vierteln wenig übrig. Portugals drittgrößte Hafenstadt ist vom industriellen Boom gezeichnet, hat in letzter Zeit aber durch die Anlage von Parks, Grünflächen und Fußgängerzonen an Attraktivität gewonnen. Die mehr als 80000 Einwohner leben überwiegend von Fischfang und -verarbeitung, vom Schiffbau sowie der Zement- und Autoindustrie. In der Umgebung wird auch Stahl erzeugt, Wein gekeltert und Salz aus den Salinen am Rio Sado gewonnen.

In den letzten Jahren waren Stadt und Region Wechselbädern von Krise und Aufschwung ausgesetzt. Neben den Gewerkschaften erinnerte der Bischof von Setúbal oft an die Probleme der Arbeitslosen und Rentner. Immer wieder ermahnte er die Regierungen dazu, ihren schönen Worten für die Armen auch Taten folgen zu lassen.

Besichtigung

An der Wasserfront liegen Fischerei-, Sport- und Güterhafen sowie die Fähranlegestelle. Die Arbeiter treffen sich abends in den Cafés der nördlich verlaufenden, breiten Avenida Luisa Todi. Hier befinden sich auch die Markthallen. Die unmittelbar gegenüber abzweigende Avenida 22 de Dezembro führt zum wichtigsten Baudenkmal Setúbals, der 1490 gegründeten **Igreja de Jesus**. Diese älteste manuelinische Kirche von ganz Portugal ist ein Werk von Boitaca, der später die Arbeiten am Lissabonner Jerónimos-Kloster leitete. Zinnen und gewundene Kegeltürmchen zieren das Dach des dreischiffigen Baus. Beachtung verdienen innen die dicken, tauartig gedrehten Säulen, die Azulejos aus dem 17. Jh. sowie das Chorgewölbe.

Ein Besuch lohnt auch das im angrenzenden Konvent untergebrachte **Stadtmuseum** (u. a. mit alten Plänen und Fotos von Setúbal und Umgebung, Gemälden der portugiesischen Schule – z. B. von Jorge Afonso, 16. Jh. – und moderner Malerei).

An der zentralen **Praça do Bocage** liegt das **Rathaus.** Tauben umflattern die Statue des Setúbalenser Dichters und Satirikers Manuel Bocage (1765–1805), der von seiner Säule herab auf das manuelinische Portal der

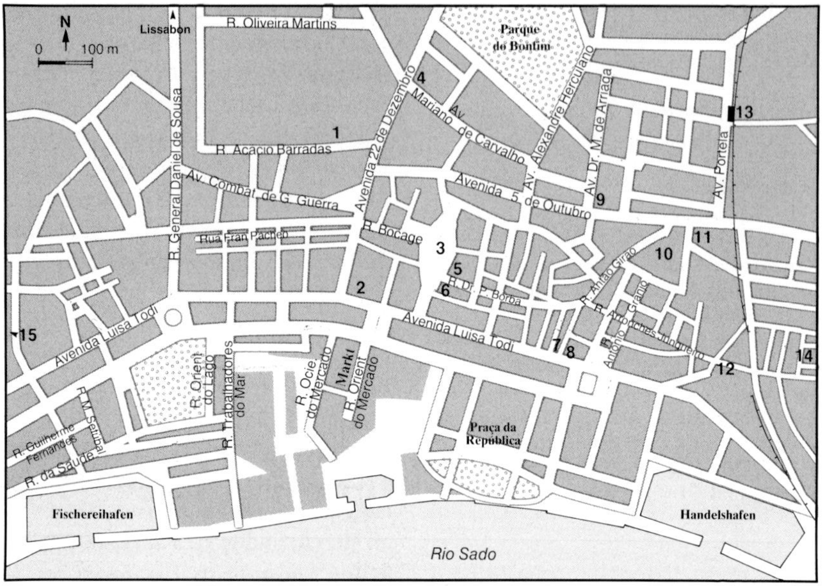

Setúbal
1 Jesus-Kirche 2 Polizei 3 Praça do Bocage 4/5 Post 6 São Julião-Kirche 7 Turismo (Region) 8 Museum für Archäologie und Ethnologie 9 Busterminal 10 Santa Maria da Graça 11 Turismo (Stadt) 12 Arco São Sebastião 13 Bahnhof 14 Casa Bocage 15 Burg São Filipe

früheren Fischerkirche **São Julião** blickt. Am nahen Springbrunnen sitzt die Muse, die ihn zu seinem Werk inspiriert hat.

Von der Kirche führt der enge Straßenzug Rua Serpa Pinto/Rua Dr. Paula Borba/Rua Arronches Junqueiro zum früheren Stadttor **Arco de São Sebastião.** Von einer hübschen Terrasse überblickt man Fluß und Hafen. Eine Treppe führt hinab zur **Porta do Sol** (›Sonnentor‹), im Mittelalter angeblich Eingang des Maurenviertels.

Unweit des Tors São Sebastião liegt die in Bocages Geburtshaus eingerichtete städtische Kunstgalerie **Casa Bocage** (Rua Edmundo Bartissol, 10).

Im **Museum für Archäologie und Ethnologie** an der Avenida Luisa Todi sind prähistorische Funde, Ackerbau- und Fischfanggeräte sowie Bootsmodelle ausgestellt. Im nahen **Turismo-Büro** der Region Setúbal (Travessa de Frei Gaspar, im gleichen Block wie das Geldinstitut Caixa Geral de Depósitos) blickt man durch einen Glasboden auf eine römische Anlage zum Einsalzen von Fisch (1. Jh. n. Chr.).

Westlich der Stadt erhebt sich die zur Pousada umgebaute Burg Castelo de São Filipe, errichtet 1590 unter dem spanischen König Filipe I.

Pousada São Filipe (ca. 2 km vom Zentrum)
Hotels: **** Campanille (ca. 1 km); *** Esperança (zentral), *** Novotel (ca. 1 km); ** Ibis (ca. 3 km)
Pensionen und Residencial-Häuser: **** Res. Setubalense; *** Res. Bocage, *** Res. Mar e Sol; ** Avenida, ** Azevedo
Albergarias: **** Laitau, **** Solaris

Camping: ** Parque Municipal (westlich); **Turismo de Habitação** in verschiedenen Häusern der Umgebung

Busse: Rodoviária-Terminal an der Av. 5 de Outubro; Expressos nach Lissabon und zu verschiedenen Zielen in Südportugal sowie Sevilla/Spanien; zahlreiche Nahverbindungen; auch Busse der Linie Covas & Filhos nach Sesimbra
Autofähren: nach Tróia ab Doca do Comércio, auch nachts (bei starkem Andrang ist mit Wartezeiten zu rechnen)
Personenfähren: ab Doca de Recreio, zwischen ca. 7.30 und 21 Uhr; ab Tróia Busse nach Grândola (s. S. 325)

Feste/Veranstaltungen: Feira de São Tiago, Ende Juli/Anfang August; Industrie- und Agrarausstellung, Jahrmarkt, Konzerte, Stierkämpfe

PLZ: 2900; **Vorwahl:** 065; **Turismo:** Praça do Quebedo, ✆ 534402 (Stadt) und Travessa Frei Gaspar, 10, ✆ 524284 (Region)

In der Nähe

Serra da Arrábida: Gleich westlich von Setúbal geht es steil bergauf in den Naturpark der Serra da Arrábida, eine bis 499 m Höhe ansteigende Hügelkette über der Küste zwischen Setúbal und Sesimbra. Ihre grünen Hänge sind mit üppiger, teils voreiszeitlicher Vegetation bedeckt (u. a. Johannisbrot- und Erdbeerbaum, Lorbeere, Myrte).

Bei der Fahrt über die Serra bieten sich unvergeßliche Blicke auf das Meer und die schmale Tróia-Halbinsel. Man kann aber auch an der Küste entlangfahren (an der Zementfabrik vorbei, immer geradeaus). An dieser Strecke liegen reizvolle, im Sommer jedoch überfüllte **Strände** – erst **Figueirinha,** es folgen **Galapos** und schließlich die idyllische Hafen- und Badebucht **Portinho da Arrábida,** zu der eine Stichstraße steil hinabführt. Es gibt einige Lokale, außerdem kann man das 1992 von Setúbal hierher verlagerte **Ozeanografische Museum** (in einem Fort aus dem 17. Jh.) besuchen.

Vila Fresca de Azeitão (Richtung Lissabon): Ein Muß für Azulejo-Fans. An der EN-10 liegt rechts (gegenüber der Rodoviária-Garage) der teils maurisch inspirierte

Jesus-Kirche von Setúbal

Landsitz *Quinta da Bacalhoa* (15./16. Jh.). Interessant sind die Azulejos im Garten (Besichtigungen täglich außer So). Wer etwas weiter rechts abbiegt, kommt im Dorf Vila Fresca zur *Azulejo-Manufaktur São Simão Arte.* Hier kann man alle Phasen der Produktion verfolgen – vom Auswalzen des Tons bis zum Brennen der handbemalten Azulejos im Stil des 17. und 18. Jhs.
Unterkunft: **** Estalagem Quinta das Torres

Aus dem nahegelegenen **Vila Nogueira de Azeitão** kommt süßlich-gelber Moscatel-Dessertwein. Führungen durch die 1834 gegründete Kellerei Adega José Maria da Fonseca (schließt Sa/So).

Sintra

Wenn portugiesische Könige einst in Lissabons sommerlicher Hitze ins Schwitzen kamen, zogen sie nach Sintra (heute etwa 22000 Einwohner), ca. 28 km nordwestlich von Lissabon. Die ehemalige Königsresidenz liegt in

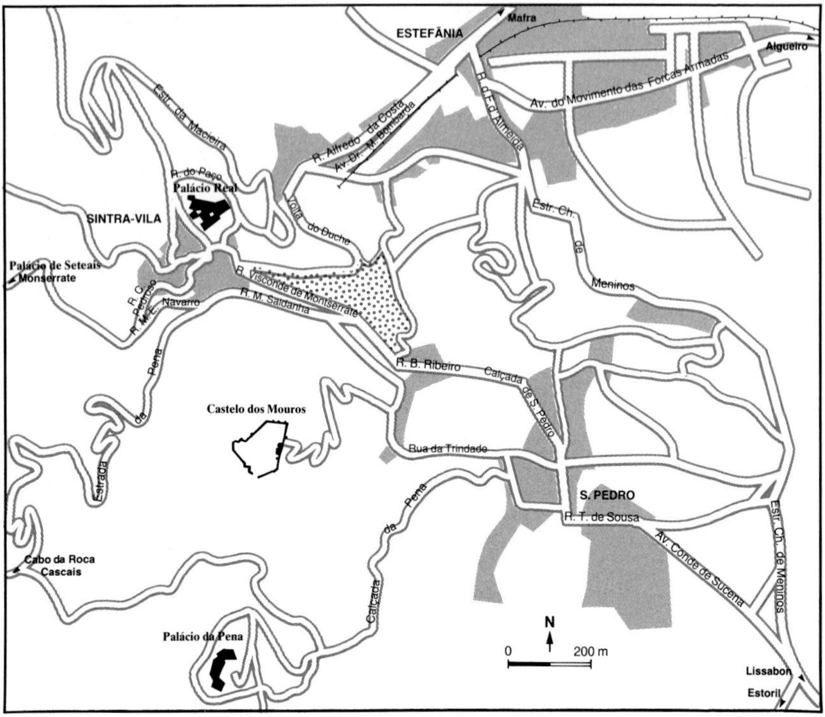

Sintra

der nicht selten von Wolken eingehüllten Serra de Sintra (höchster Punkt: 529 m), deren mildes Klima schon die Mauren schätzten. Ihre imposante Burg oberhalb des Ortes fiel 1147 an König Afonso Henriques, im 14. Jh. begann unter König Dinis der Bau des Palácio Nacional, den dann João I. (1385–1433) zu seinem Sommersitz erkor; noch im 19. Jh. ließ Fernando II. über der Stadt den märchenhaften Palácio da Pena (Farbabb. 7 und 10) errichten.

In Sintras opulenter Park- und Waldlandschaft ließ aber auch die Aristokratie vornehme Landsitze und verspielte Herrenhäuser erbauen. Im letzten Jahrhundert lockte jeder Galan, der etwas auf sich hielt, seine Angebetete nach Sintra, um sie in diesem irdischen Paradies zu verführen.

Sintras Spezialität sind *Queijadas*, süße Käseplätzchen. Wer gern in Trödel- und Antiquitätenläden stöbert, hat am Ort eine große Auswahl. Jeden 2. und 4. Sonntag im Monat kann man den großen Markt Feira de São Pedro erleben.

Besichtigung

Im Stadtzentrum (1 km vom Bahnhof) erhebt sich der **Palacio Nacional** (täglich außer Mi/Feiert.), dessen hohe, kegelförmige Küchenschornsteine von weitem schon erkennbar sind. Im 14. Jh. begonnen, weist der Bau maurische, spätgotische und manuelinische Stilmerkmale auf. Besuchern erzählt man, daß die Frau von João I. – der sich als Monarch im Sommer hierher zurückzog – ihren Gatten einmal ›in flagranti‹ mit einer Dienerin ertappte (es soll sich aber nur um einen Kuß gehandelt haben ...). In einem Raum des Palastes wurde der für schwachsinnig erklärte, von seinem Bruder Pedro systematisch ausgeschaltete König Afonso VI. die letzten Jahre vor seinem Tod (1683) gefangen gehalten.

Beachtung verdienen beim Rundgang der ›Maurische Saal‹, dessen mehrfarbige Azulejos zu den ältesten in Portugal zählen; weiterhin der ›Ministersaal‹, dessen Decke mit 72 Adelswappen aus dem 16. Jh. geschmückt ist sowie der wegen seiner Deckenmalereien so benannte ›Schwanensaal‹ und die riesige Küche.

Vor dem Palast steht ein Prangerpfahl. In der Nähe das Turismo-Büro, im gleichen Gebäude das **Stadtmuseum für Archäologie und Kunst.** Ganz in der Nähe ist ein **Spielzeugmuseum** *(Museo do Brinquedo)* mit Puppenhäusern, Autos und Zinnsoldaten von anno dazumal zu besichtigen.

Zur **Maurenburg** *(Castelo dos Mouros)* und zum Pena-Palast führt eine kurvenreiche Straße steil bergauf (keine Busverbindung). Die Burg (knapp 4 km links, ab Parkplatz 300 m Fußweg) soll aus dem 8./9. Jh. stammen, wurde aber mehrmals umgebaut. Ein Besuch ist wegen der Aussicht über Sintra und die gesamte Lissaboner Küste sehr zu empfehlen.

Königspalast von Sintra

Der Straße ein Stück bergauf folgend, erreicht man den **Palácio da Pena** (täglich außer Mo/Feiert.), inmitten des ca. 200 ha großen Pena-Parkes, in dem zahlreiche exotische Bäume und Pflanzen gedeihen (PKW gegen Gebühr, Zufahrt nur bis zum Palast frei). Kernstück dieses Palastes ist ein kleines Mönchskloster aus dem frühen 16. Jh., das Portugals König Fernando II. (Ferdinand von Sachsen-Coburg, Gatte von Maria II.) zwischen 1840 und 1850 umbauen und erweitern ließ. Nach Plänen des deutschen Barons von Eschwege entstand ein verspieltes Märchenschloß, das gotische, maurische, manuelinische und barocke Stilelemente vereint. Vom Schloßhof aus kann man einen herrlichen Weitblick genießen und dann in den Räumen des Palastes sehen, wie auch beim Innenschmuck andere Stilepochen als Vorbilder herangezogen wurden. Auf einer der Terrassen beachte man eine Sonnenuhr, die die Zeit auch akustisch ›anzeigte‹: Eine Lupe bündelte die Sonnenstrahlen und brachte täglich um 12 Uhr mittags eine pulvergeladene Mini-Kanone zum Knall. Vom Pena-Palast sind es 2 km zum **Cruz Alta,** dem höchsten Punkt der Serra de Sintra; von hier bietet sich ein unvergeßlicher Blick auf den Pena-Palast (Farbabb. 7 und 10).

Hotels: ***** Setais (außerhalb, s. u.); **** Tívoli (zentral gelegen); ** Miramonte (außerhalb, bei Colares, s. u.), ** Central (zentral gelegen)
Estalagem: ****A Gruta do Rio (außerhalb, Rio do Mouro)
Pensionen und Residencial-Häuser: *** Res. do Conde (außerhalb, bei Colares, *** Res. Raposa, *** Sintra; ** Nova Sintra
Turismo de Habitação: Mehrere im und um den Ort, Auskunft im Turismo-Büro

Campingplätze: *** Amistad, Praia Grande (11 km von Sintra), Capuchos (nahe Convento dos Capuchos; einfacher, unbewachter Platz); ein inoffizieller Platz bei Azenhas do Mar ist nur im Sommer geöffnet

Bahnlinie: Linha de Sintra, ab Lissabon–Rossio; ab Bahnhof Sintra Rodoviária-Busse ins Zentrum (ca. 1 km)
Rodoviária-Busse: nach Lissabon (Colégio Militar), Ericeira, Cascais, Estoril; Mafrense-Busse nach Mafra
Ausflüge: Ab Lissabon bieten mehrere Veranstalter Sintra-Touren an. Von Sintra aus werden halbtägige Bustouren mit Besuchen des Pena-Palastes, des Capucho-Konventes, des Cabo da Roca und des Dorfes Azenhas do Mar angeboten.

PLZ: 2710; **Vorwahl:** 01 (Lissabon);
Turismo: ✆ 9231157

In der Nähe

Detaillierte Umgebungskarten sind im Turismo-Büro von Sintra erhältlich.

Convento dos Capuchos (ca. 7 km westlich von Sintra, über EN 247.3): Ein mitten im Wald gelegenes, 1560 gegründetes Kloster, das nicht durch Extravaganz, sondern Bescheidenheit hervorsticht. Winzige Mönchszellen zeugen von der Genügsamkeit ihrer einstigen Bewohner ebenso wie von den Vorzügen der Korkrinde als Isoliermaterial. Zum Schutz gegen Feuchtigkeit und Kälte wurden die Fenster und Türen – gelegentlich auch die Innenseiten der Dächer – mit Kork ausgekleidet.

Von Sintra nach Colares: An der Nebenstrecke EN 375 liegt der *Seteais-Palast* aus dem 18. Jh., heute Luxushotel; 1808 wurde hier der Vertrag von Sintra, in dem sich die französischen Invasionstruppen zum Abzug verpflichteten, unterzeichnet. Weiter zum **Park von Monserrate,** ebenso wie der **Pena-Park** von Sintra ein botanischer Garten, in dem etliche exotische Pflanzenarten gedeihen. Im Weinort **Colares** kann man die mit Azulejos geschmückte Weinkellerei Adega Regional besuchen, gegenüber startet im Sommer eine Uralt-Trambahn zum Strand Praia das Maçãs (Turismo Colares, ✆ 9292638). Von Colares kommt man dann zum **Cabo da Roca** (›Felsenkap‹), dem windigen, westlichsten Punkt des europäischen Festlandes, 144 m über dem Meer. Nach Süden blickt man über eine weite Bucht zum **Cabo Raso.**

Von Colares kommt man in nördlicher Richtung zur Strandbucht **Praia Grande** (Unterkunft: *** Motel das Arribas; Camping). Vom südlichen Ende des Strandes führt eine Treppe seitlich des Felsens hinauf. In der Wand sind rechts Saurier-Stapfen zu sehen.

Nördlich liegt der kleine Strandort **Praia das Maçãs** (Trambahnen ab Colares s. o.; Residencial-Häuser *** Oceano und ** Real). Weiter zum Dorf **Azenhas do Mar,** auf einer ins Meer ragenden Felsnase. Hier gibt es eine winzige Strandbucht. Weitere Strände in Richtung Ericeira.

Sintra, Palácio da Pena

Torres Vedras

Torres Vedras, eine mäßig interessante Weinstadt mit ca. 20000 Einwohnern, ist eine Hochburg des portugiesischen **Karnevals.** Für einen Badeaufenthalt empfiehlt sich der nahe gelegene Strand von Santa Cruz (15 km).

Unterkunft: Hotel *** Império Jardim, **** Residencial dos Arcos, *** Residencial Moderna

Bahnlinie: Linha do Oeste (Eilzüge nach Lissabon und Figueira da Foz)
Busse: Rodoviária-Linie nach Lissabon, Peniche und Santa Cruz

PLZ: 2560; **Vorwahl:** 061; **Turismo:** Rua 9 de Abril, ✆ 31 40 94

In der Nähe

In **Ponta do Rol** (Richtung Santa Cruz) findet sich eine Anzahl Werkstätten für das Schmiedekunsthandwerk. Weiter nach **Praia de Santa Cruz**, einem kleinen, jedoch immer internationaler werdenden Badeort mit guten Stränden, Restaurants, Kneipen, Discos; in der Umgebung haben sich zahlreiche Rückwanderer aus Frankreich und der Bundesrepublik niedergelassen.

Unterkunft: Hotel ** Santa Cruz; Pensão Restaurante *** Mar Lindo; privater Campinplatz

Weitere Strände: nördlich bei **Santa Rita** (dort ein Apartment-Hotel) und **Porto Novo** (Golf, Tennis, Reiten, ein modernes Hotel, eine Pension), südlich in Richtung Ericeira

An der Küste nach Norden

Zur Beira Litoral – ›Küstenrandgebiet‹ – gehören die Verwaltungsdistrikte Aveiro und Coimbra sowie der nördliche Teil des Distriktes Leiria. Ihr Mittelpunkt ist die alte Universitätsstadt Coimbra. Abstecher führen von dort zu den römischen Ruinen von Conímbriga, zur Lagunenstadt Aveiro, in die Serra de Buçaco oder den Kreis Penacova, wo noch viele alte Windmühlen erhalten sind. Unweit von Leiria liegt der Wallfahrtsort Fátima, als ›Altar der Welt‹ gepriesen. Figueira da Foz ist touristischer Mittelpunkt der Küste, die überwiegend aus weiten Sandständen besteht.

Zwischen Hochgebirge und Meer

Die Beira Litoral ist eine Region der Kontraste. Zum Landesinnern hin erfaßt sie bewaldete, im Winter ab und zu verschneite Hochgebirgsausläufer, die in der Serra do Açor und der Serra de Lousã noch bis oberhalb 1200 m ansteigen; zur pinienbewachsenen Sandküste hin ist das Land größtenteils nur noch leicht hügelig oder – wie im Raum Aveiro – flach, das Klima ausgeglichen-atlantisch. Wichtigster Fluß ist der Rio Mondego, der in der Serra de Estrela entspringt und im Mittelalter als zeitweilige Grenze zwischen Christen- und Maurenreich heftig umkämpft war. An seinem Unterlauf trat er früher oft über die Ufer und richtete in den Reisfeldern zwischen Coimbra und Figueira da Foz schwere Schäden an; erst in den 70er Jahren begann am Mondego-Mittellauf der Bau großer Stauseen, die es erlauben, den Wasserfluß zu regulieren, und außerdem der Stromerzeugung dienen. Aus der Serra da Lapa kommt der nur 132 km lange Rio Vouga, durch dessen Ablagerungen im Laufe der Jahrhunderte zwischen Aveiro und dem Meer eine 6000 ha große Lagune *(Ria)* entstand. Aveiro und Figueira da Foz sind wichtige Fischerei- und Güterhäfen. Die überwiegend kleinbäuerliche Landbevölkerung lebt von Reis- und Maisanbau, Milchwirtschaft und Weinproduktion – oft mehr schlecht als recht. Ein Zubrot verdienten sich viele Menschen früher als Saisonarbeiter auf den Latifundien in Südportugal. Besonders die Räume Aveiro und Leiria verzeichnen eine starke Emigration nach Europa und Übersee. Im Küsten-

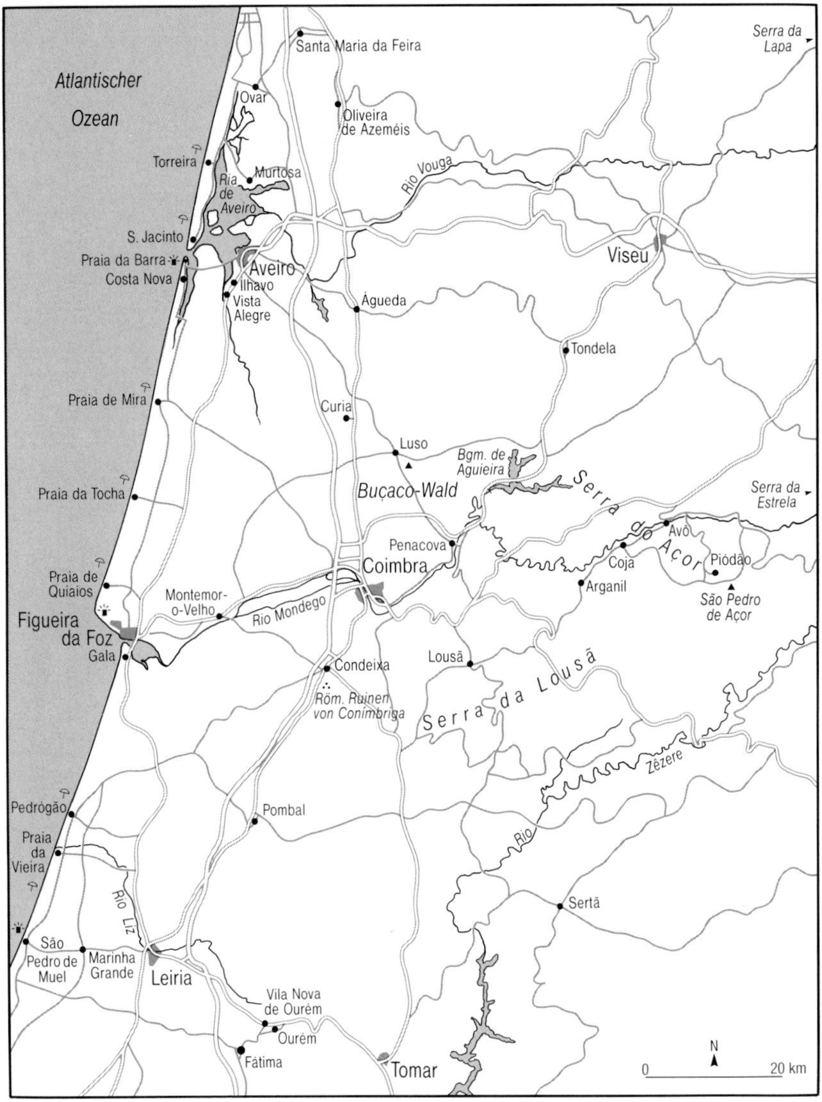

Die Beira Litoral

bereich gibt es heute aber auch Keramik-, Zement-, Zellulose-, Glas-, Holz-, Kork-, Möbel-, Konserven- und Textilindustrie und sogar einige Betriebe der Automontage. Schon längst bildet die Beira Litoral eine wichtige Industrieregion zwischen Porto und Lissabon.

Typische Gerichte: Fischsuppe *(Caldeirada)* an der Küste, Muscheln am Spieß *(Espetada de Mexilhão),* Aale

(*Enguias,* um Aveiro), Spanferkel (*Leitão Assado,* Bairrada/Mealhada), Neunauge mit Reis (*Arroz de Lampreia,* Coimbra/Montemor-o-Velho), Zickleinragout (*Chanfana,* Penacova/Vila Nova de Poiares)

Süßspeisen: Süße Eier (*Ovos Moles,* Aveiro), Biskuitkuchen (*Pão de Ló,* Ovar), ›Käsekuchen‹ (*Queijadas,* Tentugal/Coimbra), *Brisas* (Coimbra), *Brisas do Liz* (Leiria), *Tijeladas* (Lousã), *Espigas Doces* (Montemor-o-Velho)

Weine: Bairrada (Rot- und Weißweine sowie Schaumweine)

Kunsthandwerk: handbemalter Ton *(Loiça pintada à mão)* aus Coimbra, Condeixa und Águeda, Ornamentglas *(Vidro)* aus Marinha Grande, Schmiedeeisenarbeiten *(Ferro Forjado)* aus Coimbra

Ochsen ziehen die Fischerboote an Land

Aveiro

Hafen- und Distrikthauptstadt mit über 50000 Einwohnern, die oft klischeehaft mit Amsterdam oder Venedig verglichen wird. Ein von Bürgerhäusern mit prachtvollen Fassaden gesäumter Kanal durchzieht das Stadtgebiet, und eine vielfach verzweigte Lagune – die **Ria de Aveiro,** (s. u.) – trennt die Stadt vom offenen Meer.

Der 959 nahe der einstigen Römersiedlung Talábriga gegründete Ort lag damals direkt am Meer. Erst im Laufe der Zeit entstand eine Lagune, die durch eine schmale Öffnung mit dem Meer verbunden blieb. Schon im 14. Jh. war Aveiro ein wichtiger Exporthafen, u. a. für Salz. Im 16. Jh. brachte der Kabeljaufang vor Neufundland enormen Reichtum – bis 1575 ein Unwetter die Öffnung der Lagune zum Meer blockierte. Aveiros Hafen war nicht mehr zu erreichen. Vor allem durch Abwanderung (u. a. an die Algarve-Küste) ging die Bevölkerung von 14000 auf nur 3500 Einwohner im 18. Jh. zurück. Erst 1808 gelang es, eine neue Hafenzufahrt zu öffnen und zu befestigen; Aveiro erlebte einen neuen Aufschwung. Bis heute ist der Ort ein Zentrum von Schiffbau, Kabeljaufischerei und Salzgewinnung (Salinen). Eine regionale Besonderheit ist die Algenfischerei in der Lagune; im flachen Umland wird Maisanbau und Milchwirtschaft betrieben. In der Umgebung konzentrieren sich Zellulose-, Metall-, Auto-, Möbel-, Kork-, Schuh- und Porzel-

lanindustrie. Aveiro ist Sitz eines Bischofs und einer Universität. Seit dem 19. Jh. verzeichnen Stadt und Umgebung eine starke Emigration, vor allem in die USA.

Strände bei São Jacinto, Barra und Costa Nova. Spezialitäten sind Aale (Enguias) aus der Lagune.

Besichtigung

Zentraler Platz Aveiros ist die Praça Humberto Delgado, wo eine breite Brücke über den Stadtkanal führt. An der südlich abgehenden Rua dos Combatentes öffnet sich bald rechts die Praça da República mit dem 1797 begonnenen **Rathaus**; links die Misericórdia-Kirche (16. Jh.) mit einem interessanten Portal.

Aveiro 1 Rathaus 2 Misericórdia 3 Jesus-Konvent/Museum 4 Kathedrale 5 Fischmarkt 6 Capela de São Gonçalinho 7 Capela do Senhor das Barrocas

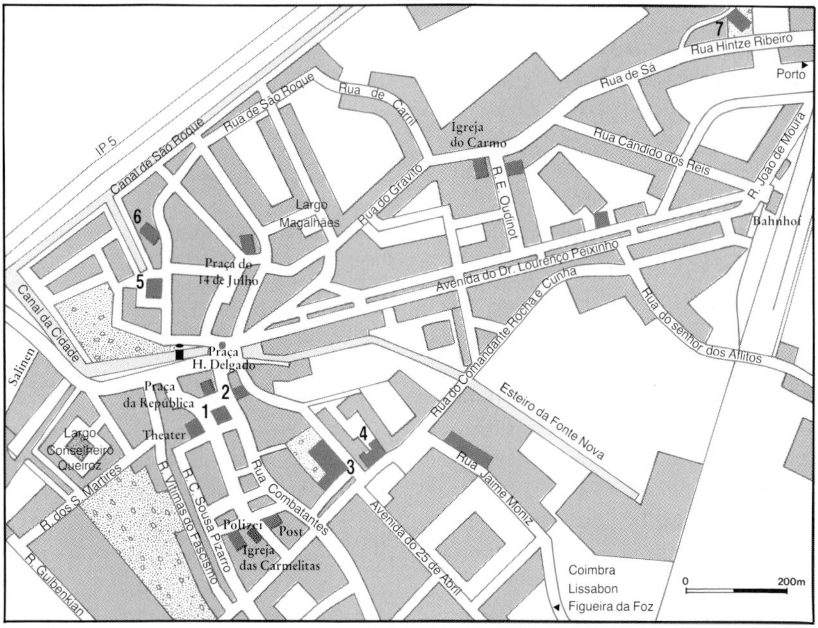

Die ›Ria de Aveiro‹

Aveiro liegt an der vielarmigen Lagune ›Ria de Aveiro‹, die sich mit einer Wasseroberfläche von rund 6000 ha (45 km lang, 11 km breit) zwischen Stadt und Atlantischem Ozean erstreckt.

Ihre Entstehung verdankt sie den Ablagerungen des Rio Vouga, der nördlich Aveiros in die Lagune mündet. In den Salinen ringsherum wurde schon im Mittelalter Salz gewonnen. Bis heute gibt es auf der Lagune eine besondere Art von Fischerei – nämlich nach Algen *(Moliço)*, einem Naturdünger, der aber immer mehr durch künstliche Düngemittel ersetzt wird. Die Algenfischer haben lange, flache Boote, alle mit einem hochgeschwungenen, bunt bemalten Bug (1991 gab es noch rund 50 solcher Boote). Der Antrieb erfolgt über Ruderstangen, sofern kein Wind in die Segel bläst. Mit langen Harken holen die Fischer *(Moliçeiros)* den Tang aus der 6 bis 10 m tiefen Lagune. Über zahlreiche Kanäle, die Aveiros flaches Umland durchziehen, gelangt der ›Fang‹ zu den Feldern. Ein noch ungelöstes Problem ist die Verschmutzung der Ria, die vor allem auf Haushalts- und Industrieabwässer zurückzuführen ist.

Von hier geht es zum **Stadtmuseum** *(Museu de Aveiro)*, das im ehemaligen Dominikanerinnenkloster Convento de Jesús (gegründet 1461) eingerichtet ist. Als Nonne lebte dort ab 1472 die ›Heilige Prinzessin‹ Joana, Tochter von König Afonso V. Anstatt eine politisch nützliche Ehe einzugehen – wie vom Vater gewünscht – nahm sie die Entsagungen und Opfer des Klosterlebens auf sich und starb entkräftet und zermürbt schon am 12. Mai 1490 im Alter von nur 38 Jahren. Dem Kloster hinterließ sie bedeutende Reichtümer. 1756 heiliggesprochen, wird sie bis heute als Aveiros Schutzpatronin gefeiert. Sehenswert vor allem die Klosterkirche mit ihrem barock-vergoldeten Schnitzwerk und dem Marmor-Sarkophag der Heiligen. In den Museumsräumen sind bedeutende Gemälde zu sehen.

Vom Museum sind es wenige Schritte zur **Kathedrale** (Sé, auch Igreja de São Domingos). Der 1464 geweihte Bau bekam 1719 die heutige Fassade. Azulejo-Tafeln aus dem 18. Jh. zieren den hellen Innenraum. Vor der Kathedrale steht das gotisch-manuelinische Steinkreuz São Domingos aus dem frühen 16. Jh.

Im Osten Aveiros, am Ende der breiten Avenida Dr. Lourenco Peixinho, liegt der azulejoverzierte Bahnhof. Unweit nordwestlich der Praça Humberto Delgado, am Ende eines Kanalzweiges, befindet sich der Fischmarkt.

Pousada da Ria (in Murtosa, ca. 40 km)
Hotels: *** Afonso V, *** Imperial; ** Arcada, ** Pomba Branca; Apartment-Hotel *** Afonso V.
Pensionen und Residencial-Häuser: **** Res. Alboi; *** Estrela, *** Santa Joana; ** Beira, ** Res. Europa, ** Res. Palmeira; Unterkunft auch in Ílhavo, Barra, Torreira und Vagos
Campingplätze (außerhalb) bei Vagos, Costa Nova, Barra, São Jacinto Praia da Torreira u. a.

Bahnlinien: Linha do Norte (Eil- und manche Schnellzüge); Triebwagen nach Agueda
Busse: Rodoviária-Expressos nach Coimbra und Ílhavo–Mira–Leiria–Lissabon; Busse der União Rodoviária Caima u. a. nach São Jacinto, Ovar und Vila da Feira;

Margues-Busse nach Viseu; Busse der Autoviação Aveirense nach Ílhavo sowie Barra und Costa Nova (Strände).
Personenfähren: zwischen São Jacinto und Forte da Barra

Feste/Veranstaltungen: Feira de Março, Messe, Ausstellung und Volksfest (25. März – 25. April); Stadtfest der Heiligen Joana um den 12. Mai; Festas de Ria im Juni/August; Karnevalsumzüge im nahegelegenen Ovar

Bootsausflüge: auf der Lagune vom 15. Juni bis 15. September (in der übrigen Zeit kann man Boote chartern).

PLZ: 3800; **Vorwahl:** Turismo: Rua João Mendonça, 8, ✆ 23680

In der Nähe

Um die Lagune zur Meeresküste: Ab Aveiro geht es westlich an Salinen, Kabeljau-Trockenanlagen und Häfen vorbei, zum Fischer- und Strandort **Costa Nova** (›Neue Küste‹, ca. 10 km), gelegen auf der schmalen Landzunge zwischen Lagune und Meer (weiter Sandstrand). Sehenswert die weißbunt gestreiften Fischerhäuser *(Palheiros)*. Ein Stück nördlich, an der 300 m breiten Mündung der Lagune, liegt **Barra** (Strand, Camping, *** Hotel da Barra, mehrere, teils schmuddelige und teure Residencial-Häuser).

Landschaftlich reizvoll ist auch die Fahrt von Aveiro nördlich um die Lagune herum. Besonders im Raum Murtosa sind Algenfischerboote zu sehen. Sandstrände bei Torreira (Camping) und São Jacinto (Camping). Da es noch keinen Hafen gibt, werden die Fischerboote in dieser Gegend teils noch von Ochsen an Land gezogen.

Ílhavo: ein Vorort 5 km südlich mit azulejogeschmückten Bürgerhäusern und einem Meeresmuseum *(Museu Marítimo)*, in dem auch Porzellan aus Vista Alegre zu sehen ist. 1 km entfernt liegt **Vista Alegre** mit einer 1824 gegründeten Porzellanmanufaktur. Angeschlossen sind ein Glas- und Porzellanmuseum und ein Verkaufsraum; die Produktionsstätten selbst sind nicht zu besichtigen. Südwestlich erreicht man den breiten Dünenstrand **Praia de Mira** (Camping; ca. 4 km landeinwärts an einem kleinen See die Ferienanlage Quinta do Lago).

Richtung Porto liegt die Industriestadt **Ovar** (30 km nördlich von Aveiro, ca. 20000 Einwohner), die für ihren Karneval bekannt ist. Wegen der verkachelten Hausfassaden wird Ovar etwas übertrieben auch ›Azulejo-Museumsstadt‹ genannt. Besuchen sollte man das Stadtmuseum (Rathausnähe), das Trachten- und Handwerkserzeugnisse zeigt und ansprechend über Fischerei sowie traditionellen Flachsanbau und -verarbeitung informiert. Ovars sechs Leidenswegkapellen sind zu Umzügen in der Karwoche geöffnet.

Weiter nach **Santa Maria da Feira** (13 km), dem früheren Vila da Feira. Der 8000-Einwohner-Ort ist ein Zentrum der Schuh- und Korkindustrie. Die Burg über der Stadt zählt zu Portugals schönsten (11. Jh.; im 15. Jh. gotisch umgebaut. *** Hotel Nova Cruz; Res. Toni; Turismo am Markt, ✆ 056/372032).

Von Aveiro kommt man in östliche Richtung am Binnensee **Pateira de Fermentelos** vorbei nach **Águeda.** In diesem Industrieort kann man mehrere Werkstätten für handbemalte Teller und Vasen besuchen und im romantischen Stadtpark Alta Vila entspannen. 2 km südlich wurde in einem Adelshaus des 19. Jh. das komfortable Hotel **** Palácio de Águeda eingerichtet. Weiter landeinwärts erreicht man nach 37 km das Bergstädtchen **Caramulo** (Automobilmuseum, s. S. 288). Von Águeda kommt man in südliche Richtung zum Belle-Époque-Thermalbad **Curia.**

Buçaco-Wald

Frauen war der Zutritt des Waldes verboten. Papst Gregor XV. drohte ihnen 1622 mit Exkommunikation: Das 105 ha große Areal in der Serra de Buçaco (26 km nördlich von Coimbra) sollte eine Domäne der Männer bleiben. Karmelitermönche pflegten einst den inzwischen frei zugänglichen, für lange Spaziergänge idealen

Forst, der mit 700 einheimischen und exotischen Baumarten als der üppigste des Landes gilt. Ein neomanuelinisches Sommerschloß, das König Carlos Ende des 19. Jh. im Wald bauen ließ, ist heute ein Luxushotel.

Palace-Hotel im Wald von Buçaco

Geschichte

Das einsame Gebiet, das seit 1094 zum Bistum Coimbra gehört, fanden barfüßige Karmeliter für ihren ersehnten Rückzug in die Einöde ideal. 1626–1629 bauten die Schweigemönche ein Kloster. Mit einer fast 6 km langen Mauer umschlossen sie den von ihnen gepflegten Wald, der im Laufe der Jahrhunderte durch Mitbringsel portugiesischer Seefahrer aus Indien, Afrika und Lateinamerika bereichert wurde. Als Naturschützer profilierte sich Papst Urban VIII., der 1643 unter Androhung der Exkommunikation das Fällen von Bäumen verbot. 1834 wurde das Kloster aufgelöst.

1810 schlug hier Wellingtons britisch-portugiesisches Heer die auf Lissabon zumarschierenden Invasionstruppen von Napoleons General Masséna.

Besichtigung

Eine Mauer umgibt den Wald, in den man auch mit dem Auto hineinfahren kann. In der Mitte sieht man den 40 m hohen Turm des neomanuelinischen Palace-Luxushotels. König Carlos, der sich in dem Forst ein **Sommerschloß** wünschte, beauftragte 1888 den italienischen Architekten Manini mit der Planung. 1907 fertiggestellt, nutzte es der königlichen Familie wenig: Schon 1910 kam die Republik.

Unschwer erkennt man die von manuelinischen Bauwerken des frühen 16. Jh. kopierten Stilelemente. Innen und außen stellen Azulejos die Schlacht von Buçaco dar. Der Bau überragt die Reste des früheren Klosters. Erhalten sind dessen Kirche und zum Schutz vor Kälte mit Kork ausgekleidete Mönchszellen. In einer dieser Klausen schlief Wellington vor der großen Schlacht.

Zeit nehmen sollte man sich für den mit Fußwegen gut erschlossenen Wald: Von seinen rund 700 Baumarten sind nur 400 in Portugal beheimatet. Aus Übersee kamen u. a. Palmen, Mammutbäume, Zedern und Zypressen. Überall stößt man auf Quellen, Teiche, Wasserfälle und kleine Einsiedeleien.

Vom Wald führen eine Straße (6 km) und ein kürzerer Fußweg zum 547 m hoch gelegenen **Aussichtspunkt Cruz Alta,** von dem man an klaren Tagen bis zum Atlantik blikken kann. An der Straße finden sich ein kleines Militärmuseum und ein Obelisk zum Gedenken an die Schlacht von 1810.

Unterkunft: ***** Palace-Hotel do Buçaco; Luso (3 km) hat 3 Hotels (*** und *) sowie mehrere Pensionen.

Bahnlinie: Linha da Beira Alta (Nahzüge, Bahnhof Luso-Buçaco); bessere Verbindungen ab Pampilhosa (Eilzüge der Linha do Norte, Busverbindung)
Busse: Rodoviária-Expressos nach Viseu-Guarda und Coimbra-Lissabon; Nahverkehr u.a. nach Coimbra und Aveiro (ab Luso)

PLZ: 3050; **Vorwahl:** 031 (Netz Mealhada); **Turismo** (Luso): ✆ 939133

In der Nähe

Luso (3 km): Kurort mit Schwimmbad, Tennisplatz, Kino, Disco, gelegentlichen Folkloreaufführungen und Ausstellungen. Von hier kommt das in ganz Portugal erhältliche Luso-Mineralwasser.

Coimbra

Die Stadt der Studenten und Doktoren. Hoch über der mittelalterlichen Altstadt mit ihren steilen, verwinkelten Gassen erhebt sich Portugals älteste (und jahrhundertelang einzige) Universität. Die Bischofsstadt und ehemalige Königsresidenz am Rio Mondego mit heute etwa 95000 Einwohnern ist aber auch Zentrum eines Verwaltungsdistriktes und Standort von Keramik- und Bekleidungsindustrie. In wirtschaftlicher Hinsicht ist Coimbra gegenüber vielen Orten der Umgebung jedoch ins Hintertreffen geraten. Man scheint zu sehr den alten Zeiten nachzutrauern, als Coimbra die geistige Metropole des Landes war. Auch mit der Lösung konkreter Verkehrs- und Städtebauprobleme kommt man nur langsam voran.

Das Leben wird wie eh und je von der Universität und den **Studenten** geprägt. Beim Fest ›Queima das Fitas‹ (jeden Mai) singen sie den melancholischen **Fado de Coimbra,** der ab und zu auch im einfachen Altstadtlokal ›Diligência‹ oder im feinen Restaurant ›Trovador‹ bei der Alten Kathedrale zu hören ist. Falls gerade angekündigt, sollte man sich eine Aufführung der studentischen Folkloregruppe GEFAC nicht entgehen lassen.

Geschichte

Coimbra, zur Römerzeit Aeminium genannt, stand lange im Schatten der nahegelegenen Stadt Conímbriga, die die Westgoten im 6. Jh. zum Bischofssitz erhoben. 400 Jahre später, während der Kriege zwischen Christen und Mauren, gingen Name und Bischofssitz auf Coimbra über.

878 vorläufig, 1064 unter Fernando I. von León endgültig von den Mauren erobert, wurde die Stadt am Mondego im 12. Jh. Königsresidenz. 1147 ging von hier der Feldzug gegen das maurische Santarém aus. Der Hof wechselte im folgenden Jahrhundert zwar nach Lissabon, dafür kam die 1290 dort von König Dinis gegründete Universität – deren Rektor damals die Studenten wählten – 1308 nach Coimbra. Zweimal nach Lissabon zu-

AUTOMOVEIS
ACESSORIOS
VOTA

Stadtansicht von Coimbra

Coimbra – eine Studentenstadt

Fast alles dreht sich hier um die traditionsreiche Universität mit ihren rund 17 000 Studenten. Die meisten wohnen – sofern sie aus dem Umland kommen – bei den Eltern, sonst zur Untermiete oder in Wohnheimen. Oft sieht man aber auch *Repúblicas*, Wohngemeinschaften mit originellen Namensschildern.

Tradition ist Trumpf. Bei Festanlässen legen die Professoren mittelalterliche Trachten an. Studenten und Studentinnen tragen *Capa e Batina*, schwarze Anzüge und Umhänge, die einst als billige Alltagstracht fungierten; die Mappen der Studenten zieren je nach Fakultät verschiedenfarbige Bänder (Naturwissenschaft hellblau, Pharmakologie lila, Ökonomie ziegelrot, Psychologie orange, Philosophie dunkelblau, Jura rot, Medizin gelb), die traditionsgemäß im letzten Studienjahr feierlich verbrannt wurden. Daraus entwickelte sich das Fest der *Queima das Fitas* (das die Studenten aus Protest gegen die polizeiliche Intervention an der Uni Ende der 60er Jahre zeitweise absetzten, inzwischen aber wieder alljährlich im Mai begehen): Einer Mitternachtsserenade mit Fados und Balladen vor der Alten Kathedrale folgen eine Woche lang Feste der einzelnen Fakultäten. Krönender Höhepunkt: ein Umzug mit karnevalsartig geschmückten Wagen, bei dem auch ehemalige, längst ergraute Studenten von anno dazumal mit von der Partie sind. Sektkorken knallen, Spruchbänder preisen jedoch nicht mehr nur alte Studentenherrlichkeit, denn viele Familien müssen schwere Opfer bringen, damit ihre Kinder studieren können; nur wenige bekommen Stipendien (die vorne und hinten nicht reichen). Noch 1993 hagelte es Proteste gegen höhere Studiengebühren. Die Zukunft der Studenten ist zu alledem ungewiß. Auch in Portugal sind viele Akademiker arbeitslos.

Student im 18. Jh.

Studentenfest Queima das Fitas

rückverlegt, nahm die Universität aber erst 1537 unter König João III. ihren endgültigen Sitz am Mondego und prägte von nun an die Stadtentwicklung: Im Rahmen einer ›Studienreform‹ entstanden ›Kollegs‹ religiöser Orden, die für den Unterhalt von immer mehr Studenten aufkamen. Coimbras Bevölkerung verdoppelte sich von 5200 (1527) auf 10000 (1570) Einwohner. Dem Klerus ging die Wissenschaft jedoch bald zu weit: Lehrkräfte mußten sich vor den Inquisitionsgerichten verantworten, die Universität fiel in die Hände der Jesuiten; erst nach deren Ausweisung im Jahr 1759 fanden verstärkt auch moderne Naturwissenschaften Eingang in den Lehrbetrieb der Universität mit immerhin 4600 Studenten (1765).

1911 bekam Coimbra durch die Universitätsneugründungen in Lissabon und Porto als geistig-intellektuelles Zentrum Portugals Konkurrenz. Einen Rückschlag brachte die Diktatur der Jahre 1926–1974 – nicht zuletzt, weil Salazars Geheimpolizei PIDE unter der Lehrer- und Studentenschaft überall Regimegegner witterte. Ende der 60er Jahre, als die mitteleuropäische Studentenbewegung auf Portugal übergriff, wurde Coimbras gewählte Studentenvertretung schlicht und ergreifend aufgelöst.

Besichtigung

Am rechten Mondego-Ufer liegen Unterstadt *(Baixa)* und Oberstadt *(Cidade Alta)*, links des Mondego der Stadtteil Santa Clara.

Unterstadt: Ausgangspunkt ist der dreieckige **Largo da Portagem** bei der Brücke Santa Clara. Hinter einer Statue von Joaquim António de Aguiar, einem hier gebürtigen liberalen Politiker des 19. Jh., geht es links eine Treppe hinab, dann halblinks und gleich rechts, vorbei an der Kirche São Bartolomeu (18. Jh.) zur **Praça Velha** (auch Praça do Comércio), dem ›Alten Marktplatz‹, der im Mittelalter außerhalb der Stadtmauer lag. In den engen Geschäftsstraßen ringsherum wohnen seit jeher Kleinhändler, Handwerker und Arbeiter. Am Nordende des Platzes steht die 1206 geweihte romanische **Kirche São Tiago**. Mit dem Rücken zum Portal geht es rechts durch die Rua Eduardo Coelho und an deren Ende rechts durch die Rua da Loiça zur Praça 8 de Maio. Hier blickt man auf die Kirche des 1131 von König Afonso Henriques gegründeten **Augustinerklosters Santa Cruz**. Dieses ursprünglich romanische Kloster, lange Zeit eines der geistigen Zentren Portugals, ließ König Manuel 1507 von Baumeister Boitaca komplett umgestalten. Diogo de Castilho und Nicolau Chantarene schufen die manuelinische Kirchenfassade, der im 18. Jh. ein Barockbogen vorgesetzt wurde. Blau-weiße Azulejos (18. Jh.) zieren den einschiffigen Innenraum. An dessen linker Wand ist Chantarenes 1522 fertiggestellte Renaissance-Kanzel angebracht, eine der schönsten Portugals. Im Chor befinden sich die prächtigen, 1518 begonnenen Grabmäler von Portugals ersten beiden Königen Afonso Henriques († 1185, links) und Sancho († 1211, rechts). Im frühen 17. Jh. entstand die rechts an die Kirche angebaute manieristische Sakristei mit Azulejo-Wandschmuck und Gemälden portugiesischer Meister des 16. Jh. (u. a. Vasco

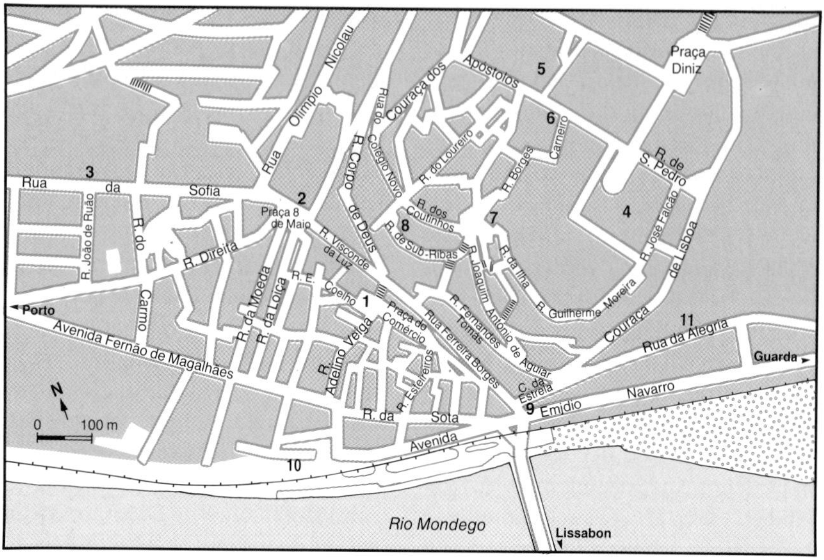

Coimbra
1 Kirche São Tiago 2 Santa Cruz 3 Graça-Carmo 4 Universität 5 Neue Kathedrale 6 Museum Machado de Castro 7 Alte Kathedrale 8 Palácio de Sobre Ripas 9 Information 10 Bahnhof Coimbra 11 Transportmuseum

Fernandes und Cristóvão de Figueiredo). Von hier geht es zum manuelinischen Claustro do Silêncio (›Kreuzgang der Stille‹, 1517–1522) mit Azulejo-Darstellungen der Gleichnisse Christi, schönem Brunnen und dem Aufgang zum Hochchor der Klosterkirche. Szenen von Vasco da Gamas Indienreisen zieren das manuelinische Gestühl. Zu einem zweiten, 1533 unter Leitung von João de Ruão begonnenen Kreuzgang gehörte der heute nur von außen zugängliche Jardim da Manga (›Ärmelgarten‹).

Oberstadt und Universität: Vom Kloster Santa Cruz geht es durch die Einkaufsstraße Rua Visconde da Luz in Richtung Portagem; links gelangt man durch zwei Torbögen zur Oberstadt. Der kleine Porta da Barbacã, Teil der Stadtmauer aus dem 15. Jh., folgt der mächtige **Arco da Almedina**, der im 15. und 16. Jh. seine heutige Form bekam; der untere, wahrscheinlich maurische Teil soll bis ins 9. Jh. zurückdatieren.

Über die steilen Escadas de Quebra-Costas (›Rückgratbrechertreppen‹) geht es zur **Alten Kathedrale** *(Sé Velha)* hinauf, vor der während der Revolution von 1383–1385 João von Avis zum König proklamiert wurde. Das Innere der 1162 begonnenen Kirche zieren hispano-arabische Azulejos, die im frühen 16. Jh. aus Sevilla kamen. Besondere Beachtung verdient das hohe holzgeschnitzte Altarbild in der Hauptapsis, ein 1498 begonnenes spätgotisches Werk der Flamen Jean d'Ypres und Oliver de Gand.

Über die Rua Borges Carneiro gelangt man in östlicher Richtung bergauf zum ehemaligen Bischofspalast, heute **Museum Machado de Castro.** Sein Eingangsgeschoß zeigt römische Funde und eine ansehnliche Sammlung religiöser Skulpturen. Das Obergeschoß bietet neben Porzellan, Goldschmiedearbeiten und einer Sammlung portugiesischer Malerei (15.–17. Jh.) auch einen schönen Blick über Sé Velha und Altstadt. Im Tiefgeschoß ist eine riesige römische Krypta integriert. Gegenüber dem Museum führt eine Treppe zur 1598 begonnenen **Neuen Kathedrale** *(Sé Nova)*, die Elemente von Renaissance, Manierismus und Barock vereinigt. Seit 1772 dient diese ehemalige Jesuitenkirche mit barockem Schnitzaltar als Kathedrale.

Nun geht es über die Couraça dos Apostolos zum höchsten Punkt der Stadt, wo früher Königspalast und Burg standen. Über einen Parkplatz kommt man rechts zur Porta Férrea (1634), dem ›Eisernen Tor‹, zum Hof, um den die **historischen Universitätsbauten** angeordnet sind.

Gleich rechts ist das *Rektoratsgebäude,* Teil des nach 1537 umgebauten Königspalastes. ›Via Latina‹ heißt der angebaute Säulengang, in dem die Studenten früher nur Latein sprechen durften. Eine Treppe führt zum Festsaal *(Sala dos Capelos)* mit Porträts aller portugiesischer Monarchen. In diesem Saal wurde dem deutschen Bundespräsidenten Richard von

Azulejo-geschmückte Bäckerei im Zentrum

Weizsäcker 1990 die Ehrendoktorwürde verliehen.

In der Nordwestecke des Hofes steht Coimbras 33 m hohes Wahrzeichen, der 1733 fertiggestellte Glokkenturm. Links davon ist das manuelinische Ostportal der *Universitätskapelle* aus dem frühen 16. Jh. Hinter der Kapelle liegen ein kleines Museum für Sakrale Kunst sowie um einen Kreuzgang angeordnet die Hörsäle.

Links der Kapelle befindet sich das Prachtstück der Universität: die alte, bis 1910 benutzte *Bibliothek* mit über 100000 Bänden (die ältesten aus dem 13. Jh.). Den Eingang ziert das Wappen von König João V., der die Bibliothek 1717–1728 im Barockstil erbauen ließ. Durch drei Lesesäle mit Tischen aus indischen und brasilianischen Hölzern blickt man auf ein Porträt des Monarchen, der mit dem damals reichlich vorhandenen Gold aus Brasilien nichts Besseres anzufangen wußte, als die Regale damit überziehen zu lassen. Kaum ein Bauwerk veranschaulicht besser die Verschwendung im 18. Jh.

Durch die Porta Férrea geht es zunächst geradeaus, dann halbrechts bergab, am nicht mehr vollständigen Aquädukt aus dem späten 16. Jh. entlang zu einem Kreisverkehr mit einer Statue von Papst Johannes Paul II. Jenseits des Aquädukts ist der Haupteingang zum **Botanischen Garten**, den der Marquês de Pombal 1773 im Zuge der Umorientierung des Universitätsbetriebes auf moderne Naturwissenschaften anlegen ließ. Wer gut zu Fuß ist, geht an der zweiten Ampel ca. 500 m links bergauf zum **Penedo da Saudade** (›Felsen der Sehnsucht‹, ab Portagem Bus Nr. 3). An einer Verkehrsinsel windet sich der Weg rechts hinab zu einem kleinen Wasserfall, wo ehemalige Studenten grabsteinähnliche Tafeln mit wehmütigen Gedichten über die Späße und Enttäuschungen ihrer Studienjahre angebracht haben.

Zurück zur Papststatue, ab dort bergab zur Praça da República mit mehreren Studentencafés. Ausruhen kann man im schattigen Garten Santa Cruz, der früher zum gleichnamigen Kloster gehörte. Die breite Avenida Sá da Bandeira führt an den **Markthallen** vorbei zurück zur Unterstadt.

Vom Largo da Portagem ist es nicht weit zum **Transportmuseum** *(Museu dos Transportes)* an der Rua da Alegria, wo ausrangierte Straßenbahnwagen – die bis Anfang der 80er Jahre über Coimbras Straßen rollten – zu sehen sind.

Santa Clara: Nach Überqueren der Brücke Santa Clara sieht man links den im späten 13. Jh. erbauten Klarissenkonvent **Santa Clara-a-Velha,** wo die ›Heilige Königin‹ Isabel, Gattin von König Dinis und Schutzheilige Coimbras, 1336 beigesetzt wurde. Nach der Zerstörung des Konventes durch die Hochwasser des Mondego wurde sie in den auf einer Anhöhe gelegenen Neubau **Santa Clara-a-Nova** umgebettet (der 1612 gefertigte Silbersarkophag ist in der Kirche). Das Fischbecken im Innern ist erst im Rahmen der 1993 beendeten Restaurierung angelegt worden.

Südwestlich des Konventes erstreckt sich der Kinderpark **Portugal dos Pequenitos** (›Portugal der ganz Kleinen‹) mit Miniaturnachbauten berühmter Baudenkmäler sowie Modellen typischer Häuser aus verschiedenen Teilen des Landes und seiner früheren Kolonien (deutsche Begleitblätter an der Kasse).

Eine Abzweigung der Straße nach Lissabon führt zur **Quinta das Lágrimas** (›Tränengut‹), wo König Afonso IV. im Jahre 1355 Inês de Castro, die Geliebte seines Sohnes Pedro, ermorden ließ.

Unterkunft

Pousada: do Palácio (in Condeixa-a-Nova, ca. 14 km)
Hotels: **** Tívoli Coimbra (neu); *** Astória, *** Bragança, *** Dom Luís (Neubau an der Straße nach Lissabon), *** Dona Inès (neu), *** Oslo; ** Almedina Coimbra (gut); * Mondego
Pensionen und Residencial-Häuser: *** Avenida, *** Res. Botânico, *** Res. Domus, *** Res. Infante Dom Henrique, *** Res. Kanimambo, *** Res. Larbelo, *** Res. Moderna, *** Universal; ** Res. Alentejana (gut), ** Res. Antunes, ** Res. Atlântico, ** Res. Aviz, ** Res. Gouveia, ** Jardim, ** Mondego, ** Res. Parque Casa Simões; Res. Casa Branca (gut und günstig, aber außerhalb, ca. 1 km vom Campingplatz entfernt)
Camping: ** Municipal (ab Portagem Bus 7)
Jugendherberge: Rua Henrique Seco

Verkehr

Bahnlinien: Coimbra hat drei Bahnhöfe. Die meisten Fernzüge (Linha do Norte, Linha da Beira Alta, Fernzüge Lissabon-Paris) halten nur in Coimbra-B (ca. 3 km vom Zentrum). Anschlußzüge ab/zum Bahnhof Coimbra im Zentrum, bei der Brücke Santa Clara, wo Züge Richtung Figueira da Foz (über Coimbra-B) abfahren. Vom Bahnsteig Coimbra-Parque (östlich des Parkes am Mondego) Triebwagen nach Lousã.
Busse: ab Rodoviária-Terminal an der Rua Fernão de Magalhães Expressos u.a. nach Leiria-Lissabon, Algarve, Aveiro, Porto-Braga-Monção, Viseu-Guarda; Lamego-Chaves; Tickets für private Expressos nach Lissabon und Nordostportugal u.a. in der Bar Navarro (nahe Portagem) und im Reisebüro Abreu; Busse der Privatlinien Correia de Oliveira nach Figueira da Foz (ab Rua Rosa Falcão) sowie AVIC nach Mira und Conímbriga (ab Rua João de Ruão, Conímbriga auch gegenüber Hotel Astória)

Sonstiges

Essen/Unterhaltung: preisgünstige Restaurants in den Nebenstraßen der Praça de Comércio (Unterstadt); Fados hört man ab und zu in der ›Diligência‹, Rua Nova; Studentencafés um die Praça de República
Feste: Studentenfest *Queima das Fitas* Mitte Mai; Fest der ›Heiligen Königin‹ Isabel Anfang Juli (Jahre mit gerader Endzahl); *Fotografietreffen* im November.

Sport: Während der Sommermonate kann man von Penacova (s. S. 188) mit Kajaks flußabwärts nach Coimbra paddeln; Informationen im Turismo-Büro

PLZ: 3000; **Vorwahl:** 039; **Turismo:** Largo da Portagem, ✆ 23886
Postämter: Av. Fernão de Magalhães, beim Markt, an der Praça da República und Ladenzentrum Girasolum (nahe Camping)

In der Nähe

Conímbriga (bei Condeixa-a-Nova, ca. 16 km südlich, Busse s.o.): eine der wichtigsten römischen Ruinenstätten auf der Iberischen Halbinsel. Die ursprünglich keltische, im 2. Jh. v. Chr. von den Römern eroberte Siedlung war eine wichtige Station auf dem Weg von Lissabon nach Braga. Im Jahr 468 von den Sueven zerstört, erhoben die Westgoten Conímbriga 100 Jahre später zum Bischofssitz, der im 10. Jh. auf Coimbra überging. Durch Ausgrabungen wurde erst ein kleiner Teil der alten Römerstadt freigelegt. Besonders sehenswert sind die zahlreichen Mosaike, außerdem die Reste von Läden, Wohnhäusern, Bädern, Stadttoren und Mauern. Archäologische Funde und eine modellhafte Rekonstruktion der Römerstadt befinden sich im Museum neben dem Ruinenfeld. Mitten im nahegelegenen Dorf Condeixa-a-Velha ist der Eingang eines Amphitheaters zu sehen.

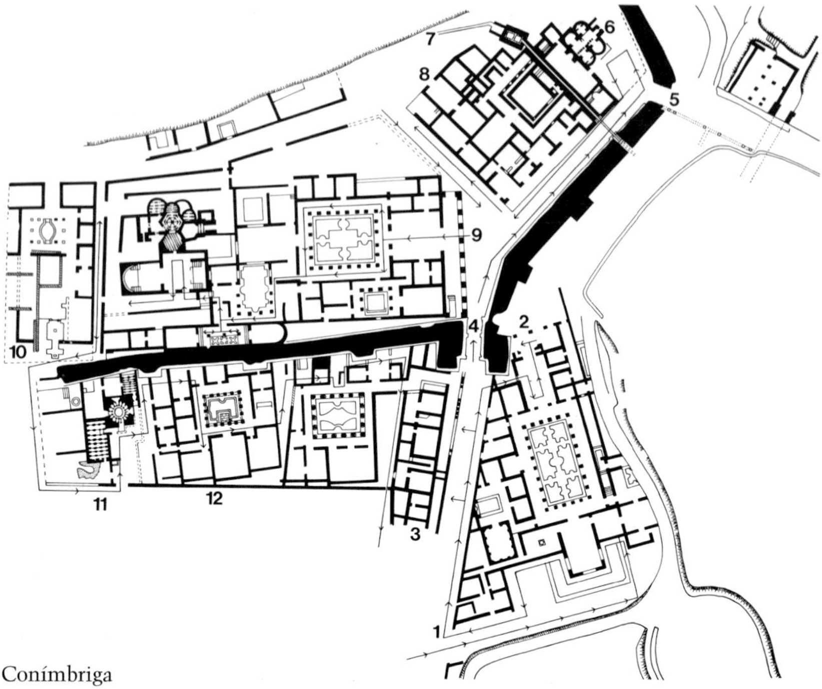

Conímbriga
1 Römische Straße Lissabon–Braga 2 Brunnenhaus 3 Läden 4 Stadttor 5 Stadttor 6 Öffentliches Bad 7 Aquädukt 8 Gasthaus 9 Häuser innerhalb der Mauern 10 Tempel 11 Öffentliches Bad 12 Skeletthaus

Montemor-o-Velho (ca. 30 km westlich, Bahn- und Busverbindung): Agrarkleinstadt inmitten eines bedeutenden Reisanbaugebietes an der im Mittelalter umkämpften Mondego-Linie. Aus dem 11. Jh. stammt die mächtige Burg über der Stadt, die nach Montemors Eroberung durch die Mauren, 1064, die nahegelegene Bischofsstadt Coimbra schützte. Innerhalb der Mauern steht die im Mittelalter erbaute, ab 1490 umgebaute Kirche Santa Maria da Alcaçova mit manuelinisch gedrehten Säulen. Bei der Wiederabfahrt in den Ort liegt rechts der Anjos-Konvent.

Unterkunft: *** Res. Abade João; *Turismo-Büro* im Zentrum

Lousã (30 km südöstlich, Bahn- und RN-Busverkehr): Ländliche Kleinstadt am Nordhang der **Serra de Lousã** (höchster Punkt: 1204 m), einem guten Wanderge-

Mosaiken in den Ruinen von Conímbriga

biet. Oberhalb des Ortes findet man ein schönes Ausflugslokal; in unmittelbarer Nähe davon einige mit Flußwasser gefüllte Schwimmbäder (Schildern ›Castelo/Piscinas‹ folgen). Landschaftlich außerordentlich reizvoll ist die Autofahrt von Lousã nach Castanheira de Pera. Residencial-Häuser am Ort.

Coja/Serra do Açor

Coja, eine Kleinstadt ca. 70 km östlich von Coimbra, ist Ausgangspunkt einer halbtägigen Autotour durch die einsame **Serra do Açor** (›Habichtgebirge‹), die bis 1418 m hoch ansteigt und nach Osten in die Serra de Estrela übergeht. Schönster Ort der Serra do Açor ist das Dorf Piódão. Von Coja führt ein relativ direkter Weg dorthin. Lohnend ist aber auch folgender Umweg, der über einsame Dörfer und einzelne ungepflasterte Streckenabschnitte führt.

Ab Coja sollten Sie den Schildern Benfeita/Fraga da Pena folgen, nach 4 km rechts und nach weiteren 5 km, in Benfeita, abermals rechts abbiegen. Von hier windet sich eine schmale, vorerst noch asphaltierte Straße durch eine reizvolle Berglandschaft; nach knapp 2,5 km geht es in einer Linkskurve rechts zur **Fraga da Pena**, einer steilen Schieferfels-Schlucht mit im Frühjahr noch reißenden Wasserfällen. Wer die ungesicherte Treppe seitlich des mehrstufigen Wasserfalls erklimmen will, muß vorher auf Steinen über einen Bach balancieren und sollte möglichst schwindelfrei sein.

Zurück zur Straße, die für ca. 5 km in einen holprigen ungepflasterten Weg übergeht. Durch das bewaldete Naturschutzgebiet **Mata da Margaraça** – wo einem mit etwas Glück noch ein Habicht über den Weg fliegt – erreicht man das Dorf Monte Frio. Ab hier ist die Straße wieder asphaltiert. Nach 1 km rechts abbiegen und nach weiteren 3 km links halten (Richtung Piódão). Zur Linken bietet sich ein herrlicher Blick zur **Torre,** der mit 1991 m höchsten Erhebung der Serra de Estrela. Nach einigen Kilometern beginnt die Straße, sich zu dem in einem Tal gelegenen, von Terrassenkulturen umgebenen Dorf **Piódão** mit seinen dunklen Schieferhäusern und einer eigenartigen kleinen Kirche hinabzuschlängeln (Farbabb. 11). Piódão zählt zu Portugals ›Vorzeigedörfern‹ und soll mit einer Pousada touristisch erschlossen werden. Der Bus ins Dorf fährt indes nur zweimal die Woche (Mo, Do). Die Dorfschule geht bis zur sechsten Klasse.

Bis vor kurzem endete die Straße in Piódão. Nun steht eine neue Ausfallstraße über Chãs de Egua nach Vide zur Verfügung. So gelangt man nach **Avó,** in der Nähe liegt **Lourosa** mit einer vorromanischen Pfarrkirche aus dem 10. Jh., die zu Portugals ältesten Gotteshäusern zählt.

Unterkunft: In Coja ** Pensão Piquenique do Paço; Res. Victocalis und Campingplatz; in Arganil ** Hotel de Arganil, Pensão Canário und ** Campingplatz; Camping auch bei Avô

Turismo in Arganil, Praça Simões Dias, ✆ 035/22859

Fátima

Portugals wichtigster **Wallfahrtsort**. Schon an der Hauptstraße Porto-Lissabon sieht man im Sommer zahlreiche Pilger auf dem tage- oder wochenlangen Fußweg nach Fátima, wo die Jungfrau Maria jeweils am 13. der Monate Mai bis Oktober 1917 drei Hirtenkindern erschienen sein soll. Regelrechte Massenwallfahrten erlebt der kleine Ort vom 12. auf den 13. aller Monate von Mai bis Oktober. Die meisten Gläubigen kommen aus Nordportugal, es gibt aber auch Pilger-Pauschalreisen aus den USA, Mittel- und neuerdings auch Osteuropa.

Geschichte

Die sechs Erscheinungen von Fátima fallen in die liberal-antiklerikale Ära der Republik von 1910–1926 sowie in die Zeit des 1. Weltkrieges, an dem Portugal auf alliierter Seite teilnahm. Die Jungfrau Maria soll den Kindern Lúcia (10), Francisco (8) und Jacinta (7) ein dreiteiliges Geheimnis anvertraut haben. Nur zwei Teile sind offiziell bekannt. Sie gab den Kindern eine Vision der Hölle und sagte den Zweiten Weltkrieg sowie die Bekehrung Rußlands voraus.

Sie prophezeite auch die frühen Tode von Francisco und Jacinta (1919 bzw. 1920, ihre Seeligsprechung wurde 1989 angekündigt). Kirchlicher Darstellung zufolge erlebten 70000 Menschen am Tage der letzten Erscheinung, wie heftiger Regen plötzlich aufhörte und die Sonne um die eigene Achse zu rotieren begann. Das überlebende Seherkind Lúcia trat 1928 in ein Kloster ein; 1930 autorisierte der Bischof von Leiria den Glauben an das ›Wunder von Fátima‹. Besonders zur Salazar-Zeit wurde die Bevölkerung zu Wallfahrten ermutigt. Von kirchlicher Seite ist heute zu hören, daß der Zweite Weltkrieg vermeidbar gewesen wäre, wenn nur der Papst (auf Lúcias Bitten im Jahr 1929 hin) Rußland dem unbefleckten Herzen Marias geweiht hätte. Dies geschah erst nach Papst Johannes Paul II., nachdem er am 13. Mai 1981 (dem Jahrestag der ersten Erscheinung) ein Attentat überlebt hatte. Nun gilt der Umbruch in Osteuropa als Bestätigung des Geheimnisses von Fátima, dessen dritten Teil bis heute nur wenige Geistliche kennen. Die Päpste Paul VI. und Johannes Paul II., die 1967 bzw. 1982 sowie 1991 nach Fátima kamen und sich mit der Nonne Lúcia trafen, behielten es für sich.

Unterkunft: u. a. 10 Hotels (*** und **), 1 **** Estalagem und Pensionen (**** bis *)

Nächste Bahnhöfe: Leiria (23 km), Eilzüge der Linha do Oeste; Fátima (25 km, in Chão de Macãs), Regionalzüge der Linha do Norte
Busse: Rodoviária-Busse nach Batalha – Santarém – Lissabon, Leiria – Coimbra – Porto – Braga, Santarém – Faro

PLZ: 2495; **Vorwahl:** 049 (Netz Torres Novas); **Turismo:** ✆ 53 11 39

In der Nähe
Ourém (ca. 13 km Richtung Tomar): von einer mittelalterlichen Stadtmauer umgebene Ortschaft auf einem weithin sichtbaren Hügel (zu dessen Fuß die neuere Ortschaft Vila Nova de Ourém entstand). Sehenswert: die Burgfestung des Grafen von Ourém (15. Jh.).

Pilger auf dem Weg nach Fátima

Figueira da Foz

›Feigenbaum an der Flußmündung‹ heißt die moderne Hafen- und Fischerstadt (20000 Einwohner) an der Mündung des Rio Mondego, zugleich ein vielbesuchtes Seebad. Figueira bietet neben einem 3 km langen Badestrand auch einen Yachthafen, ein Spielcasino, Einkaufsmöglichkeiten, Discos und Nachtklubs. Bekannt ist das alljährlich im September stattfindende internationale **Filmfestival**.

Im Bereich der Mondego-Mündung entstand in den 80er Jahren ein neuer Güterhafen, einer der größten in Mittelportugal. Von Bedeutung ist er namentlich als Ausfuhrhafen der Zellulose-Industrie, die sich südlich von Figueira angesiedelt hat. Starkes Gewicht hat nach wie vor die Fischerei. Am Unterlauf des Rio Mondego wird Reis angebaut.

Besichtigung

Sehenswert ist der Adelspalast **Casa do Paço** (spätes 17. Jh.), an der Uferstraße Rua 5 de Outubro. Heute ist hier die örtliche Handelsvereinigung untergebracht. Den Eingang erreicht man von hinten über eine schmale, neben der Post am Stadtpark ansteigende Straße. Bei einem Schiffbruch im frühen 18. Jh. wurden 6888 niederländische Delft-Kacheln gerettet, die seitdem einige Säle des von außen bescheidenen Baus zieren. Sie zeigen Menschen, Landschaften und religiöse Motive.

An der Post vorbei erreicht man bergauf das **Stadtmuseum Santos Rocha** (Archäologie, Malerei, Mobiliar, afrikanische Volkskunst, etc.). An der Ecke Stadtpark/Uferstraße liegt die große Markthalle. Die Mondego-Mündung bewachte einst das im 16. Jh. erbaute Fort Santa Catarina.

Über dem breiten Sandstrand erhebt sich der neuere, touristische Teil Figueiras mit Hotelhochhäusern, einem Spielcasino und Cafés.

Älter als Figueira ist der kleinere, nördlich angrenzende Fischerort **Buarcos**, wo sich die Urlauber den Strand mit den Fischern und ihren Booten teilen. Am Ort gibt es auch einen Aquapark. Hinter Buarcos führt ein Abzweig der Uferstraße in das bis 253 m ansteigende Küstengebirge **Serra da Boa Viagem** (sehr guter Blick über Figueira!). Nördlich liegt der Strand von Quiaios (s. In der Nähe).

Hotels: ***** Clube Vale do Leão (Vais/Buarcos); **** Grande Hotel; *** Costa de Prata, *** Costa de Prata II, *** Hispânia, *** Internacional, *** Tamargueira (Buarcos), *** Universal, *** Wellington; * Aliança; Aparthotels: *** Atlântico, *** Sottomayor
Albergaria: **** Nicola
Estalagem: **** da Piscina
Pensionen und Residencial-Häuser: *** Res. Bela Vista, *** Res. Central, *** Res. Esplanada, *** Res. Pena Branca (Buarcos), *** Res. Rio Mar, *** Res. Teimoso (Buarcos); ** Avis, ** Res. Bela Figueira, ** Res. Central, ** Res. Europa, ** Res. Júlio, ** Res. Manuel da Parreira, ** Moderna, ** Paris, ** Peninsular, ** Res. São Julião
Camping: *** Municipal; ** Orbitur Gala (16. 1.–15. 11., 4 km Richtung Leiria, Busverbindung); Quiaios (s. In der Nähe).

Bahnlinien: Figueira–Alfarelos (umsteigen für Linha do Norte–Porto–Lissabon) – Coimbra; Linha do Oeste – Lissabon (das man nach Umsteigen in Alfarelos, s. o., mit der Linha do Norte schneller erreicht).
Busse: Rodoviária-Expressos u. a. nach Aveiro, Leiria-Lissabon und Nazaré; Nahverbindungen; Busse der Privatlinien AVIC nach Mira sowie Oliveira nach

Strand von Figueira da Foz

Coimbra (alle ab Rodoviária-Terminal); Expressos AVIC nach Lissabon (Rua Mestre David de Sousa, 103); Expressos der Autoviçāo de Espinho nach Porto (Agentur afga, Rua Miguel Bombarda, 79)

Feste/Veranstaltungen: Festa de São João Ende Juni; im Juli/August Stierkämpfe, Konzerte, Folkloreaufführungen; Unterhaltung auch im Casino; Filmfestival im September

PLZ: 3080; **Vorwahl:** 033; **Turismo:** Figueira: Av. 25 de Abril, ✆ 22610; Buarcos: ✆ 33019

In der Nähe

Südlich führt gleich nach Überqueren des Mondego eine kleine Straße rechts zum Strand von **Cabedelo** (Camping). 3 km weiter erreicht man das Fischerdorf **Gala** mit Campingplatz und einem von der Deutschen Evangelischen Kirche betriebenen Mustergut.

Nördlich der Serra da Boa Viagem liegt der noch wenig besuchte Sandstrand von **Quiaios** mit einem Campingplatz. Noch weiter nördlich gelangt man zu dem von Pinienwäldern gesäumten Strand **Praia da Tocha**. Hier sieht man charakteristische hölzerne Pfahlhäuser *(palheiros)*, in denen Fischerfamilien leben (Camping am Ort). Weiter nach Praia de Mira (s. unter Aveiro, S. 168).

Leiria

Industriestadt am Rio Lis (14000 Einwohner), bis 1147 der südlichste Vorposten Portugals. Die erst römische, dann maurische **Burg**, die Afonso Henriques 1135 zum Schutz seiner 70 km nördlich gelegenen Hauptstadt

Coimbra verstärken ließ, zählt zu den interessantesten des Landes. Militärische Bedeutung hatte das Kastell allerdings nur von 1135 bis 1147, als die Truppen von König Afonso Henriques die maurische Hochburg Santarém einnahmen und sich Portugals Südgrenze damit verschob. Hier residierte König Dinis (1279–1325) mit seiner ›Heiligen Königin‹ Isabel.

Sonst ist Leiria – seit 1545 Bischofssitz, heute auch Distrikthauptstadt – von geringem Interesse. Im Zentrum hinterließ das Wirtschaftswunder der 80er Jahre in Form zahlreicher Neubauten von fragwürdiger Schönheit seine Spuren. Einkaufstip: Ornamentglas aus Marinha Grande.

Hotels: *** Dom João III., *** Euro-Sol; ** Liz, ** São Luís
Estalagem: Ala dos Namorados (in Azoia, außerhalb)
Albergaria do Terreiro
Pensionen und Residencial-Häuser: **** Res. Ramalhete, **** Res. São Francisco, **** Res. Fetal; *** Franco, *** Res. Leiriense, *** Res. D. Dinís; ** Alcoa; mehrere nicht klassifizierte Pensionen und Privatzimmer (beschildert) sowie eine **Jugendherberge** (Pousada de Juventude)

Bahnlinie: Linha do Oeste (Lissabon-Figueira da Foz), Bahnhof ca. 3 km.
Busse: Rodoviária-Expressos und Nahverbindungen in alle Richtungen; Leiria ist ein Verkehrsknotenpunkt. Busterminal im Zentrum.

PLZ: 2400; **Vorwahl:** 044; **Turismo:** am Stadtgarten, ✆ 814748 und 823773.

In der Nähe

Marinha Grande: (12 km, Bahn- und Rodoviária-Busse): Der Ort ist seit 200 Jahren Zentrum der Glas-, heute auch der Kunststoffindustrie mit rund 26000 Einwohnern. 1992 wurde die im 18. Jh. vom Marquês de Pombal gegründete Kristall- und Ornamentglasfabrik ›Fábrica Escola Irmãos Stephens‹ (FEIS) geschlossen. Nach der geplanten Privatisierung könnte sie den Betrieb wieder aufnehmen und Besuchern offenstehen. Samstags kann man das Glasmuseum der Fabrik Santos Barrosa besuchen. Tradition hat die Arbeiterbewegung: 1934 begann hier ein Generalstreik gegen die faschistische Gleichschaltung der Gewerkschaften. *Hotel:* *** Cristal (neu); *Albergaria* **** Nobre; *Residencial* *** Paris. *Turismo:* ✆ 566674.

10 km westlich liegt **São Pedro de Muel** (Moel), von Pinien- und Eukalyptuswäldern umgebener, oft als ›aristokratisch‹ apostrophierter Badeort mit breitem, teils felsigem Sandstrand, schönen Gesteinsformationen, allerdings starker Brandung. Der Ort ist auch für größere Touristenströme weitläufig genug. *Hotels:* *** Mar e Sol, *** São Pedro; *Pensionen und Residencial-Häuser:* *** Miramar, *** Res. Verde Pino; Pérola do Oceano; Privatzimmer; *Camping:* *** Orbitur. *PLZ:* 2430; *Vorwahl:* 044 (Netz Leira); *Turismo:* ✆ 599152.

Weitere Strände bei Praia de Vieira (Campingplatz am Ort) sowie im Fischerort Praia de Pedrógão (Campingplatz, einige Pensionen). In beiden Orten stört mitunter Fluglärm von der nahen Luftwaffenbasis.

Penacova

In reizvoller Berglandschaft nordwestlich von Coimbra gelegene Agrar-Kleinstadt mit ca. 3000 Einwohnern. Schon an der kurvenreichen Straße von Coimbra (25 km) wundert man sich, daß die am Steilhang erbauten, aus der Ferne recht grazil wirkenden Häuser nicht in den parallel fließenden Rio Mondego abrutschen. Penacova selbst liegt hoch über dem Fluß. Herrlich ist der Blick vom Zentrum ins Mondego-Tal hinunter. Am Campingplatz am anderen Mondego-Ufer gibt es einen Verleih für Kajaks, mit denen man flußabwärts bis Coimbra paddeln kann.

Zu empfehlen sind einige Abstecher in die Umgebung. An der Straße nach Viseu sieht man ca. 2 km nach

Reispflücker am Mondego-Unterlauf

Überqueren des Mondego – jenseits einer Überführung – links die Felswand ›**Livraria (Bücherei) do Mondego**‹; ›Bücher im Regal‹ kann man sich mit etwas Phantasie vorstellen. Wassersportmöglichkeiten bietet 10 km weiter der See Barragem da Aguieira.

Von Penacova sind es ca. 9 km zu den auf einem Hügel der Serra de Buçaco errichteten Windmühlen **Moinhos da Portela**.

Eine Abzweigung der Straße nach Coimbra führt zu der in einem Talkessel versteckten Ortschaft **Lorvão** mit einem Ende des 9. Jh. gegründeten Kloster. Besichtigen kann man die Klosterkirche (18. Jh.) mit bemerkenswertem Schnitzgestühl. Das Kloster selbst dient heute als psychiatrische Klinik.

Pension und Residencial: *** Avenida; Res. São João.
Unterkunft auch in der von Nonnen betriebenen Casa do Repouso (für Männer und Frauen).
Privater **Campingplatz,** der Bau eines zweiten ist geplant.

Busse: Verbindungen nach Coimbra, Buçaco und Viseu

PLZ: 3360; **Vorwahl:** 039 (Netz Coimbra); **Turismo:** im Rathaus, ✆ 47 71 15

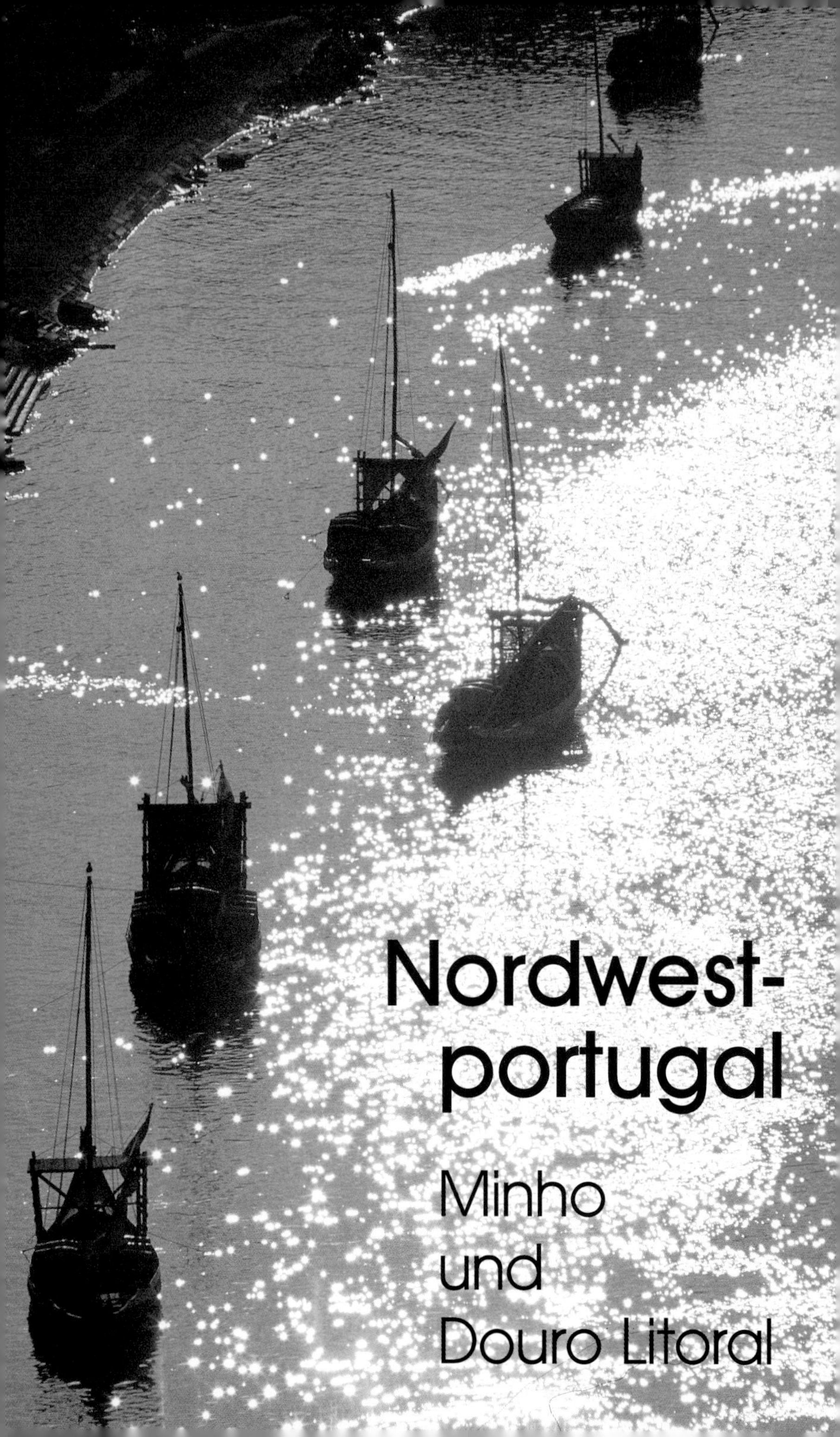
Nordwest-
portugal
Minho
und
Douro Litoral

Die sattgrüne Gebirgs- und Küstenregion besteht aus den früheren Provinzen Minho – benannt nach dem Grenzfluß zu Spanien – mit den Distrikten Viana do Castelo und Braga sowie Unterer Douro, die im wesentlichen den jetzigen Distrikt Porto umfaßt. Das Klima ist atlantisch. Starke Regenfälle und zahlreiche Thermalquellen machen die Region zur wasserreichsten Portugals. Ihr bis knapp über 1500 m ansteigendes Bergland durchziehen die Flüsse Lima, Cávado und Tâmega. Um die größten Städte – Porto, Braga, Guimarães, Viana do Castelo – konzentriert sich Portugals exportorientierte Textil-, Schuh- und Bekleidungsindustrie wie u. a. auch Lebensmittelverarbeitung, Stahlindustrie, Petrochemie und Schiffbau.

Landwirtschaftliche Anbauprodukte sind Weizen und Mais, Gemüse, Kartoffeln und – vor allem – die Trauben für den spritzig-herben, nur schwach alkoholhaltigen ›Vinho Verde‹.

An die sogenannte ›Grüne Küste‹ locken verträumte Städte, romanische Kirchen, traditionsreiche Märkte, eine lebendige Folklore und Sandstrände, die den größten Teil der Küste säumen.

Wo Portugal entstand

Die Geschichtsbücher apostrophieren diese Region als die ›Wiege der Nation‹. Reste von Wehrdörfern (Citânias) zeugen von ihrer Besiedlung durch die Kelten. Von der römischen Distrikthauptstadt Braga – bis heute Erzbischofssitz – ging im frühen Mittelalter die Christianisierung des Nordens aus. Unter Henrique von Burgund wurde Guimarães 1097 Sitz der Grafschaft Portucale; sein Sohn Afonso Henriques gründete 1139 – als im Süden noch die Mauren regierten – das christliche Königreich Portugal. Der Rio Minho wurde zur ältesten Staatsgrenze Europas. Mancher Minhoto ist noch heute gekränkt, weil der Hof im 12./13. Jh. erst nach Coimbra, dann nach Lissabon zog.

Vielen wurde die Heimat seither zu eng. Doch trotz Massenemigration vom 16. Jh. an lebt hier jeder vierte Portugiese – und die Bevölkerung wächst. Portugals Nordwesten zählt zu den jüngsten Regionen der EG. Im kleinbäuerlichen Milieu mit vielen kinderreichen Familien finden Textilfabriken und (mitunter in Garagen und Scheunen installierte) Lohnnähereien ein riesiges Angebot an billigen Arbeitskräften – bestehend nicht nur aus Frauen. Seit den 80er Jahren verlassen immer mehr 10- bis 14jährige Kinder die Schule, um zu frühkapitalistischen Hungerlöhnen in der Textilbranche und am Bau oder sonstwo zu schuften.

Trotz alledem behält der Minho viel Idylle – besonders in den Dörfern mit rustikalen kleinen Granithäusern. Ochsengespanne mit kunstvoll geschnitzten Jochen sind noch fast so oft zu sehen wie Traktoren. Deren Einsatz lohnt sich auch kaum auf den winzigen Feldern, wo jeder Quadratmeter ausgenutzt wird – oft sogar

In der Altstadt von Nazaré

15 Porto Congregados-Kirche, dahinter der Turm des Rathauses

16 Der Ribeira-Kai in der Altstadt von Porto

CASTANHEIRA & COSTA
PASSARINHO DA

17 In der Region Trás-os-Montes

18 Burg von Almourol

19 Maisspeicher im Minho

21 Dorf im Peneda-Gêres-Nationalpark ▷

20 Penhas Douradas in der Serra de Estrela

22 Der Mateus-Herrensitz bei Vila Real

23 Christusritterburg in Tomar

24 Amarante

25 Lamego Kathedrale ▷

LIVRARIA
ESCOLAR

26 Historischer Stadtkern von Bragança

27 Bauer mit Ochsengespann (in der Nähe von Vinhais)

Auf einem der zahllosen Fischmärkte

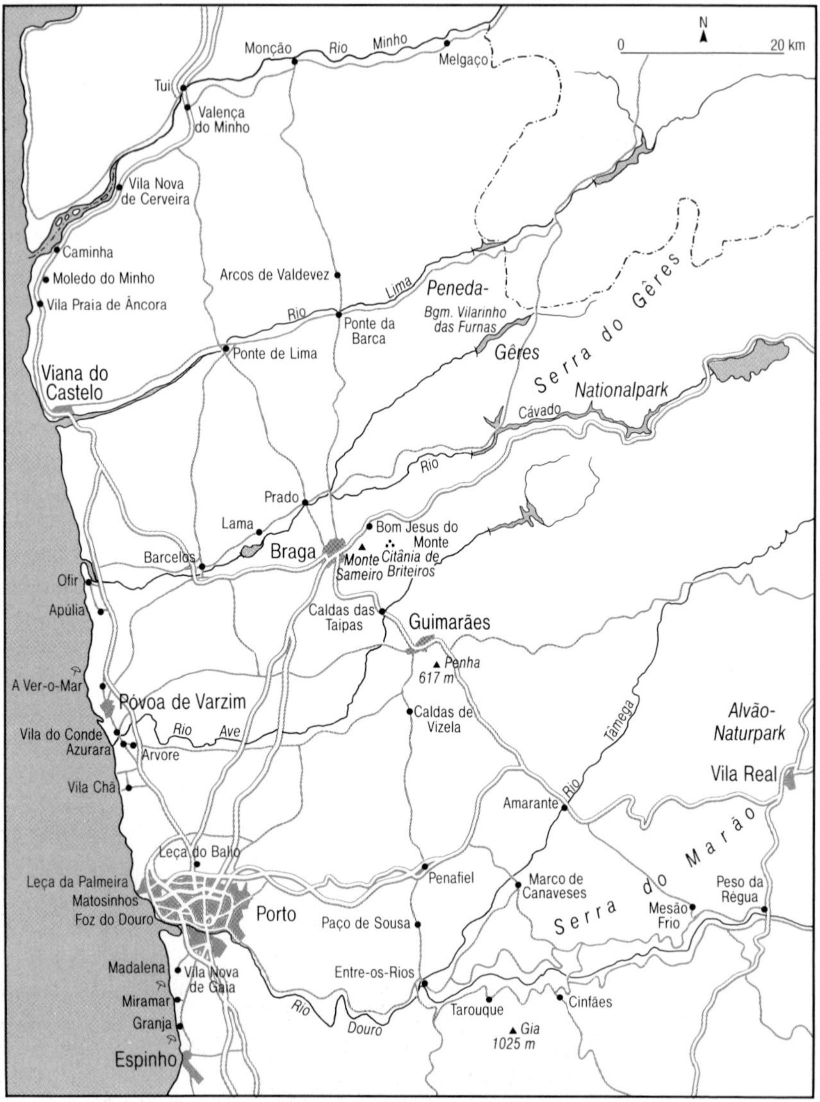

Minho und Douro Litoral

›mehrstöckig‹: Über den Ställen liegen die Wohnräume, auf den Dächern stehen die Bienenstöcke für den Honig. Über den langstieligen Kohlpflanzen, aus deren Blättern die Suppe Caldo Verde bereitet wird, ranken sich an Lauben oder Baumstämmen die Reben für den Vinho Verde bis zu drei oder vier Meter in die Höhe. Aus den Weizen- und Maisfeldern ragen auf Granitsockeln die schmalen Getreidespeicher *(Espigueiros)* aus Holz oder Stein empor. Ihre Giebel ziert meist ein christliches Kreuz (Farbabb.

19). Die Menschen gelten als streng katholisch – was sie nicht hindert, bei manchen Festen christliche und heidnische Riten (s. S. 212) zu vermischen. Nirgends in Portugal gibt es eine derart rege und fröhliche Folklore; sie besteht – zur Landschaft passend – aus einem ständigen schnellen Wechsel von Hoch und Tief, Hell und Dunkel, Solo und Chor. Nirgendwo feiert man so viele Feste, wobei der beschwingende Vinho Verde nicht fehlen darf.

Typische Gerichte: Kohlsuppe mit etwas Räucherwurst *(Caldo Verde)*, dazu Maisbrot *(Broa)*, Stockfisch mit Gemüse *(Bacalhau com Todos)*, weitere Stockfischspezialitäten (u. a. *Zé do Pipo, Gomes de Sá*), an der Küste Fischsuppe *(Caldeirada)* und Sardinen *(Sardinhas)*, Neunauge *(Lampreia*, in Moncão, Vila Nova de Cerveira und Ponte de Lima), geschnetzeltes und mariniertes Schweinefleisch *(Rojões)*, Kaldaunen (*Tripas*, speziell in Porto), Ente mit Reis *(Arroz de Pato)*, Zicklein aus dem Ofen *(Cabrito no Forno)*.

Süßspeisen: Reiskuchen *(Bolos de Arroz*, Penafiel), Biskuitkuchen *(Pão-de-Ló)*, Pudding (*Toucinho do Céu*, Guimarães), ›Nonnenbäuche‹ (aus Zukker, Mandeln, Eiern), in Amarante *Cavacas, Foguetes, Lérias*

Weine: Portwein *(Vinho do Porto)*, ›Grüner Wein‹ (*Vinho Verde*, ein spritzig-herber Rot- oder Weißwein).

Bauern fahren die Trauben zur Winzergenossenschaft

Kunsthandwerk: Goldschmiedearbeiten *(Ourivesaria)* und Filigran *(Filigrana)* in Porto, Keramik *(Cerâmica)* und Ton *(Barro)* in Barcelos, Stickereien *(Bordados)* in Viana do Castelo, Klöppelspitzen *(Rendas de Bilros)* in Vila do Conde, feingeschnitzte Ochsenjoche *(Jugos, bzw. Cangas,* auch in Miniatur, inzwischen als Garderobenhalter beliebt).

Amarante

Lebhafte, ausgesprochen schön gelegene Kleinstadt am Rio Tâmega mit ca. 6000 Einwohnern, bekannt für vorzüglichen Wein (Vinho Verde). Beim Fest des Stadtheiligen São Gonçalo (am ersten Juni-Wochenende) lebt ein möglicherweise heidnischer Kult fort: Phallusförmige Plätzchen werden verkauft, denn der Heilige soll Ehe- und Kindersegen bescheren; wer sein Grabmal in der nach ihm benannten Kirche berührt, kommt – so sagt man – besonders schnell unter die Haube. Am Tâmega-Ufer findet jeden Mittwoch und Samstag ein sehenswerter **Markt** statt. Am Flußstrand werden im Sommer Tret- und Ruderboote verliehen.

Besichtigung

Eine Brücke aus dem 18. Jh. führt über dem Rio Tâmega zur Klosterkirche **São Gonçalo** (Farbabb. 24) – 1540 unter João III. begonnen, um 1620 vollendet. Sehenswert sind die Renaissance-Fassade mit Heiligenfiguren, links die ›Königsgalerie‹ mit Statuen der Stifterkönige João III., Sebastião, Henrique und Filipe I. sowie die Kuppel; innen das Holzschnitzwerk, der Azulejo-Schmuck, die Orgel (18. Jh.) und (links des Chores) die Grabkapelle des Heiligen Gonçalo († 1262). Einer der beiden Kreuzgänge beherbergt das **Museum Amadeu Sousa Cardoso,** benannt nach einem Kubi-

Blick auf den Rio Tâmega in Amarante

sten, dessen Werke zusammen mit denen anderer Maler und Bildhauer des 20. Jh. zu sehen sind.

Pousada de São Gonçalo (ca. 20 km, Richtung Vila Real)
Hotels: *** Navarras; *** Amaranto; * Silva
Pension: * Sena (Cruz-Freixo de Cima, ca. 8 km in Richtung Porto)
Turismo de Habitação: Casa da Obra (ca. 5 km außerhalb), Casa de Pascoais (ca. 1 km)
Turismo Rural: Casa Zé da Calçada
Camping: * Quinta dos Frades

Bahnlinie: Linha do Tâmega (ab Livração Züge nach Porto)
Busse: Linie Rodonorte nach Porto, Vila Real und Guimarães

PLZ: 4600; **Vorwahl:** 055 (Netz Penafiel); **Turismo:** Alameda Teixeira de Pascoais, ✆ 432259

In der Nähe

Richtung Vila Real durchquert man die bis 1415 m ansteigende, im Winter oft vereiste Serra do Marão. Auf der alten, qualvoll-kurvenreichen Landstraße waren es 49 km bis Vila Real (s. S. 261), auf der neuen

Schnellstraße IP 4 sind es gut 10 km weniger. Auf halbem Wege beider Strecken liegt in einsamer Landschaft die **Pousada** de São Gonçalo.

Richtung Douro-Tal: über Mesão Frio (20 km) nach Régua (weitere 15 km) im Zentrum der Portweinregion am Rio Douro (s. S. 260).

Barcelos

Alter Marktort am Rio Cávado mit ca. 5000 Einwohnern; jeden Donnerstagmorgen dient Barcelos als Schauplatz von Portugals größtem **Wochenmarkt**. Gehandelt werden neben Obst, Gemüse, Fleisch, Vieh und Wein (Vinho Verde) auch Körbe, Decken sowie Töpfer-, Stick- und Kupferschmiedearbeiten. Aus Barcelos, im Mittelalter zeitweise Sitz des Herzogtums Bragança, kommt Portugals **Nationalsymbol** – ein Hahn. Der Legende zufolge wurde ein Pilger auf dem Weg nach Santiago de Compostela (Galicien) des Diebstahls bezichtigt und unschuldig zum Tode verurteilt. In seiner Not empfahl er sich dem Heiligen Jakob und erklärte dem Richter, zum Beweis seiner Unschuld würde ein gerösteter Hahn wieder auferstehen und krähen. Das Wunder geschah, der Pilger wurde freigelassen. Stadtfest: Senhor das Cruzes, Anfang Mai.

Besichtigung

Zentrum der Stadt ist der riesige Marktplatz **Campo da República**. Nördlich liegt die Kirche Igreja do Terço (18. Jh.), die innen mit Azulejo-

Maronenrösterin auf dem Markt von Barcelos

Bildern, Deckentafeln und Darstellungen der Lebensgeschichte des Heiligen Benedikt und einem vergoldeten Altarbild geschmückt ist. Im Südwesten des Platzes erhebt sich die im Grundriß achteckige Kapelle **Senhor da Cruz** (18. Jh.) mit reichem Talha-Innenschmuck. Der Turm (16. Jh.) bei der Kapelle beherbergt das Turismo-Büro und eine Handwerksaustellung.

Am Turm geht es südwestlich in Richtung Altstadt und Fluß bergab. Zentrum der Altstadt ist das **Rathaus**, umgeben von wappengeschmückten kleinen Granithäusern. Oberhalb der Brücke über dem Rio Cávado liegt die **gotische Pfarrkirche** (13. Jh.) mit beachtenswerter Fensterrose und leicht überlehnendem Portal. Daneben die Palast-Ruine der Herzöge von Bragança (15. Jh., um 1800 zerstört). Westlich erhebt sich der gotische Prangerpfahl aus dem 15. Jh. Am anderen Cávado-Ufer liegt der Ortsteil Barcelinhos. In einem Eckhaus an der Rua Brito Limpo (gegenüber der Polizei) lebte 1885–1887 der für den Bau zahlreicher Brücken in Nordportugal verantwortliche Ingenieur Gustave Eiffel.

Albergaria: **** Condes de Barcelos
Pensionen und Residencial-Häuser: *** Res. Dom Nuno; ** Res. Arantes; * Bagoeiro; Res. Galo (ca. 2 km)
Camping in Ofir (14 km)

Bahnlinie: Linha do Minho (Porto–Valença)
Busse: Rodoviária-Busse nach Braga, Ponte de Lima, Esposende/Ofir u. a.; ab Esposende AVIC-Expressos Richtung Valença und Porto

PLZ: 4750; **Vorwahl:** 053 (Netz Braga); **Turismo:** Torre de Menagem (Turm), ✆ 818882

Braga

Überall nur Kirchen – das ist der erste Eindruck, den der Besucher von dieser alten Erzbischofsstadt bekommt. Schon seit dem Mittelalter ist Braga Portugals religiöse Metropole; heute aber auch ein wichtiger Industriestandort mit rund 60000 Einwohnern. In Stadt und Umgebung dominieren Textil-, Metall- und Elektroindustrie (u. a. Grundig). Die nach Porto zweitgrößte Stadt des Nordens ist außerdem Sitz einer Universität sowie Hauptstadt eines Verwaltungsdistriktes mit über 700000 Einwohnern.

Geschichte

Der Stadtname erinnert an einen keltiberischen Stamm, den die Römer im 1. Jh. v. Chr. unterwarfen. Sie machten Braga (Braccara Augusta) zum Zentrum eines Verwaltungsdistriktes und zum Knotenpunkt von fünf Hauptstraßen, die in späteren Jahrhunderten die Verbreitung des Christentums erleichterten. Schon im 4. Jh. residierte in Braga ein Bischof. Im 5. und 6. Jh. wurde die Stadt von Sueven und Westgoten überfallen, 716 von den Mauren erobert und zerstört, vom 11. Jh. an unter christlicher Herrschaft wieder aufgebaut. Die von einem Erzbischof regierte Stadt hatte im 16. Jh. schon 24 Straßen und rund 800 Häuser, profitierte aber nur wenig von den kolonialen Eroberungen. Im frühen 19. Jh. wurde Braga von den napoleonischen Truppen geplündert. Die Stadt war Wiege des rechten Militärputsches vom 28. Mai 1926.

Besichtigung

Von der früheren Stadtmauer, deren Verlauf man auf dem Stadtplan noch leicht erkennt, sind nur Bruchstücke erhalten. Eines davon ist das **›Neue Tor‹** *(Porta Nova,* 16./18. Jh.), durch das man, aus westlicher Richtung kommend, den mittelalterlichen Stadtkern betritt. In dessen Zentrum erhebt sich die Kathedrale. Graf Henrique und Gräfin Teresa, Eltern von Portugals erstem König Afonso Henriques, ließen sie Ende des 11. Jh. an der Stelle errichten, wo bis zum Maureneinfall 716 ein früheres Gotteshaus gestanden hatte. Romanisch begonnen, vereinigt die Kathedrale nach An- und Umbauten (vor allem im 16. Jh.) Stilelemente von Romanik, Gotik, Manuelinik, Renaissance und Barock. Beachtung verdienen innen die Grabkapelle des Infanten Afonso (eines Sohnes von König João I., 15. Jh., rechts), das manuelinische Taufbecken (links), das ebenfalls manuelinische Chorgewölbe, das Altarbild (16. Jh.) sowie die Orgel (18. Jh.).

Vom angrenzenden Kreuzgang kommt man zum **Museum für Sakrale Kunst** *(Museu de Arte Sacra,* Azulejos, Heiligenfiguren, Kirchengewänder, Prozessionskreuze). Anschließend sollte man sich drei Kapellen zeigen lassen: In der **Capela dos Reis** (›Königskapelle‹) ruhen die Stifter Henrique und Teresa; hinter Glas sieht man die einbalsamierte Leiche von Erzbischof Lourenço Vicente, der 1385 an der Unabhängigkeitsschlacht bei Aljubarrota teilnahm. Die gotische Kapelle des Heiligen Geraldo zieren Azulejos mit Darstellungen seiner Lebensgeschichte. In der angrenzenden, ebenfalls gotischen Glória-Kapelle ruht Erzbischof Gonçalo Pereira, Großvater von Nuno Álvares Pereira, Heerführer in Aljubarrota. Im

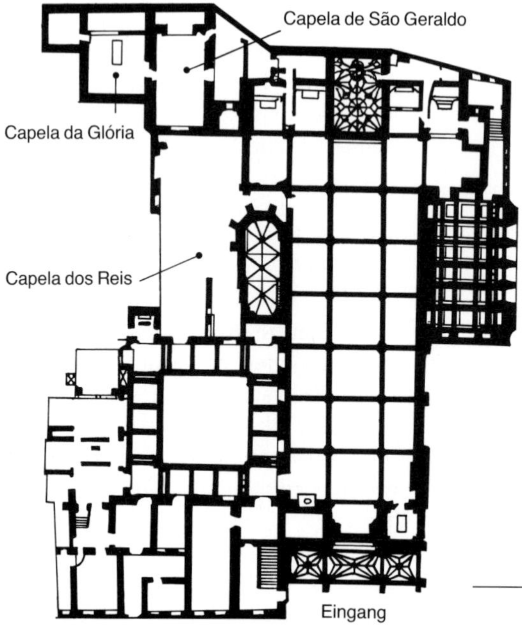

Kathedrale von Braga

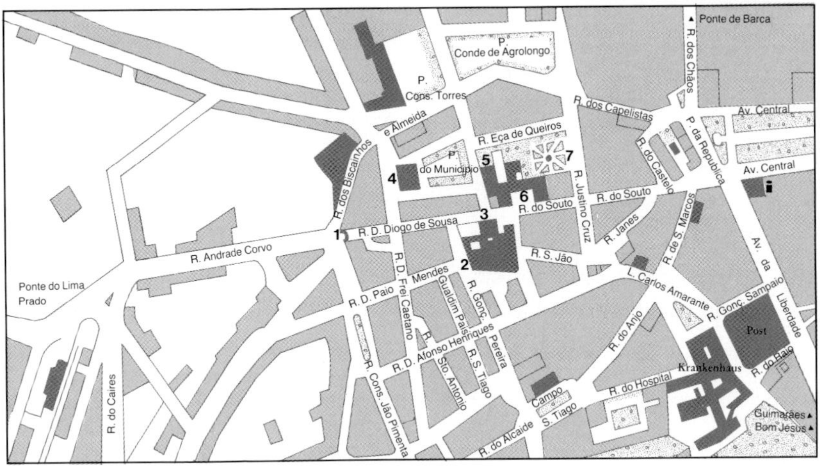

Braga
1 Stadttor Porta Nova 2 Kathedrale 3 Misericórdia 4 Rathaus 5 Bischofspalast 6 Universitätsrektorat 7 Garten

gleichen Baukomplex wie die Kathedrale liegt die Misericórdia-Kirche (italienische Renaissance, 16. Jh.). In der gegenüber abgehenden Seitenstraße sieht man rechts den einstigen Erzbischofspalast (heute Bibliothek), links den ›Pelikanbrunnen‹ (18. Jh.) und das barocke Rathaus (18. Jh.).

Hotels: **** do Turismo, **** do Elevador (außerhalb, Bom Jesus do Monte), **** do Parque (außerhalb, Bom Jesus do Monte); *** Carandá, *** Dona Sofia; ** Sul-Americano (Bom Jesus do Monte)
Albergaria: **** Senhora a Branca
Pensionen und Residencial-Häuser: **** Res. Dom Vilas; *** Res. Grande Residência Avenida (gut), *** Res. São João Batista, *** Res. São Marcos (gut), *** Res. dos Terceiros; ** Res. Inácio Filho
Jugendherberge: Pousada de Juventude, ganzjährig geöffnet
Camping: * Municipal, im Süden der Stadt

Bahnlinie: IC-Züge der Linie Braga–Porto–Lissabon; Ramal de Braga nach Nine, ab dort Linha do Minho (Porto–Viana–Monção); außerdem direkte Triebwagen der Linie Porto–Nine–Braga

Busse: ab Busbahnhof Central de Camionagem (nördlich des Zentrums) Rodoviária-Expressos nach Porto–Coimbra–Lissabon, Leiria–Fátima, Faro, Viseu–Guarda, Monção–Melgaço; RENEX-Expressos nach Porto und Lissabon; weitere Verbindungen nach Gerês (Empresa Hoteleira do Gerês), Arcos de Valdevez (Rodoviária und Salvador Alves Perêira), Prado–Barcelos (Rodoviária), Guimarães (Rodoviária, João Carlos Soares und Esteves, Braga & Andrea), Ponte de Lima (Esteves, Braga & Andrea), Viana do Castelo (Rodoviária).
Städtische Buslinie: Nr. 4 nach Bom Jesus do Monte

Feste: Umzüge in der Karwoche *(Semana Santa)*; Festa de São João (Johannisfest) mit Umzügen und Folklore Ende Juni

PLZ: 4700; **Vorwahl:** 053; **Turismo:** Avenida Central, 1, ✆ 22550

In der Nähe

Bom Jesus do Monte (ca. 6 km östlich, Bus Nr. 4): Schon von der Stadt aus erkennt man die gut 200 m höher am Hang gelegene Wallfahrtskirche ›Guter Jesus am Berg‹. Optisch interessanter als das Gotteshaus jedoch ist ihre barocke, mit Statuen verzierte Freitreppe. Von unten spürt der Be-

Kirche Bom Jesus do Monte

trachter seine Ohnmacht vor der ›allmächtigen‹ Kirche dort oben. Wer die fast 600 Stufen erklimmt, wird mit einem herrlichen Weitblick belohnt. Man kann aber auch mit dem Auto oder mit der Zahnradbahn hinauffahren. In der Parkanlage um die Wallfahrtsstätte gibt es drei Hotels (s. unter Braga). 3 km weiter liegt Portugals nach Fátima zweitwichtigste Wallfahrtsstätte **Sameiro** (Kirche aus dem 19. Jh.; schöne Aussicht!). Ab hier geht es weiter zur **Citânia de Briteiros** (ca. 12 km, ab Sameiro ausgeschildert) mit den Ruinen einer noch vor der Römerzeit (um 500 v. Chr.) entstandenen kelt-iberischen Siedlung. Die Siedlung am Monte de São Romão umfaßte ca. 150 runde und rechteckige Steinhäuser. Neben vielen Grundmauern sieht man Ruinen von Schutzwällen und die Reste von gepflasterten Straßen und Wasserleitungen. Oben auf dem Hügel wurden zwei Rundhütten mit Strohdächern rekonstruiert. Die archäologische Ausbeute der Ausgrabungen befindet sich im Museu de Martins Sarmento in Guimarães.

Auf dem Weg nach Braga zum Bom Jesus passiert man den Vergnügungspark **Bracalândia** (Achterbahn, Restaurants etc.; im Winter geschlossen).

Richtung Ponte de Lima: 3 km außerhalb von Braga liegt die kleine Capela de São Frutuoso, Portugals wohl bedeutendstes vorromanisches Gotteshaus, das wahrscheinlich im späten 7. Jh. auf dem Grundriß eines griechischen Kreuzes errichtet, von den Mauren beschädigt und im 11. Jh. rekonstruiert wurde. Rund 4 km weiter empfiehlt sich ein Besuch des im 11. Jh. gegründeten Benediktinerkonventes von **Tibães.** Er wurde kürzlich restauriert und soll zur Pousada ausgebaut werden.

Wer in **Prado** die Nebenstrecke nach Barcelos nimmt und hinter Lama rechts abbiegt, kommt ins Dorf **Santa Maria dos Galegos,** wo mehrere Werkstätten für Ton- und Keramikkunsthandwerk zu finden sind.

Caminha

Mittelalterlich wirkende Fischerstadt mit etwa 2000 Einwohnern am Grenzfluß Minho, der 2 km westlich in den Atlantik mündet. Beeindruckende Festungsanlagen schützten den alten Stadtkern einst vor Piratenangriffen, später auch vor Überfällen der Spanier. Heute kommen die spanischen Nachbarn zum Einkaufen. Seit 1993 fahren aber keine Passagierboote mehr über den Grenzfluß; ab ca. 1994/95 sollen Autofähren nach Spanien übersetzen.

Besichtigung

Stadtzentrum ist der Largo do Terreiro, unmittelbar südlich des historischen Stadtkerns, umgeben von Granithäusern, teils mit Läden und Straßencafés. In der Platzmitte steht ein Renaissance-Brunnen aus dem 16. Jh., südwestlich trifft man auf das spätgotische Herrenhaus **Casa dos Pitas** (15. Jh.).

Nördlich erhebt sich der Uhrenturm (15. Jh.), daneben das Rathaus und die **Misericórdia-Kirche** mit einem aus Granit gehauenen Renaissance-Portal. Unter dem Bogen des Turms hindurch gelangt man in das **historische Zentrum** mit kopfsteingepflasterten Gassen; manche Häuser haben manuelinisch verzierte Fenster und Türen. An der – vom Turm ausgehenden – Rua Direita liegt rechts das mittelalterliche Stadtgefängnis (demnächst ein Museum) am Ende der Straße die spätgotisch-manuelinische Pfarrkirche aus dem 15./16. Jh.

Vor der Küste liegt eine winzige Insel mit einem Fort *(Forte da Insua)*, das im Zuge der Unabhängigkeitskriege gegen Spanien im 17. Jh. entstand. Über die Möglichkeit, im Sommer mit einem Fischerboot überzusetzen, informiert das Turismo-Büro.

Pensionen und Residencial-Häuser: *** Res. Arca Nova, *** Res. São Pedro (in Seixas, außerhalb); ** Galo de Ouro, ** Rio Coura
Turismo de Habitação: Quinta da Graça, Casa do Esteiró, Casa da Anta (Lanhelas, ca. 4 km)
Aldeamento Turístico (Feriensiedlung): do Camarido, ca. 2 km
Camping: ** Orbitur, ca. 3 km, ** Vilar de Mouros (ca. 5 km)

Bahnlinie: Linha do Minho
Busse: Expressos Richtung Valença–Monção und Vila Praia de Âncora–Viana–Porto–Lissabon (Rodoviária, Turilis, AVIC); Busse der Auto-Viação Cura Richtung Viana do Castelo

PLZ: 4910; **Vorwahl:** 058 (Netz Viana do Castelo; **Turismo:** ✆ 92 19 52

In der Nähe
Moledo (ca. 4 km) hat einen vergleichsweise stark besuchten Strand, Unterkunft am Ort in der Pensão *** Ideal. 4 km südlich liegt **Vila Praia de Âncora,** wo der Andrang ebenso groß ist. Um das alte Fort, wo man Fischern beim Flicken ihrer Netze zusehen kann, wurde viel gebaut. Am Ort gibt es einen breiten, kinderfreundlichen Strand.

Hotel: *** Meira; *Albergaria:* **** Quim Barreiros; *Pension:* Sereia da Gelfa; *Camping; Turismo:* ✆ 058/91 13 84

Vila Nova de Cerveira (ca. 15 km Richtung Valença; Pousada, Estalagem, Pensionen, Autofähre nach Spanien), sehenswerte mittelalterliche Kleinstadt am Rio Minho. Turismo-Büro: ✆ 051/79 57 87

Espinho

Die Stadt war bis Mitte des 19. Jh. eine kleine Fischersiedlung; heute ist daraus ein moderner Badeort mit 12 000 Einwohnern geworden, für den aber Fischerei und Konservenindustrie auch weiterhin von Bedeutung sind. Als Badeort wird Espinho vor allem von Einheimischen besucht. Der Ort bietet einen langen **Sandstrand** (oft windig, Bademonate Juli/August), außerdem Spielcasino, Schwimmbad, Golf- und Tennisplatz.

Im Sommer gibt es gelegentlich Stierkämpfe; sehenswert ist der allwöchentliche **Montagsmarkt**. Auf dem Stadtplan erkennt man größtenteils rechtwinklig bzw. parallel verlaufende Straßenzüge, die keinen Namen haben, sondern lediglich numeriert sind (2, 4, 6 etc. = Parallelstraßen zum Meer; 1, 3, 5 etc. = Querstraßen).

Hotels: **** Praia Golfe; ** Mar Azul, ** Nery
Residencial: *** Espinho
Aparthotel: *** Solverde
Camping: *** Espitur/Solverde

Bahnlinie: Linha do Norte (Eilzüge, Bahnhof im Zentrum, vorzügliche Verbindungen)

PLZ: 4500; **Vorwahl:** 02 (Netz Porto); **Turismo:** Ecke Rua 6/Rua 23, ✆ 720911

Guimarães

Aufstrebendes Zentrum von Textil- und Schuhindustrie mit ca. 39000 Einwohnern; erste Hauptstadt Portugals. Gemütlich ist die Altstadt mit ihren typischen Granithäusern und den vielen kleinen Restaurants.

Geschichte

Nach nur kurzer Maurenherrschaft kam Guimarães an das Königreich León. Gräfin Mumadona ließ die Stadt im 10. Jh. befestigen, Henrique von Burgund erhob sie 1097 zum Zentrum seiner Grafschaft Portucale. Sein Sohn, der spätere König Afonso Henriques, erblickte hier um 1111 das Licht der Welt und machte Guimarães im Jahr 1139 zur Hauptstadt des selbständigen Königreiches Portugal. Im 12./13. Jh. wurde der Herrschersitz erst nach Coimbra, dann nach Lissabon verlegt.

Besichtigung

Ausgangspunkt ist der sogenannte ›Heilige Hügel‹ nördlich des Zentrums. Hinter einer Statue von König Afonso Henriques steht die kleine romanische **Kapelle São Miguel**, angeblich die Taufstätte des Monarchen. Dahinter erhebt sich die im 10. Jh. erbaute, mehrfach verstärkte **Burg** mit einem Mauerkranz, der den 27 m hohen Turm umschließt.

Bei der Burg befindet sich auch der gotische **Palast der Herzöge von Bragança,** ein von außen wenig ansprechender Granitbau aus dem 12./15. Jh., in dem die Außenminister der EG-Staaten im Frühjahr 1992 zu einem Gipfel zusammenkamen. Die architektonisch schlichten Innenräume beherbergen u.a. indo-portugiesisches Mobiliar aus dem 17. Jh., riesige Wandteppiche mit detaillierten Szenen von der portugiesischen Eroberung der marokkanischen Stadt Asilah im Jahr 1471 sowie flämische Gobelins.

Statue von König Afonso Henriques

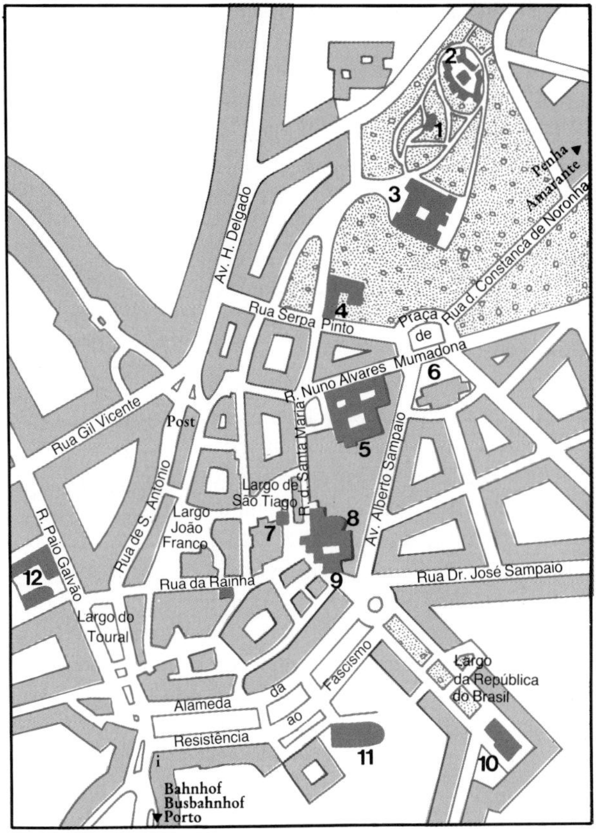

Guimarães
1 Kapelle São Miguel
2 Burg
3 Palast der Herzöge von Bragança
4 Carmo-Konvent
5 Rathaus
6 Justizpalast
7 Altes Rathaus
8 Oliveira-Kirche
9 Museum Alberto Sampaio
10 Santos-Passos-Kirche
11 Kirche São Francisco
12 Museum Martins Sarmento

Ab hier nun bergab, vorbei am Carmo-Konvent, dann durch die pittoreske Altstadtgasse Rua da Santa Maria. Links liegt das **Rathaus**; bei einem Torbogen kommt man rechts zum Largo de São Tiago, den Granithäuser mit Holzveranden umgeben. An seiner Südseite erhebt sich das im 14. Jh. über Arkaden erbaute **Alte Rathaus**, südlich davon erstreckt sich der Largo da Oliveira. In der Mitte dieses kleinen Platzes erblickt man den manuelinischen Padrão do Salado, ein Denkmal für die Schlacht am spanischen Rio Salado, bei der sich 1340 portugiesische und spanische Truppen ausnahmsweise einmal verbündeten, um gemeinsam das Heer des marokkanischen Sultans Abu al Hassan zu besiegen. Überragt wird das Denkmal von der – wahrscheinlich von Gräfin Mumadona gegründeten – Kirche **Nossa Senhora da Oliveira**. König João I. ließ sie im 14. Jh. umgestalten.

Der angrenzende romanische Kreuzgang – wo einige byzantinische Fenster erhalten sind – beherbergt das **Museum Alberto Sampaio,** sehenswert wegen seiner kostbaren Gold- und Silberarbeiten. Ausgestellt sind außerdem der Mantel, den João I. bei der Schlacht von Aljubarrota 1385 trug, sowie ein angeblich von der Gegenseite erbeutetes Triptychon.

Links führt die breite Avenida Alberto Sampaio an der früheren Stadtmauer entlang zum **Justizpalast** mit einer Statue von Gräfin Mumadona; an der rechts abgehenden Alameda da Resistência ao Fascismo liegt linker Hand die Kirche von Gräfin Mumadona; an der rechts abgehenden Alameda da Resistência ao Fascismo liegt linker Hand die **Kirche São Francisco** (im 14. Jh. gegründet; im 18. Jh. barock umgestaltet).

Letzte Station des Rundganges ist das in einem ehemaligen Dominikanerkloster aus dem 13. Jh. untergebrachte **Museum Martins Sarmento** an der Rua Paio Galvão mit archäologischen Funden (u. a. Waffen, Haushalts- und Handwerksgeräte) von der kelt-iberischen Siedlung Citânia de Briteiros (Richtung Braga, s. S. 218) und einer Sektion für moderne Kunst.

Pousadas: Pousada Nossa Senhora da Oliveira (zentral), Pousada de Santa Marinha (Penha, außerhalb)
Albergaria **** das Palmeiras
Hotels: **** de Guimarães, **** do Toural; *** Fundador D. Pedro; * da Penha (außerhalb, am Aussichtspunkt Penha)
Pensionen und Residencial-Häuser: *** Res. São Mamede, *** das Trinas (zentral), *** Res. Vila Marita (ca. 4 km Richtung Taipas); ** da Montanha (außerhalb, Penha)

Bahnlinie: Linha de Guimarães (nach Porto-Trindade)
Busse: Vom Busbahnhof (Central de Camionagem) im Süden der Stadt fahren Expressos und Nahbusse der Rodoviária und anderer Linien in alle Richtungen.

Feste/Veranstaltungen: Festa da São Torcato am 1. Sonntag im Juli; Stadtfest »Festas Gualterianas« am 1. Sonntag im August; Flohmarkt (Feira de Velharias) am 1. Samstag eines jeden Monats, beim Rathaus. Wallfahrt nach Penha am 2. Sonntag im September.

PLZ: 4800; **Vorwahl:** 053 (Netz Braga); **Turismo:** Alameda da Resistência ao Fascismo, 83, ✆ 41 24 50

In der Nähe
Penha: Aussichtspunkt (617 m ü.d.M.) ca. 7 km südöstlich (Richtung Amarante) mit herrlichem Rundblick. Auf etwa halbem Wege liegt die Pousada Santa Marinha. Oben findet man das Hotel da Penha (s. oben).
Caldas das Taipas (8 km Richtung Braga) und **Caldas de Vizela** (10 km südlich) sind Kurorte mit schwefelhaltigen Quellen.

Peneda-Gerês-Nationalpark

Portugals ältester, im äußersten Norden des Landes gelegener Nationalpark. 1971 offiziell abgegrenzt, umfaßt er ca. 70 000 Hektar Bergland mit dichten Wäldern, steilen Felsschluchten, zahlreichen Quellen, Bächen, Wasserfällen und Stauseen sowie einer reichen Pflanzen- und Tierwelt. In den diversen ›Mikroklimata‹ dieser wasser- und regenreichen Region gedeihen praktisch alle in Portugal anzutreffenden Bäume und Pflanzen; neben Wildpferden leben im Parkgebiet noch Wölfe, Rehe, Wildschweine und andere vom Aussterben bedrohte Tierarten. Ein geradezu fesselndes Ausflugsziel für Wanderer wie auch für Autofahrer. Unter letzteren sprach sich der Park offenbar zu stark herum. Seit 1992 hat die Natur Vorfahrt. Manche Teile des Parkes werden im Sommer an Wochenenden, Feiertagen und immer dann, wenn der Andrang überhand nimmt, für den Autoverkehr gesperrt (s. S. 224). Ein Merkblatt ist auch in englischer Sprache erhältlich.

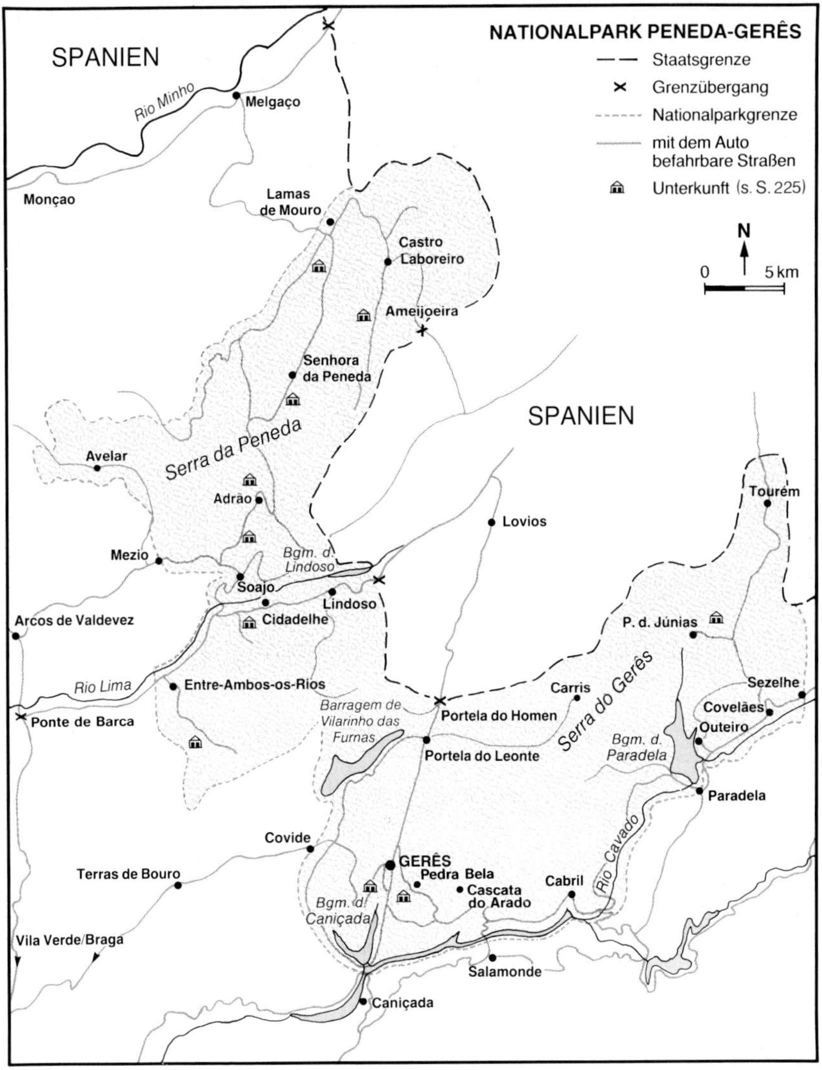

Der Park erstreckt sich über vier kleine Gebirgszüge: Im Nordwesten liegt die Serra de Peneda (1416 m), die nach Süden in die Serra do Soajo übergeht; in östlicher Richtung schließen sich die Serra da Amarela und die Serra do Gerês (1507 m) an. Den Park durchqueren die Flüsse Lima, Homem und Cávado, die zur Wasserversorgung und Stromerzeugung aufgestaut wurden.

Für den Bau des Stausees Vilarinho das Furnas mußten 1970 die Bewohner des gleichnamigen Dorfes ihr Tal verlassen. Heute ist das Dorf überflutet, und in extrem regenarmen Jahren kommen Häuserreste zum Vorschein.

Wichtigste Siedlung ist das **Heilbad Gerês** (auch Caldas do Gerês genannt). In den weit auseinanderliegenden Dörfern der Höhenzüge Peneda und Soajo (Farbabb. 19, 21) wird Weizen und Mais angebaut; dagegen sind die östlichen Parkgebiete strichweise fast unbewohnt.

Im Park existieren Informationszentren *(Centros de Informação e Interpretação)*, wo man mehr über Flora und Fauna erfährt: in Lamas de Mouro, Mezio (1993 im Umbau), Vidoeiro (geplant) und Montalegre.

Autotouren und Wanderungen

Autofahrer müssen sich an die seit 1992 geltenden sommerlichen Verkehrsbeschränkungen (s. S. 222) im Waldgebiet Mata da Albergaria – zwischen Leonte (ca. 7 km von Gerês) und der Grenzstation Portela do Homem – halten. Erlaubt ist nach wie vor die Durchfahrt auf dem Weg von Gerês zur Grenze, aber ohne Aufenthalt.

Autofahrer sollten außerdem beachten, daß manche der im Handel erhältlichen Straßenkarten irreführend oder fehlerhaft sind. Während mit dem Auto nicht befahrbare Wege teils als Straßen eingezeichnet sind, fehlen wichtige, zwar nicht asphaltierte, aber dennoch passierbare Wege.

Bei der Parkverwaltung in Braga und in Tourismo-Büros bekommt man ein Info-Blatt mit fünf Autorouten durch Gebiete, die von den Verkehrsbeschränkungen nicht betroffen sind. Davon ausgenommen ist auch die folgende Tour von Castro Laboreiro durch den westlichen Teil des Nationalparks zur Grenzstation Lindoso.

Zufahrt aus Richtung Melgaço bei Lamas de Mouro. Schroffe Gesteinsformationen und kleine Felder flankieren die Asphaltstraße nach **Castro Laboreiro,** einem einsamen Dorf mit romanischer Kirche. Ein Fußweg führt zu einer Burgruine aus dem 11. Jh. (gute Aussicht). Zurück nach Lamas de Mouro und dort links Richtung Peneda. Am Ende der Straße liegt die Wallfahrtsstätte **Santuário da Peneda;** ab hier muß man etwas zurückfahren, dann rechts abbiegen. Die Straße windet sich auf ca. 30 km am Berghang entlang und bietet prächtige Blicke auf winzige Dörfer, die von kleinen Feldern umgeben sind. Sie führt zum Dorf **Soajo,** wo neben der Straße Maisspeicher aus Granit zu sehen sind.

Nächste Station ist **Lindoso,** ein Bergdorf mit Burgruine und, ebenso wie Soajo, zahlreichen Maisspeichern. Ab hier kann man in Richtung Ponte da Barca aus dem Park wieder herausfahren; als Alternative bietet sich die Weiterfahrt zur Grenzstation Lindoso an (ca. 5 km vom gleichnamigen Dorf entfernt), von dort geht es über spanisches Gebiet via Lovios nach Portela do Homem, wo man wieder nach Portugal einreisen kann.

Wanderungen

In den an Sommerwochenenden für den Ausflugs-Autoverkehr gesperrten Gebieten kann man aus der Not eine Tugend machen und wandern. Unser Ausgangsort ist **Leonte** (7 km nördlich von Gerês). Von der Straße zum knapp 5 km entfernten Grenzübergang **Portela do Homem** führt bald links ein ungepflasterter Weg durch dichten Wald zum **Stausee Barragem de Vilarinho das Furnas.**

Folgt man statt dessen der Straße nach Portela do Homem, so gelangt man auf etwa halbem Wege bei einem Häuschen links der Straße zu einer Felsschlucht mit Wasserfällen und mehreren Becken mit kristallklarem Quellwasser.

Wer nach einem kühlen erfrischenden Bad die Wanderung bis Portela do Homem fortsetzt, kann dort einige römische Wegesteine bewundern.

Unterkunft

... in Castro Laboreiro
Pension: *** Abrigo de Castro Laboreiro; **PLZ:** 4845; **Vorwahl:** 053

... in Gerês
Estalagem: **** São Bento (Seara/Rio Caldo, ca. 10 km); **Hotels:** *** do Parque, *** das Termas, *** Universal; **Pensionen:** **** Carvalho Araujo; *** Casa da Ponte, *** Novo Sol; ** Central Jardim, ** Flor de Moçambique, ** Pedra Bela, ** da Ponte, ** São Miguel; * Lurdes Capela u. a.

... in Caniçada
Pousada de São Bento (ca. 12 km von Gerês); **PLZ:** 4850; **Vorwahl:** 053

Hotels und Pensionen u. a. auch in Melgaço, Arcos de Valdevez, Ponte da Barca.

Weitere Unterkunftsmöglichkeiten im Nationalpark in einer Reihe ehemaliger, im Parkgebiet verstreuter Forsthäuser (›Casas Abrigo‹; für je 6–8 Personen, billig, Reservierung über
Região de Turismo do Alto Minho
Rua do Hospital Velho
4900 Viana do Castelo
✆ 058/822620

Campingplätze: Lamas de Mouro (Juni bis September, Zufahrt über EN 202), Entre-Ambos-os-Rios (Juni bis September, Zufahrt über EN 203), Vidoeiro/Gerês (April bis Oktober, Zufahrt über EN 304/308), Cerdeira/Campo do Gerês (ganzjährig, Zufahrt über EN 307), Outeiro Alto/Cabril (ganzjährig, Zufahrt über EN 103-8), Rio Caldo/Gerês (ganzjährig, Zufahrt über EN 304/308). Ein Platz bei Soajo war 1993 geplant.

Jugendherberge bei Vilarinho das Furnas (ganzjährig)

Busse: von Melgaço nach Castro Laboreiro (Auto-Viação de Melgaço), von Arcos de Valdevez nach Soajo sowie Ponte da Barca nach Lindoso (Salvador Alves Pereira) und von Braga nach Gerês (Empresa Hoteleira do Gerês)

Turismo: Av. Manuel Ferreira da Costa, Gerês, ✆ 053/39 11 33

Parkverwaltung: Parque Nacional da Peneda-Gerês, Rodovia Nova, 14, Quinta das Barretas, 5300 Braga, ✆ 61 31 66

Ponte de Lima

Am Rio Lima gelegener Marktort mit ca. 2000 Einwohnern. Ponte de Lima ist ein **Zentrum traditionellen Handwerks** (Weberei, Stickerei, Korbflechterei, Böttcherei). Außerdem ist der Ort sowohl für seinen vorzüglichen Vinho Verde als auch für Spezialitäten wie Forellen, Lampreten und Neunaugen – die im Rio Lima gefangen werden – bekannt. Seit der Stadtgründung durch Gräfin Teresa (Mutter von König Afonso Henriques) im Jahre 1125 ist die breite Sandbank am Fluß jeden zweiten Montag Schauplatz eines großen Marktes. Wer am Mittwoch vor Fronleichnam kommt, erlebt das Fest Vaca das Cordas (›Kuh am Strick‹); die Kuh ersetzt heute ein Stier, der erst dreimal um die Kirche gejagt und dann in den Straßen der Stadt losgelassen wird.

Ein Erlebnis für sich ist es, in einem der vielen alten Herrenhäuser der reizvollen Umgebung zu wohnen, die auch Individualurlaubern offenstehen.

Besichtigung

Der Stadtname bezieht sich auf die 380 m lange Brücke *(Ponte)* über den Rio Lima. Ein kurzer Abschnitt am rechten Flußufer stammt noch aus römischer Zeit, der Rest ist romanisch-gotisch. An der Uferstraße stößt man auf Befestigungstürme aus dem 15./16. Jh.; in den Nebenstraßen ist eine

Ponte de Lima

Reihe manuelinischer Wohnhäuser (16. Jh.) erhalten.

Von der Uferstraße führt die Rua Cardeal Saraiva an der gotischen Pfarrkirche (14. Jh.) vorbei zur Praça da República. Dort befindet sich das Turismo-Büro mit einer Ausstellung lokaler Handwerkstechniken. Gegenüber blickt man auf den zinnengekrönten **Adelspalast** aus dem 15. Jh. sowie auf den Justizpalast (17. Jh.). Etwas außerhalb die **Kirche Santo António dos Frades,** heute Museum für Archäologie und Sakrale Kunst.

Albergaria: **** Império do Minho
Pensionen und Residencial-Häuser: ** Res. São João; Res. Limiano (Arcozelo, 1 km), Res. Garfo (1 km Richtung Ponte da Barca), Res. Solar das Arcadas (ca. 7 km, in Vilar das Donas), Beira-Rio (am Flußufer, nur 3 Zimmer). In der Umgebung gibt es ein großes Angebot an Zimmern in Herrenhäusern und Landgütern.

Nächster Bahnhof: Braga (30 km)
Busse: u. a. nach Braga (Rodoviária und Esteves, Braga und Andrea), Barcelos (Rodoviária und Domingos Cunha), Viana do Castelo und Arcos de Valdevez (Auto-Viação Cura), nach Arcos auch Domingos Cunha

Stadtfest: um den 3. Sonntag im Sept.

PLZ: 4990; **Vorwahl:** 058 (Netz Viana d. C.); **Turismo:** Praça da República, ✆ 942335 (fungiert auch als Reservierungszentrale für Urlaub in alten Herrenhäusern – ›Turismo de Habitação‹ in der Minho-Region – TURIHAB – ✆ 942729).

In der Nähe

Nach Ponte da Barca (17 km): reizvolle Strecke über **Bravães** (romanische Kapelle links über der Straße) nach Ponte da Barca, wo eine Brücke aus dem 16. Jh. den Rio Lima überspannt; hübsches Häuserbild an der Wasserfront (*Unterkunft:* Res. *** S. Fernando; Res. Fontainhas, Res. Os Poetas; Pensão Freitas). 4 km nördlich liegt die Kleinstadt **Arcos de Valdevez,** die ein guter Ausgangspunkt für Ausflüge in den Peneda-Gerês-Nationalpark ist.

Unterkunft: Pensionen und Residencial-Häuser: *** Res. D. António, *** Res. Tavares, *** Riberia; ** O Telheiro; außerdem Turismo Rural und Turismo de Habitação

PLZ: 4970; *Vorwahl:* 058 (Netz Viana do Castelo); *Turismo* am Ort

Porto und Vila Nova de Gaia

Porto, Handels- und Industriemetropole des Nordens, ist Portugals zweitgrößte Stadt. Schon ihre Lage am rechten, steil ansteigenden Ufer des Rio Douro, der 5 km westlich von Portos Zentrum in den Atlantik mündet, macht die Bischofs- und Universitätsstadt zu einer der schönsten des Landes. Der nach der Stadt benannte **Portwein** ist in der ganzen Welt berühmt. Mit ca. 303000 Einwohnern (7,6 % weniger als 1981) ist Porto nur knapp halb so groß wie Lissabon. Der Verwaltungsdistrikt ist jedoch auf rund 1,7 Mio. Einwohner angewachsen. Hier konzentrieren sich bedeutende Wirtschaftszweige wie Petrochemie, Stahl- und Metall- sowie auch Konserven-, Bekleidungs-, Schuh- und

Brücke Dom Luís I.

Alt-Porto

Möbelindustrie. Auch einige Banken haben in Porto ihren Sitz. Beim Vorort Matosinhos liegt Portugals zweitgrößter, für die Fischerei und den Güterverkehr gleichermaßen bedeutender Seehafen **Leixões.** Außerdem hat Porto einen internationalen Flughafen.

Die Stadt gilt als Wiege des portugiesischen Kapitalismus; im 19. Jh. wurden hier die liberalen Freiheiten für das ganze Land erkämpft. Portos Bewohner – *Portuenses* genannt – charakterisiert man nicht zuletzt deshalb als stolze Lokalpatrioten, arbeitsam, mitunter auch grob; nirgendwo sonst in Portugal herrscht auf Straßen und Gassen stets eine derart hektische Betriebsamkeit (und wie man im übrigen Portugal sagt, ist man nirgendwo sonst so schnell mit Schimpfworten bei der Hand ...). In Porto ist

Porto und der Portwein

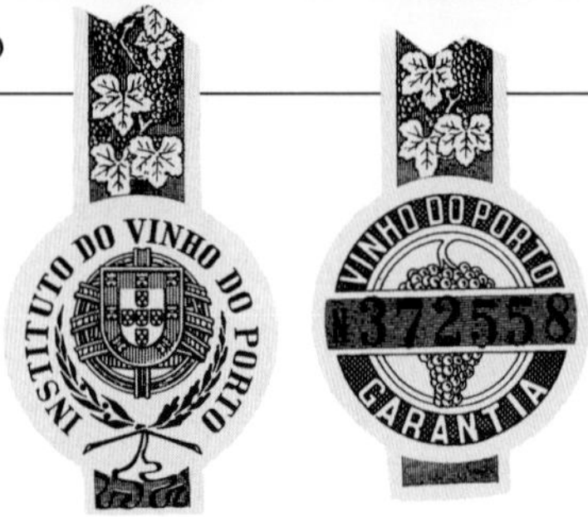

Der Vinho do Porto ist Portugals renommiertestes Exportprodukt. In der ältesten gesetzlich geschützten Anbauregion der Welt gedeihen seine roten und weißen Trauben, deren Most während der Gärung Branntwein zugesetzt wird. Das erhält den natürlichen Zuckergehalt, aber erhöht den Alkoholanteil auf 19 bis 22 % und gibt dem Wein das Aroma, dessentwegen er weltweit – je nach Art – als Aperitif oder zum Dessert geschätzt wird.

Dabei kommt der Wein gar nicht aus der Stadt, nach der er benannt ist. Sein Anbaugebiet, das sich über die terrassierten Steilhänge des Douro-Tales und der Täler einiger Douro-Zuflüsse erstreckt, beginnt erst etwa 100 km östlich von Porto und reicht bis zur spanischen Grenze. Spezielle, inzwischen längst von Eisenbahn oder Lastwagen abgelöste Segelboote *(Rabelos)* brachten ihn einst flußabwärts zu den Kellereien im Porto gegenüberliegenden Vila Nova de Gaia. In der Stadt selbst wurde der Wein stets nur gehandelt und verschifft – überwiegend nach England. Dort war er zumindest im 18. Jh. besser bekannt als in Portugal. Damals sollen englische Reisende in Lissabon ihren von zu Hause gewöhnten Port zum Dessert schmerzlich vermißt haben.

1703 vereinbarten England und Portugal im ›Methuen-Vertrag‹ (s. S. 58) gegenseitige Handelserleichterungen für Tuchwaren und Wein. Die hohen Preise für portugiesischen Wein veranlaßten viele Landbesitzer, Trauben statt Getreide anzubauen. Eine Überproduktion führte 1750 zu einem katastrophalen Preisverfall, einer Hungersnot und verbreiteter Prostitution. Ihren Wein konnten nur noch die Bauern verkaufen, die ihre Töchter mit den britischen Händlern ›tanzen‹ ließen... (Susan Schneider, ›O Marquês de Pombal e o Vinho do Porto‹, Lissabon 1980).

Um den Preisverfall aufzuhalten, reagierte König Josés Minister Marquês de Pombal auf Drängen überwiegend adliger Weingutbesitzer 1756 mit der Abgrenzung einer exklusiven Anbauregion für Portwein. Wein von außerhalb dieser Region durfte nur als gemeiner Tischwein verkauft werden. Doch damit nicht genug: Pombal schuf eine überwiegend von Adligen kontrollierte Monopolgesellschaft für den Handel mit Douro-Wein, die zahlreiche Händler um die Existenz brachte. Dies provozierte 1757 in Porto eine Revolte, auf die Pombal hart reagierte: 442 der Teilnehmer wurden gerichtlich verurteilt, davon 26 zum Tode, 17 tatsächlich erhängt.

Nach wie vor unterliegt der Portwein strengen Kontrollen. Neben kleinen Winzern mischen freilich längst auch Großunternehmen im Geschäft mit. Hauptsächlich wird die Weinlese von Saisonarbeitern eingebracht. Die Kellereien aller bekannten Marken sind in Vila Nova de Gaia kostenlos zu besichtigen.

An den herkömmlichen englischen Artbezeichnungen wird nach wie vor festgehalten. ›Full‹ heißt der junge, noch dunkelrote Wein, der nach längerer Lagerung in Eichenfässern über ›Ruby‹ bis ›Tawny‹ aufhellt; die Süße variiert von ›Extra Dry‹ *(Extra-Seco)* über ›Dry‹ *(Seco)*, ›Medium Dry‹ *(Meio-Seco)*, ›Medium Sweet‹ *(Meio-Doce)*, und ›Sweet‹ *(Doce)* bis hin zu ›Very Sweet‹ *(Muito Doce)*. Bei den meisten Portweinen handelt es sich um Verschnitte. Nur hervorragender Wein wird nach zweijähriger Faßlagerung unvermischt zum weiteren Altern in Flaschen abgefüllt und kommt mit Jahrgangsangabe als *Vintage* auf den Markt.

andererseits mehr ›dörfliche‹ Gemütlichkeit anzutreffen als etwa in Lissabon.

Viele Portuenses sehen ihre Heimat als Portugals ›heimliche Hauptstadt‹ und sind davon überzeugt, daß sie viel besser leben könnten, wenn sie nicht mit ihrer harten Arbeit eine ›fette und faule‹ Ministerialbürokratie in der Hauptstadt Lissabon mit durchfüttern müßten. Abfällig reden sie über die Lissaboner, die u. a. dadurch auffallen, daß sie im Restaurant nach dem Essen eine *Bica,* anstatt, wie in Porto üblich, schlicht einen *Café* bestellen. Und wenn sich im Fußball der FC Porto gegen die Lissaboner Rivalen Benfica und Sporting durchsetzt und den Meistertitel an den Douro holt, dann wird in den Straßen Portos gefeiert.

Portos Stadtbild spiegelt die jahrhundertelange Tradition einer aufstrebenden Kaufmannschaft wider, die schon im Mittelalter das Sagen hatte. So gibt es hier kaum Adelspaläste, vergebens sucht man nach allzu phantasievollen Spielereien manuelinischer Baukunst. Um so auffälliger ist der Barockstil der Kirchen (vertreten vor allem durch Bauten des Italieners Nicolo Nasoni), verkörpert er doch nicht zuletzt den Reichtum, den der Klerus mit seinen Weingütern beim Portweinboom des 18. Jh. erzielte. Prachtvolle Fassaden von Banken und Handelshäusern zeugen schließlich vom Wohlstand der Bourgeoisie im ausgehenden 19. Jh. Und überall – angefangen von den englischen Firmennamen bis hin zu den Doppeldekkerbussen, die sich durch den dichten

Typischer Laden in Porto

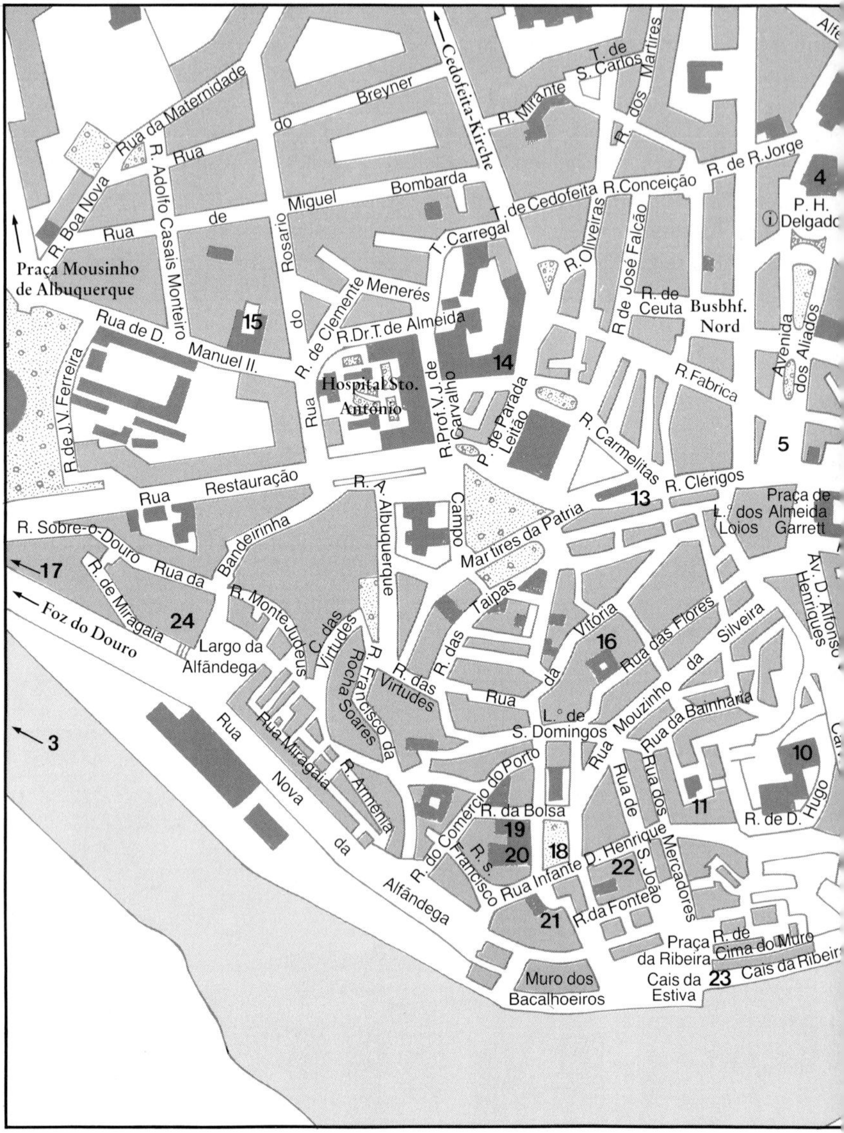

Verkehr schlängeln – zeigt sich der Einfluß des traditionellen Haupthandelspartners England. An ihn erinnert auch das oft naßkalte Wetter und der Nebel, der die Stadt morgens einhüllt.

Auch viele Lissabonner machen gern einen Einkaufsbummel in der Metropole des Nordens. Bekannt ist Porto für seine Modeboutiquen an der Hauptgeschäftsstraße Rua de Santa Catarina und für seine Juwelierläden (Spezialität: Filigran) an der Rua das Flores. Und schließlich ißt man in keiner Großstadt billiger und besser

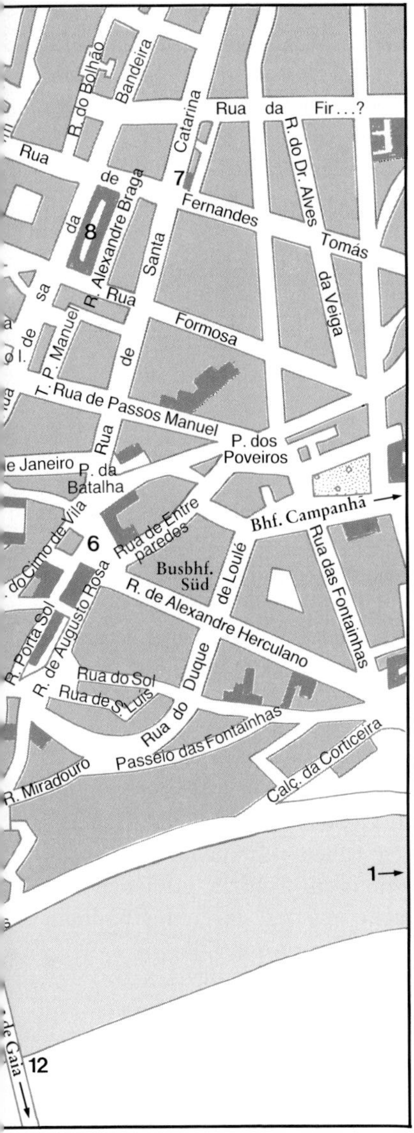

Porto
1 Brücke Maria Pia und Brücke São João 2 Brücke Dom Luís I. 3 Arrábida-Brücke 4 Rathaus 5 Denkmal für Pedro IV. 6 Praça da Batalha 7 Almas-Kapelle 8 Bolhão-Markt 9 Kirche Santa Clara 10 Kathedrale 11 Grilos-Kirche 12 Kloster Nossa Senhora do Pilar 13 Clérigos-Turm 14 Carmo- und Carmelitas-Kirche 15 Museum Soares dos Reis 16 Misericórdia-Kirche 17 Transportmuseum 18 Statue von Prinz Henrique 19 Börse 20 Kirche São Francisco 21 Kirche São Nicolau 22 Stadtarchiv 23 Ribeira 24 Miragaia

als in Porto. Lokale Spezialität sind **Kaldaunen** *(Tripas),* mit denen es eine historische Bewandtnis hat: Zur Versorgung der Flotte, die 1415 zwecks Eroberung der marokkanischen Hafenstadt Ceuta aufbrach, wurde – so sagt man – Portos gesamter Viehbestand geschlachtet; die Bevölkerung behielt nur die Därme. Heute serviert man diese mit Bohnen, Schinken und Zwiebeln.

Geschichte

Zur Römerzeit lagen Porto (von portus = Hafen) wie auch Vila Nova de Gaia (Cale) an der Hauptstraße Lissabon–Braga. Gegen Ende ihrer Herrschaft vereinigten die Römer beide Orte namens- und gebietsmäßig zu Portucale – woraus später erst der Name einer Grafschaft, dann der heutige Landesname wurde. Im 5. Jh. kamen die Sueven, befestigten das nördliche Douro-Ufer und errichteten Portos erste Kirche (Igreja da Cedofeita). 569 zum Bischofssitz erhoben, fiel Porto 716 an die Mauren, die zwar schon 753 den Truppen von Asturiens König Afonso I. weichen mußten, die Stadt jedoch um die Jahrtausendwende noch einmal überrannten. Gräfin Teresa schenkte Porto 1120 einem Bischof Hugo, dessen Nachfolger hier jedoch keinen leichten Stand hatten: Im 13. und 14. Jh., als Porto zur Metropole des Seehandels mit England und Flandern aufstieg, erkämpfte sich das städtische Bürgertum bemerkenswerte Privilegien. Anstelle der bischöflichen Gerichtsbarkeit trat eine städtische Rechtsordnung mit gewählten Richtern, und nur mit Erlaubnis des Stadtrates durften sich Adlige länger als drei Tage am Ort aufhalten.

König João I. (1385–1433) heiratete in Porto 1387 die englische Filipa von Lancaster, womit er den im Jahr zuvor geschlossenen Freundschaftspakt beider Länder besiegelte. 1394 war Porto Geburtsort von Prinz Henrique (›Heinrich der Seefahrer‹), Förderer der kolonialen Entdeckungen. Während der Kolonial-Ära ließen sich zahlreiche englische Händler in Porto nieder. Anfangs lebten sie überwiegend vom Zwischenhandel mit Kolonialgütern wie brasilianischem Zukker und Tabak. Vom 18. Jh. an brachte der Portwein das große Geld. 1809 besetzten französische Truppen die Stadt. In den folgenden Jahren wurde sie mit ihren seit dem 18. Jh. entstandenen Freimaurerlogen zu einer Bastion des Liberalismus. Am 24. August 1820 erzwang eine von Porto ausgehende Revolution die Ausarbeitung einer radikal-liberalen Verfassung, die 1822 in Kraft trat und das Ende der absolutistischen Monarchie einläutete. Im Bürgerkrieg von 1832–1834 widerstand Porto der Belagerung durch Truppen des reaktionären Königs Miguel.

1834 bildete sich eine Handels-, 1852 schon eine Industriellenvereinigung. In die zweite Hälfte des 19. Jh. fällt der Bau der Bahnlinie nach Lissabon und des Hafens Leixões. 1862–1890 wuchs die Stadtbevölkerung von 65000 auf 138000 Einwohner. Am Neujahrstag 1868 richtete sich ein Aufstand gegen die Einführung der Umsatzsteuer. Am 31. Januar 1891 scheiterte in Porto eine republikanische Revolte. Letztendlich ausgerufen wurde die Republik erst 1910 – in Lissabon. 1911 bekam Porto eine Universität. 1927 wurde nach dreitägiger Belagerung der Stadt ein Aufstand gegen die am 28. Mai 1926 errichtete Militärdiktatur niedergeschlagen.

Besichtigung

Portos Stadtgebiet von knapp 41 km² wird im Süden vom Rio Douro und im Westen vom Atlantischen Ozean begrenzt. Nördlich liegen der (kommunalpolitisch selbständige) Industrie- und Badevorort **Matosinhos** mit dem Hafen von Leixões sowie der Flughafen Pedras Rubras, südlich der selbständige Vorort **Vila Nova de Gaia.**

Das Stadtzentrum umfaßt ein relativ kleines Gebiet. Für die wichtigsten Sehenswürdigkeiten, die größtenteils zu Fuß zu erreichen sind, reicht ein Tag, für ein gründliches Kennenlernen drei Tage.

Vier Brücken verbinden Porto mit Vila Nova de Gaia (zwei weitere sollen noch entstehen). Die älteste ist die nach Plänen von Gustave Eiffel erbaute, 1877 als letztes Teilstück der Bahnlinie Lissabon–Porto eingeweihte Brücke Maria Pia. Seit 1991 aber rollen die Züge über die neue, parallel verlaufende Ponte de São João, die vom portugiesischen Ingenieur Edgar Cardoso konzipiert wurde. Eiffels Mitarbeiter Seyrig entwarf die zweistöckige, 1886 eröffnete *Autobrücke D. Luís I.*, die vom Zentrum aus über

Losverkäufer in der Altstadt

den Fluß führt. Westlich davon wurde 1963 die Betonbrücke *Ponte de Arrábida* (die seinerzeit längste Betonspannbrücke Europas, ebenfalls ein Werk von Edgar Cardoso) dem Verkehr übergeben.

Östliches Zentrum (Rundgang möglichst vormittags, wegen des Straßenmarktes bei der Kathedrale):
Ausgangspunkt ist die kurze, breite *Avenida dos Aliados,* die größtenteils von Geschäftsbauten aus dem 19. Jh. umgeben ist. An ihrem nördlichen Ende liegt die Praça do General Humberto Delgado mit dem 1920 begonnenen **Rathaus,** einem Granitbau, den Säulen aus rosafarbenem Marmor zieren und einem 70 m hohen Turm; am Südende ist die Praça da Liberdade mit dem Reiterstandbild von König Pedro IV., Anführer der siegreichen Liberalen im Bürgerkrieg von 1832–1834. Hier geht es in südöstlicher Richtung, an der Azulejo-Fassade der Congregados-Kirche (18. Jh.) vorbei, zum 1915 eingeweihten **Bahnhof São Bento.** Die Wände der Vorhalle sind mit Azulejos verkleidet, die historische Motive sowie die Entwick-

lung verschiedener Transportmittel zeigen.

Zwischen Congregados-Kirche (Farbabb. 15) und Bahnhof kommt man über die Einkaufsstraße Rua 31 de Janeiro zur Praça da Batalha mit der außen verkachelten Kirche São Ildefonso (18. Jh.). Daneben beginnt Portos Hauptgeschäftsstraße *Rua de Santa Catarina.* Bekannt ist dort das **Café Majestic** (Hausnummer 112), das im Stil der Jahrhundertwende ausgestattet ist. Interessant auch die azulejoverkleidete Capela das Almas (›Seelenkapelle‹) an der Ecke Rua Fernandes Tomás sowie die nahegelegenen **Markthallen** *(Mercado do Bolhão),* wo man nicht mehr nur Gemüse, Fleisch und Fisch bekommt, sondern nun auch Modegeschäfte findet. Zurück zur Praça da Batalha (mehrere Restaurants in der Nebenstraße Rua da Madeira), und von dort über die Rua do Cimo da Vila zum Largo 1 de Dezembro. Unter einem Torbogen hindurch, links der Polizeiwache, kommt man zu der im frühen 15. Jh. gegründeten **Konventkirche Santa Clara.** Beachtung verdienen das spätgotisch-manuelinische Portal sowie innen das vergoldete Schnitzwerk aus dem 18. Jh.

Jenseits der Zufahrt zur Brücke D. Luis I. erhebt sich die im Grundstil romanische **Kathedrale** *(Sé).* Erbaut wurde sie im 12./13. Jh. innerhalb des mittelalterlichen Stadtkerns (der damals von der sogenannten Suevenmauer umgeben war; König Fernando ließ im 14. Jh. einen breiteren, insgesamt 3,4 km langen Mauerring, von dem noch Teilstücke erhalten sind, anlegen). Das Gotteshaus war als Wehrkirche konzipiert, wurde aber mehrfach verändert. Nach Plänen des italienischen Architekten Nasoni entstand 1736 die nördliche Seitenloggia. Die Westfront mit der romanischen Rosette bekam ein barockes Portal, den klotzigen Türmen wurden Kuppeln aufgesetzt. Beachtung verdient innen der Silberaltar der Allerheiligstenkapelle (2. Querschiffkapelle links); vom rechten Querschiff kommt man durch die Sakristei zu dem im späten 14. Jh. unter João I. angelegten gotischen Kreuzgang.

Vor der Kathedrale steht ein restaurierter Prangerpfahl, zum Fluß hin erhebt sich der nach Plänen von Nasoni im 18. Jh. erbaute Bischofspalast. Vom Platz davor blickt man auf die Türme der im 17. Jh. als Seminarkirche der Jesuiten erbauten **Grilos-Kirche** (Fassade von Baltasar Alvares). Ab der Kathedrale hat man drei Alternativen.

1. Über die obere Fahrbahn der Brücke Luis I. nach Vila Nova de Gaia. Am dortigen Brückenkopf führt links eine Rampe zu der im Grundriß runden Klosterkirche **Nossa Senhora do Pilar** (16. Jh.). Von der Terrasse davor hat man einen guten Blick über Porto.

2. Zurück zur Praça da Liberdade, wo der Rundgang ›Westliche Innenstadt und Ribeira-Kai‹ beginnt.

3. Durch die *Rua Escura* (›Finstere Straße‹, vormittags lebhafter Fisch- und Gemüsemarkt), die Rua da Bainharia (mehrere billige Restaurants) und die Rua dos Mercadores zum Hafenviertel Ribeira.

Westliche Innenstadt und Ribeira-Kai:

Von der Praça da Liberdade geht es zur **Clérigos-Kirche,** die im frühen 18. Jh. nach Plänen von Nasoni auf ellipti-

Clérigos-Turm

schem Grundriß erbaut wurde. Interessant sind die Barockfassade sowie der schlanke, knapp 76 m hohe **Turm** *(Torre dos Clérigos,* 1754– 1763), der gleichzeitig Wahrzeichen der Stadt und höchster Kirchturm des ganzen Landes ist (Besteigung möglich, vorzüglicher Rundblick).

Über die Praça de Lisboa gelangt man zur nahen Praça de Gomes Teixeira. In deren Nordwestecke die **Karmokirche** (Rokoko, 18. Jh.) mit azulejoverkleideter Ost-Außenwand (1912); reiches Schnitzwerk schmückt den Innenraum. Unmittelbar daneben ist die ältere **Carmelitas-Kirche** (klassisch-barock, 17. Jh.).

Ein Abstecher führt um das Hospital Santo António herum zum **Museum Soares dos Reis,** benannt nach einem Bildhauer des 19. Jh. (1993 geschlossen, Wiedereröffnung ungewiß).

Zurück in Richtung Clérigos-Turm, kurz vorher geht es aber rechts ab durch die schmale Wohnstraße Rua São Bento da Vitória. Hinter der gleichnamigen Kirche knickt die Straße links ab, dann geht es rechts und sogleich links die Treppen hinunter zur Rua de Belomonte. Ein Abstecher führt links zur Misericórdia-Kirche, einem Werk von Nasoni (frühes 18. Jh., am Anfang der Rua des Flores, der Straße der Juweliere). Sonst geht es geradeaus durch die Rua Ferreira Borges zur gleichnamigen, heute für Ausstellungen genutzten Markthalle und zur *Praça do Infante Dom Henrique* mit einer Statue des Seefahrer-Infanten. Rechter Hand liegen das Portwein-Institut und der unbedingt sehenswerte **Börsenpalast** *(Palácio da Bolsa,* Mo–Fr, im Sommer auch Sa/So geöffnet), 1842 begonnener Sitz von Portos

Handelsvereinigung *(Associação Comercial,* gegr. 1834). Der mit arabischen Motiven und purem brasilianischem Gold ausgeschmückte ›Maurische Saal‹ bildet die Kulisse für alle Staatsempfänge in der Stadt. Sehenswert ist auch der mit Wandmalereien verzierte Gerichtssaal für Handelssachen, wo aber nicht nur gestritten wird. In diesem Raum wurde Bundespräsident Richard von Weizsäcker im März 1990 als Ehrenmitglied in die illustre Bruderschaft der Portweinerzeuger aufgenommen (wohl nicht zuletzt in der Hoffnung, die Trinkgewohnheiten der Deutschen ein wenig beeinflussen zu können ...).

Rechts um die Ecke liegt die gotische, 1383–1410 erbaute **Kirche São Francisco.** Im 15. und 16. Jh. ließen sich Angehörige mehrerer reicher Familien dort beisetzen. So wurde aus der einst bescheidenen Franziskanerkirche eine der prunkvollsten von ganz

Portugal: Das im 18. Jh. reichliche Gold aus Brasilien und die Gewinne aus dem Portweingeschäft ermöglichten die Verkleidung von Wänden, Säulen, Gewölben und Altären mit vergoldetem Holzschnitzwerk (schließt So/Mo).

Gegenüber steht die verkachelte Kirche São Nicolau (18. Jh.). Von dort geht es an der Statue von Heinrich dem Seefahrer vorbei und sogleich rechts durch die Rua da Alfândega (›Zollstraße‹) zum Douro-Ufer. Links erblickt man ein restauriertes gotisches Granithaus, das manche für das Geburtshaus des Infanten halten (was sehr fraglich ist). Heute beherbergt es das Historische Stadtarchiv.

Der Rundgang endet im ehemaligen **Hafenviertel Ribeira,** an dessen Kais nur noch kleine Ausflugsboote anlegen (Farbabb. 16). Ihren ursprünglichen Charakter hat die Ribeira dennoch weitgehend erhalten. Wohnhäuser mit verkachelten Fassaden und schmiedeeiser-

nen Veranden sowie Läden und Verkaufsstände für Fisch, Obst, Gemüse, Oliven und Souvenirs prägen das Bild der Uferfront. Im Rahmen eines dringend notwendigen Projektes zur Erhaltung der Ribeira wurden die Häuser einiger Plätze und Straßenzüge restauriert. Am Kai und in den Nebenstraßen findet man etliche – alte und neue – Kneipen, Bars und Restaurants. Jeder in Porto kennt ein fast schon legendäres Original aus diesem Viertel, den *Duque da Ribeira* (Herzog der Ribeira, eigentlich Diocleciano Monteiro). Über Jahrzehnte tat sich der 1902 geborene Herr als Lebensretter hervor. Wenn der Fluß über die Ufer trat oder jemand ins Wasser fiel, war er zur Stelle. Mit seinem kleinen Boot hat er außerdem die Leichen von Selbstmördern, die von der Brükke gesprungen waren, aus dem Douro ›gefischt‹. Der *Duque* ist bei vielen Empfängen im Rathaus zugegen und besitzt ein ansehnliches Buch mit Autogrammen bekannter Besucher.

Souvenirladen im Ribeira-Viertel

Miragaia, Foz do Douro, Boavista, Zentrum:
Rundfahrt von ca. 13 km. (Öffentliche Verkehrsmittel: ab Ribeira mit Bus Nr. 88 oder Linie 1 [verkehrt Mo–Sa als Straßenbahn, So als Bus] bis Castelo do Queijo, dann mit Linie 18 über die Avenida de Boavista ins Zentrum zurück.)

Von der Ribeira geht es in westliche Richtung am Douro-Ufer entlang. Zur Rechten sieht man zunächst das alte **Wohnviertel Miragaia,** dessen Häuser wegen der früher häufigen Überschwemmungen über Arkadengängen konstruiert wurden.

An der Uferstraße liegt das **Transportmuseum** *(Museu dos Transportes,* schließt So/Mo) der städtischen Verkehrsbetriebe SCTP. In einer Halle, wo einst auf Loren die Kohle für das betriebseigene Kraftwerk angekarrt wurde, sind Tramwagen der letzten hundert Jahre ausgestellt.

Ab der Arrábida-Autobahnbrücke wirkt Porto beinahe dörflich. Dichte Baumreihen und vollgehängte Wäscheleinen säumen das Flußufer, an dem etliche kleine Fischerboote dümpeln. Gleich nach der Brücke kann man links Bootsbauern bei ihrem Handwerk zusehen.

Nach insgesamt 5 km erreicht man die Douro-Mündung *(Foz do Douro).* Nun geht es auf ca. 2,5 km an der Atlantikküste mit steinigem Strand und eleganter Promenade entlang zu einem großen Kreisverkehr (Praça de Gonçalves Zarco); direkt am Meer erhebt sich das im späten 17. Jh. zum Schutz vor Piratenangriffen erbaute **›Käsekastell‹** *(Castelo do Queijo).* Im Norden der Industrievorort Matosinhos (s. In der Nähe).

Die auf 5 km schnurgerade verlaufende Avenida da Boavista führt am Stadtpark vorbei, Richtung Zentrum, zur **Praça Mousinho de Albuquerque.** In der Mitte dieses großen Kreisverkehrs erhebt sich eine 45 m hohe Säule mit der Statue eines Löwen, der einen Adler bezwingt, errichtet zur Erinnerung an den Sieg des britisch-portugiesischen Heeres über die französischen Truppen, die 1809 Porto besetzten. Folgt man der Avenida da Boavista ca. 1 km in östliche Richtung, gelangt man über die fünfte Querstraße rechts zur **Cedofeita-Kirche,** im 6. Jh. vom Suevenkönig Teodomiro gegründet und in so kurzer Zeit erbaut, daß man sie Citofacta (= *Cedofeita* = schnell erbaut) nannte. Sie überlebte die maurischen Invasionen des 8. Jh., wurde aber romanisch erneuert.

Vila Nova de Gaia:
Unmittelbar gegenüber von Portos Hafenviertel Ribeira liegt das Zentrum von Vila Nova de Gaia, das größtenteils aus **Portwein-Kellereien** besteht. Fast alle (es sind mehrere Dutzend) bieten kostenlose Führungen mit anschließender Probe und Kaufgelegenheit (Achtung, manche verlangen Touristenpreise!). Am Douro-Ufer liegen noch einige mit Fässern beladene ›Rabelo‹-Segelboote, mit denen bis in dieses Jahrhundert hinein Wein aus der Anbauregion am Douro-Oberlauf nach Porto gelangte. Heute dienen die Boote nur noch als touristische Attraktion.

Weitere Sehenswürdigkeiten in Porto: An der Rua D. Manuel II. liegt in einem Park die Kongreß-, Ausstellungs- und Sportanlage (Kristallpalast). Seitlich des Parks verläuft die Rua de Entrequintas, bei Nr. 220 findet man das **Romantische Museum,** das den Besucher in die Atmosphäre eines gutbürgerlichen Wohnhauses des 19. Jh. versetzt (tägl. außer So/Mo). Im gleichen Bau befindet sich der **Solar do Vinho do Porto,** wo man ca. 150 verschiedene Portweinsorten probieren und von einer Terrasse aus einen herrlichen Blick über Porto genießen kann (tägl. außer So). Das **Museum für Moderne Kunst** *(Museu de Arte Moderna – Fundação Serralves)* (Rua de Serralves, 997, westl. stadtausw., Bus 78) zeigt wechselnde Ausstellungen aus verschiedenen Kunstbereichen. Hinter der einstigen Nobelresidenz aus den 30er Jahren befindet sich eine riesige Parkanlage.

Wer vom Käsekastell (s. o.) der Uferstraße nach Norden folgt und sofort rechts auf die Umgehungsstraße (Circunvalação) abbiegt, findet rechts den Eingang zum **Stadtpark** *(Parque da Cidade)* mit Trimmpfad, Picknickplatz und – etwa von Juli bis September – dem Vergnügungspark *(Feira Popular;* Restaurants, Konzerte u. a.).

Praktische Hinweise

Die meisten Hotels, Pensionen und Sehenswürdigkeiten liegen im Raum Zentrum/Bahnhof Campanhã oder in der Nähe der Praça Mousinho de Albuquerque. Die Orientierung erleichtert ein kostenloser **Stadtplan** des Turismo-Büros.

Unterkunft

Hotels in Zentrumnähe: u. a. ***** Infante de Sagres, Pr. Filipa de Lencastre; **** Grande Hotel da Batalha, Pr. da Batalha; **** Dom Henrique, Rua Guedes Azevedo, 179; **** Inca, Pr. Coronel Pacheco, 52; **** Castor, Rua das Doze Casas, 17; *** da Bolsa, Rua Ferreira Borges, 101, *** Grande Hotel do Porto, Rua Santa Catarina, 197; *** Karena Império, Pr. da Batalha; *** Menfis, Rua de Firmeza, 13; *** São João, Rua do Bomjardim, 120; ** Malaposta, Rua da Conceição, 80; ** Nave, Av. Fernão de Magalhães, 247

Hotels im Raum Praça Afonso de Albuquerque/Av. da Boavista: u. a. ***** Meridien, Av. da Boavista, 1466; ***** Tívoli Porto Atlantico, Rua Afonso Lopes Vieira, 66; ***** Sheraton, Av. da Boavista, 1281; **** Ipanema, Rua do Campo Alegre, 156; *** Tuela, Rua Arq. Marques Silva, 180

Hotels in Vila Nova de Gaia: **** Casa Branca, Rua da Bélgica, 98; **** Gaiahotel, Av. da República, 2038; *** Novotel Porto, Lugar das Chãs, ** Ibis

Pensionen und Residencial-Häuser *(die meisten liegen in Zentrumnähe):* u. a. **** Solar de São Gabriel, Rua da Alegria, 98; **** Res. Escondidinho, Rua Passos Manuel, 135; **** Res. Palanca, Rua Faria Guimarães, 779; *** Aviz, Av. Rodrigues de Freitas, 451; *** Chique, Av. dos Aliados, 206; *** Res. Estoril, Rua de Cedofeita, 193 (gut); *** Pão de Açucar, Rua da Almada, 262; *** Res. Universal, Av. dos Aliados, 38; ** Europa, Rua do Almada, 396; ** Res. São Marino, Praça Carlos Alberto, 59

In Flughafennähe: *** Res. Aeroporto, Rua de Pedras Rubras, 157

Jugendherberge: Pousada de Juventude, Rua Rodrigues Lobo, 98 (nahe Praça Mousinho de Albuquerque, u. a. Busse 20, 35, 37, 52, 78)

Camping: *** Parque das Medas (ca. 12 km Richtung Entre-os-Rios, am Douro, ganzjährig); ** Prelada (einfach, ca. 2 km nördlich der Praça de Albuquerque, Bus Nr. 6, ganzjährig geöffnet); weitere Plätze bei Angeiras (nördlich), Madalena (südlich)

Verkehr

Flughafen: Aeroporto Francisco Sá Carneiro (früher Pedras Rubrás) ca. 15 km nördlich des Zentrums. Verbindung mit Bus Nr. 56 (ab Praça de Lisboa, beim Clérigos-Turm; Fahrzeit ca. 50 Min., zu Stoßzeiten länger) oder Taxi (1993 ca. 50 DM). Flugverbindungen international s. S. 363, national s. S. 364.

Bahnlinien: Porto hat drei Bahnhöfe, der wichtigste ist Porto Campanhã, östlich des Zentrums. Dort halten alle Nahverkehrs-, Eil- und Schnellzüge der Linien Norte (Lissabon), Douro (Pocinho) und Minho (Viana do Castelo – Valença), Züge nach Braga und Aveiro sowie Fernzüge nach Paris. Manche Nahverkehrszüge fahren zum zentral gelegenen Bahnhof São Bento. Verbindung zwischen beiden Bahnhöfen per Bahn (ca. 5 Min.) oder Bus Nr. 35. Ab Bahnhof Porto Trindade (Rathausnähe) verkehren Nahzüge nach Vila do Conde-Póvoa de Varzim und Guimarães.

Busse: Terminals in der Stadt verstreut. Ab Rodoviária-Terminal an der Rua Alexandre Herculano (nahe Praça da Batalha) südlich des Douro, außerdem Busse der Privatlinien Autoviação Souto (Vila da Feira) und Autoviação Espinho (Espinho; Figueira da Foz). Ab Praça Filipa de Lencastre (nahe Av. dos Aliados) fahren Expressos und Nahbusse der Rodoviária nach Zielen nördlich des Douro sowie Busse der Autoviação Minho (Viana–Caminha–Valenča –Monção–Melgaço; Vila do Conde–Póvoa de Varzim; Ponte de Lima; Coimbra–Lissabon). Weitere Linien: Autoviação Tâmega, Rua Alexandre Herculano, 148 (Guimarães; Chaves); AVIC, Rua Arq. Marques da Silva, 303 (Lissabon–Viana d. C.–Monção); Rodonorte, Travessa Passos Manuel, 19 (Penafiel–Amarante–Vila Real–Chaves; Bragança; Coimbra–Lissabon); Mundial, Rua Guedes de Azevedo (Lissabon und Algarve); RENEX-Pool der Unternehmen Caima, Frota Azul und Resende, Büros am Clérigos-Turm (Braga und Lissabon); Turilis, Rua da Meditação, 44 (Viana do Castelo; Lissabon)

Städtischer Nahverkehr: innerhalb Portos gute Busverbindungen. Wichtig sind u. a. die Linien 35 (Bahnhof São Bento–Bahnhof Campanhã) sowie 57 und 91 (zwischen Praça do Infante Henrique und Bahnhof São Bento).

Einkaufen, Unterhaltung, Ausflüge

Einkauf: Geschäftszentrum ist die Rua de Santa Catarina einschließlich Nebenstraßen, außerdem zahlreiche Ladenzentren *(Centros Comerciais)*; Juwelierläden vor allem an der Rua das Flores; Markthalle *(Mercado do Bolhão)* an der Rua Fernandes Tomás. Straßenmarkt vormittags am Ribeira-Kai sowie an der Rua Escura (bei der Kathedrale), jeden 2. und 4. Samstag im Monat kleiner Flohmarkt bei der Kathedrale.

Unterhaltung/Nachtleben: zahlreiche Kneipen und Pubs in der Nähe des Ribeira-Kais, dort auch einige Restaurants mit Fado- und Folklore-Unterhaltung; einige Pubs außerdem in Foz do Douro; Kinos im Zentrum verstreut; Vergnügungspark (Feira Popular, ca. Juli–September) mit Restaurants, Konzerten u. a. im Stadtpark (Parque da Cidade, s. S. 241); an der Rua de Entrequintas, 220, liegt der Solar do Vinho do Porto (tägl. außer So), wo man zu recht günstigen Preisen zahlreiche Portweinsorten probieren kann.
Stadtfest: Festa de São João (Johannisfest) am 23./24. Juni; Festas de São Bartolomeu, in Foz do Douro, Ende August. Bei einem Papierfigurenumzug werden u. a. Personen des Zeitgeschehens karikiert. Am Strand angekommen, gibt es eine symbolische Schlacht zwischen ›Landbewohnern‹ und ›Piraten‹, die ein ›Neptun‹ schlichtet; zum Abschluß nehmen alle im Meer ein ›heiliges Bad‹.

Stadtführungen / Ausflüge: Stadtrundfahrten beim Turismo-Büro erfragen. Im Sommer Bootsfahrten auf dem Rio Douro (ab Ribeira-Kai und Vila Nova de Gaia). Organisierte Ausflüge verschiedener Agenturen, u. a. Barcelos, Braga, Viana do Castelo.

Bootsausflüge in die Portwein-Anbauregion (u. a. nach Régua und Pinhão) bietet von März bis Dezember die Firma enDouro, Rua da Reboleira, 49; außer während der Wintermonate organisieren die Firmen enDouro und Turisdouro Kurzausflüge auf dem Rio Douro.

Sonstiges

PLZ: je nach Stadtteil 4000, 4100, 4200 oder 4300; **Vorwahl:** 02

Hauptpost: Praça Humberto Delgado (beim Rathaus, auch Sa/So geöffnet), ein Postamt gibt es auch beim Flughafen.
Krankenhäuser: Hospital de Santo António (nahe Clérigos-Turm) und São João, an der Umgehungsstraße (Circunvalação)
Polizei (PSP)/Fundbüro: Rua Augusto Rosa
Turismo: Büros des Außenhandelsinstitutes **ICEP** an der Praça D. João I., ✆ 31 75 14 (zentral) und Flughafen, ✆ 941 25 34; kommunales Büro an der Rua Clube dos Fenianos, 25 (beim Rathaus, sehr gutes Informationsmaterial), ✆ 31 27 40

In der Nähe

Matosinhos (ab Porto Busse 1, 76, 92): Fischer-, Hafen- und Industriestadt unmittelbar nördlich von Porto, an der Mündung des Rio Leça. Beherrscht wird Matosinhos von dem in der zweiten Hälfte des 19. Jh. künstlich angelegten Hafen Leixões, der zeitweise als größter Sardinenhafen der Welt galt. Auch heute noch entladen hier die Fischer ihre Boote, und der Fang wird in den Konservenfabriken am Ort weiterverarbeitet. Südlich des Hafens, zwischen Fabriken und Meer, erstreckt sich ein im Sommer vielbesuchter Sandstrand.

Leça do Balio (8 km nördlich von Porto, von der Via Norte in Richtung Flughafen/ Viana rechts beschildert): Nach dem ersten Kreuzzug, wahrscheinlich im frühen 12. Jh., wurde der Ort Sitz des Hospitaliter-Ordens, der ein Kloster errichtete. Nach Eroberungen maurischer Territorien in Südportugal wechselte der Ordenssitz 1312 nach Crato/Alentejo. Von dem später gotisch umgebauten Kloster ist nur die Kirche mit einem wehrhaften Glockenturm erhalten.

Richtung Amarante/Vila Real: Autofahrer haben die Wahl zwischen der kurvenreichen EN 15 und der Schnellstraße IP4. Wer der EN 15 folgt, sieht nach rund 25 km einen Abzweig nach Cête. Von dort kommt man nach Überqueren der Bahnlinien zum (beschilderten) **Kloster Paço de Sousa,** das im späten 10. Jh. von Benediktinern gegründet wurde. Ab Paço de Sousa in südliche Richtung nach **Entre-os-Rios,** ab dort landschaftlich sehr reizvolle Strecke durch das Douro-Tal nach Régua im Portwein-Anbaugebiet (s. S. 260).

Auf dem Weg von Porto nach Amarante empfiehlt sich auch ein Halt in **Penafiel** (bei direkter Anreise ca. 35 km von Porto). In der Nähe kann man das für ›Vinho Verde‹ bekannte, inmitten herrlicher Parkanlagen gelegene Weingut **Quinta da Aveleda** besichtigen und auch den Wein probieren.

Maia (ca. 13 km nördlich, Züge in Richtung Guimarães ab Porto–Trindade) hat einen kleinen Zoo *(Parque Zoológico).*

Biologischer Park von Avintes *(Parque Biológico,* ca. 9 km von Porto, Anfahrt über die obere Fahrbahn der Brücke Dom Luís nach Vila Nova de Gaia, bis zum [rechts gelegenen] Gaiahotel geradeaus, dann links Richtung Avintes, der Park liegt nach 5 km links; Busse der Empresa de Avintes ab Porto/Praça da Batalha): In diesem 15 ha großen kommunalen Park werden Vögel (Wildenten, Falken, Adler u. a.) und Säugetiere (wie Hirsche und Füchse) der heimischen Fauna gehegt, um sie später wieder in der freien Natur auszusetzen. Zum Park gehört ferner eine Baum- und Pflanzenschule.

Strände: Besser und sauberer als die Strände im Stadtgebiet sind die bei **Vila do Conde** und **Póvoa de Varzim** (26 bzw. 30 km nördlich von Porto) und **Espinho** (19 km südlich). An allen Stränden weht meist ein recht frischer Seewind.

Póvoa de Varzim

Die alte Fischerstadt mit ca. 21 000 Einwohnern ist heute eines der wichtigsten Seebäder Nordportugals. Neben einem langen Sandstrand und einem Spielcasino gibt es mehrere Diskotheken und Kinos; abgesehen vom Fischerviertel bietet der Geburtsort des Schriftstellers Eça de Queiroz (1845–1900) aber keine Sehenswürdigkeiten, nimmt man das städtische **Geschichts-** und **Volkskundemuseum** *(Museu de Etnografia e História)* aus, das mit Exponaten und Fotos einen Eindruck vom Leben und Arbeiten der (Algen-)Fischer und Handwerker der Region vermittelt.

Hotels: **** Vermar Dom Pedro; *** Grande Hotel; ** Costa Verde, ** Luso-Brasileiro, ** Torre Mar
Residencial-Häuser: ** Avô Velino, ** Gett
Außerhalb: Estalagem **** Santo André (A-Ver-o-Mar) und Estalagem **** Sao Félix (Laundos); Hotel ** Contiz (Estela)
Camping: kleiner Platz beim Schwimmbad, ein weiterer bei Estela (**** Rio Alto, ca. 12 km nördlich)

Bahnlinie: Linha de Póvoa (für Vila do Conde und Porto)
Busse: Expressos der Linie Monção–Viana–Porto–Lissabon (Rodoviária, AVIC, Turilis); Rodoviária-Busse nach Barcelos und Braga, Linhares-Busse nach Vila do Conde–Porto und Esposende

Sport/Unterhaltung: Spielcasino, Bars, Discos, Tennis, Segeln, Golfplatz in der Umgebung
Feste: São Pedro um den 29. Juni; Nossa Senhora da Assunção am 14./15. 8., Umzüge und Feuerwerk

PLZ: 4490; **Vorwahl:** 052 (Netz Vila Nova de Famalicão); **Turismo:** Av. Mousinho de Albuquerque 166, ✆ 61 46 09

In der Nähe

Strände (nördlich): nach A-Ver-o-Mar kommt man nach **Apúlia** – wo man Tangfischern bei der Arbeit zusehen kann (der Tang dient als natürliches Düngemittel) – und erreicht **Ofir** auf einer mit Pinien bewachsenen Landzunge am südlichen Mündungsufer des Rio Cávado. Der Badeort mit wenig Eigenleben hat einen breiten Sandstrand und bietet Gelegenheit zum Windsurfen. Jenseits der Cávado-Mündung liegt **Esposende,** ebenfalls mit Sandstrand und Möglichkeiten zum Windsurfen. Interessant ist eine Schiffswerft, in der man die verschiedenen Entstehungsstadien noch handwerklich hergestellter Holzschiffe verfolgen kann.

Bootswerft

Unterkunft in Ofir:: *Estalagem:* **** Parque do Rio;*Hotels:* **** Ofir; *** Pinhal (Fão). ... **in Esposende:** *Hotels:* *** Nélia; *** Suave Mar; *Estalagem:* **** do Zende (Nationalstraße 13); *Residencial:* ** Acrópole; außerdem *Turismo de Habitação*

Camping: bei Fão (privat). Busse nach Póvoa de Varzim und Viana do Castelo. *PLZ:* 4740 (für Ofir und Esposende); *Vorwahl:* 053 (Netz Braga); *Turismo:* Esposende, Av. Marginal, ✆ 961354

Valença do Minho

Ehemalige Grenzfestung am Rio Minho, der hier Europas älteste Staatsgrenze bildet. Schon der Anblick der größtenteils im 17. Jh. auf sternförmigem Grundriß errichteten Wallanlagen, die die Stadt mit ihren ca. 3000 Einwohnern umgeben, läßt ahnen, wie sehr Portugiesen und Spanier jahrhundertelang verfeindet waren. Heute fahren Bürger beider Länder zwischen Valença und Tuy am spanischen Ufer hin und her, um zu ergattern, was trotz der EG im jeweils anderen Land billiger ist. Auf Gustave Eiffels 1886 eingeweihter **Eisenbrücke** über den Grenzfluß Minho wurde es so eng, daß man Anfang der 90er Jahre rund 600 m westlich eine neue Brücke errichtete. Zu empfehlen ist die Weiterfahrt von Valença über Monçao und Melgaço in den Peneda-Gerês-Nationalpark (s. S. 222).

Pousada de São Teutónio
Hotels: *** Lara, *** Valença do Minho
Pensionen und Residencial-Häuser: *** Monte Faro (Ganfei, ca. 6 km), *** Res. Ponte Seca, *** Res. Val Flores; ** Rio Minho, ** São Gião, ** Stop

Bahnlinie: Linha do Minho (nach Porto) sowie Züge nach Tuy und Vigo (Spanien)

Busse: Expressos (AVIC, Turilis) nach Viana–Porto–Lissabon und Monção (teils nur Mo–Fr), Busse auch nach Melgaço–São Gregório (Grenze) sowie Ponte da Barca, Ponte de Lima und Braga

PLZ: 4930; **Vorwahl:** 051; **Turismo:** an der Straße nach Spanien, ✆ 23374

In der Nähe

Monção (18 km östlich): kleiner Thermalkurort am Rio Minho mit hübschem Stadtbild. Sehenswert ist die romanische Pfarrkirche. In einer durch einen manuelinischen Bogen abgetrennten Seitenkapelle ruht die als Pionierin der ›psychologischen Kriegsführung‹ gefeierte Deuladeu Martins. Kastilianischen Truppen, die Monção 1368 belagerten, warf sie als Bluff die letzten Lebensmittel der Stadt entgegen. Die Kastilianer hielten daraufhin die weitere Belagerung für aussichtslos und zogen ab!

5 km entfernt liegt der Palácio da Brejoeira, dessen Bauweise teils der des Ajuda-Palastes in Lissabon nachempfunden ist. Der Vinho Verde mit Namen Brejoeira zählt zu den teuersten Weinen Portugals. **Unterkunft:** **** Albergaria Atlântico; *Pensionen und Residencial-Häuser:* *** Mané (gut); ** Central, Res. Esteves; *Turismo de Habitação* in der Umgebung

PLZ: 4950; *Vorwahl:* 051 (Netz Valença); *Turismo:* Largo do Loreto, ✆ 051/652757

Melgaço (24 km östlich von Monção): von mittelalterlichen Mauerresten umgebene Kleinstadt hoch über dem Rio Minho. Ca. 3 km entfernt die Heilquellen von **Peso de Melgaço** *(Pensionen:* *** Boavista in Peso; ** Pemba in Melgaço; *Camping* nahe Peso, bis Oktober); *Turismo-Büro* in Peso, ✆ 051/42440

Viana do Castelo

Hafenstadt an der Mündung des Rio Lima, die sich inzwischen auch zum Industriestandort und Seebad mit ca. 21000 Einwohnern entwickelt hat. Mit ihrem historischen Stadtkern und den Sandstränden der Umgebung zählt sie zu den interessantesten Städten der Minho-Region. Über diesem einst griechischen Handelsplatz erhebt sich der **Monte de Santa Luzia,** wo vor der Römerzeit keltiberische Stämme siedelten. Im 13. Jh. ließ Afonso III. die Stadt befestigen. Reich geschmückte Kirchen und noble Wohnpaläste spiegeln den Glanz des 16. Jh. wider, als Viana bereits 10000 Einwohner zählte. Hier war ein Zentrum des Handels mit der Hanse, des Kabeljaufanges vor Neufundland, später auch des Brasilien-Handels.

Bedeutung haben heute neben Hochsee- und Küstenfischerei Konserven-, Holz- und Textilindustrie sowie der Schiffbau. Viana ist Hauptstadt eines überwiegend kleinbäuerlichen Verwaltungsdistriktes, in dem viele Handwerks- und Folkloretraditionen noch lebendig sind. Einen Eindruck hiervon vermitteln das Stadtfest **Nossa Senhora da Agonia** (3. Augustwoche, u. a. mit einer Bootsprozession auf dem Meer) sowie zahlreiche Feste in der Umgebung.

Von Viana fahren Passagierboote, im Sommer auch Busse, zum Strandort Cabedelo am anderen Flußufer.

Besichtigung

Östlich des Bahnhofs liegt das manuelinische **Hospital Nossa Senhora da Caridade** (früher Convento de Santa Ana, 16. Jh.), dessen mit reichem Talha-Schnitzwerk verzierte Kirche leider nur auf besondere Bitte hin zugänglich ist.

Die Rua Cândido dos Reis führt in Vianas historisches Zentrum. Gleich links sieht man den Palácio dos Tá-

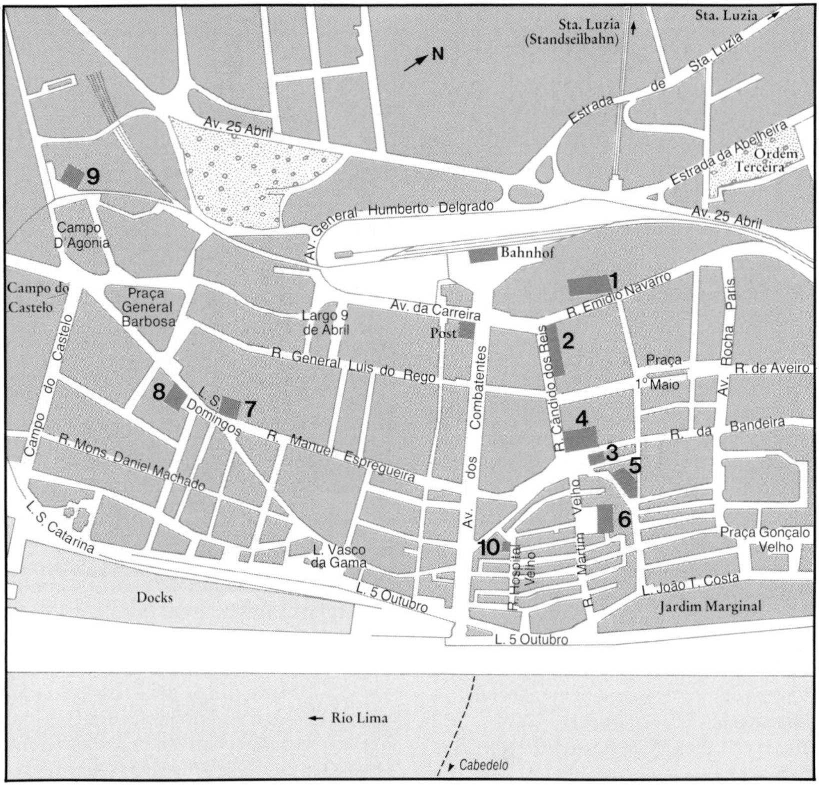

Viana do Castelo
1 Caridade-Hospital 2 Távoras-Palast 3 Altes Rathaus 4 Misericórdia 5 Malheiras-Palast 6 Pfarrkirche 7 Museum 8 Kirche São Domingos 9 Agonia-Kirche 10 Turismo

voras (heute Rathaus), einst manuelinische Residenz einer der einflußreichen Familien Vianas. Geradeaus stößt man auf die zentrale **Praça da República,** die als einer der schönsten Plätze Portugals gilt. In der Mitte ein Renaissance-Brunnen, am Ostende das ehemalige Rathaus aus dem frühen 16. Jh. Links davon das dreistökkige **Misericórdia-Haus,** ein 1589 begonnener Renaissance-Bau, dessen Loggien hervorragendes Bildhauerwerk zeigen. Unmittelbar angrenzend die innen mit Azulejos verzierte Misericórdia-Kirche aus dem 17. Jh.

Die Stichstraße rechts des Rathauses führt zum Palácio das Malheiras, einem Rokoko-Bau aus dem 18. Jh. mit angrenzender eigener Kapelle.

Außerhalb der Altstadt liegt (am Largo de São Domingos) der Palácio dos Barbosas Macieis, ein Residenzbau aus dem 18. Jh., heute **Regionalmuseum** mit einer interessanten Sammlung von Porzellan, Arraiolos-Teppichen, indo-portugiesischen Möbeln, Azulejos und portugiesischer Malerei. Beim Verlassen des Museums sieht man rechts die **Renais-**

sance-Kirche São Domingos (16. Jh.) mit einem sehenswerten vergoldeten Schnitzaltar (18. Jh., dritte Seitenkapelle links). Unweit nordwestlich liegt die barocke Wallfahrtskirche Igreja de Nossa Senhora da Agonia, beim alljährlichen Stadtfest Ausgangspunkt eines Trachtenumzuges.

Zu empfehlen ist eine Fahrt auf den Berg **Santa Luzia:** entweder mit der Kabelbahn (Abfahrt nahe Bahnhof, zwischen ca. 9 und 18 Uhr stündlich) oder mit dem Auto (ca. 6 km). Oben ist eine neo-byzantinische Wallfahrtskirche (1900 begonnen). Von der Terrasse davor bietet sich ein guter Blick über Viana und die Lima-Mündung. Am Berg finden sich noch Reste einer keltiberischen Siedlung.

Marktplatz von Viana do Castelo

Hotels: **** Santa Luzia (Monte de Santa Luzia), **** do Parque, **** Afonso III; *** Viana Sol; * Aliança
Albergaria: **** Calatrava
Motel: *** Abrigo do Postilhão (Nationalstraße 13)
Pensionen und Residencial-Häuser: *** Res. Alambique, *** Res. Amorosa (Amorosa, außerhalb), *** Res. Compostela (Afife, außerhalb), *** Res. Jardim, *** Res. Laranjeira, *** Res. Vianamar; ** Res. D. Augusto, ** Dolce Vita, ** Magalhães, ** Res. Rali; * Guerreiro
Camping: *** Orbitur in Cabedelo (ca. 4 km, 16. 1.– 15. 11.)

Bahnlinie: Linha do Minho (Porto)
Busse: Expressos der Linie Monção–Porto–Lissabon betreiben die Rodoviária sowie die Linien AVIC (Av. dos Combatentes, 206) und Turilis (Av. dos Combatentes, 119); Busse auch nach Braga (Rodoviária), Porto, Ponte do Lima, Arcos de Valdevez, Vila Praia de Âncora, Caminha (Auto-Viação Cura, Av. dos Combatentes).

Feste/Veranstaltungen: Festas da Agonia mit Umzügen und Feuerwerk, 3. Augustwoche; zum Fest gehört eine Schiffsprozession auf dem Meer (am 20. August) sowie ein Umzug durch die Stadt (stets an einem Freitag). Stierkämpfe nur 1–2mal jährlich; besonders im Sommer zahlreiche Feste in der Umgebung (bei Touristeninformation zu erfragen); Wochenmarkt freitags. Arraiais Minhotas: touristische Folkloreaufführungen mit regionalen Gerichten, beim Tourismo erkundigen.

PLZ: 4900; **Vorwahl:** 058; **Turismo:** Rua do Hospital Velho, ✆ 822620

Vila do Conde

Fischer-, Industrie- und Badeort an der Mündung des Rio. Ave. Vila do Conde ist ansprechender als das benachbarte Seebad Póvoa de Varzim, auch sind seine Strände weniger überlaufen. Im Jahr 963 wurde die Stadt mit heute ca. 20000 Einwohnern erstmals urkundlich erwähnt, ihr Zentrum zeugt noch von dem einstigen Glanz als Hafen und Zollstation im 15. und 16. Jh., der durch Versandung von Fluß und Hafen jedoch verblaßte. Von Bedeutung ist bis heute (handwerklicher) Schiffbau; wichtiger ist freilich die Textilindustrie, neben der sich aber auch die traditionsreiche Spitzenklöppelei behauptet. Kunsthandwerksmesse Ende Juli/Anfang August. Wochenmarkt freitags.

Besichtigung

Über dem rechten Ave-Ufer sieht man schon von weitem Kirche und Kloster **Santa Clara.** Beide wurden im 14. Jh. gegründet, vom ursprünglichen Baukomplex ist jedoch nur die gotische Kirche erhalten. In einer Seitenkapelle befinden sich die Renaissance-Grabmäler des Gründers Afonso Sanches (unehelicher Sohn von König Dinis) und dessen Frau Teresa Martins. Überragt wird die Kirche vom 1778 begonnenen Klosterneubau, heute ein Fürsorgeheim für Jugendliche. Zwischen 1704 und 1714 entstand der **Aquädukt,** der schon den früheren Klosterbau mit Wasser aus der Umgebung von Póvoa de Varzim versorgt hatte. Weiter geht es bergab, an den Markthallen vorbei ins **historische Zentrum.** Ende des 15. Jh. begann der Bau der spätgotisch-manuelinischen Pfarrkirche. Am Platz vor der Kirche befinden sich Rathaus, Misericórdia-Kirche und Prangerpfahl, alle aus dem 16. Jh. In der seitlich des Rathauses abgehenden Rua da Igreja stößt man auf mehrere Granithäuser mit manuelinischen Eingängen.

Unten am Fluß sieht man noch kleine Fischerboote und handwerklich arbeitende Schiffsbauer. Die Flußmündung wurde einst von einem Fort aus dem 17. Jh. geschützt. Nördlich davon liegt heute der **Badestrand.** An der Rua 5 de Outubro zeigt ein kommunales Handwerkszentrum u.a. Erzeugnisse der seit dem 16. Jh. hier betriebenen Spitzenklöppelei.

Für den Neubau der Bank **Borges & Irmão** in Vila do Conde (Rua 25 de Abril) wurde der Architekt Siza Vieira mit dem Europäischen Architekturpreis 1988 ausgezeichnet.

Einen Besuch lohnt schließlich das **Meeresmuseum** *(Museu do Mar)* im nördlichen Ortsteil Caxinas.

Estalagem: **** do Brasão
Motel: *** Sant' Ana (Richtung Azurara)
Pensionen und Residencial-Häuser: ** Patarata, ** Res. Princesa do Ave; nicht klassifiziert: Le Villageois
Camping: Árvore, ca. 6 km (privat, 1. 1.–31. 12.); ** Vila Chã (7 km); Labruge (10 km)

Bahnlinie: Linha de Póvoa (nach Póvoa und Porto)
Busse der Linien Linhares sowie Viação Costa & Lino nach Porto sowie Póvoa–Esposende–Viana do Castelo

PLZ: 4480; **Vorwahl:** 052 (Netz Vila Nova de Famalicão); **Turismo:** Rua 25 de Abril, ✆ 642700

In der Nähe

Azurara (1 km südlich): Fischerdorf mit einer beachtenswerten manuelinischen Pfarrkirche.

Nordostportugal

Trás-os-Montes

Trás-os-Montes – ›Hinter den Bergen‹ – ist eine rauhe, unwegsame Gebirgslandschaft (Farbabb. 17), die im Süden vom Douro-Tal, im Westen von der Minho-Region sowie im Norden und Osten von Spanien begrenzt wird. Die Serra do Larouco (1525 m) ist der höchste der vielen kleinen Gebirgszüge in diesem Gebiet, wo die Sommer kurz, die Winter lang und kalt sind. Selbst im Mai muß man auf Schnee- und Hagelschauer gefaßt sein. Allein das Douro-Tal, an dessen Steilhängen die Trauben für den bekannten Portwein gedeihen, hat ein für Nordportugal ungewöhnliches, mediterran-mildes Klima. Trás-os-Montes ist dünn besiedelt, die rund 500000 *Transmontanos* leben überwiegend auf dem Land. Wichtigste Städte sind die Grenzfestung Bragança, die einst römische Thermalstation Chaves, der uralte Bischofssitz Lamego und die ehemalige Provinzhauptstadt Vila Real. In abgelegenen Dörfern mit Burgruinen, romanischen Kirchen und Prangerpfählen haben noch alte Formen des Gemeinschaftslebens wie auch Folkloretraditionen bis in die Gegenwart überlebt.

Hinter den Bergen

»Mit dem Auto können wir binnen acht Stunden in Lissabon sein«, sagte vor wenigen Jahren ein Mitarbeiter des Turismo-Büros in Chaves. »Bis aber ein Ministerialbeamter aus Lissabon den Weg hierher findet – das dauert immer mindestens ein halbes Jahr.«

Seit dem Bau einiger neuer Schnellstraßen liegt die Region nicht mehr ganz so abseits wie früher, die Fahrzeit nach Lissabon mag sich um gut zwei Stunden verkürzt haben. Die Ministerialbeamten lassen sich in der Nordostregion aber kaum häufiger blicken als vorher.

Trás-os-Montes gilt als rückständigste Region nicht nur Portugals, sondern ganz Europas. Industrie ist kaum vorhanden. Das Douro-Tal liefert zwar die Trauben für den Portwein (deren Lese jeden Herbst Tausende von Saisonarbeitern besorgen), doch damit macht Porto das große Geschäft. In nur geringem Umfang werden Eisenerz, Wolfram und Zinn abgebaut. Mitte der 70er Jahre hoffte man auf verstärkte Nutzung der großen Eisenerzlager um Torre de Moncorvo, damals war ein Plan zum Ausbau der Stahlindustrie von Lissabon und Porto im Gespräch. Er wurde jedoch schon bald begraben.

Die meisten ›Transmontanos‹ leben von einer kleinbäuerlichen Landwirtschaft. In den fruchtbaren Tälern wachsen Trauben und Obst, in den höheren Lagen vor allem Roggen und Kartoffeln. Ein ›Flickwerk‹ winziger, noch mit dem Ochsenpflug bestellter Felder umgibt die verstreuten Bergdörfer, die, noch in 700–800 m Höhe zu finden, in den Wintermonaten oft verschneit und vereist sind. Stromversorgung haben viele Dörfer erst in den 60er oder 70er Jahren erhalten.

In Trás-os-Montes siedelten schon Kelten und Römer. Nach nur kurzer

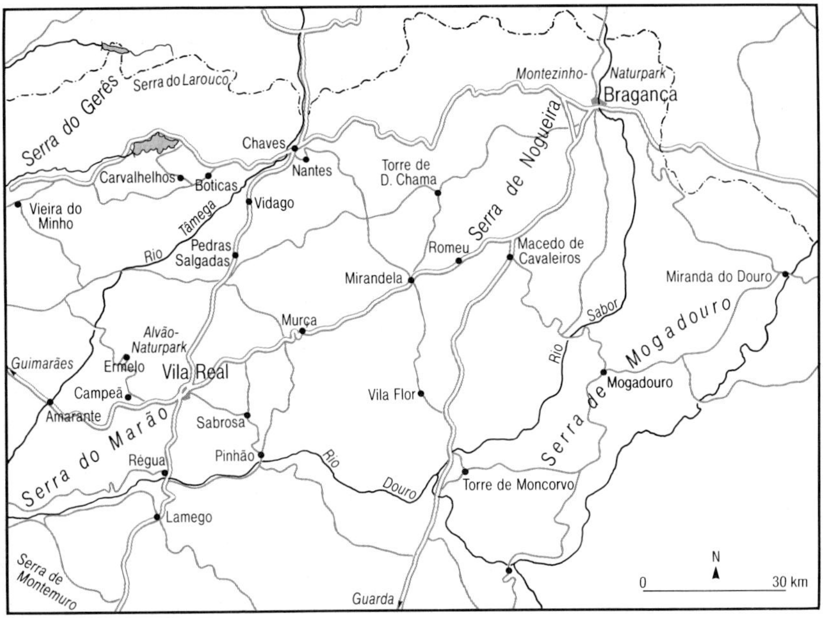

Trás-os-Montes

Maurenherrschaft war die Region jedoch lange Zeit praktisch unbewohnt und wurde erst im 11. und 12. Jh. wieder bevölkert. Zu dieser Zeit entstanden die sogenannten ›Gemeinschaftsdörfer‹ *(Aldeias Comunitárias)*, von denen einige wenige noch heute existieren. Ihre kleinen Äcker waren zwar im Besitz der Bauern selbst, doch die Dorfräte, denen ein Mann aus jeder Familie angehörte, organisierten die gemeinschaftliche Bearbeitung der landwirtschaftlichen Nutzflächen. Sie bestimmten auch, wer an welchem Tage die Schafe aller Dorfbewohner hütete. Das Weideland gehörte allen und niemandem, gemeinsam wurde es verwaltet und genutzt. In Streitfällen entschied der Dorfrat. Die Nichtrespektierung seiner Beschlüsse bedeutete den Ausschluß aus der Gemeinschaft.

In einzelnen Dörfern ist es noch immer üblich, die Pacht in Naturalien (z. B. mit Roggen oder Hafer) zu bezahlen. Um eine weitere Parzellierung der ohnehin kleinen Felder zu verhindern, wurde örtlich nur ein Kind aus jeder Familie verheiratet.

In den letzten Jahrzehnten sind freilich zahlreiche ›Transmontanos‹ in andere Landesteile abgewandert. Andererseits haben seit 1974/75 viele Portugiesen aus den ehemaligen afrikanischen Kolonien den Weg in die Heimat hinter den Bergen zurückgefunden.

Typische Gerichte: Geräucherter Schinken *(Presunto)*, Räucherwurst *(Salpicão*, in Bragança), Knoblauchwürste *(Alheiras)*, Zicklein *(Cabrito)*, Gemüseragout mit Kochfleisch und -wurst *(Cozido à Portuguesa)*,

Fleischpasteten *(Pastéis de Carne)*, Bohneneintopf *(Feijoada à Transmontana)*, Kalbfleischgericht *(Posta)* aus Miranda do Douro

Süßspeisen: Pasteten ›Santa Clara‹ (Vila Real), *Folares* (Bragança, Moncorvo), *Súplicas* (Bragança, Miranda do Douro)

Weine: *Mateus* (Rosé, Vila Real), *Vinhais* und *Valpaços* (Rot), Portwein (*Vinho do Porto*, um Régua/Douro-Tal); diverse Weißweine; Raposeira-Schaumwein (*Espumante*, Lamego)

Kunsthandwerk: Waren aus schwarzem Ton *(Barro Preto)*, gewebte Leinentücher *(Colchas de Linho)*, Wolldecken *(Colchas de Lã)*, Tapisserien *(Tapeçarias)* und Messerschmiedearbeiten *(Cutelaria)* aus Mogadouro

Bragança

Die mittelalterliche Grenzfestung am Nordostrand der Serra da Nogueira, hoch über dem Rio Sabor (700 m ü.d.M.), war schon zur Römerzeit befestigt. In den Kriegen zwischen Mauren und Christen wurde sie allerdings vollständig zerstört und erst 1187 von König Sancho I. neu gegründet. Die Stadt ist Stammsitz der Bragança-Herzogsfamilie, die im Mittelalter über 50 Städte besaß, vom 16. Jh. an in Vila Viçosa (Alentejo) residierte und von 1640 bis 1910 Portugals Monarchen stellte. Heute ist Bragança Bischofssitz und Distrikthauptstadt. Viele seiner ca. 20000 Einwohner haben zeitweise in der Bundesrepublik Deutschland gelebt und gearbeitet.

Besichtigung

Ca. 6 km südlich – oberhalb der Stadt (am Wege liegt die Pousada) – bietet der **Aussichtspunkt São Bartolomeu** einen ersten Blick über Bragança und

Dorf in der Region Trás-os-Montes

das Umland. Deutlich erkennt man den mittelalterlichen Stadtkern, den eine ca. 2 m dicke Mauer mit 15 Türmen umgibt (Farbabb. 26). Dort ist der Ausgangspunkt des folgenden Rundganges.

Der Stadtkern mit seinen einfachen, teils von kleinen Gemüsegärten umgebenen Wohnhäusern, wird von einem 33 m hohen **gotischen Turm** überragt (Besteigung möglich), in dem ein Militärmuseum (täglich außer Do) untergebracht ist. Davor, auf dem Rücken eines aus Granit gehauenen Wildschweines, ein Prangerpfahl; wenige Schritte entfernt erhebt sich die Kirche Santa Maria aus dem 16. Jh. Gleich neben der Kirche steht das auf dem Grundriß eines ungleichmäßigen Fünfecks erbaute **Domus Municipalis** aus dem 12. Jh.; ab dem 16. Jh. für Bürgerversammlungen genutzt.

Als Beispiel ziviler romanischer Baukunst in Portugal hat es architekturhistorischen Seltenheitswert.

Vom alten Stadtkern geht es durch die Rua Conselheiro Abílio Beça (Häuser mit graniteingefaßten Fenstern und Türen beachten) in Richtung Neustadt. Auf dem Wege liegt rechts das ansprechend eingerichtete **Museum Abade de Baçal** (Kunst, Archäologie, Ethnologie); besondere Beachtung verdienen die Funde aus der Römerzeit sowie die Exponate zeitgenössischer portugiesischer Malerei.

Weiter zum Largo da Sé mit einem alten Steinkreuz, links davon die Kathedrale (Sé), eine ehemalige Jesuitenkirche aus dem 16. Jh. 1993 begann der Bau einer neuen Kathedrale, der ersten in Portugal seit rund 400 Jahren.

Am früheren Bahnhof gibt es ein Museum mit Dampfloks aus dem 19. Jh.

Pousada de São Bartolomeu
Hotel: *** Bragança
Pensionen: *** Nordeste Shalom, *** Santa Isabel, *** São Roque, *** Tic-Tac, *** Tulipa (gut, gehört einem aus Deutschland heimgekehrten Emigranten); ** Cantarias, ** Cruzeiro, ** Meirinos, ** Plantório
Campingplatz: war 1993 noch im Bau, aber schon ganzjährig geöffnet

Der Bahnverkehr bis Bragança wurde eingestellt. CP-Bahnbusse bis Mirandela, von dort Züge der Linha do Tua (bis Tua, ab dort Züge nach Porto).

Busse: Cabanelas-Expressos nach Vila Real–Viseu–Coimbra–Lissabon, Richtung Porto sowie nach Miranda do Douro (Büro: Rua Guerra Junqueiro, 111); Expressos der Autoviação Tâmega nach Chaves–Vila Real–Lamego–Viseu–Coimbra–Lissabon (Av. João da Cruz, 38); Rodoviária-Expressos in Richtung Lissabon

Stadtfest: Festa da Senhora das Graças, um den 22. August

PLZ: 5300; **Vorwahl:** 073; **Turismo:** Av. Cidade de Zamora, ✆ 28273

In der Nähe

Montezinho-Naturpark: dünn besiedeltes, landschaftlich sehr reizvolles Gebiet nördlich der Linie Bragança–Vinhais, mit den Gebirgszügen (Serras) Coroa und Montezinho, in denen noch Wildschweine und Wölfe leben.

Serra da Nogueira (südwestlich): Durch das ›Nußbaumgebirge‹ führt eine landschaftlich schöne Nebenstrecke über Torre de Dona Chama nach **Mirandela** (** Hotel Mira Tua; Residencial-Häuser), wo eine ursprünglich römische Brücke über den Rio Tua führt. Einen Besuch lohnt auch das Dorf **Romeu** zwischen Mirandela und Macedo dos Cavaleiros. In der ganzen Region ist das auf typische Gerichte spezialisierte Restaurant ›Maria Rita‹ bekannt.

Römische Brücke über den Rio Tâmega in Chaves

Gleich nebenan befindet sich ein privates Museum der Kuriositäten *(Museu das Curiosidades)* mit Exponaten aus dem Privatbesitz eines reichen ›Transmontano‹ – einige Uralt-Fords (darunter der legendäre ›Ford T‹), alte Grammophone, Musikinstrumente, Fotos – und das erste Telefon, das im Bezirk Bragança installiert wurde.

Richtung Guarda (über N 15/N 102): Vila Flor (ca. 80 km, westlich der Hauptstraße): Kleinstadt mit Resten einer Stadtmauer, einer Pfarrkirche aus dem 16. Jh. und einem Stadtmuseum für Archäologie, Ethnologie und Malerei. (Pensionen und Campingplatz am Ort)

Ca. 20 km weiter liegt **Torre de Moncorvo** (**** Hotel Brasília, zwei Pensionen, ein Residencial-Haus). Im Zentrum umgeben einige wappengeschmückte Herrenhäuser die Pfarrkirche aus dem 17. Jh. mit einem vergoldeten Schnitzaltar. In der Umgebung wird in bescheidenen Mengen Eisenerz abgebaut. Von Moncorvo aus ist es nicht weit zum Ufer des Rio Douro, wo die Trauben für Portwein gedeihen.

Chaves

Ehemals römischer Thermalkurort am Rio Tâmega, der mit ca. 12 000 Einwohnern den wirtschaftlichen Mittelpunkt einer fruchtbaren, schon seit der Jungsteinzeit bewohnten Agrarregion bildet. Seine 73 °C warmen Quellen wußten schon die Römer zu schätzen, die die Stadt im Jahr 78 gründeten, nach Kaiser Vespo Flaviano ›Aquae Flaviae‹ nannten und zu einer Wegstation an der Hauptstraße Braga-Astorga (Nordspanien) ausbauten.

1762 wurde der Ort von spanischen, 1809 von französischen Truppen besetzt. Bedeutung hat Chaves heute als **Heilkurort** (Kurbetrieb von April bis

Oktober) sowie als **Zentrum keramischer Industrie**; im Umland gibt es geringe Silber-, Gold und Quarzvorkommen. Einkaufstip: Körbe und schwarze Tonwaren.

Besichtigung

Am linken Tâmega-Ufer steht die auf achteckigem Grundriß errichtete **Madalena-Kirche** aus dem 18. Jh. Von dort führt eine römische Brücke, die Kaiser Trajan im späten 1. oder frühen 2. Jh. erbauen ließ, ins Zentrum. In der Brückenmitte sieht man Kopien zweier römischer Wegesäulen, deren Originale sich im Regionalmuseum befinden.

Am rechten Flußufer geht es erst ein kleines Stück geradeaus, dann an der Straßengabelung halblinks durch die **Rua Direita,** eine schmale Geschäftsstraße. Beachtung verdienen ihre Häuser aus dem 19. und frühen 20. Jh., deren Holzveranden zur Straße hin überstehen; auf den Dächern erkennt man gläserne Kegel, durch die das Tageslicht in die fensterlosen Treppenhäuser fällt.

Links der Straße erhebt sich die ursprünglich romanische, im 16. Jh. umgebaute Pfarrkirche. Davor steht ein gewundener Prangerpfahl, unweit dahinter die **Misericórdia-Kirche** (17. Jh.) mit gedrehten Säulen zu beiden Seiten des Portals sowie Talha- und Azulejo-Innenschmuck. Gleich nebenan befindet sich der heute als **Regionalmuseum** eingerichtete Palast der Herzöge von Bragança. Im Erdgeschoß sind Funde aus der Römerzeit ausgestellt, das obere Stockwerk ist der Malerei, der Ethnologie und lokalen Handwerkstechniken gewidmet. Das Museum überragt ein Turm aus der Zeit König Dinis' (14. Jh.), Überbleibsel einer zur Abwehr spanischer Angriffe erbauten Burg. Er beherbergt ein **Militärmuseum,** in dem u. a. Waffen aus dem Mittelalter sowie aus den Kolonialkriegen der Jahre 1961–1974 zu sehen sind. Von der Turmspitze blickt man auf den modernen Baukomplex der Thermalbäder hinab.

Im Osten der Stadt liegt das **Fort São Francisco** aus der Zeit der Unabhängigkeitskriege gegen Spanien im 17. Jh. Innen soll ein Hotel eingerichtet werden. Ein Stück stadtauswärts erhebt sich das **Fort São Neutel** aus der gleichen Epoche.

Hotels: **** Aquae Flaviae (1990 eröffnet, wohl bestes Hotel der Region); ** Trajano (ebenfalls gut); * de Chaves
Estalagem **** Santiago
Residencial-Häuser: *** Brites, *** 4 Estações, *** Jardim das Caldas, *** São Neutel; ** Bom Caminho

Camping: * Municipal (1. 1.–31. 12.)

Busse: Expressos der Linien Autoviação Tâmega (Lissabon und Porto) und Rodonorte (Vila Real–Amarante–Porto; Viseu–Coimbra–Lissabon); außerdem Rodoviária-Expressos zu den Zielorten Lamego–Viseu–Coimbra–Lissabon und nach Braga

Feste/Märkte: Markt beim Stadion jeden Mittwochmorgen; Stadtfest Festa dos Santos Anfang November

PLZ: 5400; **Vorwahl:** 076; **Turismo:** Jardim do Bacalhau, ✆ 21029

In der Nähe

Vilar de Nantes (ca. 3 km von Chaves): kleines Dorf mit verbreitetem Kunsthandwerk (Korbflechterei, Töpferei). Man kann die Handwerker besuchen und direkt bei ihnen einkaufen.

Carvalhelhos (ca. 33 km westlich, über Boticas, 800 m ü.d.M., bekanntes gleichnamiges Mineralwasser; Unterkunft in der Estalagem **** Carvalhelhos): Reste einer eisenzeitlichen Siedlung (Schutzwälle, Häusergrundmauern). 20 km südwestlich von Boticas liegt das Dorf **Dornelas,** dessen Bewohner in Erfüllung eines nach einer Pestepidemie abgelegten Schwures alljährlich am 20. Januar die Festa de São Sebastião begehen. Freunde und Fremde sind gleichermaßen willkommen, wenn an einem langen Tisch (Rekordlänge: 400 m) Fleisch, Reis und Brot nach Segnung durch den Pfarrer serviert werden. Man befürchtet Unglück (Mißernte, Seuche), falls das Fest einmal nicht begangen wird.

Richtung Vila Real liegen zwei Thermalbäder mit Belle-Epoque-Charme (beide mit Kurbetrieb 1. 6.–10. 10.). Im Kurpark von **Vidago** steht das 1910 eröffnete, elegant-pompöse Hotel *** Vidago Palace (am Ort auch andere Unterkünfte, Golf, Tennis). Weiter nach **Pedras Salgadas**, bekannt für sein Mineralwasser. Im Kurpark Unterkunft, Disco und das ehemalige, 1910 eröffnete Casino.

Lamego

Diese idyllische kleine Bischofsstadt am Nordhang der Serra de Montemuro war schon im 6. Jh. als Bischofssitz der Westgoten ein Ausgangspunkt für die Verbreitung des Christentums in Nordportugal. Vom frühen 8. Jh. bis zum Jahr 1057 kam sie unter maurische Herrschaft. Mit ca. 11000 Einwohnern ist Lamego heute Zentrum einer Agrarregion mit ausgiebigem Weinbau. Bekannt sind die Raposeira-Schaumweinkellereien (Besuch Mo–Fr möglich).

Besichtigung

Ausgangspunkt ist die **Kathedrale** *(Sé;* Farbabb. 25), die größtenteils zwischen dem 12. und 16. Jh. entstand und mehrere Baustile vereinigt. Ihr

Eckturm ist frühgotisch, die Fassade spätgotisch-manuelinisch, der Kreuzgang stammt aus der Renaissance. Beachtung verdient vor allem das Hauptportal, das phantasievoll mit Menschen- und Tierfiguren, Blättern und Früchten geschmückt ist. Auffällig ist indes, daß einige Figuren fehlen. Stadtbewohnern zufolge zierten das Portal einst durchaus realistische Darstellungen von Menschen und Tieren, die irgendein Moralapostel eines Tages angeblich als unzüchtig einstufte und kurzerhand wegmeißeln ließ! Nahe der Kathedrale steht der ehemalige Bischofspalast, heute ein **Museum,** u. a. für portugiesische Malerei (16.–20. Jh.), Brüsseler Gobelins und sakrale Kunst. Weiter geht es nun durch die gegenüber der Kathedrale abzweigende schmale Geschäftsstraße Rua da Olaria (›Töpfereistraße‹), die in die breite Rua da Almacave übergeht. Linker Hand sieht man erst die Kirche São Francisco, dann die romanische Almacave-Kirche aus dem 12. Jh.

Schräg gegenüber gelangt man rechts durch eine enge Gasse, die unter einem Torbogen hindurchführt, hinauf zur mittelalterlichen Burg, die heute der örtlichen Pfadfindergruppe als Hauptquartier dient.

Am Südwestende der Stadt liegt die über eine Freitreppe mit annähernd 700 Stufen erreichbare barocke Wallfahrtskirche **Nossa Senhora dos Remédios** (zu der man auch mit dem Auto hinauffahren kann).

Hotel: ** do Parque
Motel: ** Turisserra (6 km)
Albergaria: **** do Cerrado
Pensionen und Residencial-Häuser: *** Res. Imperio; ***Res. Solar e Espírito Santo; *** Solar da Sé; ** Silva

Nächster Bahnhof: Régua (Linha do Douro, 12 km), ab dort Züge nach Porto
Busse: Expressos der Autoviação Tâmega nach Lissabon, Busse auch nach Régua und Chaves; Expressos der Rodoviária und des Unternehmens Rodonorte nach Chaves sowie Viseu–Coimbra–Lissabon

Stadtfest: Nossa Senhora dos Remédios, um den 8. September (Lokalfeiertag)

PLZ: 5100; **Vorwahl:** 054 (Netz Peso de Régua); **Turismo:** Av. Visconde Guedes Teixeira, ✆ 62005

Von Lamego ins Douro-Tal

Régua (12 km nördlich, Busverbindung, Unterkunft) am Douro-Nordufer ist das wirtschaftliche Zentrum der Portwein-Anbauregion – was nicht zu übersehen ist. Zwischen Weinstöcken werben riesige Schilder für bekannte Marken. Außerordentlich reizvoll ist die Auto- oder Zugfahrt von Régua über **Pinhão** (24 km, Azulejos im Bahnhof beachten, Unterkunft am Ort) flußaufwärts. Von Pinhão oder Régua aus bietet die Firma enDouro (Porto) mitunter Bootsausflüge nach Porto oder Barca d'Alva (an der spanischen Grenze) an.

Miranda do Douro

Verlassen wirkende ehemalige Bischofsstadt (1545 bis 1764) hoch über dem Rio Douro, der in diesem einsamen Winkel von Trás-os-Montes die Grenze zu Spanien bildet. Der Ort hat zwar nur ca. 2000 Einwohner, ist aber trotzdem noch als ›Großstadt‹ klassifiziert. Ältere Bewohner umliegender Dörfer sprechen teils noch eigenen Dialekt – ›mirandês‹ –, der heute als Schul-Wahlfach neu auflebt.

Die Gemüter erhitzten vor einigen Jahren die – inzwischen eingestellten – Vorbereitungen für den Bau eines spanischen Atomkraftwerks ca. 15 km jenseits der Grenze.

Beim **Stadtfest Santa Bárbara** (gegen Ende August) zeigen Männer in weißen Röcken den ursprünglich wohl keltischen Tanz der ›Pauliteiros‹ (= Holzstöckchen), mit denen sie um sich schlagen wie dereinst angeblich die Kelten mit ihren Schwertern.

Sehenswert: die ehemalige **Kathedrale** (16. Jh.), dahinter Ruinen des früheren Bischofspalastes und alte Granithäuser (15./16. Jh.) an der Rua Costanilha. Auch das zentral gelegene Volkskundemuseum lohnt einen Besuch.

Pousada de Santa Catarina
Pensionen und Residencial-Häuser: *** Res. Planalto; ** Santa Cruz; ** Vista Bela; nicht klassifizierte Häuser
Camping: Municipal, ca. Mai/Juni–Sept.

Busse der Linie Santos nach Lissabon, Porto und Pocinho (ab dort Züge der Linha do Douro nach Porto; die Bahnstrecke Pocinho–Miranda wurde stillgelegt); Busse der Linie Rodonorte nach Bragança und Pocinho; Busse u. a. auch nach Freixo de Espada à Cinta

PLZ: 5210; **Vorwahl:** 073 (Netz Bragança); **Turismo:** ✆ 42132

Vila Real

Am landschaftlich reizvollen Osthang der Serra do Marão gelegene Bischofs- und Distrikthauptstadt, die sich hoch über dem Rio Corgo erhebt. Vor wenigen Jahren noch wirkte Vila Real wie ein verschlafenes Provinznest. Mit dem Bau der Schnellstraße IP 4 ist es indes gelungen, die Isolation teilweise zu überwinden. Vor allem aber die Gründung der Universität *Universidade de Trás-os-Montes e Alto Douro (UTAD)* Mitte der 80er Jahre wirkte animierend auf das städtische Leben – immerhin muß man zu Vila Reals 16000 Einwohnern etwa 4000 Studenten hinzurechnen.

Frauen am Gemeinschaftsbackofen

Aus der Umgebung kommt der weltbekannte ›**Mateus‹-Roséwein,** der inzwischen jedoch nicht mehr hier, sondern in der Nähe von Porto abgefüllt wird. Einkaufstip: Töpferwaren aus schwarzem Ton.

Besichtigung

Das Stadtzentrum bildet die kurze, breite **Avenida Carvalho Araújo.** Hier liegt das Rathaus aus dem frühen 19. Jh.; im nahegelegenen Gebäude Nr. 17/19 kam angeblich der Seefahrer Diogo Cão zur Welt, der 1482 zur Kongo-Mündung vorstieß. In der Mitte der Avenida steht die Kathedrale.

An der Ausfallstraße Richtung Sabrosa führt nach ca. 2 km ein beschilderter Weg zum **Grafenpalast** der Mateus-Familie, die zeitweise gar den Gouverneur der brasilianischen Stadt São Paulo stellte (Farbabb. 22). Prachtvolle Gärten umgeben diesen wohl nobelsten Herrensitz in ganz Portugal, der im frühen 18. Jh. im Barockstil entstand und nicht zuletzt die Gewinne, die der Weinhandel einst abwarf, widerspiegelt. Noch heute ist das hochherrschaftliche Anwesen von der Familie bewohnt, aber dennoch – wenigstens teilweise – für die Öffentlichkeit zugänglich. Neben kostbaren Teppichen, Gemälden und Mobiliar sind auch erlesene Silber- und Porzellanarbeiten sowie interessante Gravuren zur Illustration der ›Lusíadas‹, dem Hauptwerk des Dichters Luís de Camões, zu sehen.

Hotels: *** Miracorgo; ** Tocaio, ** Cabanelas

Residencial: ** O Vizinho; mehrere nicht klassifizierte Residencial-Häuser und Pensionen

In der Umgebung gibt es außerdem mehrere Häuser für »Turismo no Espaço Rural« (Urlaub im ländlichen Raum) – darunter befinden sich Herrenhäuser wie auch Landgüter.

Campingplatz: ** nordöstlich (1. 2.–31. 12.)

Bahnlinie: Linha do Corgo, ab Régua Züge nach Porto

Busse: Rodonorte-Expressos nach Viseu–Coimbra–Lissabon; Porto; Bragança (Terminal am oberen Ortsende); Busse der Autoviação Tâmega nach Régua, Lamego und Chaves (ab Avenida Carvalho Araújo); Expressos der Rodoviária nach Chaves und Lissabon

Veranstaltungen: Auto- und Motorradrennen, meist 1–3 mal im Jahr

PLZ: 5000; **Vorwahl:** 059; **Turismo:** Av. Carvalho Araújo, ✆ 32 28 19

In der Nähe

Ins Douro-Tal: Vom Mateus-Palast aus empfiehlt sich die Weiterfahrt über Sabrosa nach **Pinhão** am Douro und von dort am Ufer entlang nach Régua (s. S. 260).

In den Alvão-Naturpark *(Parque Natural do Alvão):* Nordwestlich von Vila Real erstreckt sich eine faszinierende Naturlandschaft mit bizarren Felsen, tiefen Schluchten und bis zu 1339 m hohen Bergen. Von Vila Real nehme man die Landstraße in Richtung Chaves, biege links ab nach Borbela und halte sich dann rechts, in Richtung Lamas de Olo. Man kommt an Stauseen vorbei zu kleinen Dörfern, deren Häuser aus grobem Stein mit Stroh bedeckt sind.

Ein Abzweig der Landstraße von Vila Real nach Amarante führt über die Dörfer Campea und Ermelo in den östlichen, ›wilderen‹ Teil des Naturparks.

Murça (40 km Richtung Bragança, über die alte Hauptstraße): Der Ort ist bekannt für die Plastik eines Wildschweines, die aus keltiberischer Zeit stammen soll und auf einem Platz unmittelbar an der Ortsdurchfahrt zu sehen ist.

Gebirge im Landesinneren

Die Beira Interior

›Innere Randzone‹ heißt übersetzt diese Region, die sich über das Bergland zwischen den Flüssen Douro und Tejo hinzieht und im Osten an Spanien grenzt. Sie unterteilt sich in Beira Alta (›Obere Beira‹, Raum Guarda/Viseu) und Beira Baixa (›Untere Beira‹, Raum Castelo Branco) – und hat viele Gesichter. Die meisten Besucher ›überfliegen‹ auf der neuen Schnellstraße IP 5 das felsigkahle Ödland zwischen dem Grenzübergang Vilar Formoso und Guarda am Nordostrand von Portugals höchstem Festlandsgebirge, der im Winter verschneiten Serra de Estrela (1991 m). Unweit nördlich beginnt die Gegend der Wälder und Weinberge um Viseu; nach Süden hin erstrecken sich die Obstplantagen, Weizenfelder und die mit Olivenhainen übersäten Hänge des Distrikts Castelo Branco. Die Beira Interior ist wenig industrialisiert und hat eine überwiegend kleinbäuerliche Landwirtschaft; nur nach Süden hin gibt es auch bedeutenden Großgrundbesitz.

Von allen geliebt, von vielen verlassen

Hünengräber in der Landschaft und zahlreiche Exponate im Stadtmuseum von Castelo Branco zeugen von einer Besiedlung in vorgeschichtlicher Zeit. Südlich des Douro lebte das Hirtenvolk der Lusitaner. Die Römer, die es im 2. Jh. v. Chr. unterwarfen, erschlossen das Land mit Straßen und Brücken. Unter westgotischer Herrschaft residierten bereits Bischöfe in Viseu und der damals blühenden Stadt Idanha-a-Velha (heute ein Dorf mit nicht einmal 100 Einwohnern).

Im Mittelalter waren hier bedeutende Marktplätze. Etliche Städte und Dörfer wurden befestigt, um bis ins 19. Jh. hinein mal spanische, mal französische Invasionen aufzuhalten. Heute aber liegt die Beira Interior abseits.

»Von allen geliebt – von vielen verlassen« – so heißt es im Volksmund über diese Landschaft. Denn Ackerbau, Schaf- und Ziegenzucht bieten den Bewohnern ebensowenig eine Zukunft wie der Wolframbergbau und die veralteten Textilbetriebe in der Serra de Estrela. Allmählich wird zwar in den größeren Städten investiert, seit dem EG-Beitritt erst recht. Automobilmontage und andere neue Industrien – deren Ansiedlung eine Schnellstraße quer durch die Region begünstigt – kamen aber erst nach Jahren massenweiser Landflucht.

Waren zuvor viele Menschen nach Brasilien emigriert, so begann Ende der 50er Jahre die Auswanderung nach Frankreich – anfangs noch illegal, da ein Paß für die legale Ausreise nur schwer zu bekommen war. Schlepper brachten Emigranten über die grüne Grenze, quer durch Spanien und über die Pyrenäen. In den 60er Jahren wurden – bei nunmehr gelockerten Auswanderungsbestimmungen – ganze Dörfer weitgehend entvölkert.

In Stadt und Land hat die Abwanderung zu einem starken Wohlstandsge-

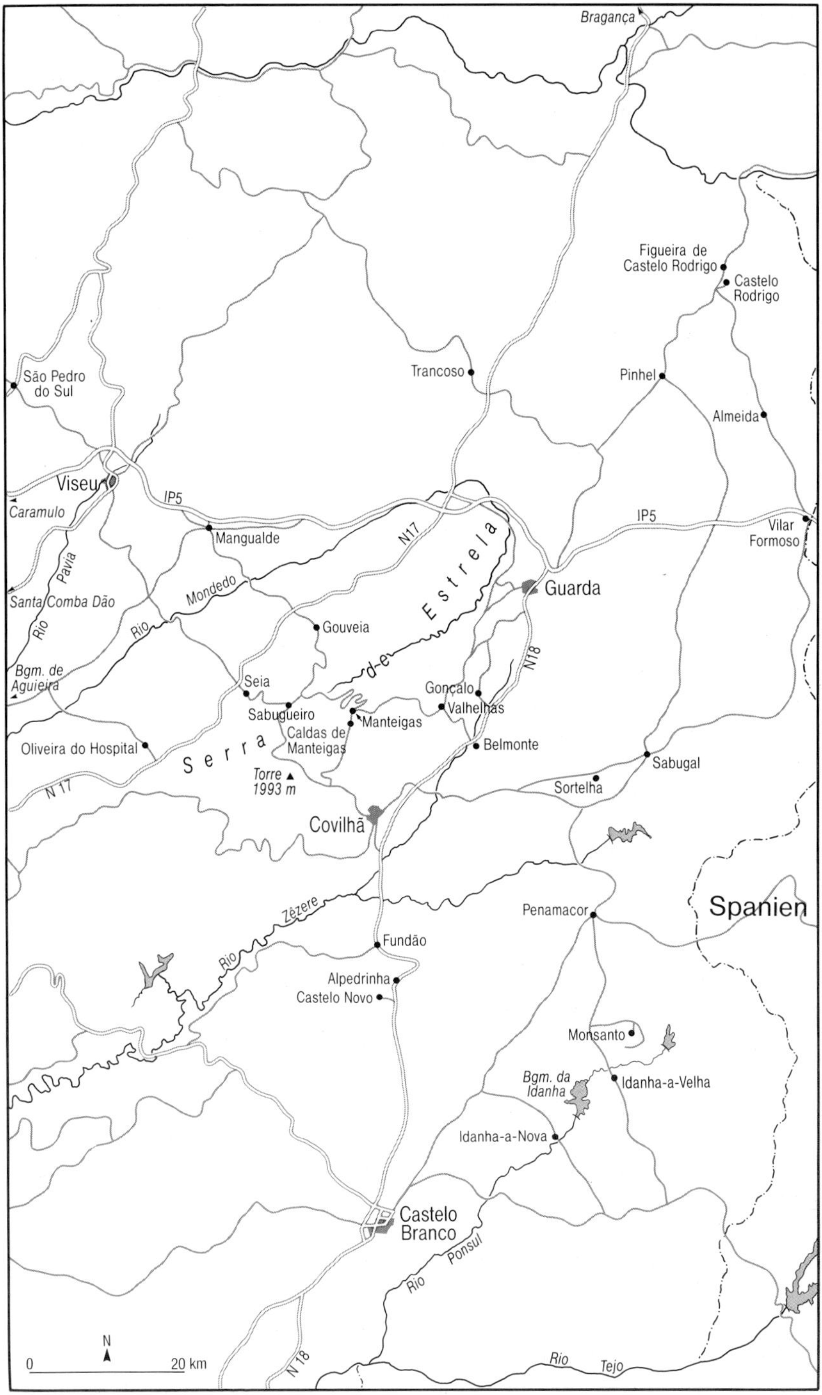
Bragança
Figueira de Castelo Rodrigo
Castelo Rodrigo
São Pedro do Sul
Trancoso
Pinhel
Almeida
Viseu
Caramulo
IP5
Mangualde
N17
Serra de Estrela
IP5
Vilar Formoso
Guarda
Rio Pavia
Santa Comba Dão
Rio Mondedo
Gouveia
N18
Bgm. de Aguieira
Seia
Gonçalo
Sabugueiro
Manteigas
Valhelhas
Caldas de Manteigas
Belmonte
Oliveira do Hospital
Sabugal
Sortelha
Torre 1993 m
N 17
Covilhã
Spanien
Penamacor
Rio Zêzere
Fundão
Alpedrinha
Castelo Novo
Monsanto
Bgm. da Idanha
Idanha-a-Velha
Idanha-a-Nova
Castelo Branco
Rio Ponsul
N
0
20 km
N 18
Rio Tejo

fälle geführt. In vielen Dörfern sieht man heute neben den kleinen Granithäusern der daheimgebliebenen Bauern auch französisch inspirierte Rückkehrer-Villen mit breiten Veranden und grell-bunt verkachelten Wänden. Die Landflucht unter der Jugend hält unterdessen weiter an.

Die verbliebenen, meist älteren Menschen sind von tiefer Religiosität. Die Kirche spielt nicht nur eine wichtige Rolle im Dorfleben; lange waren Priesterseminare für manche Eltern die einzige Möglichkeit, eine höhere Schulbildung für ihre Söhne zu erreichen.

Sprichwörtlich sind Offenherzigkeit und Gastfreundschaft der Einheimischen, zu deren Volksfesten Fremde stets willkommen sind. Die interessantesten ›Festas‹ finden im August statt, wenn die Beira Interior eine regelrechte Völkerwanderung erlebt: Dann nämlich beginnen in Frankreich die Werksferien, die die meisten Emigrantenfamilien in der Heimat verbringen wollen. Für einen Monat kommt Leben in die verlassenen Dörfer, und besonders die Pfarrer haben Hochkonjunktur. Viele junge Paare wollen im Kreise der ganzen Familie heiraten, und die ist eben nur im Sommer vollständig versammelt.

Typische Gerichte: Gebratenes Zicklein *(Cabrito Assado),* Blutwurst *(Morcela),* Hammelklein (*Maranho,* in Sertã), Wildgerichte (*Pratos de Caça,* in Pinhel), Forellen (*Trutas,* in Sabugal), Stockfisch (*Bacalhau Dourado,* in Nelas), Käse aus der Serra de Estrela *(Quejio da Serra)*

Süßspeisen: Biskuitkuchen *(Pão-de-Ló),* Eiersüßspeise (*Doce de Ovos,* in Viseu), Mandelsüßspeise (*Doce de Amêndoa,* in Vila Nova de Foz Coa)

Weine: *Dão* (renommierte Rot- und Weißweine, um Viseu), *Pinhel* (Hellrot und Weiß), Süßwein *(Jeropiga)*

Kunsthandwerk: Wolldecken *(Colchas de Lã),* Klöppelspitzen *(Rendas de Bilros)* und Stickereien *(Bordados)* aus dem Raum Viseu, schwarzer Ton *(Barro Preto)* aus dem Raum Viseu, bestickte Decken (*Colchas Bordadas,* mit orientalischen Motiven) aus Castelo Branco, Weidenflechtarbeiten *(Trabalhos em Vime)* aus Gonçalo bei Belmonte

Belmonte

Kleinstadt am Ostrand der Serra de Estrela, auf einem Hügel über dem Rio Zêzere. Fast jedes Schulkind in Portugal kennt Belmonte als den Geburtsort des Brasilien-Entdeckers Pedro Álvares Cabral (1467–1520). In den letzten Jahren wurde die 3000 Einwohner zählende Stadt außerdem zu einem Symbol für ein ›jüdisches Erwachen‹. Am Ort leben viele Nachfahren von Juden, die sich während der Inquisition vom 16. Jh. an notgedrungen zum Katholizismus bekannten und taufen ließen. In den Familien aber hielten sich über die Jahrhunderte noch die alten jüdischen Traditionen.

Nach Abschaffung der Inquisition im Jahre 1821 kamen aus Nordafrika die Nachfahren ausgewanderter Juden ins Land und gründeten in Lissabon offiziell eine Gemeinde (vgl. S. 56f.). Hiervon erfuhren auch die ›Kryptojuden‹, die heimlichen Juden

Dorf in der Beira Alta

von Belmonte, die sich aber noch nicht offen zu ihrem wahren Glauben bekennen wollten. Entdeckt wurden sie von einem polnischen Juden namens Samuel Schwarz, der 1917 als Mineningenieur in die Gegend kam und sich darüber wunderte, daß viele Menschen kein Schweinefleisch aßen und samstags nur ungern arbeiteten. Er fand das Vertrauen der Familien, die sich allmählich zu erkennen gaben.

Seit 1989 haben sich nicht wenige getaufte Kryptojuden offiziell zum Glauben ihrer Vorfahren bekannt. Der Bau einer Synagoge ist geplant.

Besichtigung

Den Ort dominiert eine mehrfach restaurierte **Burg** aus dem 13. Jh. mit einem manuelinischen Fenster. Nahebei steht die romanische Kirche **São Tiago** aus dem späten 13. Jh. In einer angebauten Kapelle sind Mitglieder der Cabral-Familie beigesetzt. Ein moderner Sarkophag enthält Asche des eigentlich in Santarém (s. S. 283) beigesetzten Brasilien-Entdeckers Pedro Álvares Cabral.

An der Straße nach Guarda sieht man nach ca. 2 km rechts den **Turm von Centum Cellas**, über dessen Ursprung die Archäologen weiterhin rätseln. Wenn er – wie manche meinen – aus der Römerzeit stammt, so bleibt noch immer unklar, wozu er diente.

Hotel: Belsol (am Stadtrand, gut)
Pension: ** Altitude

Bahnlinie: Linha da Beira Baixa (Bahnhof ca. 4 km)

Busse: (Rodoviária, Joalto) nach Castelo Branco, Covilhã, Guarda und Manteigas sowie Coimbra, Lissabon und Porto

Markt am 1. und 3. Montag jedes Monats; große Märkte am 25. 3., 2. 9., 8. 12.
PLZ: 6250; **Vorwahl:** 075 (Netz Covilhã);
Turismo: ✆ 911488

In der Nähe

Gonçalo: kleines Dorf an einem Abzweig der Straße nach Guarda. Die Bewohner leben größtenteils von Korbflechterei. Größter Betrieb ist die 1974 von Arbeitern gegründete Kooperative CEESCOOPE (Besichtigung möglich).

In Richtung Manteigas passiert man den einstigen römischen Verkehrsknotenpunkt **Valhelas.** Neben der Autobrücke führt eine römische Brücke über den Rio Zêzere. Schöner Campingplatz am Fluß.

Sortelha (ca. 15 km östlich): Bildschönes Bergdorf mit Burgruine, Prangerpfahl und typischen Granithäusern.

Castelo Branco

Ein weites Olivenanbaugebiet umgibt diese alte Festungsstadt über dem nördlichen Tejo-Tal (472 m ü. d. M.) mit ca. 27000 Einwohnern. In der Umgebung siedelten schon die Römer, den Ort selbst gründete 1182 der Templerorden, der auch Burg und Mauern errichten ließ. Die frühere Bischofsstadt (1771–1881) ist heute Zentrum eines Verwaltungsdistriktes mit ca. 240000 Einwohnern. Einkaufstips: mit orientalischen Motiven bestickte Decken. Kulinarische Spezialität: pikanter Käse. Wochenmarkt montags.

Besichtigung

Stadtmittelpunkt ist der längliche Largo do Município. Nördlich davon liegt **Jardim Episcopal,** der einst zum benachbarten Bischofspalast gehörte und als originellste Parkanlage des Landes gilt. Zwischen Hecken und Springbrunnen ›sprießen‹ überall barocke Statuen empor, die Tugenden, Tierkreiszeichen, Jahreszeiten oder Erdteile symbolisieren; Erzengel, Apostel, Heilige und Monarchen stehen an den Treppenaufgängen Spalier. Die offenbar strittige Frage, ob man auch die ungeliebten Könige aus der Zeit der spanischen Fremdherrschaft (1580–1640) darstellen sollte, wurde elegant gelöst: Die Statuen der spanischen Herrscher Filipe I., II. und III. sind viel kleiner ausgefallen als die der portugiesischen Monarchen.

Königsstatuen im Garten des Bischofspalastes

Das im angrenzenden ehemaligen Bischofspalast untergebrachte **Museum Tavares Proença Junior** (1993 war der Bau wegen Umbauarbeiten geschlossen) zeigt bedeutende prähistorische und römische Funde sowie alte Ackerbaugeräte, Gemälde der portugiesischen Schule, flämische Gobelins und bestickte Decken aus Castelo Branco. Die im gleichen Gebäude untergebrachte Schule, in der solche Decken gestickt werden, war 1993 ebenfalls geschlossen (Besichtigung, Verkauf ansonsten werktags).

Einen guten Blick über Stadt und Umgebung bietet die Templerburg aus dem 13. Jh.

Hotel: *** Rainha Dona Amélia
Motel: ***da Represa (ca. 10 km)
Pensionen und Residencial-Häuser: *** Res. Arraiana (gut), *** Res. Caravela, *** Res. Terminal; ** Império, ** Lisbonense, ** Res. Martinho
Camping: ** Municipal, 3 km Richtung Covilhã (ca. 2. 1.–19. 11.)

Bahnlinie: Linha da Beira Baixa (nach Guarda und Lissabon)
Busse: Rodoviária-Expressos nach Coimbra, Santarém–Lissabon, Penamacor–Sabugal, Monsanto–Monfortinho; Nahbusse auch Richtung Covilhã und Portalegre

PLZ: 6000; **Vorwahl:** 072; **Turismo:** Largo do Município, ✆ 21002

In der Nähe

Stausee Barragem da Idanha (ca. 50 km nordöstlich, nahe Idanha-a-Nova): Hier wird der Rio Pônsul zur Bewässerung des umliegenden Landes aufgestaut. Angel- und Wassersportmöglichkeiten.

Nahebei liegt **Idanha-a-Velha,** ein kleines Dorf mit weniger als 100 Einwohnern – aber großer Vergangenheit. Die Römer gründeten den Ort unter dem Namen Civitas Egaetidanis, die Westgoten benannten ihn in Egitânia um und erhoben ihn im 6. Jh. zur Bischofsstadt. Bis zum Einfall der Mauren, die den blühenden Ort zerstörten, ließen hier mehrere Westgotenkönige Münzen prägen. Ein Bewohner des Dorfes hat den Schlüssel zur einstigen Kathedrale, die im 6. Jh. über einem römischen Tempel erbaut und mehrfach umgestaltet wurde. Innen befindet sich eine bedeutende Sammlung von Steinen mit lateinischen Inschriften. Gleich bei der Kathedrale sieht man ein Tor und Reste einer römischen Straße. Unter den Dorfstraßen werden noch weitere Reste der einstigen Römerstadt vermutet.

Von hier nach **Monsanto,** einem typischen Bergdorf, über dem der Templerorden im 12. Jh. eine Burg errichtete. Von weitem erkennt man zunächst nur einen schroff-zackigen Bergkamm, erst aus der Nähe sieht man auch kleine, teils direkt an die Felsen gebaute Wohnhäuser aus grobem Granitstein. ›Armut adelt‹, dachte man zu Zeiten des Salazar-Regimes. Bei einem Wettbewerb wurde Monsanto daher zum ›portugiesischsten Dorf von Portugal‹ erkoren. Das war 1940, kurz ehe die Massenemigration begann. Am Ort wohnen heute überwiegend ältere Menschen, die jüngeren sind längst ab- oder ausgewandert. Dorffest am ersten Sonntag im Mai. *Unterkunft* in der neuen, 1993 fertiggestellten Pousada.

Von Castelo Branco nach Covilhã: An der landschaftlich reizvollen Strecke lohnen sich kurze Stops in **Castelo Nova** (Bergdorf am Fuße der kahlen Serra da Gadunha) und im Weinort **Fundão.**

Guarda

Portugals höchste und im Winter kälteste (oft verschneite) Stadt mit über 15000 Einwohnern am Ostrand der Serra de Estrela (1056 m ü. d. M.). Gründer war 1199 König Sancho I., der den Bischofssitz von Egitânia (heute Idanha-a-Velha, s. o.) hierher verlegte und die Stadt zur Grenzfestung ausbauen ließ. Seither mußte Guarda – ebenso wie die Burgen im

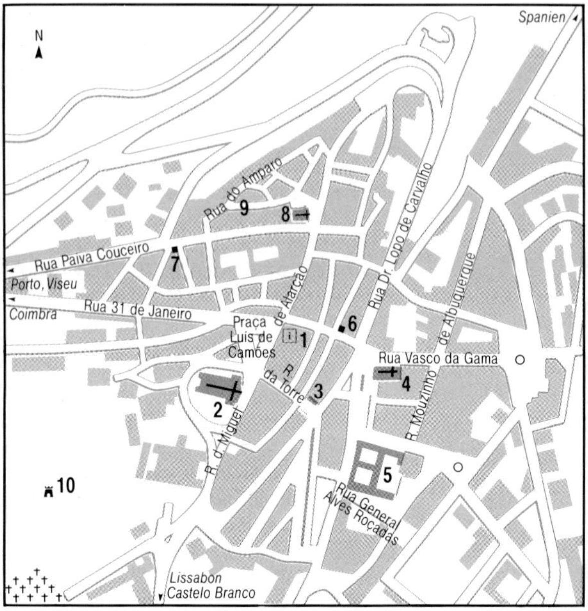

Guarda
1 Rathaus/ Turismo-Büro
2 Kathedrale
3 Feirreiros-Turm
4 Misericórdia-Kirche
5 Regional-museum
6 Porta da Estrela
7 Porta d'El-Rey
8 Kirche São Vicente
9 Früheres Judenviertel
10 Burg

felsigen Umland – zahlreichen Invasionen widerstehen; zuletzt richteten die Truppen Napoleons im Jahre 1809 schwere Schäden an. Heute ist Guarda Bischofssitz und Hauptstadt eines überwiegend ländlichen Verwaltungsdistriktes mit sehr starker Emigration. Am Ort gibt es Textilindustrie und ein Werk für die Herstellung von Autoteilen.

Besichtigung

Stadtzentrum ist die dreieckige Praça Luís de Camões mit einer Statue des Gründers Sancho I. Den Platz umgeben Häuser aus drei Jahrhunderten, manche mit Arkadengängen. Hier findet sich auch das manuelinische Rathaus (16. Jh.) mit dem **Turismo-Büro.** An der Südspitze des Platzes erhebt sich die **Kathedrale** (Sé), ein wehrhafter, dreischiffiger Bau, 1390 gotisch begonnen und 150 Jahre später mit Elementen aus Manuelinik und Renaissance vollendet (montags geschlossen). Hinter der Kathedrale sind Reste einer Burg (12./13. Jh.) zu sehen.

Von der Praça de Camões führt die schmale Rua da Torre zum **›Schmiedeturm‹** (*Torre dos Ferreiros,* oben Wetterstation, Besteigung ist nicht möglich). Ganz in der Nähe liegt die Misericórdia-Kirche (17. Jh.), unweit rechts davon, an der Rua General Alves Roçadas, der **ehemalige Bischofspalast** (heute Stadtmuseum, u. a. Archäologie, Malerei, Handwerk).

In Zentrumsnähe befinden sich noch die Porta da Estrela (›Sternentor‹) und die Porta d'El-Rey (›Königstor‹), beides Reste der Stadtmauer, und schließlich das einstige Juden-Ghetto in der Rua do Amparo. Sehenswert ist schließlich die barocke Kirche **São Vicente** mit Azulejo-Darstellungen einiger Christus-Szenen.

Hotels: *** do Turismo; in Celorico da Beira (ca. 25 km, an der Straße Richtung Coimbra) gibt es das *** Hotel Miraserra
Pensionen und Residencial-Häuser: **** Filipe; *** Res. Aliança; ** Res. Gare, ** Res. Moreira, ** Guardense; * Res. Beira Serra
Turismo de Habitação: Solar de Alarcão (zentral)
Camping: ** Orbitur

Bahnlinie: Linha da Beira Alta, Linha da Beira Baixa, Fernzüge Lissabon/Porto–Paris; Bahnhof ca. 4 km
Busse: Rodoviária–Expressos Richtung Coimbra–Lissabon, Viseu, Porto, Castelo Branco, Vilar Formoso (Grenze); Joalto-Expressos u. a. nach Castelo Branco und Lissabon; Nahverbindungen der Rodoviária und der Privatlinie Viuva Monteiro

PLZ: 6300; **Vorwahl:** 071; **Turismo:** Praça de Camoẽs, ✆ 222251

In der Nähe

Sabugal (ca. 30 km südlich): Mittelalterliche Festungsstadt am Rio Coa mit einer gut erhaltenen Burg aus dem 12. Jh.

Trancoso (ca. 45 km von Guarda, links der Straße nach Bragança): Marktort mit ca. 2500 Einwohnern und regem Kommerz, dessen wirtschaftliche Blüte aber schon 700 Jahre zurückliegt. Hier heiratete König Dinis 1282 seine ›Heilige Königin‹ Isabel von Aragon. Eine mittelalterliche Mauer mit mehreren Toren umgibt den alten Ortskern. Beachtung verdienen dort die aus dem 13. Jh. stammende romanische Kirche Santa Luzia, der manuelinische Prangerpfahl und einige wappengezierte Adelshäuser. Eine Burgruine überragt den Ort.

Eine Nebenstrecke nach Bragança führt über die frühere Bischofsstadt **Pinhel** (25 km, ca. 2500 Einwohner) zum einstigen Festungsort **Castelo Rodrigo** (weitere 35 km), heute ein armes, verlassenes Bergdorf, von dem man aber herrliche Weitblicke genießt (nicht zu verwechseln mit dem nahegelegenen neueren Ort Figueira de Castelo Rodrigo).

Almeida (ca. 15 km vom Grenzübergang Vilar Formoso): Kleinstadt mit einer architektonisch interessanten, auf dem Grundriß eines zwölfzackigen Sterns errichteten Befestigungsmauer aus dem 18. Jh. Im alten Ortskern die moderne Pousada Senhora das Neves.

Serra de Estrela

Das ›Sterngebirge‹, höchster Gebirgszug des portugiesischen Festlandes, liegt südwestlich von Guarda. Die **Torre** (1991 m) ist der höchste Punkt dieses Granitmassivs, das mit seinen bewaldeten Tälern, kahlen Hochflächen, schroffen Felsen, Wasserfällen und Bergseen zu Portugals schönsten Naturlandschaften zählt.

Infolge von Landflucht und Emigration hat sich das Leben in der Serra verändert. Noch sieht man aber Schäfer mit ihren Herden. Aus Schafsmilch erzeugt man den Käse **Queijo da Serra** (die industrielle Nachahmung heißt *Queijo Tipo Sera*). Auch Gerberei und Wollverarbeitung haben Tradition. Im 18. Jh. wurde die Stadt Covilhã zum Zentrum der Textilindustrie, die heute veraltet ist. Auch der Wolframbergbau steckt in der Krise. Neue Impulse für die Region

brachte indes die Anfang der 90er Jahre gegründete *Universidade da Beira Interior (UBI)* in Covilhã. Weitere wichtige Städte der Serra sind Guarda (s. S. 269), Manteigas, Gouveia und Seia (s. S. 274, 275).

Das ganze Jahr über ist die Serra für Autotouren (s. u.) sowie Wanderungen (Auskunft über Routen bei den Turismo-Büros) ideal; sie ist Portugals einziges, bei stark schwankenden Wintertemperaturen (−5 bis +15° C) aber wettermäßig unsicheres Skigebiet. Auf den bei Schneefall oft mit dem Auto unpassierbaren Strecken Covilhã–Seia und Covilhã–Manteigas gibt es auch im Sommer keine öffentlichen Transporte.

Penhas Douradas in der Serra de Estrela

Autotouren

Als Ausgangspunkt empfiehlt sich wegen eines großen Angebotes an Hotels und Pensionen der Ort **Covilhã.** Die mit 18000 Einwohnern größte Stadt der Serra wurde 1755 durch das Erdbeben schwer beschädigt. Für den Besucher sind lediglich die Altstadt und die romanische Capela de São Martinho (13. Jh.) sehenswert.

Tour 1

Covilhã–Torre–Seia, knapp 50 km

An der zunächst steil ansteigenden Straße erreicht man nach 11 km die 1500 m ü. d. M. gelegene Häusergruppe **Penhas da Saúde**, ein Ausgangspunkt für Wanderungen (Hotel, Pension, Jugendherberge und Camping am Ort). Ca. 4 km weiter geht es rechts nach Manteigas (s. Tour 2), wir fahren aber geradeaus in Richtung Seia. Gleich rechts neben der Straße erscheint bald der schroffe Gipfel Cântaro Magro (1926 m). 2 km weiter führt die Straße bis zur **Torre** (›Turm‹), eine 1991 m ü. d. M. gelegene Hochebene. Schon von weitem sind alte Meßanlagen der Luftwaffe zu sehen. Ausgerechnet an diesem höchsten Punkt der Serra wurde ein ungenutztes Gebäude zum Ladezentrum umfunktioniert. Nahe der Torre liegen Skipisten mit drei Lifts.

Ab hier geht es bergab, an der Lagoa Comprida (›Langer See‹) vorbei zu Portugals höchstem Dorf **Sabugueiro** (1050 m ü. d. M.). Die meisten Bewohner sind Schäfer oder Bauern. Es gibt ein paar Souvenirläden, die Felle, Kunsthandwerk und Käse (bekommt man bei Bauern billiger) verkaufen.

Nach 11 km Talfahrt erreicht man die Kleinstadt **Seia** mit einigen Textilbetrieben und Gerbereien. Über São Romão (3 km) erreicht man das Dorf Desterro (weitere 3 km), wo ein Holperweg von 500 m zur Granitformation **Cabeça da Velha** (›Kopf der alten Frau‹) führt.

Tour 2

Covilhã–Manteigas–Gouveia, knapp 80 km

Die Strecke ist auf den ersten 15 km identisch mit Tour 1, dann geht es rechts ab in Richtung Manteigas. Die kurvenreiche Straße führt stets am Tal des – in Torre-Nähe entspringenden – Rio Zêzere entlang; überall sieht man kleine Steinhütten und Schäfer mit ihren Herden. Nach 12 km führt rechts ein Abstecher von 6 km zum Wasserfall **Poço do Inferno** (›Brunnen der Hölle‹) mit kristallklarem Wasser. Wieder auf der Hauptstraße passiert man die Thermalstation und die Forellenzuchtanlage von **Caldas da Manteigas** und erreicht **Manteigas** (*Manteiga* = port. Butter; 720 m ü. d. M., ca. 4000 Einwohner).

Weiter in Richtung Gouveia. In Serpentinen windet sich die Straße durch Wälder bergauf zur Pousada São Lourenço (12 km). Ab dort wird die Landschaft felsig-kahl; nach 5 km führt ein Wegweiser links zur Häusergruppe **Penhas Douradas** (1547 m ü. d. M., Wetterstation), von wo man herrliche Weitblicke genießen kann.

Zurück zur Hauptstraße, dann am Stausee Vale do Rossim vorbei zum Mondeguinho-Brunnen (hier entspringt der Rio Mondego). An der nur bis Gouveia abfallenden Straße sieht man bei Kilometerstein 37 rechts den Felsen **Cabeça do Velho** (›Kopf des alten Mannes‹, der allerdings eher aus der entgegengesetzten Richtung seinen Namen rechtfertigt, s. Abb. S.

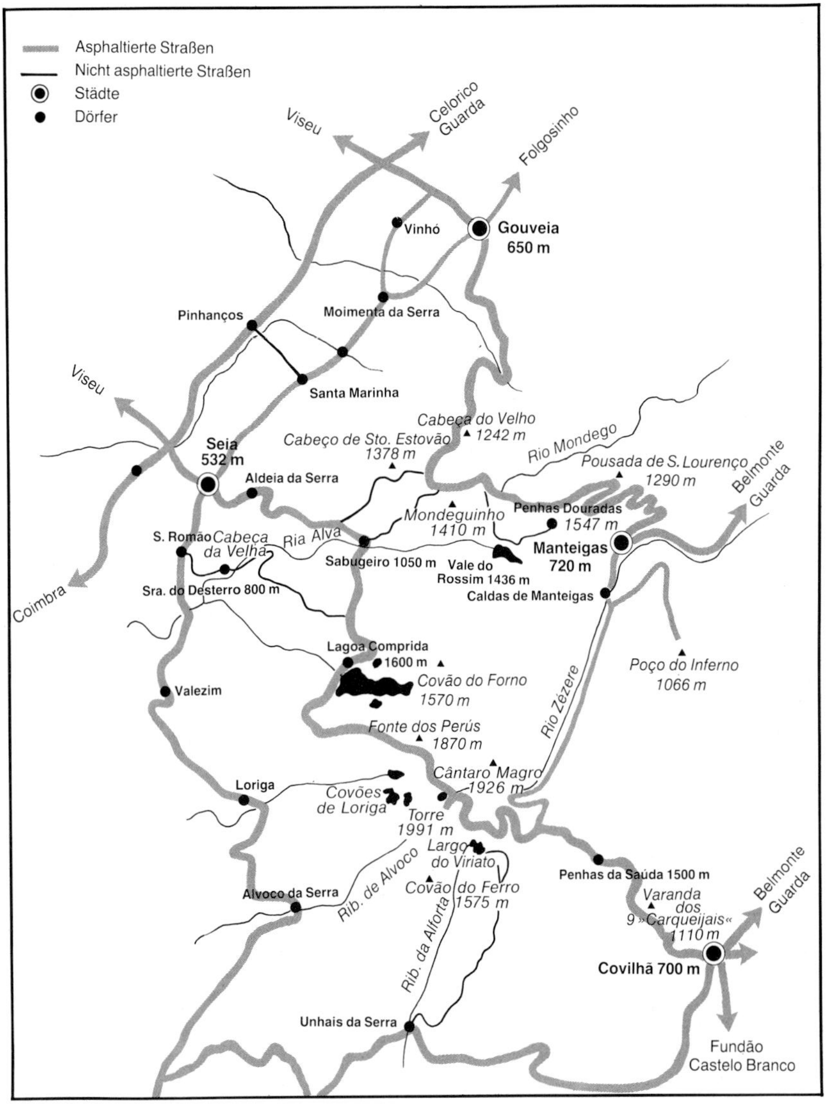

Serra de Estrela

263). Die Tour endet in **Gouveia** (650 m ü. d. M., ca. 4000 Einwohner). Dem hier geborenen Maler Abel Manta (1888–1982) ist ein Museum für Malerei des 20. Jh. gewidmet.

Unterkunft
(in Klammern PLZ und Vorwahlen):

Covilhã (6200/075): *** Res. Montalto, *** Res. Santa Eufémia, *** Res. Solneve; ** Pension Regional; Residência Académia
Penhas da Saúde (6200/075): *** Hotel Serra de Estrela, *** Pension Pastor; Jugendherberge (Pousada da Juventude)
Sabugueiro (6270/038): **** Albergaria Serra do Espinheiro (4 km Richtung Seia);

Privatunterkunft; Turismo Rural: Casas do Cruzeiro
Seia (6270/038): **** Estalagem de Seia; *** Hotel Camelo; *** Res. Serra de Estrela
Manteigas (6260/075): **** Albergaria Berne; ** Pension Serradalto, ** Pension Estrela, Pousada São Lourenço (12 km)
Gouveia (6290/038): ** Hotel de Gouveia, ** Pension Estrela
Campingplätze: Curral do Negro (3 km von Gouveia, 17. 1.–19. 12.), Valhelhas (ca. 20 km von Manteigas, Richtung Belmonte, 15. 5.–30. 9.); Pião (privat, 5 km von Covilhã, ganzjährig); Campingmöglichkeiten in der Serra u. a. bei Penhas da Saúde, Curral do Negro, Covão da Ponte und Covão de Ametade

Bahnlinien: Linha da Beira Alta, Stationen Nelas (für Seia, 25 km) und Gouveia (14 km); Linha da Beira Baixa, Stationen Covilhã (am Stadtrand) und Belmonte/Manteigas (Manteigas ca. 30 km)
Busse: Rodoviária-Expressos von Seia Richtung Coimbra–Lissabon; von Covilhã nach Castelo Branco–Lissabon und Guarda–Viseu–Porto; Joalto-Expressos Covilhã–Lissabon; Gouveense-Busse Gouveia–Lissabon sowie Gouveia–Bahnhof

Märkte/Feste: *Covilhã:* Carnaval da Neve (Karneval im Schnee); Jahrmarkt Feira de São Tiago Ende Juli. *Gouveia:* Jahrmarkt am 2. Sonntag im August. *Manteigas:* Markt jeden 1. Samstag im Monat

Turismo-Büros: Covilhã, Praça do Município, ✆ 322170; Seia, ✆ 22272; Manteigas, ✆ 981129; Gouveia, ✆ 42185

Viseu

Von Weinbergen und dichten Wäldern umgebene Bischofsstadt am Rio Pavia mit ca. 22000 Einwohnern und einer pittoresk-verwinkelten Altstadt. Zu ihren großen Söhnen zählt – angeblich – der Lusitanerheld Viriato, der den Widerstand gegen die Römer leitete, die ihn daraufhin 139 v. Chr. ermorden ließen. Im 8. Jh. fiel die

Olivenernte

Stadt an die Mauren, die sie 1057 an Fernando I. von Léon verloren. Als Geburts- und Arbeitsort des Malers Vasco Fernandes (genannt Grão Vasco, ?–1542) entwickelte sich der Ort im 16. Jh. zu einem Zentrum portugiesischer Malerei. Aus dem Umland der Distriktmetropole – die immer mehr Mittel- und Kleinindustrie anzieht – kommen die berühmten Dão-Weine.

Besichtigung

Von der zentralen Praça da República (Rossio) führt links der großen Azulejo-Wand eine schmale Straße ein Stück bergauf; durch den Torbogen Porta do Soar de Cima betritt man die Altstadt. Deren Mittelpunkt ist die **Kathedrale** (Sé), ein ursprünglich romanischer, dreischiffiger Bau aus dem 12. Jh., der ab 1513 zunächst manuelinisch umgestaltet wurde. Die barocke Fassade kam im 18. Jh. hinzu. In Begleitung eines Küsters erreicht man über den Hochchor der Kathedrale den sehenswerten Kirchenschatz.

An die Kathedrale grenzt der ehemalige Bischofspalast, der heute das **Museum Grão Vasco** beherbergt. Dort hängen zahlreiche Gemälde von Vasco Fernandes, aber auch anderen portugiesischen und ausländischen Malern.

Gegenüber der Kathedrale erhebt sich die barocke Misericórdia-Kirche aus dem 18. Jh. Südlich der Kathedrale liegt die kleine Praça Dom Duarte. Benannt sind der Platz und eine von ihm abgehende Straße nach König Duarte (1433–1438), der 1931 in Viseu zur Welt kam (angeblich im Haus Nr. 39).

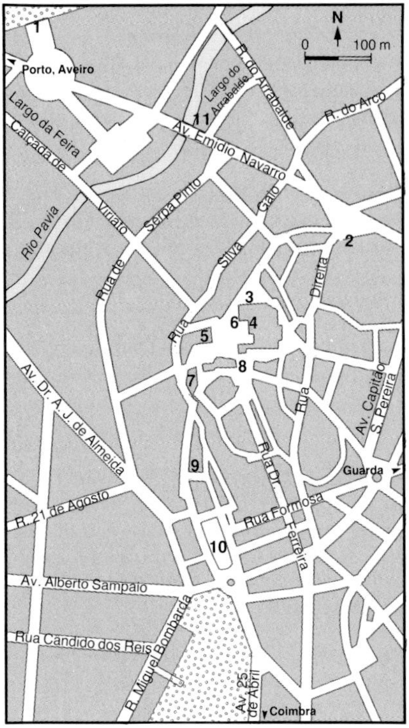

Viseu
1 Viriato-Denkmal 2 São Bento 3 Museu Grão Vasco 4 Kathedrale 5 Misericórdia-Kirche 6 Largo de Sé 7 Porta do Soar 8 Praça Dom Duarte 9 Museu Almeida Moreira 10 Praça da República 11 Casa da Ribeira

Begrenzt wird die Altstadt im Osten von der schmalen, pittoresken Rua Direita mit zahlreichen Läden, Kneipen und Restaurants. Die Straße stößt im Norden auf die breite Avenida Emídio Navarro, die in nordwestliche Richtung den Rio Pavia überquert. Gleich rechts nach der Brücke ist das kommunale Handwerkszentrum **Casa da Ribeira** (schließt Mo), wo man Frauen und Männer beim Malen, Weben, Sticken, Holzschnitzen und Klöppeln beobachten kann.

Hotels: **** Grão Vasco; *** Moinho de Vento, *** Maná; ** Avenida
Pensionen und Residencial-Häuser: *** Res. Bela Vista, *** Res. D. Duarte, *** Rossio Parque, *** Res. Duque de Viseu; *** Lusitano, ** Res. Viriato, ** Res. Viseense
Camping: ** Orbitur
Im Umland gibt es mehrere Häuser der Turismo de Habitação und Turismo Rural.

Busse: ab Busbahnhof *(Central de Camionagem)* Expressos der Rodoviária, teils auch anderer Linien, nach Coimbra–Lissabon, Lamego–Chaves, Guarda–Fundão, Porto–Braga; verschiedene Linien nach Régua–Vila Real–Chaves, Lamego–Vila Real–Chaves–Bragança u. a.; zahlreiche Nahverbindungen

Feste/Veranstaltungen: Feira de São Mateus mit Ausstellungen, Folklore, Feuerwerk im September; Wochenmarkt ist jeden Dienstag.

PLZ: 3500; **Vorwahl:** 032; **Turismo:** Av. Calouste Gulbenkian, ✆ 422014

In der Nähe

Santa Comba Dão (ca. 40 km Richtung Coimbra): Weinort mit ca. 3000 Einwohnern, Heimat des Diktators Salazar, der in der Nähe auch begraben liegt.

In Richtung Coimbra ist der Mondego-Stausee **Barragem da Aguieira** (Wassersportmöglichkeiten) ausgeschildert.

São Pedro do Sul (20 km Richtung Aveiro, über alte Landstraße; die Anfahrt über die neue Schnellstraße ist schöner, aber weiter): von Wein-Terrassen umgebener Ort am Zusammenfluß von Vouga und Sul. 3 km weiter liegt der Thermalkurort Termas de São Pedro do Sul mit 68,7° C warmen Schwefelquellen.

Mangualde (18 km südöstlich): Städtchen mit einem Citroën-Montagewerk, wo 1990 die letzte ›Ente‹ vom Band lief. Unterkunft etwas außerhalb im schön gelegenen *** Hotel Senhora da Serra.

Caramulo (ca. 50 km südwestlich von Viseu, Zufahrt über Tondela): kleiner Ort im gleichnamigen Gebirgszug, ca. 800 m ü. d. M. Früher war Caramulo ein Luftkurort für Tuberkulosekranke, heute stehen mehrere ehemalige Sanatorien leer. Interessant ist das Museu de Caramulo der Stiftung *Fundação Abel Lacerda,* das sich über zwei benachbarte Gebäude verteilt (nicht selten ist aber eines der beiden Museen geschlossen). In einem Gebäude ist eine bedeutende Sammlung von Oldtimern zu sehen, darunter ein Rolls-Royce ›Phantom III‹, Baujahr 1937, der u. a. den US-Präsidenten Eisenhower, Königin Elisabeth II. und die Päpste Paul VI. und Johannes Paul II. bei Portugal-Besuchen beförderte. Das andere Gebäude beherbergt ebenfalls Automobile (einige aus der Zeit der Jahrhundertwende), aber auch Motor- und Fahrräder. In einer Sektion für Kunst sind flämische Tapisserien aus dem 16. Jh., aber auch einige Werke moderner Künstler wie Dufy, Dalí, Picasso, Chagall und der portugiesischen Malerin Helena Vieira da Silva ausgestellt.

Unterkunft: *Pousada* de São Jerónimo; *Pension:* ** São Cristóvão. *PLZ:* 3475; *Vorwahl:* 032 (Netz Viseu); *Turismo:* ✆ 861437

Santarém und Tomar sind die größten Städte dieser Übergangslandschaft am Tejo-Unterlauf, die ca. 25 km nordöstlich Lissabons beginnt und aus zwei Teilen mit unterschiedlichen geographischen und sozialen Merkmalen besteht. Rechts des Tejo dominiert dicht besiedeltes Hügelland mit kleinbäuerlichem Grundbesitz und Getreide-, Wein- und Olivenkulturen. Am linken, südlichen Tejo-Ufer erstreckt sich dagegen weites, flaches und dünn besiedeltes Marsch- und Schwemmland mit großen Latifundien (die ebenso wie im Alentejo 1975/76 teilweise enteignet wurden). Dieses Tiefland, wo das Hochwasser zwischen Januar und April mancher Jahre Städte und Dörfer heimsucht, bildet Portugals reichste Agrarregion. Angebaut werden vor allem Weizen und Reis, Tomaten, Melonen und Wein. Zudem liegen hier die satten Weiden für die Rinder- und Pferdezucht – nicht zufällig ist der Ribatejo das Zentrum des portugiesischen Stierkampfes. Nach Süden hin wachsen Korkeichen, Kiefern und immer mehr auch Eukalyptusbäume. Wichtige Industrieerzeugnisse sind Konserven und Tomatenmark, daneben gibt es Automobilmontage, Metall- und Keramikindustrie.

An den Ufern des Tejo

– Der Ribatejo

Stierkampf und Steinsuppe

Im Ribatejo ist der Stierkampf beheimatet (s. S. 103), der in vielen Orten auf zwei unterschiedliche Arten dargeboten wird: entweder als *Corrida,* also in einer speziellen Arena, oder als *Largada,* bei der die Stiere in den Straßen der Stadt losgelassen werden. Besonders die Straßenstierkämpfe sind Attraktionen bekannter Volksfeste wie der ›Roten Weste‹ (*Colete Encarnado,* Anfang Juli) in Vila Franca de Xira oder der ›Grünen Mütze‹ (*Barrete Verde,* Mitte August) in Alcochete.

Rote Weste, grüne Mütze, dazu noch schwarze Hose, weiße Socken, braune Schuhe – und schon hat man die Tracht der berittenen Stierhirten *(Campinos),* die sich in diesem Aufzug zumindest bei Folklorefesten zeigen. Jeweils zwei von ihnen tanzen den *Fandango,* bei dem sie – wie könnte es anders sein – um die Gunst eines schönen Mädchens wetteifern.

Fandango wie auch andere Volkstänze und – selbstverständlich – Stierkämpfe sind bei Santaréms alljährlicher Agrarmesse im Juni zu sehen; für Pferdefreunde empfiehlt sich im November die Pferde- und Reitschau von Golegã.

Wer schon einmal im Ribatejo ist, sollte in Almeirim eine *Sopa de Pedra*

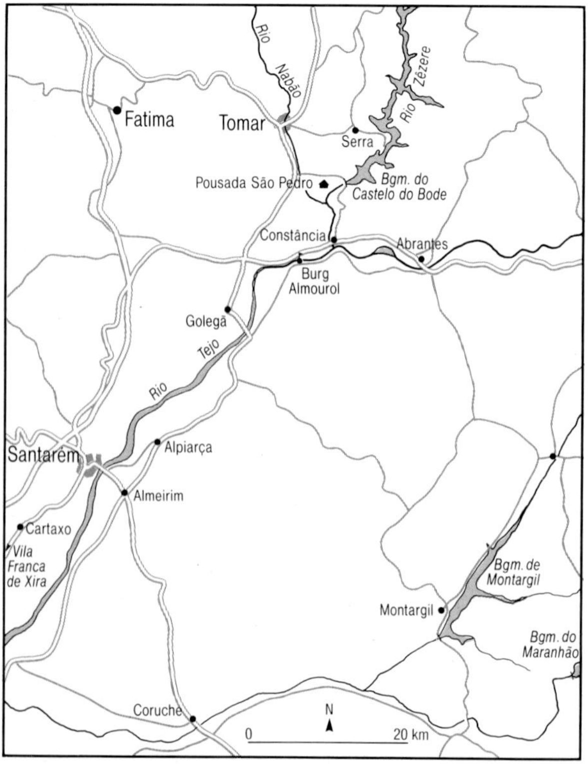

Der Ribatejo

Altstadtgasse in Abrantes

– Steinsuppe – probieren (möglichst ohne die namengebende Zutat zu verschlucken). Um das Rezept rankt sich eine alte Legende: Ein Bettelmönch klopfte eines Tages an eine Haustür und bat um etwas zu essen. Der Hausherr wies ihn zwar ab, die Bitte, sich zumindest etwas Wasser erhitzen zu dürfen, um aus einem Stein eine nahrhafte Suppe zu bereiten, konnte er dem Mönch aber nicht verweigern. Vor den Augen der staunenden Familie kochte der Mönch das Wasser auf und gab den Stein vorsichtig hinein. »Zur Suppe gehören doch auch etwas Kohl, Möhren, Kräuter, Bohnen, Speck und Salz«, belehrte ihn die Hausfrau – und im Nu hatte der Mönch eine köstliche Suppe, in der nur eine Zutat überflüssig war – der Stein. Den hob er sich für die nächste Suppe auf.

Typische Gerichte: ›Steinsuppe‹ (*Sopa de Pedra,* in Almeirim), Brotsuppe *(Açorda),* Aalragout *(Ensopa de Enguias),* Kalbssteak *(Bifte de Novilho)*

Süßspeisen: *Celestes* (Santarém), *Tigeladas de Ovos* und *Palha* (Abrantes), *Queijinhos Doces* (Tomar), Melonen *(Melões)*

Weine: Bekannt sind vor allem die Rot- und Weißweine aus Cartaxo, außerdem *Almeirim, Azambuja und Salvaterra.*

Kunsthandwerk: Gegerbte Felle *(Pelles Curtidas)*

Abrantes

An einer militär-strategischen Schlüsselstellung hoch über dem rechten Tejo-Ufer erbautes Städtchen mit ca. 11000 Einwohnern. Schön ist vor allem die Altstadt mit ihren schmalen kopfsteingepflasterten Gassen und den blumengeschmückten weißen Häusern. Leider wurde die ehemals überaus reizvolle Rua de Santa Isabel durch einige Neubauten nicht gerade verschönert.

Besichtigung

Einen guten Rundblick bietet die von einem Park umgebene **Burg,** die sich über der Stadt erhebt. Die ursprünglich römische, später maurische Festung ließ König Afonso Henriques 1149 verstärken, unter König Dinis kam 1303 der mächtige Bergfried hinzu. In der Burg liegt die 1215 gegründete, nach einem Erdbeben 1433 restaurierte Kirche Santa Maria do Castelo, in der heute das Regionalmuseum **Dom Lopo de Almeida** untergebracht ist. Es zeigt Funde aus der Römerzeit sowie u. a. Sevillaner Azulejos aus dem 16. Jh.

Hotels: *** Turismo (zentral), *** Abrantur (neu, bei Pego, ca. 8 km)
Pensionen und Residencial-Häuser: *** Res. Tubuci, *** Res. Vera Cruz (in Rossio ao Sul do Tejo, am anderen Tejo-Ufer), *** Res. Lírius; ** Aliança, ** Central; * Abrantes, * Duarte (in Rossio ao Sul do Tejo)
Camping: Castelo do Bode, Richtung Tomar, ca. 20 km

Bahnlinien: Linha da Beira Baixa, Linha do Leste, Fernzüge Lissabon–Madrid (Bahnhof ca. 4 km)
Busse: Rodoviária-Expressos nach Santárém und Lissabon, Nahbusse u. a. nach Tomar, Coimbra, Leiria, Fátima, Portalegre

Jahrmarkt: Ende Februar/Anfang März; **Kunsthandwerksmesse:** Mai oder Juni
PLZ: 2200; **Vorwahl:** 041; **Turismo:** Largo de Maio, ✆ 22555

In der Nähe

Dort, wo der Rio Zêzere in den Tejo mündet, liegt die idyllische Kleinstadt **Constância** (16 km westlich von Abrantes). Üppige Blumenpracht ziert die weißen Häuser. Ein kleiner botanischer Garten trägt den Namen des Dichters Luís de Camões, der einige Zeit hier lebte. Von Bedeutung war früher die Flußfischerei. Seit dem 17. Jh. begeht man am Ostermontag (lokaler Feiertag) das Fest zu Ehren von ›Nossa Senhora da Boa Viagem‹ (Unsere Liebe Frau der guten Fahrt), bei dem festlich beflaggte Boote gesegnet werden. Auf diese Weise wollte man einst böse Geister austreiben. Als Unterkunft empfiehlt sich das Landgut Quinta de Santa Barbara (ein früheres Kloster mit Zimmern und Ferienwohnungen, deutsche Leitung; auch Reitunterricht wird angeboten).

Burg Almourol (ca. 8 km weiter westlich; Farbabb. 18): eine Burg wie aus dem Bilderbuch. Vom Templerorden, der im Mittelalter die Tejo-Linie gegen die Mauren zu verteidigen hatte, wurde die Anlage 1171 auf einer heute von Kakteen bewachsenen Insel mitten im Fluß erbaut. Bei gutem Wetter kann man mit einem Ruderboot übersetzen und den Turm der Burg besteigen; der ›Fährmann‹ rudert auf Wunsch auch um die Insel herum.

Santarém

Hauptstadt des Ribatejo (ca. 25000 Einwohner) und Zentrum des portugiesischen Stierkampfes. Zur Römerzeit Scallabis genannt, war Santarém Sitz eines der drei Verwaltungsdistrikte, in die Portugal damals unterteilt war. Die zur Maurenzeit stark befestigte Stadt wurde unter König Afonso Henriques 1147 erobert. Sie liegt auf einer Anhöhe über dem Tejo.

Das Stadtbild ist nicht sonderlich anziehend, Santarém bietet aber eine Reihe interessanter Baudenkmäler.

Besichtigung

Ausgangspunkt ist das Rathaus (*Câmara Municipal*, 18. Jh.) an der Ortseinfahrt aus Richtung Torres Novas. Von hier sieht man den **Convento de São Francisco.** Schön sind die gotischen Gewölbe und der Kreuzgang.

Nicht weit ist die **Markthalle**, die mit Azulejo-Bildern von Bauwerken der Stadt, umliegenden Landschaften, Marktfrauen, Schäfern und Stierkämpfern geschmückt ist.

Weiter zur zentralen **Praça Sá da Bandeira,** die nach einem liberalen Kämpfer des 19. Jh. benannt wurde.

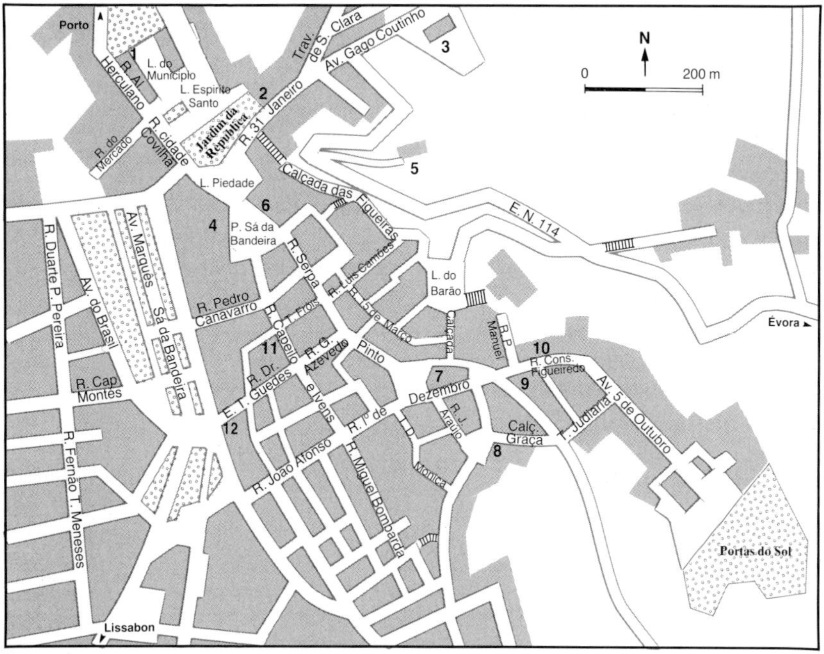

Santarém
1 Rathaus 2 Konvent São Francisco 3 Santa-Clara-Kirche 4 Seminarkirche 5 do Fonte de Figueiras 6 Nossa Senhora da Piedade 7 Marvila-Kirche 8 Graça-Kirche 9 Archäologisches Museum 10 Cabaças-Turm 11 Information 12 Post

Der Platz ist wesentlich älter, als die Namensgebung vermuten läßt: 1357 ließ König Pedro hier die Mörder seiner Geliebten Inês de Castro (vgl. S. 48) hinrichten. An der Praça liegt die 1676 erbaute **Seminarkirche**, die zu einem früheren Jesuitenkonvent gehörte. Beachtung verdienen innen die bemalte Decke und der zum Teil aus Marmor gearbeitete Altar. Von hier führt eine Einkaufsstraße, Rua Serpa Pinto, zu der wahrscheinlich im 12. Jh. gegründeten, im 16. Jh. unter König Manuel rekonstruierten **Marvila-Kirche** mit manuelinischem Portal. Die Wände des Innenraumes zieren mehrfarbige Azulejos aus dem frühen 17. Jh. Über die Rua Júlio Araújo gelangt man zur gotischen, 1380 begonnenen **Graça-Kirche** *(Igreja da Graça)*. Im dreischiffigen, 1950 restaurierten Innenraum verdienen einige Gräber Beachtung: In der rechten Nebenapsis sind der Brasilien-Entdecker Pedro Álvares Cabral (1467–1520) und seine Frau beigesetzt. Rechts, im Querschiff, der mächtige, von Löwen getragene Steinsarkophag des Grafen Pedro de Meneses (Gouverneur der marokkanischen Hafenstadt Ceuta, 1415–1437) und dessen Frau. Zurück nun zur Marvila-Kirche und ab dort rechts zur romanisch-frühgotischen **Kirche São João de Alporão**, die über Ruinen aus der Römer- oder Maurenzeit errichtet worden sein soll. Im 19. Jh. als Theater genutzt, beherbergt sie heute ein archäologisches Museum mit Funden aus prähistorischer und römischer Zeit, Münzen, Kanonenkugeln und Skulpturen. Das Vorzeigestück ist das reich verzierte gotische Grabmal (15. Jh.) für den Grafen Duarte de Meneses, der 1464 in Nordafrika fiel. Von seiner geschändeten Leiche kehrte allerdings nur ein – in einem Schaukasten ausgestellter – Zahn nach Portugal zurück. Hinter der Kirche lag im Mittelalter das Juden-Ghetto; gegenüber erhebt sich die 22 m hohe **Torre das Cabaças**. Wer den Turm besteigen möchte, bekommt den Schlüssel im Archäologischen Museum. Die Avenida 5 de Outubro führt zu der von Mauerresten umgebenen Parkanlage **Portas do Sol** am Rand eines Felsens mit Blick auf den vorbeifließenden Tejo und die im Osten sich anschließende, weite Ribatejo-Ebene.

Im rund 2 km entfernten Bahnhof kann die Wartezeit mit einem Besuch im Eisenbahnmuseum interessanter gestaltet werden.

Hotels: **Alfageme (neu, Randlage); ** Abidis (zentral)
Residencial-Häuser: **** Beirante; *** Muralha, *** Vitória
Kleiner **Campingplatz** nahe dem Rathaus, ganzjährig geöffnet.

Bahnlinien: Eilzüge der Linha do Norte, Linha da Beira Alta, Linha da Beira Baixa, Linha do Leste
Busse: Santarém ist ein Verkehrsknotenpunkt. Ab Rodoviária-Terminal (Zentrumsnähe) Expressos in alle Richtungen (u.a. Lissabon, Fátima, Leiria, Coimbra –Porto–Braga, Coruche–Montemor–Faro, Évora).

Feste/Veranstaltungen: Nationale Landwirtschaftsmesse/Feira Nacional da Agricultura, ca. 8 Tage Anfang Juni, auch mit Stierkämpfen, Pferdesport, Folklore; Nationales Gastronomiefestival/Feira Nacional de Gastronomia, ca. 15 Tage Ende Oktober (Gastronomie, Kunst, Folklore).

PLZ: 2000; **Vorwahl:** 043; **Turismo:** Rua Capelo Ivens, 63, ✆ 23140

In der Nähe

Rechts des Tejo: Golegã (33 km nordöstlich): Kleinstadt mit ca. 4000 Einwohnern. Große Pferdeschau in der zweiten Novemberwoche.

Cartaxo (14 km südwestlich, ca. 8000 Einwohner): gelegen im Zentrum eines großen, nach dem Ort benannten Weinbaugebietes. Winzerfest im Mai. Sehenswert das außerhalb gelegene Weinmuseum *(Museu Rural e do Vinho)*. Allerheiligenfest mit Stierkämpfen und Jahrmarkt Anfang November. Weiter südlich kommt man nach **Vila Franca de Xira** mit bekanntem Stierkampffest im Juli (s. S. 146f.).

Links des Tejo: Über die Tejo-Brücke erreicht man nach 6 km **Almeirim** und nach weiteren 7 km in nordöstlicher Richtung **Alpiarça.** Dort ist im Herrenhaus Casa dos Patudos die Kunstsammlung des republikanischen Politikers José Relvas (1858–1929) untergebracht (Gemälde, Azulejo-Bilder, Porzellan und Arraiolos-Teppiche.

Coruche (35 km südöstlich von Almeirim): eine im Winter oft von Überschwemmungen heimgesuchte Agrar-Kleinstadt. Straßen-Stierkämpfe um den 15. August beim Stadtfest Senhora do Castelo (u.a. auch Markt und regionale Folklore).

Tomar

Templer und Christusritter hatten ihren Sitz in Tomar am Rio Nabão. Ihre Burg, die sich über dieser Agrar- und Industriestadt mit ca. 19000 Einwohnern erhebt, zählt zu den wichtigsten Baudenkmälern von ganz Portugal.

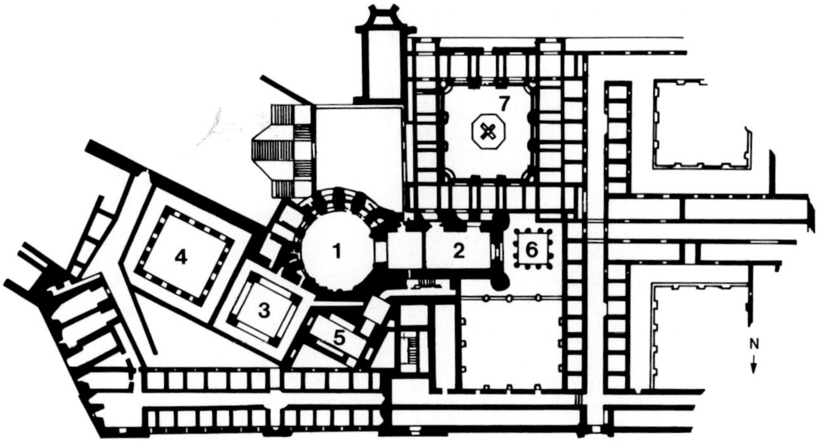

Konvent der Templer und Christusritter
1 Templerkirche (12. Jh.) 2 Christusritterkirche (16. Jh.) 3 Friedhofskreuzgang 4 Kreuzgang der Waschung 5 Sakristei 6 Kreuzgang Santa Barbara 7 Filipes-Kreuzgang

Geschichte

Mit Christus im Herzen und dem Schwert in der Hand sollten die Ritter gegen die ›Ungläubigen‹ kämpfen: Der Templerorden, 1119 zum Schutz der Jerusalempilger gegründet, wurde 1128 auch in Portugal aktiv. Nach Einnahme der maurischen Hochburg Santarém im Jahre 1147 betraute ihn König Afonso Henriques mit der Verteidigung der Tejo-Linie. Hoch über dem Rio Nabão ließ Templer-Großmeister Gualdim Pais 1160 eine Burg errichten; zu deren Fuße gründete er 1162 die Stadt Tomar, fortan Sitz des Ordens. Schon seit 1139 war der Ritterorden nur dem Papst unterstellt und von allen Abgaben befreit. Nach dem Fall von Akka (1291) verloren die Templer ihre Aufgabe im Heiligen Land und wurden der Kirche zunehmend suspekt. 1305 bezichtigte der französische König Philip IV. den Orden der Ketzerei, und Papst Clemens V. verfügte 1312 seine Auflösung. Das Vermögen fiel in Frankreich an die Krone, in Portugal an den neugegründeten Christusorden, der 1319 von Papst Johannes XXII. bestätigt wurde. Sein Sitz war erst in Castro Marim (Algarve), wechselte aber schon 1356 nach Tomar. Großmeister waren u. a. Prinz Henrique (Heinrich der Seefahrer) und König Manuel I.; im Entdeckungszeitalter, als sein Kreuz die Segel der portugiesischen Karavellen zierte, kamen die Christusritter zu enormem Reichtum. João III. verwandelte 1523 den Ritter- in einen Mönchsorden, der 1834 aufgelöst wurde.

Besichtigung

Vom Zentrum führt eine gewundene Straße zur **Templer- und Christusritterburg** (Farbabb. 23), die sich westlich über der Stadt erhebt und teilweise von Mauerresten aus dem 12. Jh. umgeben ist. Durch zwei Tore und

Kreuzgang Claustro do Cemitério
(Friedhofskreuzgang)

einen kleinen Park kommt man zur Ordenskirche, die aus zwei verschiedenen Teilen besteht: Ende des 12. Jh. entstand auf 16seitigem Grundriß die außen schmucklose, zum Teil der Grabeskirche von Jerusalem nachempfundene Templer-Rundkirche. Verbunden ist sie mit der Christuskirche, einem Glanzstück der Manuelinik, das König Manuel 1510 nach Plänen von Diogo de Arruda anbauen ließ. João de Castilho schuf 1515 das mächtige, bereits von der Frührenaissance mitgezeichnete Südportal, durch das man das Kircheninnere betritt. Links, unter dem Hochchor, ist der niedrige Kapitelsaal.

Von der Templerkirche kommt man zu zwei Anbauten aus der Zeit von Heinrich dem Seefahrer, dem Claustro do Cemitério (›Friedhofskreuzgang‹, mit Gräbern von Ordensrittern) und dem Claustro da Lavagem (›Kreuzgang der Waschung‹). Dann geht es über den Hochchor der Christuskirche zum Filipes-Kreuzgang (Renaissance, 16. Jh.). Von dort blickt man auf die Außenwand der Christuskirche mit dem berühmten ›Manuelinischen Fenster‹. In dessen fein gearbeitetem Steinwerk sind neben Tauen, Tang, Kork und Korallen auch zwei Sphärenkugeln König Manuels und – ganz oben – das Kreuz der Christusritter zu erkennen.

Der Wasserversorgung der Burg diente einst der 180bogige, aus westlicher Richtung kommende Pegões-Aquädukt (1593–1614), den man an der Straße nach Leiria/Fátima genauer betrachten kann. Zwischen dem Burghügel und dem Rio Nabão erstreckt sich die Altstadt. An der zentralen Praça da República erhebt sich die spätgotisch-manuelinische **Kirche São João Baptista** (1490 begonnen).

Von der Kirche geht es nach links durch die Rua Infantaria 15 und dann links in die Rua Dr. Joaquim Jacinto, das ehemalige Judenviertel. Seine Bewohner waren im Mittelalter einem ständigen Wechsel zwischen Duldung und Diskriminierung ausgesetzt. Unter Pedro I. (1357–1367) hatten sie sich allabendlich bei Sonnenuntergang im Viertel einzufinden, dann wurden zwei Tore (an der Rua Infantaria 15 und der Rua dos Moinhos) verschlossen. Im 15. Jh. gestattete Heinrich der Seefahrer den Bau der Synagoge (Haus Nr. 73). Schon 1497 aber verwies König Manuel die Juden des Landes. Seit 1939 ist in der Synagoge ein **Luso-Hebräisches-Museum** untergebracht. (Schlüssel bei Haus Nr. 60 oder 104).

Im Jahr 1992 wurde hier erstmals seit fast 500 Jahren wieder ein jüdischer Gottesdienst abgehalten.

Nach der Besichtigung kann man sich im Parque do Mouchão gut entspannen (Sportplätze, Schwimmbad und Ruderbootverleih).

Hotel: **** Templários
Estalagem: **** Santa Iria
Pensionen und Residencial-Häuser: **** Res. Trovador; *** Res. Sinagoga, *** Res. União, *** Res. Cavaleiros de Cristo, *** Luanda; ** Res. Luz, ** Nun'Álvares, ** Bonjardim, ** Tomarense
Camping: *** Municipal (ganzjährig)

Bahnlinie: Ramal de Tomar bis Entroncamento (ca. 30 Min.), ab dort Eilzüge der Linha do Norte, Linha Beira Alta, Linha da Beira Baixa und Linha do Leste
Busse: Rodoviária-Expressos u. a. nach Santarém–Lissabon, Évora–Algarve und Castelo Branco, weitere Busse nach Coimbra/Porto, Fátima, Batalha und Leiria

Feste: Tabuleiros-Fest (s. S. 380) im Juli (in unregelmäßigen Abständen, zuletzt 1991); Festa de Santa Iria (u. a. Jahrmarkt) um den 19. Oktober

PLZ: 2300; **Vorwahl**: 049 (Netz Torres Novas); **Turismo:** Av. Dr. Cândido Madureira (Stadt), ✆ 322606 und Rua Serpa Pinto 1 (Region), ✆ 313095

In der Nähe

Barragem do Castelo do Bode: Außerordentlich schön gelegener Stausee des Rio Zêzere östlich von Tomar – ein schönes Plätzchen nicht nur zum Baden, auch Bootsausflüge werden angeboten (Auskunft und Buchung im Hotel Templários in Tomar). Von Tomar aus führen mehrere Wege zum See: Über die Straße in Richtung Constância (vgl. S. 282) kommt man nach 16 km zu der am Ufer errichteten Pousada de São Pedro, in der Nähe gibt es einen Campingplatz. Wählt man stattdessen die Straße nach Serra, erreicht man nach 16 km eine Anlegestelle und blickt auf eine kleine Insel, auf der die komfortable **** Estalagem Ilha do Lombo (Schwimmbad, Tennis) erbaut wurde. Gäste werden mit dem Boot abgeholt.

Nicht weniger reizvoll ist das **Zêzere-Tal** nördlich des Stausees. Auch hier gibt es einige schön gelegene *Estalagens:* **** Lago Azul (Castanheira, nahe Ferreira do Zêzere, ca. 28 km von Tomar); **** Vale da Ursa (Cernache de Bonjardim, Sertã, ca. 30 km von Tomar); **** Varandas do Zêzere (Pedrógão Pequeno, ca. 60 km von Tomar).

Ehemaliges Judenviertel in Tomar

28 Mértola

29 Alentejo-Landschaft bei São Manços (südlich von Évora)

30 Die Burg von Estremoz

31 Blick auf die Altstadt von Albufeira

33 Der Hafen von Faro

282-FR

34 Der Palast von Estói

35 Felsenkap Cabo de São Vicente bei Sagres

36 Évora Portas de Moura

37 Straßenszene in Serpa

38 Die Ponta da Piedade bei Lagos

39 Am Strand von Albufeira

40 Fischer in Tavira

An der Stadtmauer in Lagos

Südportugal

Der Alentejo

Der Alentejo – ›Jenseits des Tejo‹ –, der sich zwischen Tejo und Algarve erstreckt, unterteilt sich in Alto Alentejo und Baixo Alentejo (Oberer und Unterer Alentejo, Hauptstädte Évora und Beja). Er ist Portugals am dünnsten besiedelte Gegend. Auf einem Viertel der Staatsfläche leben nur 5% der 10 Mio. Einwohner. Das weite, hügelig gewellte Land (Farbabb. 29) mit heißen, trockenen Sommern gilt seit der Römerzeit als Kornkammer Portugals und ist zudem die größte korkproduzierende Region der Welt. In der Landwirtschaft dominiert Großgrundbesitz. Typisch für die Architektur sind dementsprechend große Gehöfte (Montes) mit Wirtschaftsgebäuden wie auch Wohnraum für die Landarbeiter (s. S. 17). Stets gab es erbitterte soziale Kämpfe mit den ›Latifundistas‹ (beschrieben von dem Schriftsteller José Saramago in seiner Familienchronik ›Hoffnung im Alentejo‹ – s. S. 101). Eine 1975 begonnene Agrarreform wurde größtenteils wieder rückgängig gemacht.

Von Bedeutung sind neben der Landwirtschaft der Marmorabbau um Estremoz, die Salzgewinnung am Sado-Unterlauf und der Kupferbergbau

im Distrikt Beja. Industrie gibt es in Évora und in der Fischer- und Hafenstadt Sines wo in den 70er Jahren ein riesiger Ölhafen mit Raffinerie entstand.

Die herrlichen Strände des Alentejo blieben vom Bauboom bisher verschont, aber das könnte sich bald ändern. Mitte 1993 stritt man noch über die im Rahmen eines Raumordnungsplans zu genehmigende Bettenzahl.

Im Land der Korkeichen

Ihr Leben lang hat die 84jährige Dona Isabel aus dem Landstädtchen Redondo die Menschen und Landschaften ihrer Heimat gemalt. Krüge, Teller und Tassen, die die Regale und den Boden ihres kleinen Ladens füllen, zeigen Schnitterinnen, die den Weizen mit der Sichel ernten und Schäfer, die unter schattigen Kork- oder Steineichen Schafe hüten. Die Weizenfelder, die je nach Jahreszeit die Farbe wechseln, malte sie im Frühjahr sattgrün, im Sommer hellgelb, nach der Ernte rot. Und nicht nur auf Dona Isabels Tellern und Tassen haben die einstöckigen weißen Wohnhäuser mit blau umrandeten Fenstern und Türen ein schmuckes Aussehen.

Nirgendwo in Portugal findet man so adrette, liebevoll gepflegte Städte und Dörfer wie im Alentejo. Die Häuser werden alljährlich gekalkt – wobei kaum je ein Mann auf der Leiter zu sehen ist, denn das Kalken ist Arbeit der Frauen. In ganz Portugal kursieren Witze über die angebliche Faulheit der Männer, die auf den Marktplätzen gruppenweise herumsitzen.

Das ist Gewohnheitssache und hat mit Faulheit nichts zu tun – im Gegenteil. Auf den Dorfplätzen funktionierte nämlich einst der Arbeitsmarkt. Nur wenige Männer hatten eine feste Stellung auf den großen Latifundien, die die Besitzer nur zum Teil landwirtschaftlich nutzten (der

Landarbeiter im Alentejo

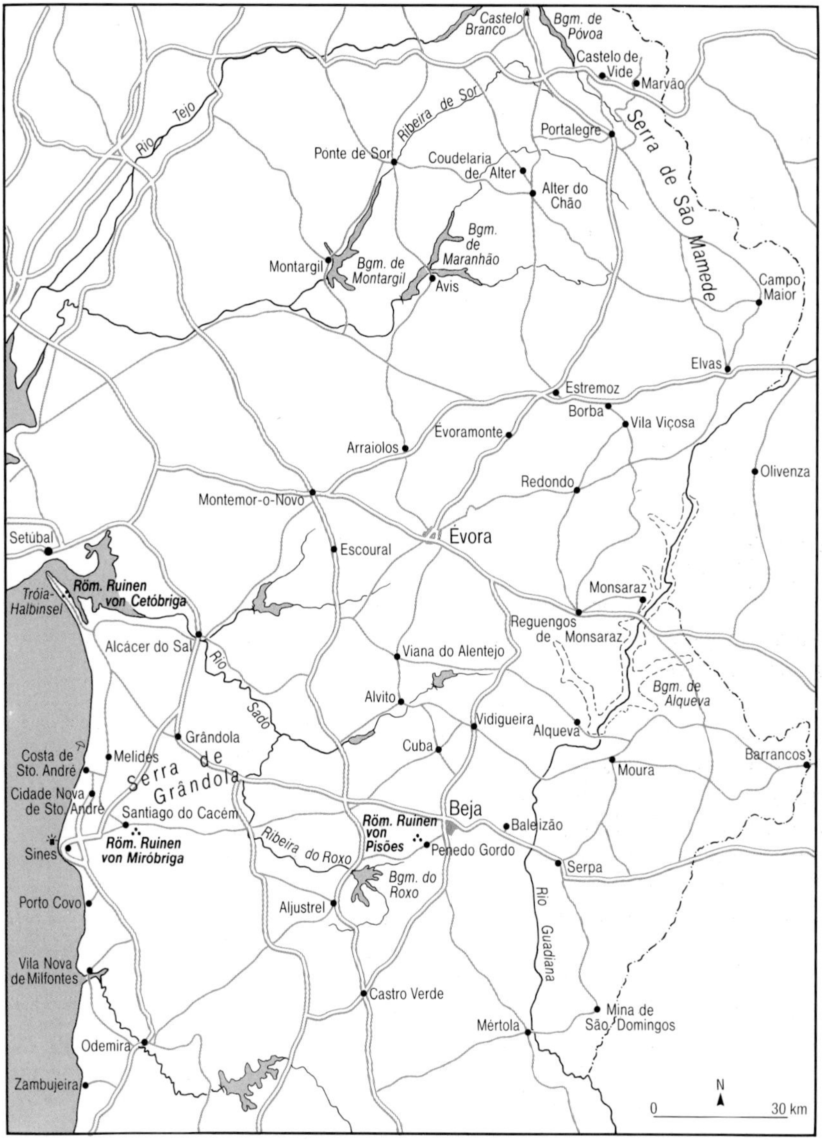

Der Alentejo

Rest diente oft nur für ausgiebige Jagdvergnügen). Speziell für die Weizenernte im Sommer, die Weinlese im Herbst, das Pflücken der Oliven im November und Dezember sowie das Schälen der Korkeichen (alle neun Jahre) wurden je nach Bedarf Tagelöhner und Saisonarbeiter auf den Dorfplätzen kontraktiert – unter der Voraussetzung, daß sich Gutsverwalter und Arbeiter überhaupt einigen konnten. Denn die Männer im Alentejo arbeiten nicht zu jedem Preis. Selbst während des Faschismus taten sie sich zusammen, um keine Hungerlöhne zu akzeptieren. Als Preisbrecher holten die Grundbesitzer dann oft Kleinbauern aus dem Norden, mit ihnen hatten sie leichteres Spiel. Oft blieb aber nichts anderes übrig, als die Löhne der Einheimischen zu erhöhen. Jedoch wurden noch 1973 im Schnitt keine 10 DM pro Tag bezahlt.

Nach der Revolution von 1974 begann alles plötzlich anders zu werden. Unter dem Motto ›Das Land denen, die es bearbeiten‹ besetzten Landarbeiter die Latifundien. Aufgrund eines Gesetzes von 1975 wurden dann 1,15 Hektar Land enteignet und an über 500 ›Kollektive Produktionseinheiten‹ (›UCPs/Kooperativen) mit Namen wie ›Roter Stern‹ oder ›1. Mai‹ verteilt. Sie beschäftigten zu Spitzenzeiten rund 70000 Frauen und Männer. Mit zinsgünstigen Krediten wurden Stauseen angelegt, Gewächshäuser gebaut, Mähdrescher und Traktoren angeschafft. Mißmanagement mag es hier und da gegeben haben, Fakt ist aber, daß 1975/76 in Portugal soviel Weizen produziert wurde wie in kaum einem Jahr zuvor.

Schon von 1977 an aber durften die Altbesitzer sogenannte ›Reserven‹ zurückfordern. Nach und nach mußten die Kooperativen ihre Felder, Gebäude, Maschinen und ihr Vieh wieder zurückgeben. Trotz harten Widerstandes der Landarbeiter wurden in nur zehn Jahren zwei Drittel des Landes reprivatisiert. Nach Angaben der UCPs bekamen dabei etliche Grundbesitzer viel mehr Land, als ihnen zustand. In Hunderten von Streitfällen entschieden die Gerichte zugunsten der UCPs, nur wurden die Urteile nicht vollstreckt; nach Streichung der Vokabel ›Agrarreform‹ aus der Verfassung (im Jahr 1989) erhielten die Grundbesitzer dann die Möglichkeit, noch mehr Land zurückzufordern.

Die wenigen verbleibenden UCPs kämpfen um ihre Existenz. Einige haben Land gekauft oder gepachtet. Andere nehmen Aufträge der Grundeigentümer an, um wenigstens einen Teil ihrer meist älteren Arbeiter vor der Erwerbslosigkeit zu bewahren.

Im Alentejo finden immer weniger Menschen eine Lebensbasis. Auf vielen Feldern wachsen nicht mehr Weizen, Trauben oder Sonnenblumen, sondern wassersaugende Eukylapten für die Zelluloseindustrie. Große Flächen werden gar nicht mehr genutzt. Die Gehöfte *(Montes)* sind als Wochenenddomizile betuchter Lissaboner und Ausländer ›in‹.

Die Probleme der Region spitzen sich zu. Es bedurfte aber zweier trokkener Winter (1991/92, 1992/93) und einer Dürre, in deren Folge in manchen Dörfern gehungert wurde, bis die Regierung auf den Plan trat.

Sie versprach Anfang 1993 einen rund 3 Mrd. DM teuren Stausee bei Alqueva (nahe Moura). Das Projekt stammt aus den 60er Jahren, und der Bau begann schon 1976, wurde aber bald unterbrochen. Das Projekt erschien zu teuer und war – wie die Agrarkooperativen meinten – auch politisch nicht mehr genehm.

Nun will man es mit EG-Hilfe doch vollenden. Eine 96 m hohe Mauer soll das Wasser des Rio Guadiana zum größten künstlichen See Europas aufstauen, um 110000 Hektar Land zu bewässern, Strom zu erzeugen und die Urlaubsküste Algarve mit Wasser zu versorgen. Das Wasser, das den Alentejo in eine grüne Oasis verwandeln soll, wird aber erst nach dem Jahr 2000 fließen. Es kommt für viele Menschen also zu spät.

Zwar haben sich in der Hafenstadt Sines, im nördlichen Alentejo und um Évora neue Fabriken angesiedelt, und im Distrikt Beja wurde der Kupferbergbau reaktiviert, doch nach wie vor fehlen Arbeitsplätze und viele Alentejanos wandern ab.

Aufbruchstimmung hat die Region seit den Zeiten des Agrarreform-Generals Vasco Gonçalves, der 1974/75 die Regierung führte, nicht mehr erlebt. Bis heute sind die Kommunisten in großen Teilen des Alentejo die meistgewählte Partei – wenngleich viele ihrer Anhänger resigniert haben und gar nicht mehr zur Wahl gehen. Allgemein anerkannt wird ihre Kompetenz in der Kommunalpolitik. Genossen Bürgermeister bemühen sich um eine effektive Verwaltung und verstehen es, mit den alltäglichen Problemen der Bevölkerung umzugehen.

Typische Gerichte: Suppe aus Brot, Ei, Knoblauch und Kräutern *(Sopa Alentejana),* Brotsuppen mit verschiedenen Zutaten *(Migas* bzw. *Açordas),* kalte Suppe *(Gaspacho),* Zickleingulasch *(Ensopado de Cabrito),* Kaninchen *(Coelho),* Schweinefleisch mit Muscheln *(Carne de Porco à Alentejana),* Käse *(Queijo)* aus Serpa, Ferreira do Alentejo, Castro Verde

Süßspeisen: Pudding *(Toucinho do Céu)* und Mandelsüßspeise *(Doce de Amêndoa)* in Portalegre, Pflaumen *(Ameixas)* aus Elvas

Weine: Borba, Redondo, Reguengos, Vidigueira (Rot und Weiß)

Schälen der Korkeichen

Korkeichen – natürlicher Reichtum des Alentejo. Verwertet wird nicht etwa das Holz, sondern vor allem die Rinde, die sich während der Sommermonate am besten ablösen läßt. Das ist keine leichte Arbeit. Stets müssen die Arbeiter darauf achten, mit ihren Äxten nicht auch Stamm und Äste zu beschädigen. Auf dem nackten Stamm, der zunächst eine grell-ziegelrote Farbe hat, bezeichnet man mit einer einstelligen Zahl das Jahr der letzten Schälung (6 bedeutet z. B. 1986). Alle neun Jahre ist die Rinde soweit nachgewachsen, daß die Axt wieder angelegt werden kann. Acht bis zwölf *Arrobas* (1 Arroba sind 15 kg) wiegt die Rinde einer normalen Korkeiche, die in Fabriken – manche liegen im Alentejo, die meisten aber in Nordportugal – weiterverarbeitet wird: zu Flaschenkorken, Untersetzern und Pin-Wänden wie auch zu Wandverkleidungen, die vor Kälte und Feuchtigkeit schützen.

Kunsthandwerk: Bestickte Teppiche *(Tapetes)* aus Arraiolos, Tapisserien *(Tapeçarias)* aus Portalegre, Töpferwaren *(Olaria)* aus Estremoz, Nisa, Redondo und Serpa, Kork *(Cortiça),* handbemalte Tische *(Mesas),* Stühle *(Cadeiras)* und Truhen *(Arcas)* mit Blumenmotiven aus Évora und Ferreira do Alentejo, gegerbte Häute *(Curtidos),* Wolldecken *(Colchas de Lã)*

Arraiolos

Von einer mittelalterlichen Burg überragte Kleinstadt mit etwa 3500 Einwohnern unmittelbar nördlich der Hauptstraße Lissabon–Elvas–Madrid. Bekannter als die Stadt selbst sind die bunten **Arraiolos-Wollteppiche,** die seit Jahrhunderten hier gestickt werden und u. a. in den Palästen von Sintra, Queluz und Vila Viçosa zu sehen sind. Dieses Kunsthandwerk ist wahrscheinlich maurischen Ursprungs. Zahlreiche Läden am Ort verkaufen die Teppiche, mit deren Herstellung Frauen – größtenteils in Heimarbeit und vielfach ohne soziale Absicherung – beschäftigt sind. Es gibt aber auch Fabriken und Kooperativen. Nicht alle Teppiche, die in Portugal unter dem Namen ›Arraiolos‹ verkauft werden, kommen von hier; sie werden teils an anderen Orten gefertigt, eine geschützte Herkunftsbezeichnung gibt es nicht.

Von der 1310 begonnenen, fast kreisrunden **Burg** über der Stadt reicht der Blick bis Estremoz, Évora und Evoramonte. Ca. 1 km außerhalb liegt der ehemalige **Konvent Quinta dos Lóios** mit schönem Kachelinnenschmuck. Er ist leider nur selten (z. B. für Ausstellungen) geöffnet.

Frauen beim Sticken der Arraiolos-Wollteppiche

Unterkunft: Turismo de Habitação im Solar Cor-de-Rosa; Privatzimmer

Busse: Rodoviária-Expressos der Linie Lissabon–Elvas. Nahbusse auch nach Évora
PLZ: 7040; **Vorwahl:** 006 (Netz Évora); **Turismo:** Praça Lima e Brito, ✆ 42105

Avis

Kleinstadt auf einem Hügel über dem mehrarmigen Stausee Barragem do Maranhão (ca. 2000 Einwohner). Historische Bedeutung erlangte Avis (auch Aviz geschrieben) von 1211 an als Sitz des in Kastilien gegründeten Calatrava-Ritterordens, der sich fortan nach der Stadt nannte und zur Vertreibung der Mauren aus Südportugal beitrug. Sein im Zuge der Revolution von 1383–1385 zum König erkorener Großmeister begründete als João I. die Avis-Dynastie, unter der Portugal zur Entdeckermacht aufstieg.

Die frühere, 1975 gegründete Kooperative ›1 de Maio‹ galt lange als einer der modernsten landwirtschaftlichen Betriebe des Alentejo, hielt aber der Offensive gegen die Landreform nicht stand.

Unterkunft: Campingplatz am Maranhão-Stausee, ca. 2 km
Verkehr: nur Busverbindungen der RN
PLZ: 7480; **Vorwahl:** 042 (Netz Ponte de Sor)

In der Nähe

Alter do Chão (ca. 30 km nordöstlich): ländliche Kleinstadt; auf dem zentralen Platz eine restaurierte Burg, die Pedro I. 1359 errichten ließ; in der Umgebung Herrenhäuser aus dem 18. Jh. Ein Tip für Pferdefreunde: 3 km außerhalb liegt das (ausgeschilderte) Gestüt Coudelaria de Alter, das Rassepferde züchtet.

Barragem de Montargil (westlich, verschiedene Anfahrtswege): Ein Stausee des Flüßchens Sôr, der sich zu einem der beliebtesten Wassersportzentren des Alentejo entwickelt hat. Nahe dem Ort Montargil (ca. 50 km von Avis) liegt eine deutsche Ferienanlage, zu der das *** Hotel Barragem und die Bungalowsiedlung Solago gehören (Tennis, Sportausrüstungen, Bootsverleih; es gibt auch einen Sportflugplatz). Am Seeufer wird FKK praktiziert. Neuer Campingplatz ca. 3 km von Montargil entfernt.

Beja

Schon als Pax Iulia der Römer war das heutige Beja Bezirkshauptstadt und ökonomischer Mittelpunkt von Portugals größtem Weizenanbaugebiet. Die Westgoten erhoben Beja im 6. Jh. zum Bistum, das aber 200 Jahre später an die Mauren fiel. Bei schweren Kämpfen in den folgenden Jahrhunderten wurde die Stadt weitgehend zerstört, 1162 unter König Afonso Henriques endgültig zurückerobert und vom 13. Jh. an wieder aufgebaut. Heute ist Beja mit ca. 22000 Einwohnern nach Évora die zweitgrößte Stadt des Alentejo. Bedeutung hat die Bischofs- und Distrikthauptstadt auch als Agrarhandelsplatz. Sie war ein Zentrum der 1975er Agrarreform.

Zu den größten Arbeitgebern am Ort gehörte bis 1993 die deutsche Luftwaffe, die hier eine Übungsbasis unterhielt. Sie wurde jedoch geschlossen, da sich die Regierungen beider Länder in der Frage weiterer Tiefflüge nicht hatten einigen können.

Besichtigung

Aus der gesamten Umgebung erkennt man Bejas 40 m hohen **Turm** (Aussicht), Kernstück einer im 13. Jh. unter König Dinis erbauten Burg, von der sonst nur Mauerreste übrig sind. Ein kleines Militärmuseum zeigt Waffen, Orden und Uniformen aus dem 19. und 20. Jh. Die westlich benachbarte **Kirche Santo Amaro** wurde wahrscheinlich im 7. Jh. von den Westgoten gegründet, aus deren Zeit die Kapitelle stammen. Mehrmals umgebaut, dient sie heute als Westgotisches Museum *(Museu Visigótico).* Östlich der Burg steht die **Kathedrale** (16. Jh.) mit Azulejo-Innenschmuck und Marmorintarsienaltar.

An einem Ende der zentralen **Parça da República** erhebt sich, zunächst kaum als Gotteshaus erkennbar, die **Misericórdia-Kirche.** Die dreiseitig offene Säulenhalle wurde ursprünglich als Schlachthaus konzipiert und im 16. Jh. zur Kirche umfunktioniert.

Von der Praça da República rechts durch die Rua dos Infantes oder die Rua do Touro geht es zum spätgotisch-manuelinischen **Convento da Conceição,** einem ehemaligen Klarissenkloster (gegründet um 1459, eines der reichsten im Alentejo), heute Stadtmuseum. Üppiges Talha-Schnitzwerk und Azulejo-Bilder vom Leben Johannes des Täufers zieren die barocke Klosterkirche. Seltenheitswert haben die hispano-arabischen Azulejos (15./16. Jh.) im angrenzenden Kreuzgang, in dem römische Steine sowie Gemälde des 16. und 17. Jh. zu sehen sind.

Verschnaufen kann man im **Stadtpark** an der von Orangenbäumen gesäumten Rua Nuno Álvares Pereira.

Burg von Beja

Der nahe **Convento de São Francisco** aus dem 13. Jh. wurde unlängst renoviert, um als Pousada zu dienen.

Pousada de São Francisco (Eröffnung voraussichtlich 1994)

Pensionen und Residencial-Häuser: **** Res. Cristina, **** Res. Santa Bárbara; *** Res. Bejense, *** Res. Coelho; ** Res. Tomás; nicht klassifiziert: Casa de Hóspedes Rocha und Casa de Hóspedes Pax Júlia
Camping: * Parque Municipal (ganzjährig)

Bahnlinien: Lissabon – Alentejo – Algarve (via Sul)
Busse: Rodoviária-Expressos der Linie Lissabon–Grândola–Mértola–Algarve sowie Lissabon–Sevilla; weitere Verbindungen nach Évora und anderen Zielen der Umgebung; Expressos der Linie Solexpresso nach Lissabon

Feste/Veranstaltungen: Im März die Agrarmesse Ovibeja mit Unterhaltungsprogramm; Stadtfest mit Jahrmarkt, Stierkämpfen und Folklore Mitte August

PLZ: 7800; **Vorwahl:** 084; **Turismo:** Rua Capitão João Francisco de Sousa, 25, ✆ 23693

In der Nähe

Römische Ruinen von Pisões (8 km, nach ca. 5 km bei Penedo Gordo von der Straße nach Aljustrel/Faro rechts abbiegen, ab dort schlecht ausgebauter Weg). Erhalten sind u. a. Reste von Bädern und Mosaiken.

Vidigueira (ca. 20 km nördlich, Richtung Évora): Für ihren Rot- und Weißwein bekannte Kleinstadt im gleichnamigen Anbaugebiet, das auch die Städte Alvito und Cuba umfaßt.

Baleizão (15 km östlich, Richtung Spanien): Dieses Dorf kennt man im gesamten Alentejo als Heimat der kommunistischen Schnitterin Catarina Eufémia, die bei einem Landarbeiteraufstand am 19. Mai 1954 von der Polizei erschossen wurde. Bei alljährlichen Massenkundgebungen zu ihrem Todestag wird sie als Vorkämpferin der 1975 eingeleiteten Agrarreform gefeiert. Die örtliche Kooperative wurde natürlich ›Terra de Catarina‹ genannt, im Ortszentrum steht ein Denkmal.

Richtung Aljustrel/Faro: Der Stausee **Barragem do Roxo** (ca. 22 km) bietet Wassersportmöglichkeiten. Knapp 20 km weiter **Aljustrel** mit Kupferminen, die schon den Römern bekannt waren. In den letzten Jahren hat der Bergbau im Raum Aljustrel/ Castro Verde wieder größere Bedeutung erlangt.

Castro Verde (weitere 20 km südlich): ein wichtiger Marktort der Region. Die Pfarrkirche Igreja da Conceição zieren Azulejo-Darstellungen von der Schlacht bei Ourique 1139; Ourique liegt nur 5 km westlich; ob die Schlacht, bei der Afonso Henriques die Mauren schlug, um anschließend den Königstitel anzunehmen, wirklich dort stattfand, ist aber fraglich. Daß der König so weit nach Süden vorgestoßen sein könnte, wird von Historikern bezweifelt. Während der jährlichen Oktobermesse (Agrarausstellung, Jahrmarkt, Volksfest) bekommt Castro Verde regen Zulauf aus der gesamten Region.

Castelo de Vide

Befestigte Kleinstadt im nordöstlichen Alentejo (am Nordhang der Serra de São Mamede, 460 m ü. d. M.) mit dem besterhaltenen mittelalterlichen Ortsbild von ganz Portugal. Stadtgründer war König Dinis, der im späten 13. Jh. eine Burg erbauen ließ.

Castelo de Vide

Die ohnehin schon starke jüdische Gemeinde wuchs im späten 15. Jh. durch den Zustrom verfolgter Juden aus Spanien; im Judenviertel sollen zeitweise mehr Menschen als in den übrigen Stadtteilen gelebt haben.

Im Sommer ist Castelo de Vide ein Thermalkurort. Die meisten der ca. 4000 Einwohner leben aber von Landwirtschaft, Handel und Handwerk. Pittoresk sind die Gassen und Treppen, wo Lasten noch mit Pferd und Esel befördert werden.

Besichtigung

Im Zentrum steht eine Statue von König Pedro V. (1853–1861), von dort führt die Hauptstraße zum Rathaus (18. Jh.) mit dem Turismo-Büro und der **Pfarrkirche Santa Maria** (innen mehrfarbiger Marmorschmuck).

Dem Wegweiser ›Fonte da Vila‹ (Stadtbrunnen) folgend, gelangt man durch eine enge Gasse zu einem überdachten Marmorbrunnen (16. Jh.) mit einer Tiertränke. Ein weiterer Wegweiser führt von hier zum **Judenviertel** *(Judiaria),* in dessen schmaler Hauptstraße (Hauseingänge beachten!) die Synagoge aus dem 14. Jh. zu sehen ist. Gegenüber der Synagoge ist der Aufstieg zur **Burg** (13. Jh.), deren Mauern auch einige der ältesten Wohnstraßen der Stadt umschließen.

Hotel: *** Sol e Serra (gut)
Residencial-Häuser: *** Casa do Parque, *** Isabelinha; ** Xinxel, ** São José; * Cantinho Particular
Jugendherberge, Camping in Portalegre
Agro-Turismo in der Umgebung: Quinta da Bela Vista
Bahnlinie: Linha do Leste, nach Lissabon/Santa Apolónia. Die Fernzüge von Lissabon nach Madrid halten nur noch am Grenzbahnhof Marvão-Beirã
Busse: Rodoviária nach Lissabon, Portalegre, Marvão

PLZ: 7320; **Vorwahl:** 045 (Netz Portalegre); **Turismo:** ✆ 91361

In der Nähe

Stausee Barragem da Póvoa (Wassersportmöglichkeiten)

Marvão (ca. 15 km, nicht auslassen!): Eine steile Straße mit prächtigen Weitblicken führt zur 862 m ü. d. M. gelegenen Kleinstadt, die ebenso wie Castelo de Vide im 13. Jh. befestigt wurde und ihr mittelalterliches Stadtbild bewahrt hat. Von der Burg am Ortsende überblickt man die gesamte Umgebung.

Unterkunft: Pousada de Santa Maria; Estalagem *** Dom Dinis

PLZ: 7330; *Vorwahl:* 045 (Netz Portalegre); *Turismo-Büro:* ✆ 93226. Achtung: Der Bahnhof ist 10 km entfernt, besser also mit dem Bus anreisen.

Elvas

Imposant befestigte Grenzstadt und wichtiger Agrarhandelsplatz mit ca. 12000 Einwohnern. Elvas' Verteidigungsanlagen zählen nicht ohne Grund zu den gewaltigsten Portugals. Um 1230 unter Sancho II. von den Mauren zurückerobert, war die Stadt während der Kriege mit Kastilien im 14. Jh. heftig umkämpft. Verstärkt wurde die Befestigung der Stadt während der Restaurationskriege (1640–1668), bei denen Portugals Unabhängigkeit durch Spanien bedroht war. 1801 besetzten spanische Truppen kurzzeitig einige Orte der Umgebung.

Bekannt sind die kandierten Pflaumen *(Ameixas)* und Oliven aus dem Umland.

Besichtigung

Die Zufahrtstraße aus Lissabon überragt links der fast 8 km lange, bis 31 m hohe **Aqueduto das Amoreiras,** zwischen 1529 und 1622 erbauter, architektonisch wohl elegantester Aquädukt des Landes. Den Schildern zum Zentrum folgend, gelangt man über einen kurzen Viadukt links bergauf zur Praça 25 de Abril. Dort sieht man den – vom Aquädukt gespeisten – **Misericórdia-Brunnen** (1622) mit einem kleinen Reiterstandbild von König Sancho II.

Nun geht es durch die Rua Alferes Christovam/Rua da Cadeia und bei einem Parkplatz nach links zur zentralen Praça da República. An ihrem Nordende steht die 1537 geweihte Kirche **Nossa Senhora da Assunção.** Zwischen 1570 und 1882, als Elvas Bischofssitz war, diente der ursprünglich manuelinische, im 18. Jh. aber stark veränderte Bau als Kathedrale. Beachtung verdienen das manuelinische Ostportal und der Azulejo-Innenschmuck. Rechts an der Kathedrale vorbei kommt man zu der im 16. Jh. auf achteckigem Grundriß errichteten **Consolação-Kirche** mit einem Renaissance-Portal; der **Prangerpfahl** davor stammt ebenfalls aus dem 16. Jh. Unweit der nahe gelegenen Burgruine verläuft die Rua das Beatas (›Straße der Betschwestern‹), eine enge Wohnstraße mit niedrigen Häusern, üppigem Blumenschmuck und Vogelkäfigen vor den Haustüren. Auf einem Hügel außerhalb der Stadt erblickt man das Graça-Fort (18. Jh.).

Das **Museum António Tomás Pires** besitzt Abteilungen für Archäologie, Malerei, Volkskunde und Kunsthandwerk. – Ferner sehenswert: die Stadttore **Portas da São Vicente.** ›Tunnel‹ führen den Autoverkehr durch die mächtigen Schutzwälle hinaus aus der Stadt.

Kathedrale von Elvas

Pousada Santa Luzia
Hotels: *** Dom Luís (am Stadtrand, gleich gegenüber dem Aquädukt), *** A Brasa
Estalagem: **** D. Sancho II.
Albergaria: **** Elxadai Parque (Varche, ca. 3 km)
Pensionen und Residencial-Häuser: *** Res. Luso-Espanhola; ** O Lidador, ** Quinta das Aguias (außerhalb)
Turismo Rural: Quinta de Santo António (ca. 8 km)
Camping: Piedade (Mai bis September)

Bahnlinien: Linha do Leste (Bahnhof ca. 3 km), ab Badajoz/Spanien Züge nach Madrid und Sevilla
Busse: Rodoviária-Expressos der Linien Lissabon–Caia (Grenze) sowie nach Vila Viçosa/Évora; Rodoviária-Nahverbindungen (Portalegre, Campo Major, Estremoz, Évora); Solexpresso-Busse nach Lissabon

Stadtfest: Festa do Senhor Jesus da Piedade (Ende September)

PLZ: 7350; **Vorwahl:** 068 (Netz Estremoz); **Turismo:** Praça da República, ✆ 622236

In der Nähe

Campo Maior (16 km nordöstlich): ausgesprochen schöne ländliche Kleinstadt. Stolz der 7000 Einwohner ist das Stadtfest, das wegen der umfangreichen Vorbereitungen nur alle vier bis fünf Jahre stattfindet (meist im September; zuletzt 1992). Alle Straßen werden vollständig geschmückt – wie, das ist bis zum Fest das streng gehütete Geheimnis der Bewohner eines jeden Straßenzuges. Unterkunft in der Albergaria Progresso.

Olivenza/Spanien (über Badajoz, ca. 40 km): Die Kleinstadt mit ca. 10000 Einwohnern ist für manche Portugiesen ein Symbol für gekränkten Nationalstolz (und ein obligatorisches Besuchsziel vieler Reisegruppen!). Sie gehörte früher zu Portugal, wurde 1801 von den Spaniern besetzt, beim Wiener Kongreß 1815 Portugal zuerkannt – aber nie zurückgegeben. Olivenzas Pfarrkirche ist die einzige in Spanien, die im manuelinischen Stil entstand. Noch heute ist das Spanisch mancher Einheimischer von portugiesischen Vokabeln durchsetzt. Neuerdings gibt es eine Städtepartnerschaft zwischen Olivenza und Elvas. Um den Weg zwischen beiden Orten zu verkürzen, denkt man sogar an den Wiederaufbau einer Brücke, die bei einer Schlacht vor rund 300 Jahren zerstört wurde!

Estremoz

Von Olivenhainen und Marmorbrüchen umgebener Marktort mit ca. 8000 Einwohnern. Aus Marmor sind nicht nur die Häuser und Veranden der weißen Häuser, die das Stadtbild bestimmen, sondern auch Estremoz' Wahrzeichen, der von weitem sichtbare Turm aus der Zeit von König Dinis (1279–1325), der mit seiner ›Heili-

Evoramonte

gen Königin‹ Isabel zeitweise hier lebte. Die fünftorige Stadtmauer kam erst während der Kriege mit Spanien im 17. Jh. hinzu. Den Besuch sollte man möglichst an einem Samstagmorgen einplanen, um den wohl größten und buntesten Wochenmarkt Südportugals zu erleben. Dort gibt es die bemalten Tonteller und -krüge, für die Estremoz bekannt ist.

Besichtigung

Estremoz gliedert sich in eine Ober- und Unterstadt. Zentrum der Oberstadt ist die **Burg** (*Castelo;* Farbabb. 30) aus dem 13. Jh. mit dem 28 m hohen ›Dreikönigsturm‹ – so benannt, weil sich sein Bau über die Regierungszeit von drei Monarchen (Sancho II., Afonso III. und Dinis) hinzog. Der Zugang führt durch den ehemaligen Palast von König Dinis (1698 zerstört und neu aufgebaut, heute eine der schönsten Pousadas). Dahinter erhebt sich die leider nur selten geöffnete ›Kapelle der Heiligen Königin‹ (17. Jh.). Azulejos erzählen aus dem Leben der Isabel, die 1336 in Estremoz starb.

Bei der Pousada steht auch die dreischiffige Renaissance-Kirche Igreja de Santa Maria (16. Jh.), daneben der ursprünglich gotische, dann manuelinisch umgestaltete Audienzsaal von König Dinis. Gegenüber der Pousada befindet sich das **Stadtmuseum,** in dem u. a. alte Azulejos, Töpferwaren aus Estremoz sowie rekonstruierte Wohnräume eines alentejanischen Wohnhauses zu sehen sind.

Zentrum der Unterstadt ist der riesige Marktplatz Rossio Marquês de Pombal. An der Südseite liegt das **Rathaus,** ein ehemaliger Palast, in dem einst der ›Vizekönig von Indien‹ Constantino de Bragança residierte; 1697 wurde der Palast in ein Kloster umgewandelt (innen schöner Kachelschmuck). Im Osten des Platzes befindet sich das kleine, liebevoll eingerichtete **Museum für Ländliche Kunst** *(Museu de Arte Rural)* mit lokalem Kunsthandwerk. – Sehenswert sind auch das **Museum für Agrargeräte** *(Museu da Alfaia Agricola)* an der Rua Serpa Pinto und das **Eisenbahnmuseum** *(Museu Ferroviário)* beim früheren Bahnhof (die Bahnlinie ist stillgelegt).

Pousada da Rainha Santa Isabel
Hotel: 1993 war eines im Bau
Pensionen und Residencial-Häuser: ** Alentejana, ** Res. Carvalho, ** Res. Mateus; Privatzimmer
Hospedaria: Dom Dinis (nicht klassifiziert, aber sehr komfortabel)
Turismo Rural: Monte dos Pensamentos (ca. 2 km) und Monte da Fazenda (bei Evoramonte, s. u.)

Busse: Rodoviária-Expressos der Linien Lissabon–Elvas; Nahverbindungen

PLZ: 7100; **Vorwahl:** 068; **Turismo:** Rossio Marquês de Pombal, ✆ 22783 oder 22517 (über Rathaus)

In der Nähe

Evoramonte (ca. 15 km Richtung Évora): noch mittelalterlich wirkender Festungsort. Eine schmale Straße führt bergauf zur 1306 erbauten, nach einem Erdbeben 1531 veränderten Burg. Den von Mauern umgebenen Ortskern durchquert eine mit kleinen weißen Reihenhäusern gesäumte Straße. An einem der ersten Gebäude auf der linken Seite hängt eine Gedenktafel: Der hier geschlossene ›Friede von Evoramonte‹ beendete am 26. Mai 1834 einen zweijährigen Bürgerkrieg, in dem die liberalen Anhänger König Pedros die absolutistische Gefolgschaft von dessen Bruder Miguel besiegten.

Évora

Größte und interessanteste Stadt des Alentejo, die trotz ihrer inzwischen 44000 Einwohner ihr mittelalterliches Erscheinungsbild bewahrt hat und mit zahlreichen Monumenten verschiedener Stilepochen als wahres Freilichtmuseum gelten kann. 1986 wurde der Stadtkern von der UNESCO auf die ›World Heritage List‹ gesetzt und damit zum ›Weltgeschichtlichen Erbe‹ erklärt.

Die Erzbischofsstadt hat eine größere soziale Vielfalt als die übrigen Orte des Alentejo. Im weißen Ortskern mit engen Gassen findet man sowohl die Reihenhäuser einfacher Leute als auch die stattlichen Anwesen der Großgrundbesitzer, die stets lieber in der Stadt lebten als auf ihren Gehöften. Évora ist Agrarhandelsplatz, Industriestandort (u. a. Siemens), Distrikthauptstadt und – seit Mitte der 70er Jahre – wieder Sitz einer Universität. Nicht zuletzt wegen der Studenten ist das Unterhaltungsangebot am Ort vielfältiger geworden.

Évora war das politische Zentrum der Landreform, hier fanden die jährlichen Agrarreformkonferenzen statt. Bis heute gilt die Stadt als Paradebeispiel kommunistischer Kommunalpolitik. Vor wenigen Jahren wurde hier Portugals erstes Kabel-TV-System eingeweiht, um die Verschandelung des Stadtkerns durch Parabolantennen zu vermeiden.

Geschichte

Vom 2. Jh. an war Évora Handels- und Kulturzentrum der Römer, die die Stadt wegen des umliegenden Getreideanbaugebietes Ebora Cerealis nannten; unter Julius Caesar, der hier Münzen prägen ließ, erhielt sie den Beinamen Liberalitas Iulia. Vom frühen Mittelalter an Bischofssitz der Westgoten, kam Évora im 8. Jh. unter maurische Herrschaft; 1165 wurde sie unter Giraldo Sempavor (›Giraldo der Furchtlose‹) für König Afonso Henriques erobert.

Schon früh bildeten die Landarbeiter der Umgebung eine ernstzunehmende politische Kraft. Évora wurde südportugiesisches Zentrum der Revolution von 1383–1385, die die Avis-Dynastie an die Macht brachte. Als zeitweiliger Hofsitz entwickelte sich die Stadt im 15. und 16. Jh. zu einem geistig-kulturellen Mittelpunkt. 1483 ließ João II. den Herzog von Bragança

– Portugals größten Landbesitzer – öffentlich enthaupten; vom 16. Jh. an tobte die Inquisition. 1559 wurde in Évora Portugals zweite Universität gegründet, aber nach Ausweisung der Jesuiten im 18. Jh. aufgelöst und erst 1975 wieder eröffnet. 1912 war Évora Ausgangspunkt von Landarbeiterstreiks, die aber niedergeschlagen wurden.

Besichtigung

Die Stadt umschließt eine ursprünglich römische **Mauer,** die im 14. Jh. erneuert wurde; von einer Umgehungsstraße führen die wichtigsten Straßen sternförmig ins Zentrum, wo die Zufahrtswege zu Monumenten, Hotels und Pensionen gut ausgeschildert sind. Wegen einer komplizierten Verkehrsführung ist man im Stadtkern zu Fuß aber stets schneller als mit dem Auto.

Stadtmittelpunkt ist die längliche, teils von Arkadengängen umgebene **Praça do Giraldo,** einst Hinrichtungsstätte der Inquisitionsopfer. Am Nordende sieht man einen Brunnen aus dem 16. Jh. und die 1557 begonnene Renaissance-Kirche Santo Antão. Gegenüber des Turismo-Büros geht es nun durch die Rua 5 de Outubro an mehreren Läden mit alentejanischem Kunsthandwerk vorbei zur **Kathedrale** *(Sé)* mit zwei ungleichen Türmen. Mit einem 70 m langen Innenraum ist der 1186 begonnene, 1204 geweihte Granitbau Portugals größte Kathedrale. Ihr Hauptportal ziert eine Marmor-Figurengruppe der Zwölf Apostel. Innen sieht man im Mittelgang (links) die gotische, aus Stein gehauene schwangere ›Jungfrau von Ó‹ (15. Jh.). Der deutsche Architekt Ludwig entwarf im frühen 18. Jh. den Chor, der mit portugiesischem und italienischem Marmor, Skulpturen des Paduaners Bellini und Gemälden des Römers Mazzucci geschmückt ist. Am Südturm der Kathedrale ist der Eingang zum **Museum für Sakrale Kunst** *(Museu de Arte Sacra),* das u. a. die wohl bedeutendste Goldschmucksammlung des Alentejo zeigt.

Der ehemals gotische, nach 1590 umgestaltete Bischofspalast unmittelbar nördlich der Kathedrale dient heute als **Stadtmuseum** *(Museu de Évora),* in dem u. a. Funde aus der Römerzeit (ein faßförmiger Grabstein im Kreuzgang muß nach Ansicht eines Wärters ein Säufergrab geziert haben), Pilaster des Renaissance-Bildhauers Chantarene (1533), Gemälde der portugiesischen und holländischen Schule (16./17. Jh.) sowie Werke moderner Malerei ausgestellt sind.

Vor dem Museum erhebt sich das Wahrzeichen der Stadt, ein **römischer Tempel** aus dem 2. oder 3. Jh. Welcher Gottheit er gewidmet war, ist nicht bekannt, der oft gebrauchte Name ›Diana-Tempel‹ ist somit wohl falsch. Gegen Ende der Römerzeit wurde er teils zerstört, später zugemauert, im 14. Jh. gotisch ausgeschmückt und erst im 19. Jh. restauriert. 14 von einst 18 korinthischen Granitsäulen, teils auch Kopfstücke aus Marmor, sind erstaunlich gut erhalten.

Vom Tempel blickt man auf das Portal der 1485 begonnenen **Klosterkirche Igreja dos Lóios:** Graf Rodrigo de Melo, erster Gouverneur der 1471 von Portugal eroberten Hafenstadt Tanger, ließ sie als Familienpantheon errichten. Der angrenzende Konvent

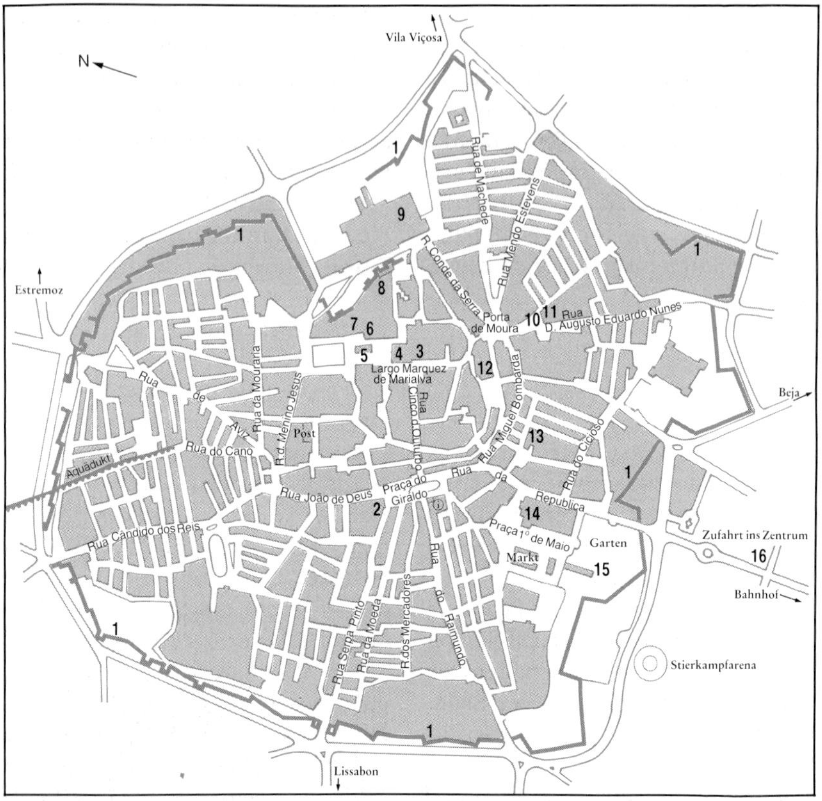

Évora
1 Stadtmauer 2 Kirche Santo Antão 3 Kathedrale 4 Stadtmuseum 5 Römischer Tempel 6 Lóios-Kirche und Konvent (Pousada) 7 Palast der Grafen von Cadaval 8 Solar dos Condes de Basto 9 Universität 10 Brunnen 11 Casa Cordovil 12 Misericórdia-Kirche 13 Graça-Kirche 14 Kirche São Francisco und Knochenkapelle 15 Königspalast 16 Einsiedelei São Brás

ist heute eine *Pousada.* Besonders schön sind der gotisch-manuelinische Kreuzgang und der Kapitelsaal. Wer es sich leisten kann, sollte hier übernachten.

Von hier nun bergab, vorbei an der Klosterkirche und am Palast der Grafen von Cadaval, einst Wohnsitz einer im ausgehenden Mittelalter einflußreichen Familie, dann weiter rechts. Hier sieht man ein ursprünglich maurisches, später umgebautes Herrenhaus (Solar dos Condes de Basto), wo vom 13. bis 15. Jh. auch mehrere Könige residierten. Gegenüber liegt die **Universität.** Deren historischen Kern bildet ein marmorgeschmückter Renaissance-Bau aus dem 16. Jh. Die um einen Kreuzgang angeordneten Hörsäle zieren Azulejo-Bilder vom Leben griechischer Philosophen.

Nach einem Besuch der Universitätskirche geht es rechts durch die Rua Conde da Serra de Tourega zum **Largo das Portas de Moura** mit einem schönen, von einer Weltkugel gekrönten Brunnen (Farbabb. 36), der im 16. Jh. ganze 8000 Reales – acht Escudos – kostete. Im Süden des kleinen Platzes sieht man das manuelinische Wohnhaus **Casa Cordovil** (16. Jh.). Die Rua da Misericórdia führt an der gleichnamigen Kirche (16. Jh.) vorbei zum Hotel Planície. Kurz dahinter gelangt man durch eine Gasse links bergab zur Igreja da Graça (›Gnadenkirche‹), die João III. im 16. Jh. gründete. Von hier sind es nur wenige Schritte zu der im späten 15. Jh. erbauten **Igreja de São Francisco,** die als eine der wichtigsten Kirchen der Stadt gilt und gotische, maurische sowie manuelinische Stilelemente vereinigt. Durch ihren hohen Innenraum kommt man rechts zum wohl makabersten Bauwerk der Christenheit, der **Capela dos Ossos** (›*Kapelle der Knochen*‹, 17. Jh.). Für den Bau dieser Stätte, in der man über den Tod meditieren soll, wurden Gebeine hunderter Toter ausgegraben. »Wir Knochen sind schon hier / Auf eure warten wir«, steht einladend über dem Eingang der ›Grusel-Kapelle‹, deren Wände fast vollständig mit menschlichen Knochen und Schädeln verkleidet sind. Hier und da sind Lükken: Der Knochenklau scheint umzugehen.

Sofern es einem nicht den Appetit verschlagen hat, empfiehlt sich ein Bummel durch die **Markthalle** vor der Kirche. Im benachbarten Stadtgarten erhebt sich der überwiegend manuelinische **Königspalast**, in dem im 16. und 17. Jh. Manuel I., João III., Sebastião, Filipe I. und Filipe II. residierten; Vasco da Gama erhielt dort den königlichen Auftrag zur Entdeckung des Seeweges nach Indien. Das Gebäude wird u. a. für Ausstellungen und Konferenzen benutzt.

Jenseits der Stadtmauer, auf dem Weg zum Bahnhof, stößt man auf die spätgotische Einsiedelei **Ermida de São Brás,** einen ulkigen Bau mit Kegeltürmen, der nach einer Pestepidemie der Jahre 1479/80 an der Stelle eines Asyls für Pestkranke entstand.

An der Ausfallstraße nach Lissabon liegt rechts das Wohnviertel **Bairro da Malagueira,** das nach Plänen des Architekten Siza Vieira im Rahmen des sozialen Wohnungsbaus entstand und teilweise dem Baustil eines Alentejo-Dorfes nachempfunden ist.

Römischer Tempel, im Hintergrund die Kathedrale

Ermida de São Brás

Pousada dos Lóios
Hotels: **** Évorahotel (neu, an der Zufahrt von Lissabon rechts); *** Planicie; ** Santa Clara
Albergaria: **** Vitória
Estalagens: **** Póker, **** Monte das Flores (außerhalb)
Residencial-Häuser: **** Riveira; *** Diana, *** O Eborense; ** Giraldo, ** Os Manuéis
Turismo de Habitação: Casa Santiago, Casa do Arco (beide innerhalb der Stadtmauer)
Turismo Rural in der Umgebung: u.a. Quinta da Nora, Quinta da Serralheira, Quinta de São Pedro
Camping: ** Orbitur

Bahnlinie: Linha de Évora (nach Lissabon, über Barreiro)
Busse: Rodoviária-Expressos der Linien Lissabon–Elvas; Tomar–Santarém–Algarve und Évora–Lissabon–Coimbra–Braga; zahlreiche Nahverbindungen u.a. Richtung Beja, Montemor-o-Novo und Monsaraz; Mundial-Expressos nach Lissabon

Feste/Veranstaltungen: Stadtfest (Feira de São João), mit Folkloreprogramm, Ende Juni. Markt jeden 2. Dienstag im Monat

Führungen und Rundfahrten: In Évora werden sowohl Stadtführungen als auch verschiedene Rundfahrten zu Orten der Umgebung angeboten.

PLZ: 7000; **Vorwahl:** 066; **Turismo:** Praça do Giraldo, ✆ 22671

In der Nähe

Evoramonte (ca. 30 km) s. unter Estremoz.

Montemor-o-Novo (32 km): Einen guten Blick über die Kleinstadt und ihre mit Olivenhainen übersäte Umgebung bietet eine Burg aus dem 13. Jh. Unten im Ort liegen die Markthallen mit Azulejo-Bildern vom Leben und Arbeiten der Landbevölkerung. (Unterkunft im Monte Alentejano.) Von hier nach **Escoural** (13 km südlich), dann links (Richtung Évora). An der Straße liegen Höhlen mit Felsmalereien aus der späten Altsteinzeit, wohl älteste Beispiele künstlerischer Tätigkeit in Portugal.

Redondo (ca. 35 km östlich von Évora) ist für vorzüglichen Rotwein bekannt. In Dorfläden bekommt man hübsche, bunt bemalte Tonwaren mit regionalen Motiven.

Viana do Alentejo (30 km): Kleinstadt mit einer Burg aus dem 14. Jh., 1482 unter João II. restauriert. Ihre von Kegeltürmen gekrönten Mauern umschließen die manuelinische Pfarrkirche aus dem 16. Jh., eine der schönsten Südportugals (innen Azulejos) und die Misericórdia-Kirche.

Reguengos de Monsaraz (35 km): mäßig interessanter Weinort. Zu empfehlen dagegen die Weiterfahrt zum kleinen Dorf **Monsaraz** mit Burg (13. Jh.) und makellos weißem Straßenbild. Im einstigen Gerichtshaus, das in ein kleines Museum umgewandelt wurde, ist eine in Portugal einzigartige Freske aus dem 15. Jh. (»Der gute und der schlechte Richter«) zu sehen. In sommerlicher Hitze kommen Frauen zum Stricken und Häkeln in die kühlen Kirchen. Am Ort gibt es inzwischen einige Restaurants. Ausruhen kann man am Ufer des Rio Guadiana.

Unterkunft: Pensão D. Nuno; Privatzimmer; Estalagem **** Monsaraz (außerhalb); Hotel Rural Horta da Moura (ca. 2 km)

Grândola

Diese im Norden des gleichnamigen Gebirgszuges gelegene Agrarkleinstadt (ca. 9000 Einwohner) gilt als Symbol für Portugals Freiheit. Ihr widmete der bekannte Sänger José Afonso sein Lied ›Grândola, Vila Morena‹, das in der Nacht zum 25. April 1974 als verabredetes Geheimsignal für den beginnenden Militäraufstand über den Rundfunk ging. Bald kannte jedes Kind Grândola als ›Ort der Brüderlichkeit‹, wo – dem Liedtext zufolge – das Volk das Sagen hat und man an jeder Ecke einen Freund trifft. Im einstigen Stadtgefängnis ist heute das Büro der Kommunistischen Partei untergebracht, die auch im Rathaus regiert.

Residencial-Häuser: *** Paradaíso Alentejo, *** Vila Morena
Pension do Mundo
Turismo Rural: Monte Cabeço de Ouro (ca. 3 km), Moinho Velho (nahe Melides)

Bahnlinie: Lissabon–Algarve (via Sado)
Busse: Expressos nach Setúbal–Lissabon und Beja–Algarve; Nahbusse nach Santiago do Cacém, Sines, Tróia und Melides.

PLZ: 7570; **Vorwahl:** 069 (Netz Santiago do Cacém); **Turismo:** ✆ 42053

In der Nähe

Tróia-Halbinsel: Am Nordzipfel der Dünen-Landzunge (48 km von Grândola) liegt die Hochhaus-Ferienanlage des Unternehmens Torralta (*Unterkunft:* Hotel-Apartamentos **** Rosamar; *** Magnólia-Mar, *** Tulipamar; Apartamentos Turísticos). Hier kann man Wassersport betreiben (30 km langer Strand!), Golf und Tennis spielen und (meist Anfang Juni) einem **internationalen Filmfestival** beiwohnen. An der Ostseite der Landzunge (ca. 7 km) findet man die römischen **Ruinen von Cetóbriga** mit einer ›Konservenfabrik‹, wo Fisch für den Transport ins Binnenland eingesalzen wurde. Autofähren von Tróia nach Setúbal (s. S. 159).

Von **Melides** (16 km westlich von Grândola) sind es 7 km zur Lagune **Lagoa de Melides** und einer kleinen Siedlung am Meeresstrand **Praia de Melides** (Camping ca. 1,5 km landeinwärts). Einige Kilometer nördlich liegt der gute Strand **Praia da Galé** (mit Campingplatz). Südlich von Praia de Melides stößt man auf eine weitere Lagune und den Strand **Praia de Santo André** (*Unterkunft:* ** Res. Santo André; Privatzimmer; Camping).

Alcácer do Sal (22 km nördlich von Grândola): Stadt am Rio Sado, der sich unmittelbar westlich zu einer breiten Mündungsbucht ausweitet (schöner Blick!), mit ca. 15000 Einwohnern. Zentrum von Reisanbau und Salzgewinnung (Salinen) am Fuße einer mediävalen Burgruine.

Santiago do Cacém (25 km südwestlich von Grândola). Kleinstadt am Fuße einer Burg. Außerhalb liegen die **römischen Ruinen von Miróbriga.** *Unterkunft:* Pousada de São Tiago, Albergaria und einige Pensionen am Ort. Turismo: ✆ 069/826696

Mértola

Das *Myrtillis* der Römer ist ein einsamer, weißer Ort (ca. 3000 Einwohner) über dem rechten Ufer des Rio Guardiana, im südöstlichen Alentejo. Das Stadtbild mit engen Gassen erinnert an die Zeit der Mauren, die bis 1238 hier regierten. Umfangreiche Ausgrabungen der letzten Jahre lieferten wichtige Funde aus der Römer- und Maurenzeit. Noch im 19. Jh. wurde Weizen über den Rio Guadiana nach Lissabon verschifft. Bis in unsere 60er Jahre arbeiteten viele Menschen in den Kupferminen von São Domingos (s. In der Nähe), deren Stillegung eine starke Abwanderung auslöste.

Hauptsehenswürdigkeit ist die **Pfarrkirche**, eine ehemalige Moschee, die nach 1238 geweiht wurde. Die Zinnen und Kegeltürmchen stammen aus dem 16. Jh. Maurisch sind innen die zwölf Säulen, die das gotische Gewölbe aus dem 13. Jh. tragen.

Bei Ausgrabungen neben der Kirche fand man ein **römisches Kryptoportikum** (4. Jh.) und Reste arabischer Häuser (11./12. Jh.). Die nahe, einst maurische **Burg** wurde im 13./14. Jh. verändert. Herrlich ist der Ausblick (Farbabb. 28).

Am Ort gibt es mehrere kleine, aber gute Museen: **Museu Romano, Museu Islâmico** und das **Museu de Arte Sacra** (sakrale Kunst); im **Museu Paleocristão** sind Reste einer frühchristlichen Basilika aus dem 4. oder 5. Jh. zu sehen.

Unterkunft: Pensão Beira Rio; Residencial San Remo; Turismo Rural: Casa das Janelas Verdes

Busse: Expressos nach Beja und Lissabon sowie Vila Real de Santo António; EVA-Nahverbindungen

PLZ: 7750; **Vorwahl:** 086 (Netz Castro Verde); **Turismo:** ✆ 62573

In der Nähe

Minas de São Domingos (18 km östlich): Ein verlassenes Bergwerksdorf dessen Bevölkerung seit der Stillegung der Kupfermine vor rund 30 Jahren von über 5000 auf unter 1000 Einwohner sank. Das Kupfer wurde vom Flußhafen Pomeirão abtransportiert. Bei der Schließung der Mine ließen die Konzessionäre leider alle Einrichtungen verschrotten. Man kann in der Pensão São Domingos wohnen und im nahen Stausee baden.

Moura

Agrarzentrum und Thermalort östlich des Rio Guadiana mit ca. 8000 Einwohnern. Als Nova Civitas Aruccitana war der Ort schon zur Römerzeit befestigt. Der heutige Name Moura (= Maurin) erinnert an die Burgherrin Salúquia, die sich 1166 von der Burg gestürzt haben soll, nachdem die herannahenden christlichen Truppen ihren Geliebten und sein Gefolge in einen Hinterhalt gelockt und getötet hatten. In der Kleidung der gefallenen Mauren konnte ein Stoßtrupp die Wachen überlisten und die Burg einnehmen. Endgültig

Ehemaliges Maurenviertel

wurden die Mauren hier 1232 besiegt. Diejenigen, die blieben, lebten im Maurenviertel *(Mouraia)*.

Besichtigung

An der zentralen Praça de Sacadura Cabral steht die **Kirche São João Baptista** (15./16. Jh.) mit manuelinischem Portal. In der Nähe ist der Eingang zum schönen **Stadtpark** (am Eingang befinden sich alkalische Thermen). Die einst maurische, aber mehrmals umgebaute **Burg**, die sich gleich über dem Park erhebt, ist meist geschlossen.

Vom Zentrum ist es nicht weit zum ehemaligen **Maurenviertel,** das aus schmalen Straßenzügen besteht. Beachtung verdienen die hohen runden Schornsteine der niedrigen Wohnhäuser, vor deren Eingängen oft nähende oder strickende Frauen sitzen. An der Ecke Largo da Mouraria/Travessa da Mouraria wurde ein arabisches Wohnhaus mit Innenbrunnen rekonstruiert (Schlüssel: s. Türaushang). Archäologische Funde vor allem aus der Römerzeit sind in einem **Museum** an der Rua da Romeira zu sehen.

Hotel: ** de Moura
Pensionen: Italiana und Alentejana

Busse: Expressos (Rodoviária und Solexpresso) nach Lissabon, CP-Bahnbusse nach Beja, Busse der EVA und anderer Linien nach weiteren Orten

PLZ: 7860; **Vorwahl:** 085; **Turismo:** Largo de Santa Clara, ✆ 22301

In der Nähe

Barrancos (ca. 48 km östlich): gelegen auf einem weithin sichtbaren Hügel an der Grenze zu Spanien. Schön ist das von weißen Häusern geprägte Stadtbild. Die Bewohner dieses abgelegenen Ortes sprechen noch einen eigenen Dialekt.

Hinweis: Der Grenzübergang war bisher noch nicht ständig geöffnet.

Portalegre

Reizvoll gelegene Bischofs- und Distrikthauptstadt am Westhang der (bis 1025 m ansteigenden) Serra de São Mamede. 1290 unter König Dinis befestigt, nahm sie im 16. Jh. durch die Wollmanufaktur wirtschaftlichen Aufschwung. Heute ist Portalegre ein Zentrum des Handels mit Agrarerzeugnissen sowie der Kork- und Textilindustrie. Interessant sind ein Bummel durch die **Altstadt** mit Kathedrale und Burg, eine im 18. Jh. vom Marquês de Pombal gegründete Teppichmanufaktur sowie der Azulejo-Innenschmuck des **Convento de São Bernar-**

do (heute Kaserne, Besuch in Begleitung eines Uniformierten möglich).

Hotel: *** D. João III.
Pension und Residencial-Häuser: ** Res. Mansao Alto Alentejo, ** Nova; Privatunterkünfte
Estalagem: **** Quinta da Saúde (ca. 1 km außerhalb)
Turismo Rural: Quinta da Fonte Fria (ca. 4 km), Quinta das Varandas (ca. 5 km)
Camping: * Orbitur ganzjährig geöffnet
Außerdem eine **Jugendherberge**

Bahnlinie: Linha do Leste (Züge nach Lissabon, Portalegres Bahnhof liegt aber 12 km außerhalb)
Busse: Rodoviária-Expressos der Linie Lissabon–Castelo de Vide–Marvão, Nahverbindungen nach Castelo Branco, Estremoz, Castelo de Vide, Marvão

PLZ: 7300; **Vorwahl:** 045; **Turismo:** Estrada de Santana, 25, ✆ 2 18 15

Serpa

Bildschöne Kleinstadt mit ca. 6000 Einwohnern zwischen Beja und der spanischen Grenze. Im 8. Jh. fiel der Ort an die Mauren, die ihn 1230 an König Afonso II. verloren. Schon von weitem erkennt man die **Burg,** die König Dinis 1295 erbauen ließ. Lange Reihen der für die Gegend typischen weißen Häuser mit kleinen Türen und Fenstern prägen das Stadtbild (Farbabb. 37). Bekannt ist Serpas Schafskäse (Queijo de Serpa).

Pousada de São Gens (ca. 2 km)
Pension und Residencial-Häuser: *** Res. Beatriz; Res. Serpinia; Casarão und Virginia

Straße in Serpa

Camping: *** Parque Municipal, ganzjährig geöffnet

Busse: Rodoviária-Expressos der Linie Lissabon–Beja–Sevilla

Feste: Stadtfest um Ostern, u. a. mit alentejanischer Folklore; Jahrmarkt Ende August

PLZ: 7830; **Vorwahl:** 084 (Netz Beja); **Turismo:** Largo D. Jorge de Melo, ✆ 53727

Sines

Der Geburtsort von Vasco da Gama, der 1498 den Seeweg nach Indien entdeckte, war Anfang der 70er Jahre noch ein ruhiger Fischerort. Das Zentrum mit einer ursprünglich maurischen, im 16. Jh. renovierten **Burg** und kopfsteingepflasterten Gassen, wo Fischerfrauen vor den Hauseingängen Sardinen und grüne Paprika grillen, wirkt bis heute gemütlich-provinziell. Auch wenn man von der Statue Vasco da Gamas (neben der Burg) aus auf die Küste blickt, sieht man noch nicht, was sich in den letzten Jahren in dem 11000 Einwohner zählenden Ort alles verändert hat. Vor der Stadt entstand ein großer Ölhafen, von dort führen Pipelines zu den Raffinerien; es gibt auch Metallbetriebe. Aber man hat auch Parks und Grünflächen angelegt. Alles in allem ein interessantes Nebeneinander von Fischerei und moderner Industrie.

Besichtigen kann man **Museen** für Archäologie und Naturgeschichte. Im Stadtgebiet liegt der Strand **Praia Vasco da Gama.** Weitere, sehr gute Strände sind in der Umgebung.

Pension und Residencial-Häuser: **** Res. Veleiro; *** Fredemar, *** Res. Malhada; ** Beira-Mar, ** Carvalho
Aparthotel: *** Sinerama
Camping: * Municipal, in der Stadt (schließt im Dez./Jan.); São Torpes (ca. 10 km südlich)

Nächster Bahnhof: Ermidas (Busverbindung; die Bahnlinie nach Sines ist stillgelegt), Linie Lissabon–Algarve
Busse: Rodoviária–Expressos nach Grândola–Setúbal–Lissabon, Vila Nova de Milfontes und zum Algarve; zahlreiche Nahverbindungen

PLZ: 7520; **Vorwahl:** 069 (Netz Santiago do Cacém); **Turismo:** im Park ›Jardim das Descobertas‹, nahe dem früheren Bahnhof, ✆ 634472

In der Nähe

Santo André (nördlich) ist zu einer ›Schlafstadt‹ von Sines geworden. Gut ist der einige Kilometer entfernte Strand **Praia de Santo André** (s. S. 325).

Praia de São Torpes (10 km südlich von Sines; Camping): Herrlicher, kaum bebauter Dünenstrand mit relativ starker Brandung. Kleine Felsbuchten säumen dann die Küste bei **Porto Covo** (16 km von Sines; drei Residencial-Häuser, zwei Campingplätze); lange Geheimtip, trotz wachsenden Andrangs aber noch gemütlich. Der Ort hat nur einen kleinen, zwischen Steilfelsen eingezwängten Fischerhafen. Vor der Küste liegt das Eiland Ilha do Pessegueiro, zu dem man im Sommer mit Fischerbooten übersetzen kann.

Immer beliebter werden auch die Strände im Kreis **Odemira** (einer Gegend, in der viele deutsche ›Aussteiger‹ leben). **Vila Nova de Milfontes** ist ein alter Fischerort an der von einem efeuüberwucherten Kastell ›bewachten‹ Mündung des Rio Mira. Im Ort und in der Umgebung gibt es inzwischen rund zehn Residencial-Häuser (auch in der Burg kann man wohnen), zwei Campingplätze sowie zahlreiche Bars und Restaurants; die Küste wurde aber kaum durch Neubauten verschandelt. Am geschützten Strand im Mündungsbereich des Rio Mira stand es 1992 leider mit der Wasserqualität nicht zum besten.

Weitere gute Strände mit teils bizarren Felsen liegen südlich bei **Almograve** (Pensionen und Privatzimmer) sowie bei **Zambujeira do Mar** (vier Residencial-Häuser und Pensionen, Campingplatz).

Vila Viçosa

Marmorbrüche umgeben diese ehemalige Herzogs- und Königsstadt mit ca. 5000 Einwohnern; Orangenbäume säumen die langen Reihen weißgetünchter Wohnhäuser. Die Herzöge von Bragança erkoren Vila Viçosa im 16. Jh. zu ihrer Residenz. Mit João IV. kam 1640 erstmals ein Mitglied dieser hocharistokratischen Familie auf den Thron. Obwohl die Braganças dann ihre Residenz nach Lissabon verlegten, kamen sie bis zum Sturz der Monarchie 1910 oft zur Jagd und Erholung nach Vila Viçosa.

Besichtigung

Der längliche Platz im Zentrum der alten Königsstadt heißt heute Praça da República. An seinem oberen Ende erhebt sich die aus Marmor gebaute Jesuitenkirche **São Bartolomeu** (17. Jh.), am unteren Ende flankieren zwei Rundtürme den Eingang zur **Burg.** Ihr Kernstück bildet ein klotziges Kastell, das von einem Graben umgeben und nur über eine Zugbrücke zugänglich ist. Innen befinden sich ein archäologisches Museum sowie das Archiv des Hauses Bragança. Die Ringmauern der Burg umschließen ferner

Die Burg von Sines, davor eine Statue Vasco da Gamas

die Renaissance-Kirche Nossa Senhora da Conceição (16. Jh., ansprechender Azulejo-Innenschmuck).

Beim Verlassen der Burg kommt man rechts, der Straße folgend, zum großen **Terreiro do Paço** (›Schloßplatz‹), in dessen Mitte sich ein Reiterstandbild von König João IV. erhebt. Den Platz beherrscht der riesige **Palast der Herzöge von Bragança** (Paço Ducal, 16./17. Jh.) mit einer Marmorfassade im Stil der italienischen Renaissance. Rund anderthalb Stunden dauert die Führung durch den 1501 begonnenen Bau, in dem der Herzog Dom Jaime 1512 seine Gattin und deren 14jährigen Pagen wegen des Verdachtes intimer Beziehungen erstach. In den Wohn- und Empfangsräumen sieht man neben kostbaren Teppichen, Deckenmalereien und Porzellan auch zahlreiche Gemälde und Zeichnungen des Hobbymalers König Carlos (der 1908 ebenso wie Kronprinz Luís Filipe einem Attentat zum Opfer fiel) sowie Fotos der königlichen Familie. Es folgt eine Führung durch eine umfangreiche Sammlung von Stich- und Feuerwaffen aus verschiedenen Epochen.

Die ehemaligen Stallungen des Palastes beherbergen ein Kutschenmuseum mit englischen Prunkkarossen.

An der Ostseite des Terreiro do Paço erhebt sich die Agostinho-Kirche (17. Jh.), in der die Bragança-Herzöge beigesetzt sind; die Herzoginnen ruhen im Chagas-Konvent (16. Jh.) an der Südseite des Platzes. (Erst ab 1640 ließen sich die Braganças, nunmehr Königsfamilie, in der Lissaboner Kirche São Vicente de Fora bestatten.)

An der Ortsausfahrt Richtung Borba passiert man links das **Knotentor** (*Porta do Nó,* 16. Jh.), das zu Nebengebäuden des Herzogspalastes führt.

Unterkunft: Pensão Granja und Residencial Calipoense (beide nicht klassifiziert); Privatzimmer (beschildert); Turismo de Habitação: Casa dos Arcos und Solar dos Peixinhos

Busse: Rodoviária-Expressos der Linie Lissabon–Évora–Elvas

PLZ: 7160; **Vorwahl:** 068 (Netz Estremoz); **Turismo:** Praça da República, ✆ 98305

In der Nähe

Borba: für ihren Rotwein bekannte Kleinstadt mit mittelalterlichen Mauern, Renaissance-Kirche Igreja de São Bartolomeu (16. Jh.) und dem großen Marmorbrunnen Fonte das Bicas aus dem 18. Jh.

Portugals Südküste
Der Algarve

Der Algarve (korrekt heißt es tatsächlich **der** und nicht **die** Algarve) ist ein ca. 150 km langer und 50 km breiter Küstenstreifen. Im Osten bildet der Rio Guadiana die Grenze zu Spanien, eine dünn besiedelte Hügelkette trennt den Algarve vom nördlich sich anschließenden Alentejo. Höchste Erhebung ist im Westen die Serra de Monchique (902 m), die kühle und feuchte atlantische Einflüsse aufhält; sie garantiert ein mediterran-warmes, niederschlagarmes Klima und eine subtropische Vegetation, vertreten durch Palmen, Johannisbrot-, Feigen- und Mandelbäume, die im Januar in Blüte stehen. Typisch für die Architektur sind einstöckige weißgetünchte Häuser mit kleinen Fenstern und hohen, oft filigranartig verzierten Schornsteinen, die das maurische Erbe dokumentieren. Hauptprodukte der kleinbäuerlichen Landwirtschaft sind Feigen, Mandeln, Trauben, Weizen, Hafer und Reis. An der Küste hat der Tourismus traditionellen Branchen wie Sardinen- und Thunfischfang, Salzgewinnung und Konservenindustrie den Rang abgelaufen.

Pittoreske Felsenstrände mit klarem Wasser, großem Sportangebot und langer Badesaison (Mai bis Oktober) machen den Algarve zum Haupturlaubsgebiet Portugals, die meisten bekannten Badeorte liegen zwischen der Distrikthauptstadt Faro und Lagos. Den unverfälschten Algarve findet man am ehesten in Bergdörfern des verkehrsmäßig schlecht erschlossenen Hinterlandes, fern der Urlaubszentren.

Sorgen um die Folgen des Booms

Bei Algarve dachte man nicht immer an sonnigen Süden. Der Name entwikkelte sich aus dem arabischen *al Gharb* und bedeutet ›der Westen‹. Dort lag der Algarve aus der Sicht der Mauren, die im 8. Jh. – nach Phöniziern, Griechen, Karthagern, Römern und Westgoten – hierher vorstießen. Über 500 Jahre lang regierten sie von ihrer Hauptstadt Silves aus die Provinz, die sie 1250 endgültig an Portugals König Afonso III. verloren. Der Infant Heinrich der Seefahrer, der im 15. Jh. in Sagres siedelte, machte den ›Westen‹ zum Sprungbrett der kolonialen Expansion. Als Umschlagplatz des Gold- und Sklavenhandels erlebte

Der Algarve

die Hafenstadt Lagos eine wirtschaftliche Blüte, die 1755 durch das schwere Erdbeben zu Ende ging.

Briten entdeckten den Algarve im 19. Jh. als Urlaubsziel. Von den 60er Jahren an wurden für immer mehr Urlauber typische Fischerorte kommerzialisiert, malerische Küsten zubetoniert. Mit zunehmender Konkurrenz außereuropäischer Reiseziele ist das unbegrenzte Wachstum aber vorbei. Am Algarve sorgt man sich um nachteilige Folgen des Booms.

Seit langem fühlen sich viele Portugiesen an der Südküste des eigenen Landes nicht mehr zu Hause – nicht nur wegen der höheren Preise. Oft sind Schilder und Speisekarten nur auf Englisch verfaßt (obwohl das Gesetz stets auch eine portugiesische Version verlangt).

Der Tourismus brachte freilich Arbeitsplätze, schuf aber auch neue Ungleichgewichte. Mit dem Bau-Boom hielten nicht nur Straßenbau und Wasserversorgung lange nicht mit. Portugals Minister für Tourismus sah 1988 Teile der Region als unheilbar zerstört an. Ein Raumordnungsplan soll den Wildwuchs beenden, auf daß künftig nicht nur der Tourismus – kontrolliert – wachsen kann, auch Landwirtschaft, Fischerei, Industrie und Natur sollen nicht länger im Schatten stehen. Schützen will man Orte und Küsten, die die Bagger bisher verschont haben.

Über die Bauwut klagten selbst Hoteliers, die nicht zuletzt wegen des wachsenden ›Parallelangebotes‹ an Apartments und anderen inoffiziellen Unterkünften ihre Häuser nicht mehr füllen können. Seit Jahren wächst das Angebot stärker als die Nachfrage. Je nach der internationalen Wirtschaftslage ist der Algarve einem Wechselbad aus Aufschwung und Krise ausgesetzt.

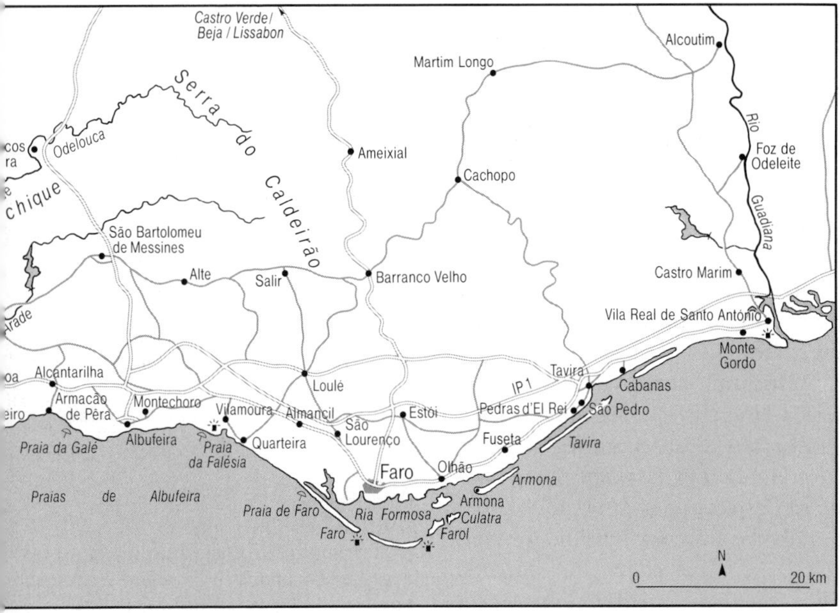

Man nimmt an, daß sich das Bettenangebot in der Region allein im Zeitraum 1985–90 verdoppelt hat. Inzwischen ließ der Bau-Boom leicht nach. Manche begonnenen Projekte erwiesen sich bereits als unwirtschaftlich. Vielerorts stehen nun halbfertige Bauruinen.

Bei der Suche nach neuen Gästen wurde man ausgerechnet im eigenen Land fündig. Frei nach dem Motto »Warum in die Ferne schweifen, wenn das Gute liegt so nah« umwirbt man verstärkt die Portugiesen, die immer mehr verreisen. Mit groß angelegten Qualitätskampagnen wurde gar schon erreicht, daß vielerorts statt Hamburger wieder mehr typische Fisch- und Muschelgerichte auf die Speisekarte kamen.

Typische Gerichte: Suppen mit Fisch *(Peixe)* und/oder Muscheln *(Ameijoas)*, gedünstete Muscheln *(Ameijoas na Cataplana)*, Fischeintöpfe *(Caldeiradas)*, gegrillte Sardinen *(Sardinhas Assadas)*, Thunfischsteak mit Zwiebeln *(Bife de Atum com Cebolas)*, Tintenfisch *(Polvo)*, gekochter Weißfisch *(Pescada Cozida)*, Langusten *(Lagostas)*, Hummer *(Lavagante)*, Seespinne *(Santola)*, Entenmuscheln *(Percebes)*, Garnelen *(Camarões)*, Krabben *(Gambas)*

Süßspeisen: Feigen *(Figos)*, *Bolos de Folhos* (in Olhão), Mandeln mit Ei (in Tavira)

Weine und Schnäpse: Rotweine aus Lagoa und Tavira, Schnaps aus der Frucht des Erdbeerbaums *(Medronho)*, Honiglikör *(Brandy-Mel)*, Mandellikör *(Amêndoa Amarga)*

Kunsthandwerk: Ton und Keramik *(Cerâmica)*, vor allem um Almancil, Holzarbeiten *(Trabalhos em Madeira)* und Körbe *(Cestos)* in Monchique, Palmenflechtarbeiten *(Trabalhos em Palma)*, Schmiedearbeiten in Kupfer *(Cobre)* und Messing *(Latão)* in Loulé

Praktische Hinweise

Verkehr

Anreise mit der Bahn: Ab Lissabon/Terreiro do Paço mit der Fähre nach Barreiro, ab dort Züge der Linie Lisboa–Algarve; ab Tunes (wo sich die Linie verzweigt) Kurswagen (oder Anschluß) nach Portimão–Lagos bzw. Faro–Olhão–Tavira–Vila Real de Santo António; in der Hauptsaison Autoreisezüge ab Porto, Coimbra und Lissabon.

Bahn-Nahverbindungen: im Algarve mit der Linie Lagos–Vila Real de Santo António

Anreise mit dem Bus: ab Lissabon Expressos verschiedener Unternehmen nach fast allen wichtigen Orten; manche Expressos auch aus Nordportugal

Bus-Nahverbindungen: mit den Linien EVA und/oder Castelo & Caçorino (CC) bzw. Frota Azul

Strände und Badeorte

Die Küste wird in Fels- und Sand-Algarve unterteilt. Der Sand-Algarve (meist Dünenstrände) reicht von Vila Real de Santo António etwa bis Quarteira, unweit davon beginnt der Fels-Algarve (teils lange Sandstrände mit Felsen, teils kleine Strandbuchten, zu denen man hinunterklettern muß). Wichtigste Sand-Algarve-Badeorte sind Monte Gordo und Quarteira. Fast alle Pauschalreisen führen unterdessen in den Fels-Algarve-Küstenabschnitt zwischen Albufeira und Lagos, wo der Andrang stärker und das Sport- und Nachtlebenangebot größer sind. Der Landzipfel bei Sagres ist wegen starker Winde und der um 4 bis 8 °C niedrigeren Lufttemperaturen Badeurlaubern nur bedingt zu empfehlen. Die Algarve-Westküste wurde vom Massentourismus noch kaum erfaßt (s. a. S. 352).

Ausflüge

Bootsfahrten (im Sommer): in Ausflugsbooten ab Vila Real de Santo António (auf dem Rio Guadiana), Vilamoura, Portimão Lagos und Sagres (an der Küste entlang);

Ausflüge in Fischerbooten (meist Pauschalpreis für das ganze Boot) ab Lagos, Armação de Pèra, Albufeira, Carvoeiro.

Organisierte Bustouren: Mehrere Veranstalter bieten von den wichtigsten Städten und Badeorten aus verschiedene Algarve-Rundfahrten an, teils mit Bootstouren, Grillessen, Folkloreaufführungen, Weinproben, Besuch bei Handwerkern und Besichtigungen historischer Bauwerke. Angeboten werden außerdem zweitägige Touren nach Lissabon.

Unterhaltung

Feste/Veranstaltungen: Über alle lokalen Feste, Messen, Märkte, Konzerte und Sportveranstaltungen informieren monatlich erscheinende Broschüren der regionalen Turismo-Behörde. Einige Feste: Mandelblütenfest in Vilamoura (Januar), Karneval in Loulé (Februar), Maifeste u.a. in Alte und Loulé, Bierfest in Silves (Juni), Carmo-Fest in Faro (Juli), Stadtfest und Feuerwerk in Albufeira (Mitte August), Oktobermesse in Monchique.

Spielcasinos: in Monte Gordo, Vilamoura und Praia da Rocha

Stierkämpfe in Vila Real de Santo António, Albufeira und Lagos

Albufeira

Einst maurische Festung, heute wohl meistbesuchter **Badeort** des Algarve mit 26000 Einwohnern und (in Ort und Umgebung) einem Vielfachen davon an Urlauberbetten. Noch liegen am Strand einige Fischerboote. Der am felsigen Hang erbaute Ortskern mit seinem maurisch wirkenden Gewirr von Gassen mit weißen Häusern

wurde aber stark kommerzialisiert, die umliegende Küstenlandschaft immer mehr zugebaut (Farbabb. 31).

Ein mächtiger Felsen teilt den Strand in zwei Teile (Farbabb. 39). Von der Rua 5 de Outubro (Post/Touristeninformation) führt ein Tunnel zum ›Touristenstrand‹. Von dort kommt man durch einen weiteren Felsdurchgang links zum **Fischerstrand.** Am Ufer befindet sich die kleine Auktionshalle. Ganz in der Nähe lag früher auch der Fischmarkt, der Anfang der 90er Jahre jedoch an den Ortsrand verlegt wurde.

Albufeira hat animierende Fußgängerzonen, viele Restaurants, Pubs und Discos sowie ein großes Sportangebot (u. a. Reiten, Windsurfen, Wasserski, auch in der Umgebung). Fischer bieten Bootsausflüge zu den nahen Felsen und Grotten an.

Strände östlich Albufeiras: *Oura* (ca. 3 km, oberhalb davon der Ferienort *Areias de São João* und, nördlich, *Montechoro); Maria Luisa* (exklusiver); der Fischer- und Badestrand *Olhos de Água* (beim links emporragenden Felsen sprudeln bei Ebbe Süßwasserquellen), *Falésia* (am Fuße rötcher Klippen).

Strände westlich Albufeiras: *São Rafael* (mit Luxus-Ferienanlage); *Castelo* (eine Felsbucht, oben auf dem

Kapelle Senhora da Rocha bei Armação de Pêra

Felsen befinden sich Pinienwälder); *Galé* (langer Strand, der durch Felsen in mehrere Buchten unterteilt ist).

Unterkunft

Albufeira
Hotels: **** Boavista, **** California; **** Sol e Mar; *** Baltum, *** Rocamar, *** Aparthotel Tetis, *** Aparthotel Almar
Pensionen und Residencial-Häuser: *** Bremen, *** Atlântica, *** Capri, *** Limas, *** Torre Velha, *** Vila Bela, *** Vila Branca, *** Res. Albuera, *** Res. Albufeirense, *** Vila Recife; ** Frentomar, ** Silva
Estalagens: **** do Cerro, **** Mar à Vista

Praia da Falésia
Hotels: **** Alfamar; außerdem Apartamentos Turísticos

Montechoro/Areias de São João (3 km östlich)
Hotels: **** Montechoro, **** Ourahotel; *** Topásio, *** Aldeia; Hotel-Apartamento Auramar, *** Hotel-Apartamento Tropical; **** Aparthotel Oura Praia Balaia, **** Aparthotel Oura Praia; weitere Aparthotels und Feriensiedlungen
Pensionen und Residencial-Häuser: *** Pífaro, *** Res. Crysandra

Olhos de Água (östlich von Montechoro)
**** Aparthotel Olhos d'Água

Praia da Galé (westlich von Albufeira)
Hotels: **** Vila Galé Praia, **** Aparthotel Vila Galé; ** Galé

Bahnhof: 6 km von Albufeira (Busverbindung)
Busse: Expressos nach Lissabon sowie nach Lagos und Vila Real de Santo António; Nahverbindungen von EVA und CC/Frota Azul
Fahrradvermietung: VespaRent, Areias de São João

Stierkämpfe: jeweils samstags von April bis Oktober
Stadtfest: um den 20. August und am 3. September, jeweils mit Feuerwerk
Markt: am 1. und 3. Dienstag des Monats

PLZ: 8200; **Vorwahl:** 089 (Netz Faro); **Turismo:** Rua 5 de Outubro, ✆ 512144

In der Nähe

Armação de Pêra (18 km westlich): auch heute noch ein Fischerort, wenngleich hier einige unattraktive Hochhaussiedlungen entstanden sind. Viele portugiesische Familien verbringen hier ihren Urlaub. Der ca. 6 km lange, flache Sandstrand, an dem Fischerboote liegen, ist der längste der Algarve-Küste. Westlich des Ortes findet man malerische Felsformationen mit kleinen Strandbuchten und Grotten, die mit Fischerbooten zu besichtigen sind. Etwa 2 km außerhalb sieht man auf einem Felsen, hoch über dem Meer, die Kapelle Senhora da Rocha.

Unterkunft: *Hotels:* **** do Levante, **** Garbe, **** Viking (außerhalb, Großanlage bei Senhora da Rocha). *Hotel-Apartamentos:* **** Algar; *** Belém, *** Marany, *** Rosamar. *Estalagem:* **** Sao Jorge (in Pêtra); *Pension:* ** Hani; *Residencial:* *** Cimar; außerdem Feriensiedlungen, Apartamentos Turísticos und zwei Campingplätze.

Nächster Bahnhof: Alcantarilha, ca. 9 km, Busverbindung. *Busse:* Expressos nach Lissabon; EVA-Nahverbindungen. *PLZ:* 8365; *Vorwahl:* 082 (Netz Portimão); *Turismo:* ✆ 312145

Carvoeiro

An einem Küstenabschnitt mit bizarren Felsen, Meeresgrotten und winzigen Strandbuchten gelegenes Fischerdorf mit ca. 4000 Einwohnern, dessen Aufstieg zum beliebten Badezentrum für das Ortsbild nicht ohne Folgen blieb (wobei hier nicht die Hotelklötze dominieren, sondern Ferienanlagen, die eine individuelle Atmosphäre bewahrt haben). Fischer bieten mit kleinen Booten reizvolle **Fels- und Grottenrundfahrten** an; auch kann man sich bei den auf dem Landweg nicht oder nur schwer zugänglichen Strandbuchten absetzen und wieder abholen lassen. Sehenswert sind die Felsformationen bei **Algar Seco** (ca. 1 km östlich), wo das Meer in Grotten gluckst. Östlich liegen die Felsbuchten von **Centianes und Carvalho** (vom Club Atlântico führen 160 Stufen hinab; wer von Benagil kommt, muß 35 Stufen hinabsteigen) und der Fischerstrand von **Benagil.** 5 km nördlich von Carvoeiro liegt die für Tisch- und Likörweine bekannte Kreisstadt **Lagoa** (Besuch der Weinkellerei möglich; mehrere Läden bieten Proben an). Nahe Carvoeiro gibt es einen Golfplatz.

Hotels: **** Dom Sancho (zentral), **** Almansor (ca. 1 km), **** Cristal (ca. 1,5 km); **** Aparthotel Solférias
Villen- und Ferienanlagen: Monte Dourado (zentrumsnah) Carvoeiro Clube (ca. 2 km), Quinta do Paraíso (ca. 2 km) u. a.
Pensionen: Mistral und Baselli
Camping in Ferragudo
Außerdem Apartamentos Turísticos

Nächster Bahnhof: Estômbar-Lagoa
Busse: EVA-Nahverbindungen; ab Lagoa Expressos nach Lagos, Faro, Vila Real de Santo António, Lissabon

PLZ: 8400; **Vorwahl:** 082 (Netz Portimão); **Turismo:** ✆ 357728

Faro

Die an einer Lagune gelegene Bischofs- und seit den 80er Jahren auch Universitätsstadt mit ca. 42000 Einwohnern und einem internationalen Flughafen ist selbst kein Badeort, Faros ›Hausstrand‹ liegt 9 km entfernt. Die Bevölkerung der Algarve-Hauptstadt (seit 1756) lebt überwiegend von Handel und Verwaltung sowie der Konserven-, Kork- und Kunststoffindustrie, teils auch von Fischerei und Salzgewinnung in den Salinen, die in der Hafflandschaft vor der Küste zu finden sind. Faro bietet bessere Einkaufsmöglichkeiten und ein breiteres Kulturangebot als in kleineren ›Nur-

Fischer im Hafen von Faro

Badeorten‹; besonders die Straßencafés im Stadtgarten und der angrenzenden Fußgängerzone sind zu beliebten Treffpunkten geworden.

Besichtigung

Ausgangspunkt ist der zentral gelegene Bootshafen (Farbabb. 33). An seiner Nordseite befindet sich das **Seefahrtsmuseum** *(Museu Marítimo)* mit Schiffsmodellen und anschaulichen Darstellungen von Fischereitechniken. Östlich des Hafens liegen die Praça D. Francisco Gomes und der mit Palmen bewachsene Stadtgarten Jardim Manuel Bivar. Jenseits des Gartens steht die **Misericórdia-Kirche** (16. Jh., auf dem Grundriß eines griechischen Kreuzes erbaut, nach 1755 erneuert).

Neben dem nahegelegenen Turismo-Büro führt das Tor **Arco da Vila** (18. Jh.; mit einer Statue von Thomas von Aquin) zum historischen, teils noch von mittelalterlichen Mauerresten umgebenen Stadtkern. In dessen Zentrum erhebt sich die ursprünglich romanisch-gotische, möglicherweise über einer Moschee erbaute **Kathedrale** *(Sé)*, die heute Stilelemente von

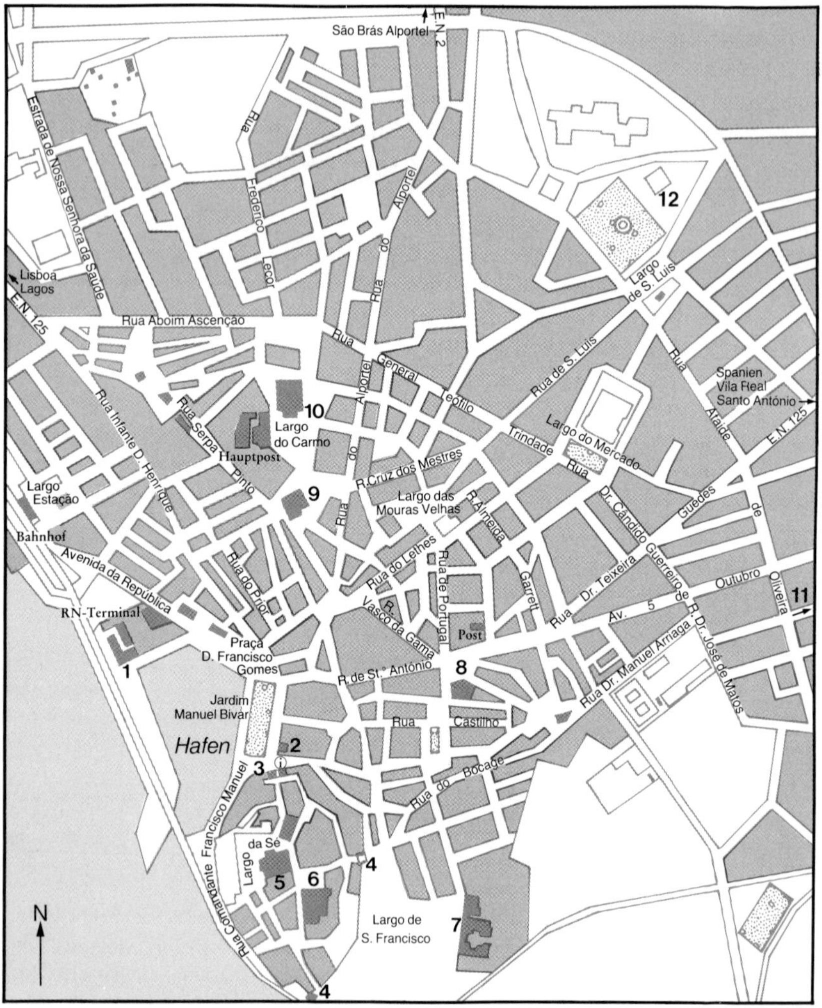

Faro
1 Seefahrtsmuseum 2 Misericórdia-Kirche 3 Arco da Vila 4 Reste der Stadtmauer 5 Kathedrale 6 Archäologisches Museum 7 Kirche São Francisco 8 Volkskundemuseum 9 Kirche São Pedro 10 Carmo-Kirche 11 Kirche Santo António do Alto 12 Judenfriedhof

Gotik, Renaissance und Barock vereinigt. Vom ursprünglichen Bau sind der Glockenturm und zwei Seitenkapellen erhalten. Beachtung verdienen außerdem die Rosário-Kapelle mit Azulejo-Schmuck (17. Jh.) und vergoldetem Schnitzwerk sowie die Orgel (18. Jh.). Von hier geht es links durch die Rua do Trem und gleich wieder links zur Praça Afonso III. mit einer Statue des Monarchen und dem ehemaligen **Kloster Nossa Senhora da Assunção**. Innen ein archäologisches Museum (u. a. Funde von der Römerstadt Milreu) und die Kunstsammlung Ferreira de Almeida.

In östlicher Richtung kommt man durch den **Arco de Repouso** (›Tor der Rast‹, hier soll Afonso III. nach Eroberung der Stadt von den Mauren 1249 geruht haben) zum großen **Largo São Francisco**. Sehenswert ist hier die gleichnamige Kirche (16. Jh.) mit vergoldetem Schnitzwerk, einer prachtvollen Kuppel und Azulejo-Schmuck aus dem 18. Jh. Über die Rua dos Caçadores und die Praça Alexandre Herculano geht es zum **Volkskundemuseum** *(Museu Etnográfico)*, das einen Eindruck von der Lebens- und Arbeitsweise der einheimischen Bevölkerung vermittelt. Über die Rua Vasco da Gama gelangt man zur Praça Ferreira de Almeida und von dort durch die Rua José Estêvão zur Kirche São Pedro (16./18. Jh.). Westlich dahinter erhebt sich die im 18. Jh. unter König João V. erbaute **Carmo-Kirche** mit reichem Schnitzwerk. Hinter der Sakristei liegt der Friedhof mit einer ›Knochenkapelle‹ *(Capela dos Ossos)*, deren Wände mit menschlichen Skeletteilen verkleidet sind.

Am Stadtrand erhebt sich die kleine **Kirche Santo António do Alto**. Von ihrem Turm aus genießt man einen herrlichen Blick über die der Küste vorgelagerte Hafflandschaft.

Von historischem Interesse ist der **Judenfriedhof** *(Cemitério dos Judeus*, gegenüber dem Hospital). Hier ruhen einige der ersten Juden, die nach Aufhebung der Inquisition im Jahr 1821 von Nordafrika aus über Faro nach Portugal zurückkehrten. Heute gibt es in Faro keine jüdische Gemeinde mehr. Der lange verwilderte Friedhof wurde aber 1993 restauriert und ist meist morgens zugänglich.

Hotels: **** Eva; *** Dom Bernardo, *** Faro, *** Ibis, *** Riamar; ** Albacor, ** Santa Maria
Pensionen und Residencial-Häuser: *** Afonso III., *** Algarve, *** Condado, *** Lumena, *** Res. Dina, *** Marim, *** Oceano, *** O Faraó (gut), *** Samé, *** Solar do Alto; ** Avenida, ** Carminho, ** Dandy, ** Delfim, ** Emília, ** Madalena, ** Novo Lar, ** S. Filipe, ** Tinita, ** Tivoli, ** Yorque; * Mirense. Außerdem Apartamentos Turísticos.
Pousada bei São Brás de Alportel, ca. 18 km
Campingplatz: Praia de Faro, 9 km (oft voll)
Jugendherberge: Rua do P.S.P.

Flughafen: 6 km außerhalb, EVA-Bus Nr. 16 (ab EVA-Terminal, s. u.) oder Taxi
Bahnhof: in Zentrumsnähe
Busse: ab EVA-Terminal an der Avenida da República. Expressos nach Lissabon, Lagos, Vila Real de Santo António sowie Montemor-o-Novo – Santarém – Coimbra – Porto–Braga; zahlreiche Nahverbindungen

Feste/Veranstaltungen: Feira do Carmo (Mitte Juli); Feira de Santa Iria (Ende Oktober); wechselnde Ausstellungen und Musikveranstaltungen

PLZ: 8000; **Vorwahl:** 089; **Hauptpost:** Largo do Carmo; **Turismo:** Rua da Misericórdia, 8, ✆ 803604; Av. 5 de Outubro, 18, ✆ 800400; Flughafen, ✆ 818582

In der Nähe

Praia de Faro (ca. 9 km, EVA-Busse): ca. 5 km langer Strand auf einer schmalen, der Küste vorgelagerten und durch eine Brükke mit dem Festland verbundenen Sandinsel (nahe dem Flughafen). Cafés, Restaurants, Estalagem (**** Aeromar) und Campingplatz vorhanden.

Estói (10 km nördlich von Faro, EVA-Busverbindung): Nahe am Ort liegen die römischen Ruinen von Milreu. Seit 1876 wurden u. a. Reste von Wohnhäusern, Bädern und einer wahrscheinlich im 4. Jh. über einem römischen Tempel erbauten frühchristlichen Basilika sowie Mosaike (u. a. Fischmotive) freigelegt. In Estói selbst liegt, inmitten hübscher Gärten, ein

Barockkirche Capela de São Lourenço bei Almancil

Palast aus dem 18. Jh., der 1987 in kommunalen Besitz überging und als Museum eingerichtet werden soll (Farbabb. 34).

São Lourenço/Almancil: An der EN 125 Faro – Portimão steht kurz hinter der Abzweigung nach Loulé rechts die weiße Kapelle São Lourenço. Innenwände, Gewölbe und Kuppel sind ganz mit blau-weißen Azulejos (18. Jh.) verkleidet, die mit dem vergoldeten Schnitzaltar kontrastieren. Nebenan findet man das von einem deutschen Ehepaar gegründete Kulturzentrum **Centro Cultural de Almancil**, in dem Konzerte, Ausstellungen und Lesungen veranstaltet werden. Zu den Stammgästen gehört Günter Grass. Bei Almancil sieht man an der Straße zahlreiche Stände und Läden mit bemalten Tonwaren. Zum Meer hin erstrecken sich die Luxus-Feriensiedlungen **Quinta do Lago** und **Vale de Lobo**, die unter Golfspielern besonders beliebt sind.

Ria Formosa: 1987 zum Naturpark erklärtes Haffgebiet von ca. 15000 ha vor Faros Küste, wo Zugvögel aus Nordeuropa überwintern. Es erstreckt sich über 60 km, von Ançāo im Westen bis Manta Rota im Osten. Verwaltung: Quinta do Marim, Aldeia do Marim (bei Olhão), ✆ 704134. Manche Agenturen bieten Bootsausflüge in das Gebiet an.

Lagos

Eindrucksvoll befestigte Hafenstadt, die im Entdeckungszeitalter Zentrum von Schiffbau, Gold- und Sklavenhandel war und heute ein viel besuchter Ferienort mit ca. 15000 Einwohnern ist. Die weiße Altstadt wird längst von Touristenläden und -cafés beherrscht. Der Yachthafen wurde neu angelegt, doch Dank des Fischereihafens (Sardinen, Thunfisch) hat Lagos aber auch ein gutes Stück Eigenleben bewahrt. Die Strandbuchten westlich der Stadt sind unter jungen Urlaubern besonders beliebt.

Fort von Lagos ▷

Geschichte

Lacóbriga nannten die Römer den zuvor schon von Handelsschiffen der Phönizier, Griechen und Karthager angelaufenen Hafen. Zawaia hieß er zur Zeit der Mauren, die ihn 716 einnahmen und 1189 vorläufig, rund 50 Jahre später dann endgültig an König Sancho II. verloren. Prinz Henrique (›Heinrich der Seefahrer‹) machte Lagos im Entdeckungszeitalter zu einem wichtigen Hafen: Hier ließ er die neuen Karavellen bauen; in Lagos stach 1434 auch Gil Eanes zur Umschiffung von Kap Bojador an der marokkanischen Westküste in See. Bald war die Stadt Portugals erster Umschlagplatz für Elfenbein, Sklaven und Gold. 1578 nahm König Sebastião den Ort als Ausgangspunkt für seine Marokko-Expedition, bei der der junge Monarch selbst und ca. 18000 Gefolgsleute den Tod fanden. Von 1577 bis zur Zerstörung durch Erdbeben im Jahr 1755 war Lagos die Hauptstadt des Algarve; 1587 überfiel sie der englische Pirat Sir Francis Drake.

Besichtigung

Startpunkt ist der Fischereihafen. Dort erhebt sich das im 17. Jh. erbaute **Fort Pau de Bandeira,** daneben die Auktionshalle. Vom Landungssteg hat man wohl den besten Blick auf die mächtige, im 14./16. Jh. über früheren Festungsanlagen erbaute **Stadtmauer**, die einen großen Teil des alten Zentrums umschließt.

Mittelpunkt der Stadt ist die Praça da República mit einer Statue von Heinrich dem Seefahrer. In der Nordostecke des Platzes, gegenüber der Misericórdia-Kirche, steht ein Haus mit arkadenartigem Vorbau – angeblich Schauplatz des früheren Sklavenmarktes. Von dort führt die Rua Henrique Correia Silva zur Kirche **Santo**

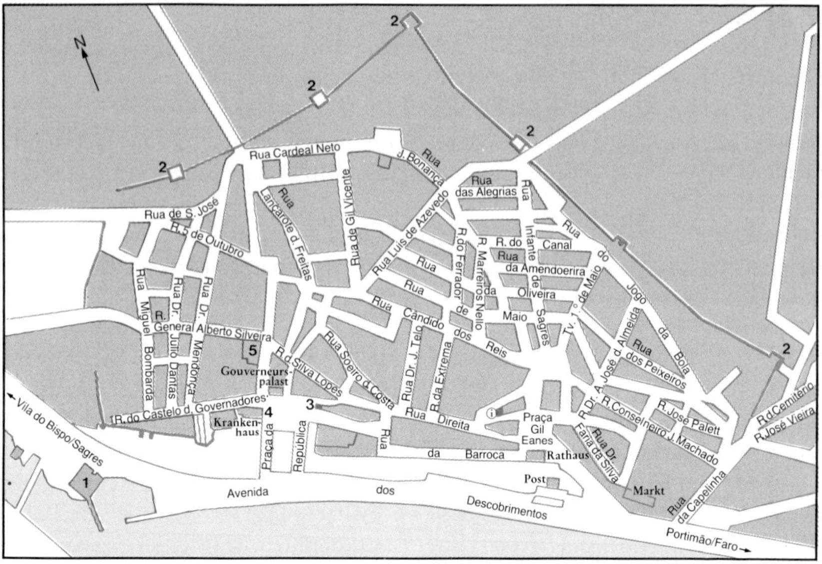

Lagos
1 Fort und Fischereihafen 2 Stadtmauer 3 Sklavenmarkt 4 Misericórdia-Kirche 5 Kirche Santo António und Museum

António, früher Militärkapelle, heute Teil des Stadmuseums. Die unteren Wandpartien des Kircheninneren zieren blau-weiße Azulejos, darüber barock-vergoldetes Talha-Schnitzwerk (18. Jh.). Die angrenzenden Museumsräume zeigen archäologische Funde (u. a. römische Mosaike), außerdem Acker- und Fischereigeräte, Kunsthandwerk, Gemälde und Fotos.

Nicht versäumen sollte man Land- oder Bootsausflüge zur **Ponta da Piedade** (2 km südlich; Farbabb. 38) mit ihren faszinierenden Felsformationen.

Hotels: **** de Lagos, **** Golfinho (Praia de Dona Ana); *** Meia Praia (Meia Praia), *** Monte Mar, *** Riomar, *** Parque de Turismo de Lagos (Richtung Porto de Mós), *** Hotel S. Cristóvão (Rossio de S. João), *** Hotel-Apartamento Ibersol; Aparthotel Meia Praia Beach Club (Meia Praia)

Motels: ** Marsol (Nationalstr. 125), ** Santa Maria (Nationalstr. 125)

Albergarias: **** Cidade Velha, **** Casa S. Gonçalo, **** Cidade Velha

Pensionen: **** Sol e Praia, **** Sol a Sol; *** Baía, *** Lagos Mar, *** Rubi Mar, *** Vilamar (Praia da Luz), *** Dona Ana (Praia de Dona Ana); ** Mar Azul, ** Solar, ** Caravela, ** Gil Vicente

Jugendherberge: Rua Lançarote de Freitas, 50

Camping: * Trinidade (Stadtrand); *** Parque de Campismo Imolagos (bei Porto de Mós); *** Valverde (bei Luz, s. In der Nähe).

Bahnhof: am Stadtrand, Endstation der Züge aus Vila Real de Santo António und Lissabon

Busse: Expressos nach Lissabon und Portimão–Faro–Vila Real de Santo António; Nahverbindungen der EVA nach Portimão und Sagres und der CC/Frota Azul nach Portimão

Fahrrad-/Mopedverleih: Motolagos, Rua de São José

Segelbootausflüge: an der Küste entlang (nur im Sommer)

Jahrmärkte: ca. 16./17. 8., 11./13. 10., 20./ 22. 11.
Sportangebot: Yachthafen, Windsurfen und Wasserski in Lagos, in der Nähe auch Tauchen (Meia Praia und Luz), Reiten (Burgau) und Golf (Meia Praia). Im Sommer Stierkämpfe in Lagos.

PLZ: 8600; **Vorwahl:** 082 (Netz Portimão); **Turismo:** Largo Marquês de Pombal, ✆ 763031

In der Nähe

Langer Sandstrand östlich bei **Meia Praia**. Südlich von Lagos liegen die felsigen Strandbuchten **Dona Ana** und **Camilo**, unweit westlich **Porto de Mós** (Campingplatz in der Nähe); ein Weg führt auf den ca. 100 m hohen Atalaia-Felsen, von wo der Blick bis Sagres reicht. Weiter westlich liegt **Luz**, ein kleiner Fischer- und Badeort mit Camping (Valverde, ca. 1,5 km) und Feriensiedlung (Luz Baia Clube), dort Windsurfausrüstungen und -kurse sowie Tauchkurse. In Richtung Sagres kommt man nach **Burgau**, ebenfalls Fischerort mit kleinem Strand für Fischer und Badeurlauber. Reitzentrum am Ort. An der Straße Lagos–Portimão erreicht man nach 5 km das Dorf Odiáxere, ab hier führt eine Straße zum Stausee **Barragem de Bravura** (ca. 10 km).

Loulé

Hochburg des algarvischen **Karnevals** (ca. 16000 Einwohner). Sehenswert auch wegen der kunstvoll verzierten Schornsteine in Stadt und Umgebung und der traditionellen Handwerkstechniken, die noch in den Gassen der Altstadt Anwendung finden. Über mehrere Straßenzüge hört man mitunter das Hämmern der Kupferschmiede an der Rua 9 de Abril, verbreitet sind teils auch Gerberei und die Herstellung von Geschirren für Pferde und Esel.

Hotel: *** Loulé Jardim
Residencial-Häuser: *** Dom Payo, *** Ibérica; ** Cavaco, ** Cidem

Bahnhof: ca. 5 km
Busse: Expressos der Linie Lissabon–Faro und Nahverbindungen

PLZ: 8100; **Vorwahl:** 089 (Netz Faro); **Turismo:** Castelo (Burg), ✆ 63900

In der Nähe

Alte: von Loulé zunächst zum Dorf **Salir** (je nach Strecke 16 bzw. 24 km nördlich) am Rande der Serra do Caldeirão. Mandelbäume wachsen an ihren Hängen, wo der Esel billigstes und geländegängigstes Verkehrsmittel ist. Ab Salir weiter nach Alte (13 km westlich), einem typischen Bergdorf, wo bunte Blumenpracht weißes Mauerwerk überwuchert und man hier und da auch das Rauschen der nahegelegenen Wasserfälle hört. Inzwischen werden auch organisierte Ausflüge nach Alte angeboten.

Algarvischer Schornstein

Olhão

Auch Würfel- oder Kubenstadt genannt. Um diese Namensgebung nachzuvollziehen, muß man den Glockenturm der 1698 begonnenen **Pfarrkirche** (Turmschlüssel beim Küster) besteigen. Von dort blickt man auf die würfelförmig verschachtelten, zwei- bis dreistöckigen Wohnhäuser des umliegenden Fischerviertels mit kleinen Dachterrassen und eckigen Schornsteinen; ein nordafrikanisch anmutendes Stadtbild in leuchtendem Weiß, das mit dem Gelb der Sandbänke und dem Blau von Himmel und Meer im Hintergrund kontrastiert. Bis zur Besiedlung durch Fischer aus dem Raum Aveiro im 18. Jh. war Olhão nur ein kleines Strohhüttendorf, um 1790 entstanden die ersten Steinhäuser. Heute leben hier etwa 15000 Menschen. Das Stadtbild selbst ist – von der Straßenebene aus betrachtet – wenig anziehend. Atmosphäre haben jedoch der Hafen sowie die parkartig ausgebaute Uferpromenade, wo auch die **Markthallen** zu finden sind. In der Nähe gibt es viele Kneipen und Restaurants.

Weite **Sandstrände** findet man auf den der Küste vorgelagerten Inseln **Armona** (Orbitur-Campingplatz mit Bungalows, keine Zelte; einfache Restaurants), **Culatra** (von Fischern bewohnt; Privatunterkünfte, in Lokalen erfragen) und **Farol** (Privatunterkünfte). Bootsverbindungen ab Olhão.

Hotel: ** Ria Sol
Pensionen: ** Bela Vista, ** Bicuar; * Rosa, * Torres; Boémia Rooms (gut!), Vasco da Gama

Apartamentos do Marim, Aldeia do Marim (ca. 2 km)
Camping: Parque de Campismo do Sindicato dos Bancários, ca. 1,5 km
Busse: Expressos nach Lissabon, Vila Real de Santo António und Lagos
Boote: zu den Inseln Armona und Culatra von Juli–September ca. 8–9 mal täglich, im Winter teils nur zweimal täglich

PLZ: 8700; **Vorwahl:** 089 (Netz Faro);
Turismo: Largo da Lagoa, ✆ 713936

In der Nähe

Fuseta (5 km östlich, auch Fuzeta geschrieben) zählt zu den letzten noch ›echten‹ Fischerdörfern dieses Küstenabschnitts. Fusetas würfelförmige Häuser mit Dachterrassen ähneln denen von Olhão. Hotels oder Pensionen gibt es am Ort nicht.

Blick auf Olhão

Portimão

Geschäftige Hafenstadt mit ca. 34000 Einwohnern an der Mündung des Rio Arade. Portimão verfügt über die größte **Fischereiflotte** des Algarve, die 1991 jedoch in einen neuen Hafen am anderen Flußufer (bei Ferragudo) ›umzog‹. Die Stadt selbst bietet weder Badestrände noch bedeutende Baudenkmäler, aber gute Einkaufsmöglichkeiten und eine große Auswahl an Restaurants. **Bootsausflüge** werden im Sommer organisiert. Tagesausflüge mit Auto oder Bus führen in die Serra de Monchique (s. dort).

Strände: östlich bei Ferragudo (s. In der Nähe); 3 km südlich von Portimão liegt Portugals wohl bekanntester Strand Praia da Rocha (s. dort).

Hotels: *** Globo; ** Tropimar
Ca. 20 Pensionen (**** bis *), ein Feriendorf sowie Touristenapartments
Jugendherberge: Lugar da Coca Maravilhas
Campingplatz in Ferragudo

Bahnhof: im Stadtgebiet
Busse: Expressos nach Lissabon, Lagos und Faro–Vila Real de Santo António; Nahverbindungen der Linie Castelo & Caçorino (CC)/Frota Azul u. a. nach Praia da Rocha, Lagos, Monchique, Silves und Lagoa; weitere Nahverbindungen der EVA

PLZ: 8500; **Vorwahl:** 082; **Turismo:** Largo 1 de Dezembro, ✆ 23695

In der Nähe

Ferragudo (östlich, ca. 4 km): Fischerort auf einer felsigen Anhöhe über dem linken, Portimão gegenüberliegenden Mündungsufer des Rio Arade. Durch die Verlegung des Fischereihafens von Portimão hierher erwachte Ferragudo zu neuem Eigenleben. An der Meeresfront findet man einen feinen Sandstrand, in der Nähe einen Campingplatz. Am Ort gibt es das Hotel **** Casa Bela sowie Apartments und Privatquartiere. Eine ungepflasterte Piste führt nach Carvoeiro (s. S. 340).

Praia da Rocha

Der **›Felsenstrand‹** Praia da Rocha, 3 km südlich von Portimão gelegen und Anfang dieses Jahrhunderts als Villen-Badeort ›entdeckt‹, zählt heute zu den meistbesuchten Seebädern des Algarve. Seinen Namen verdankt der Ort den malerischen Felsen, die auf dem breiten Sandstrand emporragen. Mehrere Hotels säumen die Uferpromenade, wo die Bautätigkeit inzwischen weitgehend zur Ruhe gekommen ist. In jüngerer Zeit wurde mehr im Hinterland gebaut, vor allem an Apartment-Häusern. Wer eine Pauschalreise nach Praia da Rocha plant, sollte sich vorher genau nach der Lage der angebotenen Unterkunft erkundigen.

Praia da Rocha bietet gute Voraussetzungen für **Wassersport.** Am Ort gibt es zahlreiche Bars und Restaurants sowie ein Spielcasino. Zum Einkaufen sollte man jedoch nach Portimão fahren, wo man auch besser essen kann. Golfplätze findet man außerhalb bei Montes de Alvor.

Unterkunft

in Praia da Rocha und – in Klammern angegeben – Umgebung

Hotels: ***** Algarve, ***** Alvor Praia (Praia dos Três Irmãos/Alvor), ***** Golfe da Penina (Montes de Alvor); **** Bela Vista, **** Delfim (Praia dos Três Irmãos/ Alvor), **** D. João II. (Praia de Alvor), **** Júpiter, **** Rocha Vau, **** Aparthotel Oriental, **** Aparthotel Tarik; *** Avenida Praia, *** Rocha, *** Aparthotel Alvor (Alvor), *** Aparthotel Squash, *** Hotel-Apartamento Yate, *** Minotel Pinheiro (Quatro Estradas/Alvor); ** Alcalá; Aparthotel Presidente (Praia do Vau)

Albergarias: **** Lido, **** Três Castelos

Pensionen und Residencial-Häuser: *** Sol, *** Res. Toca, *** Res. Tursol; ** Res. Alcaide (Praia do Vau), ** Pinguim, ** Res. Praia do Vau (Praia do Vau)

Camping: bei Alvor

Nächster Bahnhof: Portimão

Busse: Expressos nach Lissabon sowie nach Lagos und Vila Real de Santo António; Nahverbindungen der Linie Castelo & Caçorino (CC)/Fronta Azul nach Lagos, Portimão, Silves und Monchique

PLZ: 8500; **Vorwahl:** 082 (Netz Portimão); **Turismo:** Av. Marginal, ✆ 22290

In der Nähe

Alvor (westlich) gehört zu den letzten Orten dieses Küstenabschnitts, die vom Tourismus erfaßt wurden. Der alte Teil des Fischerortes (wo König João II. im Jahr 1495 starb; sehenswert ist das manuelinische Portal der Pfarrkirche) liegt nicht direkt am Meer, sondern am Mündungstrichter des Flüßchens Alvor. Zum breiten Sandstrand sind jedoch nur wenige Gehminuten einzukalkulieren. Etwas östlich erheben sich die Hochhaus-Ferienkomplexe **Praia de Alvor/ Praia dos Três Irmãos.** Sportangebot: Windsurfen, Wasserski, Angeln

Die angebliche Windrose in der Festung von Sagres

Sagres

Kleiner Fischerort mit ca. 2000 Einwohnern am windig-kahlen Südwestzipfel Europas. In Sagres versammelte der Infant Henrique (›Heinrich der Seefahrer›, 1394–1460) Geographen und Seefahrer, um Portugals Aufbruch zu neuen, fernen Ufern zu planen (Farbabb. 35). 6 km entfernt liegt das Kap São Vicente. Dieser Küstenabschnitt gilt als ideal für Taucher und Angler, wegen starker Winde ist Sagres als Badeort aber nur bedingt zu empfehlen; die Lufttemperaturen im Sommer liegen 4–8 °C unter denen der übrigen Algarve-Küste.

Strände: Baleeira, Martinhal, Tonel, Mareta (bei Sagres) sowie Telheiro und Ponta Ruiva (nördlich des Kap São Vicente).

Geschichte

Nur an einer einzigen Expedition nahm der Infant Henrique selbst teil: 1415 war er dabei, als das portugiesische Heer die marokkanische Hafenstadt Ceuta einnahm – womit Portugals Aufstieg zur Weltmacht begann. Den Beinamen ›der Seefahrer‹ erhielt Henrique lediglich als Förderer nautischer Forschungen. 1420 wurde er Großmeister des finanzkräf-

tigen Christusordens. Er siedelte nach Sagres über, brachte Seefahrtsexperten zusammen und investierte riesige Summen in die Verbesserung der Navigationstechniken und in die Erkundung bislang unbekannter Abschnitte der westafrikanischen Küste. In Sagres wurden die schnellen, leicht manövrierbaren Karavellen entwikkelt; Astrolabium und Quadrant erleichterten die Orientierung auf offener See. Noch zu Lebzeiten Henriques erreichten portugiesische Entdecker die Guinea-Küste.

Besichtigung

Auf einem Felsvorsprung *(Ponta de Sagres* oder *Promontório)* nahe dem Ort liegen die Reste einer **Festung**; Historiker sind sich nicht einig darüber, ob sie – wie vielfach behauptet – wirklich unter Heinrich dem Seefahrer erbaut wurde und ob er gerade hier gelebt hat. Die Festung birgt eine kleine Kapelle (15. Jh.) und eine 1960 zum 500. Todestag des Infanten Henrique aufgestellte Gedenksäule. Vor dem ästhetisch umstrittenen Neubau für ein künftiges Museum ist ein mit Steinen ausgelegter Kreis von 43 m Durchmesser, angeblich eine Windrose (die hätte aber nur 32 anstatt – wie dieser Kreis – 42 Unterteilungen). Von hier geht es zum 6 km entfernten **Kap São Vicente,** dem südwestlichsten Punkt des europäischen Festlandes (Farbabb. 35). 62 m über dem Meer erhebt sich ein Leuchtturm, den man auch besteigen kann.

Am Ort Sagres selbst lohnt ein Besuch im **Fischereihafen**, wo auch Bootsrümpfe gezimmert werden und Bootsausflüge starten.

Pousada do Infante
Estalagem: **** Infante do Mar (Praia da Salema, 18 km)

Hotels: *** Baleeira (Praia da Baleeira); *** Aparthotel Dom Tenório (Sagres), *** Aparthotel Navegador (Sítio da Baleeira), *** Aparthotel Orquídea (Sagres)
Motel: *** Gambozinhos
Pensionen und Residencial-Häuser: **** Dom Henrique (Sítio da Mareta); *** Navegate; Casa de Sagres (Sagres), Fortaleza do Belixe (Belixe)
Apartamentos: Mira Fortaleza

Nächster Bahnhof: Lagos (30 km)
Busse: EVA nach Vila do Bispo (9 km) und Lagos
Fahrradvermietungen gibt es mehrere.
Bootsausflüge (auch für Hochseeangler): Information im Turismo-Büro

PLZ: 8650; **Vorwahl:** 082 (Netz Portimão); **Turismo:** ✆ 64125

In der Nähe

Costa Vicentina – so heißt die steile, wenig erschlossene Algarve-Westküste, nördlich von Sagres. Die Strände, die teils schwer zugänglich sind, werden von Individualurlaubern frequentiert; mancherorts entstanden deutsche ›Aussteiger‹-Kolonien. Größter Ort ist die burggekrönte Kreisstadt **Aljezur** (Unterkunft, Turismo). In der Nähe führt eine Stichstraße zu den recht guten Stränden von **Monte Clérigo** und **Arrifana.** Nicht weit ist die Feriensiedlung Vale da Telha. Nördlich und südlich gibt es weitere Badebuchten. Campingplätze sind vorhanden.

Serra de Monchique

Westalgarvisches Gebirge vulkanischen Ursprungs mit zahlreichen Quellen und Bächen, einem feuchtwarmen Klima und einem erstaunlichen Nebeneinander von subtropi-

Schuster in Monchique

scher und atlantisch-kontinentaler Vegetation: Kork- und Steineichen, Eukalyptus-, Pinien- und Kastanienbäume sind umgeben von Rosmarin und Oleander, Mimosen und Heide. Die Bewohner der in der Landschaft verstreuten Bergdörfer bauen Mais, Zitrusfrüchte, Äpfel, Birnen und örtlich gar Bananen an; aus der Frucht des hier beheimateten Erdbeerbaumes brennen sie den scharfen *Medronho-Schnaps.* Im Herzen der Serra liegt die Kleinstadt **Monchique** (Einkaufstip: Geflochtene Körbe). Wer zum höchsten Gipfel des Algarve (Fóia, 902 m) hochfährt, hat eine prachtvolle Aussicht auf die Küste.

Ausflug ab Portimão

(Busse bis Monchique.) Ab Portimão erreicht man über die EN 124/EN 266 nach 18 km den Thermalkurort **Caldas de Monchique** (250 m ü.d.M.). Schon die Römer kannten seine 32,5 °C warmen Quellen, mit denen man heute Rheuma- und Lungenerkrankungen behandelt. Das reichlich sprudelnde Wasser (täglich 500 000 Liter) wird auch in Flaschen abgefüllt und verkauft. 6 km bergauf liegt die Kreisstadt **Monchique** (ca. 5000 Einwohner, 455 m ü.d.M., südöstlich davon der 744 m hohe Picota-Gipfel), wo noch nach traditionellen Handwerkstechniken (Tischlerei, Korbflechten, Töpfern) gearbeitet wird. Eine 8 km lange Straße führt zur windigen **Fóia-Hochebene** mit einem Antennenwald von militärischen und zivilen Sendeanlagen sowie einer Pension mit Restaurant. Man erkennt Portimão, an klaren Tagen auch Sagres.

Zurück nach Monchique, dann entweder auf dem gleichen Weg nach

Portimão oder kurz vor Caldas de Monchique in Richtung Casais/Marmelete rechts abbiegen. Über eine landschaftlich schöne Straße erreicht man nach ca. 30 km **Aljezur,** ab dort gelangt man über Lagos (oder auch über Sagres) nach Portimão zurück.

Albergaria: **** Lageado (Caldas de Monchique)
Estalagens: **** Abrigo da Montanha (Estrada da Fóia); Santo António (Estrada da Fóia)
Pensionen und Residencial-Häuser: *** Moins-Cicus (Estrada da Fóia); ** Bica Boa (Estrada de Lisboa), ** Res. Estrela de Monchique, ** Miradouro da Serra, ** Planalto (Fóia)

Busse: Linie CC/Frota Azul ab Praia da Rocha/Portimão bis Monchique sowie Monchique-Marmelete

PLZ: 8550; **Vorwahl:** 082 (Netz Portimão); **Turismo** in Portimão (s. dort) sowie in Aljezur, Largo do Mercado, ✆ 98229

Silves

Mächtige Festungsstadt über dem Rio Arade. Silves, zur Maurenzeit ›Xelb‹ genannt, war damals Hauptstadt der Provinz Algarve. Als eine der größten und reichsten Städte auf der Halbinsel hatte der Ort 30000 Einwohner – über dreimal soviel wie heute! Die etwas verträumt-verlassen wirkende Stadt lebt von Kleinindustrie und Landwirtschaft. Apfelsinen, Mandeln und Trauben wachsen im fruchtbaren Umland, das man von der riesigen, aus rötlichem Stein erbauten Maurenburg überblickt. In dieser Bierfest *(Festival da Cerveja)* jährlich im Juli.

Geschichte

Einst von Phöniziern, Karthagern und Römern besiedelt, wurde Silves im 8. Jh. von den Mauren eingenommen und zur Provinzhauptstadt erhoben. Dichter beschrieben ihre reichen Marmorpaläste, ihre Basare mit orientalischen Kostbarkeiten und das luxuriöse Leben der aus dem Orient hergereisten Herrscher. Erst nach heftigen Kämpfen fiel die Stadt 1189 an König Sancho I., der sie jedoch wieder verlor. Afonso III. ließ sie 1249 endgültig einnehmen und zum Bischofssitz erheben. Durch den Verlust der bisherigen Handelsbeziehungen mit Nordafrika aber begann ein wirtschaftlicher Verfall, den die Versandung des damals wichtigen Wasserweges Rio Arade noch beschleunigte. Der geistlich-politische Verfall folgte: Bischofssitz wurde 1577 Faro, Algarve-Hauptstadt erst Lagos, 1755 ebenfalls Faro. Im 18. Jh. blieb nach drei schweren Erdbeben vom früheren Glanz der Stadt nichts mehr übrig.

Besichtigung

Schon von weitem erkennt man die gewaltige **Burg,** die die Mauren über bereits bestehenden Festungsanlagen von Phöniziern und/oder Römern erbauten. Innerhalb des Kastells blickt man durch Schächte in gewaltige Zisternen. Nahe der Burg steht die ursprünglich gotische **Kathedrale,** die im 13. Jh. über einer Moschee erbaut wurde und nach den Erdbebenzerstörungen mehrere Veränderungen erfuhr.

Sehenswert ist auch ein neues, didaktisch sehr gutes **Archäologisches Museum.** Erbaut wurde es über

Brunnen in einem Dorf des Hinterlandes

einem 16 m tiefen Brunnen aus dem 12./13. Jh.

Unterkunft: **** Albergaria Solar da Moura (neu, an der Ortseinfahrt aus Richtung Faro); Res. Laideira, Res. Sousa, Estabelecimentos Dom Sancho

Bahnhof ca. 2 km (Busverbindung)
Busse: Linien EVA und/oder CC/Frota Azul u. a. nach Portimão, Monchique, Armação de Pêra, Albufeira; Solexpresso nach Lissabon

PLZ: 8300; **Vorwahl:** 082 (Netz Portimão); **Turismo:** Rua 25 de Abril, ✆ 442255

Tavira

Diese im Mittelalter befestigte Hafenstadt über dem palmenbewachsenen Ufer des Rio Gilão zählt zweifellos zu den schönsten und architektonisch interessantesten Orten des Algarve. Weiße Häuser mit hübschen Giebeln und Schornsteinen prägen das Bild (Farbabb. 32). Noch hat ein Großteil der ca. 12000 Einwohner den Fischfang als Lebensgrundlage; aus dem Umland kommen Mandeln, Feigen und Rotwein. Tavira ist durch eine schmale vorgelagerte Düneninsel vom offenen Meer getrennt und daher längst nicht so polyglott wie Albufeira, Quarteira oder Lagos.

Besichtigung

Den besten Blick auf das Stadtzentrum und die Burg hat man vom linken (östlichen) Ufer des Rio Gilão. Über eine ursprünglich römische, im 19. Jh. rekonstruierte Brücke, die, 1989 durch Hochwasser beschädigt, neu aufgebaut wurde und nun für Autos gesperrt ist, gelangen Fußgänger ans andere Ufer zur Praça da República (Turismo-Büro). Gegenüber führt eine Gasse rechts durch ein Tor der früheren Stadtmauer zur **Misericórdia-Kirche** (16. Jh.) mit hübschem Portal, Azulejo-Innenschmuck und vergoldetem Schnitzwerk. Anschließend geht es zurück zur Praça da República und dann rechts durch die Rua da Liberdade. Schräg gegenüber dem Postamt befindet sich links die kleine **Kapelle Nossa Senhora da Consolação** mit einigen Gemälden der flämischen Schule und mehrfarbigen Azulejos (17. Jh.). Weiter rechts bergauf, an der Santiago-Kirche vorbei zur **Kirche Santa Maria do Castelo**, die im 13. Jh. über einer Moschee errichtet, nach 1755 erneuert wurde. Zahlreiche Stilelemente von Gotik und Manuelinik sind erhalten geblieben, Azulejos und Schnitzwerk kamen im 18. Jh. hinzu.

Im Chor ruhen sieben christliche Ritter, die 1242 trotz eines zuvor geschlossenen Waffenstillstandes durch Maurenhand den Tod fanden, sowie der als Eroberer Taviras gefeierte Paio Peres Correia. Bei der Kirche befindet sich auch der Eingang zur ursprünglich maurischen, 1292 erneuerten und 1755 beschädigten **Burg**, von der man die Stadt und einige ihrer über 20 Kirchen überblicken kann. Weiter sehenswert: **Markthalle** am Flußufer, mit Verkauf von Körben und Kunsthandwerk.

Hotels: **** Tavira Sol (neu, nahe Zentrum); *** Hotel-Apartamento Eurotel (an der EN 125, ca. 3 km außerhalb)
Pensionen und Residencial-Häuser: *** Res. Horizonte; ** Res. Castelo, ** Res. Lagoas, ** Res. Imperial, ** Res. Mirante, ** Res. Europa, ** Res. Dom Rodrigues (ca. 2 km außerhalb), ** Res. Princesa do Gilão, ** Almargem
Ferienanlagen: Quinta das Oliveiras (ca. 2 km); Apartamentos Turísticos Nora Velha (an der EN 125, ca. 2 km); s. auch unter Cabanas und Santa Luzia (In der Nähe)
Tourismo de Habitaçao: Quinta do Caracol (São Pedro, außerhalb)
Camping auf der Düneninsel Ilha de Tavira (nur im Sommer geöffnet)

Bahnhof: am Stadtrand
Busse: Expressos nach Lagos, Vila de Real de Santo António, Lissabon; EVA-Nahverbindungen u. a. zur Bootsanlegestelle zur Ilha de Tavira (Mai–Anfang Oktober); Mundial-Expressos nach Lissabon
Fahrradvermietungen: Empresa das Neves, Rua Doutor Parreira

PLZ: 8800; **Vorwahl:** 081; **Turismo:** Praça da República, ✆ 22511

In der Nähe

Ilha de Tavira: der Küste vorgelagerte Düneninsel mit weitem Strand und einem Campingplatz. Ab Tavira muß man ca. 2 km mit dem Bus (EVA) fahren, dann mit dem Boot übersetzen (Mai–Anfang Oktober).

Cabanas (östlich von Tavira): Fischerort, von dem man mit dem Boot zur vorgelagerten Landzunge übersetzen kann, in der Nähe die Feriensiedlung *** Pedras d'El Rei II (früher Pedras da Rainha) sowie das Hotel-Apartamento *** Nascente Golden Club und die Ferienanlagen Quinta Velha und Cabanas Ria.

Santa Luzia (3 km südwestlich von Tavira): Hier ist man auf den Fang von Kraken spezialisiert: An Seilen aufgefädelt, werden Tontöpfe ins Wasser gelassen, in die sich die Oktopoden verkriechen (s. Abb. S. 358). Am Ort einige Restaurants, in der

Nähe die Feriensiedlung *** **Pedras d'El Rei I.** Eine Fußgängerbrücke führt von hier zur Ilha de Tavira; den Strand an der Südseite erreicht man mit einer Schmalspureisenbahn.

Vilamoura

Ein moderner, großzügig angelegter **Ferien- und Badeort** mit zwei Stränden, drei Golfplätzen, einem riesigen Yachthafen (rund 1000 Plätze), weiten Grünflächen, Kongreßräumen, einem Spielcasino und einem kaum zu übertreffenden Unterhaltungs- und Sportangebot. Vilamoura entstand beinahe aus dem Nichts. In den 60er Jahren wurde der Ort konzipiert, doch erst in den 80ern kamen die Bauarbeiten zum Abschluß.

Das Herzstück Vilamouras ist der **Yachthafen** (›Marina‹); hier starten Bootstouren zu den faszinierenden Felsformationen der Umgebung wie

auch Ausflüge für Hochseeangler und für Taucher. **Strände** erstrecken sich zu beiden Seiten der Hafenzufahrt – Praia da Marina (östlich) und Praia da Falésia (westlich). Während die Praia da Marina von den meisten Hotels aus bequem zu Fuß zu erreichen ist, liegen manche Unterkünfte landeinwärts (bei der Buchung nachfragen!). Am Ort gibt es zudem Tennisplätze, ein Reitzentrum, ein Kino und etliche Restaurants, Discos und Bars.

Sehenswert ist die archäologische Ausgrabungsstätte ›**Cerro da Vila**‹ östlich des Yachthafens (nahe der Post, Schildern ›Estação Arqueológica‹ folgen). An dieser Stelle befand sich ein römischer Hafen. 1963 fand man hier römische Hausmauern, Bäder, Mosaiken und Überbleibsel der Westgoten- und Maurenzeit.

Hotels: ***** Vilamoura Marinotel (gilt als eines der besten am Algarve), ***** Atlantis; **** Dom Pedro Golf, **** Dom Pedro Marina, **** Aparthotel Ampalins, **** Aparthotel Olympus; Hotel-Apartamento Portobelo; Aparthotel Terraços do Mar

Estalagem: **** da Cegonha

Feriensiedlungen: Pinhal da Marinas, Aldeia do Mar u. a.

Nächste Bahnhöfe: Loulé (Eilzüge); Boliqueime

Busse: Expressos nach Lissabon; EVA-Nahverbindungen

PLZ: 8100; **Vorwahl:** 089 (Netz Faro); **Turismo:** in Quarteira

In der Nähe

Quarteira: Alter Fischerort, der inzwischen von modernen Hotel- und Apartmentbauten beherrscht wird. Hier gibt es einen langen, von Wellenbrechern unterteilten Strand. Östlich liegt die Luxus-Feriensiedlung Vale do Lobo.

Unterkunft: mehrere Hotels und Pensionen, Apartments sowie ein Campingplatz *** Orbitur

Bahnhof: 6 km. *Busse:* Expressos nach Lissabon; EVA-Nahverbindungen. *PLZ:* 8100; *Vorwahl:* 089 (Netz Faro); *Turismo:* Av. Infante Sagres, ✆ 31 22 17

Tontöpfe für den Krakenfang

Vila Real de Santo António

Grenzstadt mit ca. 8000 Einwohnern an der Mündung des Rio Guadiana. Der Marquês de Pombal ließ sie 1774 nahe dem zuvor durch Fluten zerstörten Ort Santo António de Arenilha erbauen. Heute ist Vila Real ein Zentrum der Fischerei und der Konservenindustrie. Bemerkenswert ist das Stadtbild mit schnurgeraden, rechtwinklig oder parallel zueinander verlaufenden Straßenzügen. Baudenkmäler gibt es keine, dafür aber gute Speise- und Einkaufsmöglichkeiten. Im Sommer bieten zwei Unternehmen Bootstouren auf dem Rio Guadiana flußaufwärts an.

Eine Autofähre verbindet Vila Real mit der spanischen Stadt Ayamonte. Der Großteil des Autoverkehrs rollt aber auf der 1991 eröffneten Autobrücke über den Grenzfluß Guadiana (nördlich von Castro Marim).

Dichter und Losverkäufer

Vila Real de Santo António war Geburtsort des Dichters António Aleixo (1899–1949), der sich als Schäfer und Lotterielosverkäufer durchs Leben schlug. Seine Verse mußte er anderen diktieren, er selbst war schreibunkundig. Bekanntestes, heute in sozialen Auseinandersetzungen oft benutztes Zitat: »Ich weiß, ich erscheine wie ein Dieb / Aber ich kenne viele / Die, ohne als das zu erscheinen, was sie sind / Das sind, als was ich erscheine.«

Hotels: *** Guadiana; ** Apolo
Pensionen: Matos Pereira, Félix, Baixa Mar
Jugendherberge: Rua Dr. Sousa Martins, 40

Bahnhof: im Stadtgebiet; Endstation der Züge von Lissabon und Lagos
Busse: Expressos nach Mértola–Beja–Lissabon und Monte Gordo–Tavira–Faro–Portimão–Lagos; Mundial-Expressos nach Lissabon; EVA-Nahverbindungen
Fähren: nach Ayamonte (s. a. S. 384)

PLZ: 8900; **Vorwahl:** 081 (Netz Tavira); **Turismo:** ✆ 432 72

In der Nähe

Castro Marim (4 km nördlich, Busverbindung): ursprünglich römische, von Salinen und Sümpfen umgebene Festungsstadt über dem rechten Ufer des Rio Guadiana. Castro Marim war von 1319 an erster Sitz des Christusordens, der die Grenze nach Spanien zu verteidigen hatte, aber schon 1356 nach Tomar umzog (s. S. 284). Gute Aussicht hat man von einer im 13. Jh. erbauten, später mehrfach verstärkten Burg. Im umliegenden, zum Naturschutzgebiet erklärten Sumpfland gibt es u. a. noch Störche, Reiher und Fischadler.

Monte Gordo (7 km westlich von Vila Real de Santo António, Busverbindung): vielbesuchter, von Pinienwäldern umgebener Badeort mit einem langen, breiten Sandstrand, Spielcasino, Discos und Pubs. **Unterkunft:** *Hotels* **** Casablanca; *** Alcazar, *** dos Navegadores, *** Vasco da Gama; *Hotel-Apartamentos:* *** Atlântico, *** Monte Sol; *Residencial:* *** Paiva; *Pensionen:* ** Promar; Madalena; *Campingplatz*

Bahnhof: ca. 2 km, *Busse:* Expressos nach Lagos und Lissabon

PLZ: 8900; *Vorwahl:* 081 (Netz Tavira); *Turismo,* ✆ 444 95

Westlich von Monte Gordo folgen die noch relativ wenig bebauten Strände **Cabeço** und **Praia Verde. Alagoas** ist ein kleiner Ferienort mit Hotel und Estalagem. Im Dorf **Monta Rota** führen teils noch ungepflasterte Wege zu einem breiten Dünenstrand. Weiter westlich liegt das schöne Dorf **Cacela Velha.**

Im Gelben Info-Teil

Reisevorbereitungen

Informationsstellen

Informationsmaterial versenden die Portugiesischen Touristikämter:

Kaiserstr. 66
60329 Frankfurt/Main
✆ 069/234097, Fax 231433

Stubenring 16/3
A-1010 Wien
✆ 01/5132670

Badener Str. 15
CH-8004 Zürich
✆ 01/2410001

Informationen sind auch über die Büros des Portugiesischen Außenhandelsinstituts ICEP erhältlich:

Kurfürstendamm 203
10719 Berlin
✆ 030/8821066, Fax 8834851

Kreuzstr. 34
40210 Düsseldorf
✆ 0211/84912, Fax 320968

Königstr. 20
70173 Stuttgart
✆ 0711/294045, Fax 2262514

Diplomatische Vertretungen Portugals

... in Deutschland

Botschaft ohne Konsularabteilung:

53173 Bonn
✆ 0228/363011–6

Außenstelle Berlin
Toleranzstr. 3 a
10117 Berlin
✆ 030/3919649

Generalkonsulate:
Graf-Adolf-Str. 16
40212 Düsseldorf
✆ 0211/138780

Zeppelinallee 15
60325 Frankfurt
✆ 069/702066-67

Gänsemarkt 23
20354 Hamburg
✆ 040/343478

Schloßwall 2
49080 Osnabrück
✆ 0541/48046

Königstr. 20
70173 Stuttgart
✆ 0711/2265013

... in Österreich

Botschaft:
Operngasse 20 b
1040 Wien
✆ 01/567536-37

Honorarkonsulate:
Mozartstr. 11/31
4020 Linz
✆ 0732/272281

Fabergasse 2 b
5020 Salzburg
✆ 0662/73902

... in der Schweiz

Botschaft mit Konsularabteilung:
Jungfraustr. 1
3005 Bern
✆ 031/351 17 73

Konsulate:
220, Route de Ferney
1218 Genf
✆ 022/791 05 11

Färberstr. 6–4
8008 Zürich
✆ 01/261 33 66, -67

Einreisebestimmungen

Ausweispapiere: Bürger der Bundesrepublik Deutschland, Österreichs und der Schweiz müssen auch nach der geplanten, Mitte 1993 aber noch nicht erfolgten Abschaffung der Paßkontrollen im Reiseverkehr zwischen EG-Ländern einen Paß oder Personalausweis mitführen.

Besucher aus Nicht-EG-Ländern müssen bei der Einreise ein Formular ausfüllen und das Duplikat dann bis zur Ausreise aufheben.

Aufenthaltsdauer: Deutsche, Österreicher und Schweizer 90 Tage ununterbrochen.

Autofahrer benötigen den nationalen Führerschein, Kraftfahrzeugschein und eine grüne Versicherungskarte. Ist der Wagen nicht auf den eigenen Namen zugelassen, wird eine amtlich beglaubigte Vollmacht des Halters verlangt (Vordrucke bei den portugiesischen Konsulaten).

Haustiere: Informationen über nötige Impfungen und Bescheinigungen bei den portugiesischen Konsulaten.

Beste Reisezeit

Portugals Klima (s. Tabelle S. 16) ist für Mitteleuropäer überwiegend gut verträglich, nur im Hochsommer wird es manchen im Landesinnern zu heiß. Badewetter ist am Algarve von Mai/Juni bis September/Oktober, im Norden von Juni/Juli bis Ende August/September. Die Winter sind am Algarve mild, nach Norden hin zunehmend regnerisch, mitunter feuchtkalt, aber selten viel kälter als der deutsche Spätherbst. Nur im Bergland des Nordens ist mit Schnee zu rechnen. Die Serra de Estrela ist Portugals einziges, wegen stark schwankender Wintertemperaturen aber kein sicheres Skigebiet.

Die Anreise

... mit dem Flugzeug

Aus Deutschland: Direkte Linienflüge bieten die Lufthansa und die portugiesische Fluggesellschaft TAP von Frankfurt nach Lissabon, Porto und Faro. Weitere Verbindungen nach Lissabon ab Berlin-Tegel, Hamburg, Stuttgart (TAP), Düsseldorf (LH) und München (TAP und LH); außerdem Direktflüge Düsseldorf–Faro (LH). Die private Airline Portugália fliegt von Köln nach Lissabon und Porto. Auf vielen Linienflügen nach Portugal bietet *Olimar Flugreisen* (Köln) günstig Plätze an. Ein großes Angebot an Charterflügen kommt hinzu.

Aus der Schweiz: Swissair und TAP fliegen im direkten Linienverkehr von Zürich und Genf nach Lissabon und Porto, die TAP fliegt außerdem von Genf und Zürich nach Faro. Hinzu kommt ein wachsendes Charter-Angebot von schweizerischen Flugplätzen.

Aus Österreich: Wien–Lissabon fliegen TAP und Austrian Airlines.

Aus dem benachbarten Ausland: Günstige Tarife bieten u.a. ab Amsterdam die Linien KLM und TAP nach Lissabon und Porto an; ab Brüssel die belgische Linie Sabena nach Lissabon und Porto.

... mit dem Auto

Notwendige Papiere s. S. 363. **Hinweis:** im August sind in ganz Frankreich Schul- und Werksferien; Anfang und Ende des Monats fahren unzählige Emigranten aus Portugal, Spanien und Marokko zusätzlich zu den Urlaubern gen Süden. Trotz vieler Verbesserungen im französischen, spanischen und portugiesischen Straßennetz empfiehlt es sich, die Tage um Anfang und Ende August zu meiden oder auf Nebenstrecken auszuweichen.

In Frankreich und Spanien werden hohe Autobahngebühren verlangt; über die aktuellen Preise informieren die Automobil-Clubs.

Autoreisezüge gibt es im Sommer zwischen einigen deutschen und französischen Städten sowie ganzjährig zwischen Paris-Austerlitz und Lissabon.

... mit der Bahn

Rund 36 Stunden dauert die Fahrt von Köln oder Frankfurt nach Lissabon. Preislich lohnt sich die Bahn vor allem für Inhaber von Interrail- oder internationalen Seniorenpässen. Für Vollzahler kommen dagegen manche Flugtarife nicht viel teurer (mitunter sogar günstiger) als die Bahnfahrt, bei der man ein- oder zweimal umsteigen muß. Reisende über Paris müssen ab Gare du Nord bzw. Gare de l'Est, wo die Züge aus Köln bzw. Frankfurt einlaufen, mit der Metro (direkte Verbindung) zum Gare d'Austerlitz, wo der Südexpress abfährt. Abermals umsteigen muß man an der französisch/spanischen Grenze, da die iberischen Eisenbahnen auf einer breiteren Spur fahren. (Benutzern französischer Liegewagen, die an der Grenze ein anderes Räderwerk bekommen, bleibt dieses zweite Umsteigen erspart.)

... mit dem Bus

Reisebüros informieren über direkte Busse nach Portugal. Die Tarife liegen meist etwas unter denen der Bahn. Ab Portugal existieren verschiedene Verbindungen nach Spanien, Frankreich, Deutschland und in die Schweiz.

Reisen in Portugal

... mit dem Flugzeug

Linienflüge im Inland werden vor allem von den Airlines TAP und Portugália angeboten.

Festlandsverbindungen: TAP und Portugália fliegen von Lissabon nach Porto und Faro. Informationen über Flugverbindungen zu weiteren Festlandzielen sind vor Ort erhältlich.

Festland – Azoren: TAP-Flüge von Lissabon täglich nach Ponta Delgada/São Miguel und Terceira, 3–5 mal wöchentlich nach Horta/Faial. Alle neun Inseln verbindet die Regionallinie SATA, beste Verbindungen zwischen Ponta Delgada, Horta und Terceira.

Festland – Madeira: TAP-Flüge mehrmals täglich von Lissabon nach Funchal/Madeira und von dort zur Nebeninsel Porto Santo.

Madeira – Azoren: Wöchentlich meist drei TAP-Flüge Funchal – Ponta Delgada. An anderen Tagen muß man in Lissabon umsteigen.

. . . mit dem Auto

Portugals EG-Beitritt macht sich in einem rasanten Ausbau des Straßennetzes bemerkbar. 1991 wurde das letzte Stück der Autobahn Lissabon–Porto eingeweiht (gebührenpflichtig, eine Pkw-Fahrt auf der Gesamtstrecke kostet grob gerechnet ca. 26 DM). Weitere **gebührenpflichtige** Autobahnen verbinden Lissabon mit Setúbal sowie Porto mit Braga. Das Landesinnere wird mit **gebührenfreien** Schnellstraßen (mit ›IP‹ für *Itinerário Principal* und einer Nummer, z. B. ›IP5‹ gekennzeichnet) erschlossen – die jedoch einige der schönsten Orte links liegenlassen.

In vielen Regionen gibt es indes noch keine Alternative zu den Landstraßen, auf denen man zwar mehr zu sehen bekommt, die jedoch im Norden so kurvenreich sind, daß man kaum mehr als 60 km in der Stunde schafft. Der Straßenzustand ist unterschiedlich gut, im Süden jedoch allgemein besser als im Norden. Man achte auf Schlaglöcher; Bahnübergänge sind oft noch nicht holperfrei ausgebaut.

Autofahrer sollten sich möglichst eine spezielle Portugal-Karte kaufen, da auf kombinierten Spanien/Portugal-Karten kleinere Orte und manche Nebenstrecken nicht eingezeichnet sind. In Lissabon und Porto helfen die – auch im Ausland erhältlichen – **Falkpläne;** für andere Städte halten die Turismo-Büros hinreichende Pläne kostenlos bereit.

Im Bergland des Nordens ist im Winter mit Schnee und Eis zu rechnen.

Das **Tankstellennetz** ist gut – mit einer Einschränkung: bei neuen Autobahnen und Schnellstraßen vergehen oft einige Jahre, ehe auch dort Zapfsäulen zu finden sind. Die Versorgung mit bleifreiem Benzin ist inzwischen unproblematisch.

Für Treibstoffe legt der Staat Höchstpreise fest, eine Preiskonkurrenz findet indes kaum statt. Benzin kostet etwa so viel wie in Deutschland, Diesel ist vergleichsweise günstig.

Werkstätten: Eine Liste von Vertragswerkstätten sollte man mitführen. Besitzer sehr ausgefallener oder neu auf den Markt gekommener Wagentypen müssen bei manchen Ersatzteilen mit gewissen Schwierigkeiten rechnen. Die Werkstätten haben allerdings Improvisationsgeschick. Defekte Teile werden soweit als möglich repariert. (Es kann sich sogar lohnen, die Schweißarbeiten für den deutschen TÜV in Portugal machen zu lassen.) Kostenvoranschlag *(Orçamento)* verlangen.

Pannenhilfe leistet der Portugiesische Automobilclub (ACP), zu erreichen über Notrufsäulen an Autobahnen oder rund um die Uhr über die Rufnummern 01 (Lissabon), 9425095 oder 9425145 in Gebieten südlich der Stadt Pombal bzw. 02 (Porto) 8301127 in nördlichen Landesteilen.

Die Verkehrsregeln entsprechen allgemein den in Mitteleuropa üblichen.

Tempolimits: Ortschaften 60 (Pkw mit Anhänger 50) – eine Reduzierung auf 50 war Mitte 1993 jedoch im Gespräch, Landstraßen 90 (70), Autobahnen 120 (80) km/h. Mindesttempo auf Autobahnen 40 km/h. Führerscheinneulinge dürfen im ersten Jahr nur 90 km/h fahren.

Entfernungen auf dem portugiesischen Festland (in km)

Angegeben werden die Straßenentfernungen zwischen den größten Städten und wichtigsten Grenzübergängen

Aveiro																													
Beja																													380
Braga																												502	121
Bragança																											230	589	321
Caia																										456	467	177	345
Castelo Branco																									148	308	329	281	217
Coimbra																								159	297	312	170	332	58
Évora																							254	203	99	511	424	78	302
Faro																						213	454	416	329	724	624	152	502
Fátima																					360	178	90	157	207	402	260	256	138
Galegos																				159	368	155	250	91	92	399	420	233	308
Guarda																			197	258	522	309	168	106	254	202	263	387	180
Leiria																		235	182	23	387	187	67	168	230	379	237	265	115
Lisboa																	129	364	255	138	299	150	196	258	236	508	366	192	244
Portalegre																231	168	186	24	148	344	131	239	80	68	388	409	209	297
Porto															356	313	184	218	367	207	571	371	117	276	414	253	53	449	68
Quintanilha														283	418	538	409	232	429	432	754	541	342	338	486	30	260	619	351
S. Gregório													366	159	515	472	343	369	526	366	730	530	276	435	573	336	106	608	227
S. Leonardo												594	547	435	137	214	251	315	161	242	262	64	318	213	122	517	488	110	366
Santarém											181	413	479	254	154	78	70	280	165	61	299	117	137	174	203	449	307	195	185
Segura										232	267	493	396	334	138	316	226	164	149	215	474	261	217	58	206	366	387	339	275
Setúbal									323	121	167	522	588	363	193	50	179	371	217	242	249	103	246	265	189	558	416	142	294
Valença do Minho								492	463	383	564	51	351	124	485	442	313	347	496	336	700	500	246	405	543	321	91	478	195
Viana do Castelo							53	439	410	330	511	102	308	71	432	389	260	294	443	283	647	447	193	352	490	278	48	525	142
Vila Real						154	197	452	321	343	472	212	167	116	343	402	273	157	354	296	660	466	206	263	411	137	106	544	184
Vila Real de Sto. António					668	649	702	266	463	319	210	732	743	573	333	316	389	511	357	380	52	202	456	405	301	713	626	124	504
Vila Verde de Ficalho				153	605	586	639	203	349	256	92	669	629	510	219	253	326	397	243	317	201	139	393	291	239	599	563	61	441
Vila Verde da Raia			628	742	74	188	231	526	395	417	546	246	136	190	417	476	347	231	428	370	734	540	280	337	485	106	140	618	258
Vilar Formoso		280	446	560	206	343	396	420	213	329	264	418	281	267	235	413	284	49	246	307	571	358	217	155	303	251	312	436	229
Viseu	134	184	482	596	110	209	262	342	249	233	400	292	267	133	271	292	163	85	282	186	607	394	96	191	339	237	186	472	95

Die Gurtpflicht besteht seit 1993 nicht mehr nur außer-, sondern nun auch innerorts. Helmpflicht besteht für Fahrer und Beifahrer aller motorisierten Zweiräder. Die Alkoholgrenze liegt bei 0,5 Promille (ab 1,2 Promille drohen Haftstrafen). Das Überholen auf engen Straßen wird oft durch kurzes Hupen (nachts kurzes Aufblenden) angekündigt. Fahrzeuge mit Anhänger brauchen auf dem Dach ein blaues Schild mit gelbem Dreieck. Kinder bis zu 12 Jahren müssen auf den Rücksitz.

Nachts sind viele Fahrräder, Fuhrwerke, Mopeds und Autos mit ganz oder teilweise defektem Licht unterwegs. Stets sollte mit Menschen oder Tieren auf der Fahrbahn gerechnet werden.

Bei **Unfällen** im Zweifel die Polizei (Notruf 115, auch für Feuerwehr und Krankenwagen) rufen. Die Automobil-Clubs haben Listen deutschsprachiger Anwälte im Ausland. Notfalls Botschaft oder Konsulat einschalten. Portugiesische Versicherungen zahlen nur die im Lande üblichen Werkstattkosten.

Bei Totalschaden ist der Wagen zu verzollen oder dem Staat zu überlassen.

Autodiebstähle: Besonders in Lissabon werden Autos mit ausländischen Kennzeichen oft aufgebrochen – selbst am hellichten Tage. Wenn man schon den vollbeladenen Wagen in Lissabon abstellen muß, dann möglichst vor der Polizeiwache oder in einer Werkstatt (Öl wechseln oder waschen lassen). Nachts eventuell vor Banken parken, manche werden von der Polizei patrouilliert. Diebstähle unbedingt anzeigen, da die Versicherung ein Protokoll verlangt. Im Landesinnern sind Diebstähle sehr selten.

... mit der Bahn

(Eisenbahn- und Busnetz s. Karte S. 368) Um ihre Bahnpreise darf man die Portugiesen beneiden, sie betragen nur einen Bruchteil der deutschen – wobei allerdings Abstriche an Schnelligkeit und Komfort nötig sind. Wie international üblich, fahren Kinder unter vier Jahren kostenlos, bis unter 12 Jahren zahlen sie nur den halben Preis. Interrail-Pässe werden anerkannt, international gültige Seniorenpässe ebenfalls.

Ermäßigungen beziehen sich meist nur auf den Grundtarif, nicht auf Zuschläge für Schnellzüge (s. u.). Die Verbindungen sind auf Hauptstrecken gut, auf Nebenstrecken dagegen oft zeitraubend. Manche Bahnhöfe liegen mehrere Kilometer von den Stadtzentren entfernt (oft verkehren Anschlußbusse). Viele Ziele im Landesinnern, die per Bahn nur schwer oder gar nicht zu erreichen sind, werden von Bussen angefahren. An Freitag- und Sonntagabenden können Züge wie Busse überfüllt sein.

Die meisten Bahnhöfe *(Estações)* haben Fahrkartenausgabe und Gepäckaufbewahrung, daneben gibt es Bahnsteige *(Apeadeiros)* ohne Fahrkartenverkauf.

Züge: Am komfortabelsten sind Schnellzüge *(Rápidos/Serviço Alfa,* relativ teuer) und *Inter-Cidades* (IC), beide sind in der 1. und 2. Klasse platzkartenpflichtig. Daneben gibt es Eilzüge *(Inter-Regionais* – IR bzw. *Directos)* und Nahzüge *(Regionais, Interurbanos, Tranvias).* Autoreisezüge u. a. von Lissabon (Santa Apolónia) nach Porto, Guarda und Castelo Branco, im Sommer auch von Porto nach Faro.

Fahrpläne hängen in allen Bahnhöfen aus. Dabei handelt es sich nicht um Tabellen mit allen Abfahrtszeiten des jeweiligen Bahnhofs, sondern um Kursbuchauszüge für die gesamte Linie.

Von Lissabon nach Südportugal gibt es noch keine direkte Bahnlinie. Ab Lissabon/ Terreiro do Paço (T.P.) muß man mit der Fähre (ca. 25 Min., s. S. 144) nach Barreiro übersetzen, wo die Züge nach dem Süden abfahren.

... mit dem Bus

(Busnetz s. Karte S. 368) Im ganzen Land operieren die nunmehr selbständigen Regionalgesellschaften der früher staatseigenen Rodoviária Nacional. Noch immer ist die Abkürzung ›RN‹ gebräuchlich. Die Busse sind meist mit einem ›R‹ und dem Namen der Region (z. B. ›R Tejo‹) gekennzeichnet. Außerdem verkehren zahlreiche andere Privatlinien.

Es gibt Schnellbusse *(Expressos),* die vor allem Lissabon und Porto mit Orten der Provinz verbinden. Nahverkehrsbusse *(Carreiras)* steuern auch kleine Orte an.

... mit Stadtbus und Straßenbahn

(Nahverkehr Lissabon s. S. 143, 369 und 370)
Den städtischen Nahverkehr sichern in kleineren Orten die Rodoviária und andere Linien; Großstädte wie Lissabon, Porto, Coim-

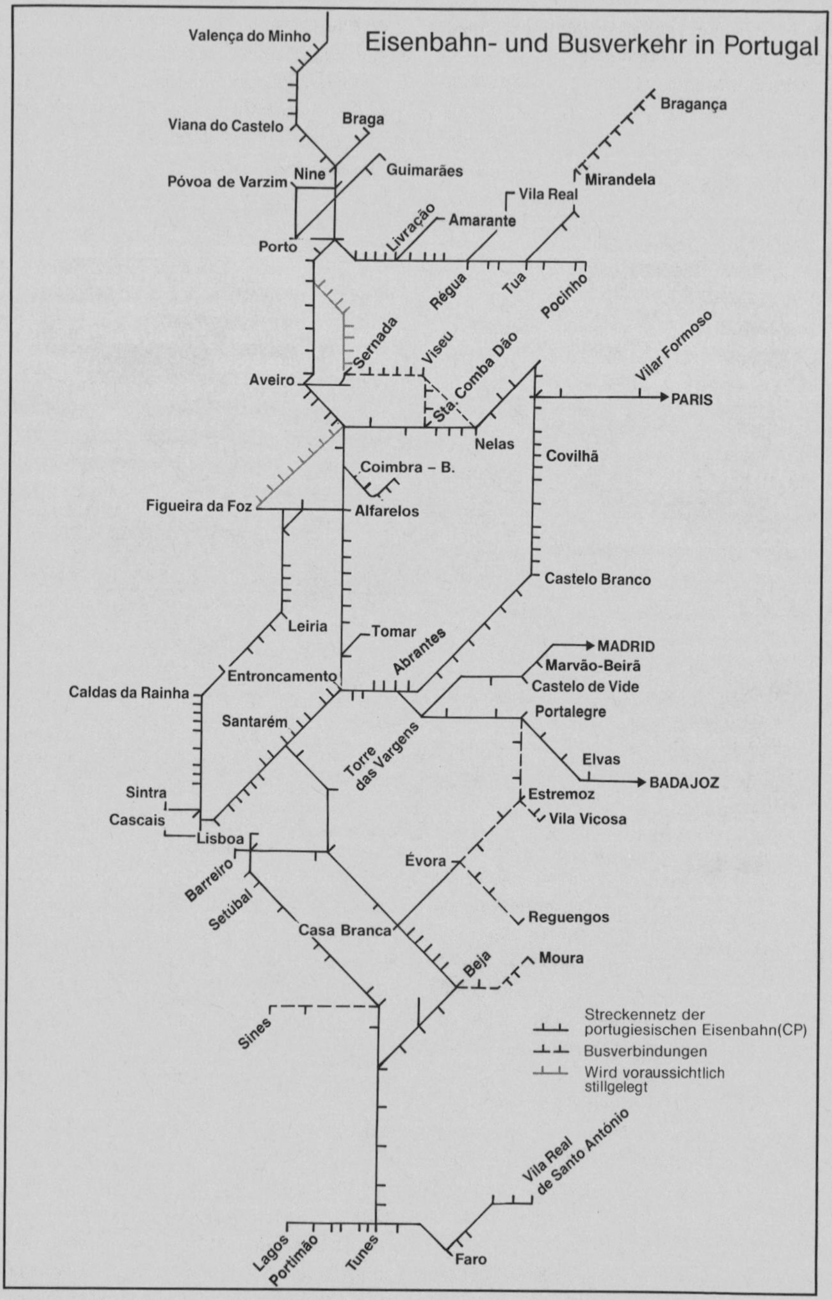
Eisenbahn- und Busverkehr in Portugal
Valença do Minho
Viana do Castelo
Braga
Nine
Póvoa de Varzim
Guimarães
Bragança
Mirandela
Vila Real
Amarante
Livração
Porto
Régua
Tua
Pocinho
Sernada
Viseu
Sta. Comba Dão
Aveiro
Vilar Formoso
PARIS
Nelas
Covilhã
Coimbra - B.
Figueira da Foz
Alfarelos
Castelo Branco
Leiria
Tomar
Abrantes
MADRID
Marvão-Beirã
Castelo de Vide
Entroncamento
Caldas da Rainha
Santarém
Portalegre
Torre das Vargens
Elvas
BADAJOZ
Sintra
Cascais
Estremoz
Vila Viçosa
Lisboa
Barreiro
Évora
Setúbal
Reguengos
Casa Branca
Moura
Beja
Sines
Streckennetz der portugiesischen Eisenbahn(CP)
Busverbindungen
Wird voraussichtlich stillgelegt
Vila Real de Santo António
Lagos
Portimão
Tunes
Faro

Busverkehr in Lissabon

U-Bahn s. S.143, ›Elektrische‹ s. S.370

Haltestellen

Nr.	Linie	Rua Aeroporto	Alvalade	Cais Sodré	Entrecampos	Marquês de Pombal	Praça de Espanha	Rossio	Sete Rios	Santa Apolónia
1	Cais Sodré ↔ Chameca			×	×	×		×		
2	Cais Sodré ↔ B.º Serafina			×		×		×		
7	Cais Sodré ↔ Odivelas-Qta Mendes		×	×						
9	Sta. Apólonia ↔ Campo Ourique					×		×		×
11	Pr.Comércio ↔ Damaia					×		×		
12	Sta. Apólonia ↔ Alcântara Mar					×				×
15	Cais Sodré ↔ Sete Rios			×					×	
16	Pr. Chile ↔ Benfica						×		×	
21	Rossio ↔ Av. Berlim	×	×		×	×		×		
22	Alto Sto. Amaro ↔ B.º Encarnação	×				×				
25	Pr. Comércio ↔ Prior Velho									×
25A	Pr. Comércio ↔ Portela-Rua N									×
26	Sapadores ↔ Potinha-Centro						×		×	
27	Restelo-Torres ↔ Ap. Areeiro				×	×				
28	Restelo ↔ Moscavide-Centro		×							×
31	Rossio ↔ Moscavide-Centro	×				×	×	×	×	
31A	Sete Rios ↔ Entrecampos-Metro				×				×	
32	Caselas ↔ Hosp. Sta. Maria			×	×	×		×		
35	Cais Sodré ↔ Hosp. Sta.- Maria		×	×						×
36	Rossio ↔ Odivelas-B.º Dr. L. Pimentel				×	×		×		
38	Calvário ↔ Hosp. Sta.- Maria				×	×				
39	Restauradores ↔ Marvila							×		×
39A	Pr. Comércio ↔ Marvila									×
41	Rossio ↔ B.º Padre Cruz					×	×	×	×	
44	Cais Sodré ↔ Moscavide	×		×	×	×		×		
45	Cais Sodré ↔ Prior Velho	×		×	×	×		×		
46	Est. Sta. Apolónia ↔ Damaia-Estação					×	×	×	×	×
49	Restelo ↔ Av. Est. Unidos América				×	×				
54	Campo Pequeno ↔ Alfragide				×				×	
55	Sete Rios ↔ Chelas	×	×		×				×	
57	Entrecampos ↔ Chelas	×	×		×					
59	Pr. Figueira ↔ Chelas									×
82	Cais Sodré ↔ Moscavide			×						×
83	Cais Sodré ↔ Portela	×		×		×		×		
90	Sta. Apolónia ↔ Aeroporto	×			×	×		×		×
101	M. Pombal ↔ Odivelas (Patameiras)				×	×				
103	Pr. Alvalade ↔ Chelas	×	×							
107	C. Sodré ↔ Alameda			×						×

bra, Braga und Viseu haben eigene Verkehrsbetriebe. Neben Bussen gibt es in Lissabon und Porto Straßenbahnen, in der Hauptstadt auch eine U-Bahn. Fahrkarten am Vorverkaufskiosk *(Pré-Comprados)* sind erheblich billiger als beim Fahrer. In manchen Großstädten, wie z. B. in Lissabon, gibt es preisgünstige Touristenpässe *(Passes Turísticos)*.

... mit dem Fahrrad

In Stadt und Land gibt es kaum Radwege, mit der Rücksicht auf Radler ist es auch nicht weit her. An der Algarve-Küste finden sich Verleihstationen für Fahrräder, Mofas, Mopeds und notwendiges Zubehör (Helme).

... per Autostopp

Trampen ist vor allem an Wochenenden, wenn viele Wehrpflichtige ›die Daumen raushalten‹, verbreitet.

... mit dem Taxi

Taxen (schwarz-grün, demnächst auch beige) sind sehr billig. Innerorts fahren vier Personen im Taxi oft viel günstiger als mit dem Bus.

Nur in einigen Großstädten sind die Taxen mit Taxameter ausgestattet. In Städten und Regionen, in denen die Wagen nicht darüber verfügen, wird der Fahrpreis nach km berechnet : 1 km kostet dann knapp über 1 DM; von 22–6 Uhr sowie an Wochenenden und Feiertagen sind es 20 % mehr.

In Wagen mit Taxameter werden diese beim Überqueren der jeweiligen Stadtgrenze abgeschaltet (bzw. auf den Landtarif umgestellt), und die Reststrecke wird nach km berechnet.

Für die Beförderung von Gepäck im Kofferraum wird ein Zuschlag von knapp über 3 DM erhoben. Ein Trinkgeld von 10–15 % ist üblich.

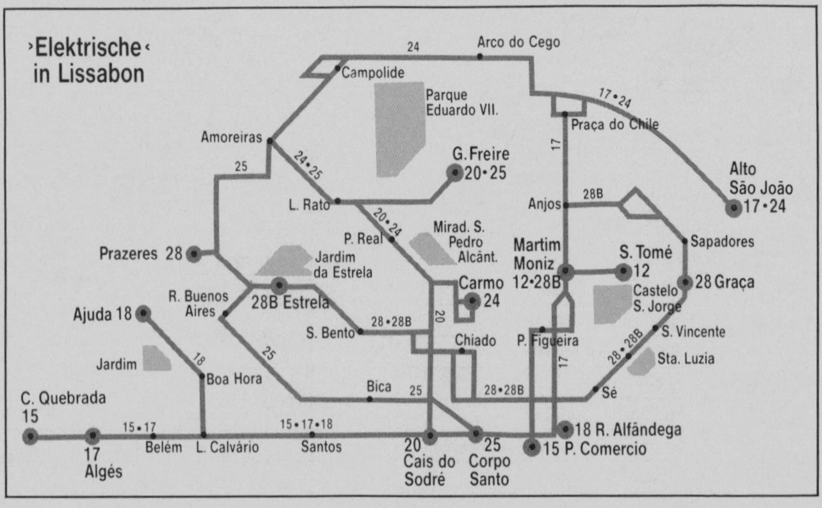

›Elektrische‹
in Lissabon

. . . mit dem Leihwagen

In Portugal arbeiten nationale und internationale Agenturen. Die meisten findet man in Großstädten, Badeorten und internationalen Flughäfen. Im Landesinnern ist das Verleihnetz dünn, oft können aber Hotels oder Reisebüros einen Leihwagen organisieren. Vorausreservierung (u. U. schon zu Hause) empfiehlt sich, da kleinere Wagentypen häufig ausgebucht sind. (Mit etwas Verhandlungsgeschick bekommt man mitunter einen Wagen der nächsthöheren Klasse zum gleichen Preis.) Die Tagesgrundgebühr schwankt je nach Agentur (lokale sind oft etwas billiger), Wagen und Saison zwischen 25 bis 30 und über 100 DM, jeder Kilometer kostet etwa ein Hundertstel dieses Grundpreises. Ab 100–120 km/Tag lohnen sich Pauschaltarife mit unbegrenzter km-Zahl. Hinzu kommen Extras wie Vollkasko, bei manchen Agenturen Rückführung, falls der Wagen an einem anderen Ort zurückgegeben wird. Unbedingt anfragen, ob im Preis schon die Mehrwertsteuer (IVA) von 16 % inbegriffen ist.

Anforderungen an den Fahrer: Mindestalter 21 oder 23, für manche Wagen 25; 1 Jahr Führerscheinbesitz (nationaler genügt.)

Unterkunft in Portugal

Zur Auswahl stehen u. a. Hotels, Pensionen, Rasthäuser, Ferienwohnungen und -dörfer, renovierte alte Herrenhäuser, Privatzimmer, Jugendherbergen und Campingplätze (Erläuterungen s. unten). Bei den portugiesischen Touristik-Ämtern im Ausland und manchen Turismo-Büros in Portugal bekommt man Listen.

Die Klassifizierung richtet sich meist nach dem internationalen Sternesystem (* = einfach, ***** = Luxus), wobei innerhalb jeder Kategorie durchaus große Unterschiede bestehen können. Auch die Preise (Richtwerttabelle auf S. 372) unterliegen starken örtlichen und saisonalen Schwankungen. Hotels sind teurer als Pensionen gleicher Sternezahl. In jedem Zimmer müssen die amtlich genehmigten Tiefst- und Höchstpreise aushängen. Diese schließen in Hotels, Pensionen und Rasthäusern das Frühstück (meist kontinental, also Brot, Butter, Marmelade, Kaffee oder Tee – in besseren Häusern statt dessen oft ein Buffet), Bedienung und Abgaben ein. In der Hauptsaison empfiehlt sich eine telefonische Reservierung. Auch Campingplätze können schon am frühen Nachmittag belegt sein.

Jeder Betrieb hat ein amtliches Beschwerdebuch. Reklamationen nehmen aber auch örtliche Turismo-Büros und die Generaldirektion für den Tourismus (Direcção-Geral do Turismo, Av. António Augusto de Aguiar, 86, 1099 Lisboa Codex) entgegen.

Hotels rangieren von * bis *****, Pauschalurlauber wohnen meist in der ***- oder ****-Klasse. Viele neuere Hotels, vor allem in Ferienzentren, haben Schwimmbad, Läden u. ä. **Apartment-Hotels** sind mit ** bis ****, **Motels** mit ** oder *** klassifiziert. Preise hier ohne Frühstück.

Pensionen *(Pensões,* Sg. *Pensão,* * bis **** und nichtklassifizierte Betriebe) sind viel öfter anzutreffen als Hotels. Pensionen mit Vollverpflegung dürfen einen Aufschlag auf den Zimmerpreis erheben, wenn ein Gast länger als zwei Nächte bleibt und nur Übernachtung/Frühstück wünscht. Bei den wohl meisten Häusern handelt es sich heute indes um **Residencial**-Pensionen oder einfach Residenciais (*Sg. Residencial*), die nur Frühstück bieten – obwohl Gäste in den oft angeschlossenen Restaurants Mittag- und Abendessen à la carte und unabhängig vom Übernachtungsarrangement einnehmen können. Innerhalb der praktischen Reisehinweise, die sich in diesem Buch den einzelnen Ortsbeschreibungen anschließen, sind diese Häuser unter dem Stichwort ›Pensionen und Residencial-Häuser‹ mit der Abkürzung ›Res.‹ gekennzeichnet.

Mit Pensionen der gehobenen Klasse sind die **Gasthäuser** *(Albergarias)* vergleichbar.

Unterkunftspreise: Folgende, in DM umgerechnete Preise für ein Doppelzimmer mit Bad (Stand: 1993) stellen nur grobe Orientierungswerte dar. Einzelzimmer sind um ca. 20–30 % billiger. Besonders luxuriös ausgestattete Häuser der einzelnen Kategorien können teurer sein als hier angegeben.

Kategorie	Hotels	Pensionen
5*****	200–600	–
4****	100–400	50–200
3***	75–270	45–150
2**	50–130	30–100

Staatliche Rasthäuser *(Pousadas)* sind eine nationale Besonderheit. Bei den etwa 40 Häusern dieses Typs (s. Karte und S. 373) handelt es sich um komfortable, im Preis **** bis ***** Hotels vergleichbare Unterkünfte, die teils in alten Burgen, Klöstern und Palästen eingerichtet, teils in reizvoller Lage neu gebaut wurden. Auskunft und Reservierung über die staatliche Gesellschaft

ENATUR
Av. Santa Joana a Princesa, 10 A
1700 Lisboa
✆ 01/8481221, 8489078 oder über die Portugiesischen Touristikämter, s. S. 362.

Es gibt drei **Pousada-Kategorien:**
Kategorie B – Pousadas in ländlichem Stil, oft abseits der Städte (Preise für ein DZ inkl. Frühstück 1993, je nach Saison, umgerechnet ca. 80–123 DM)

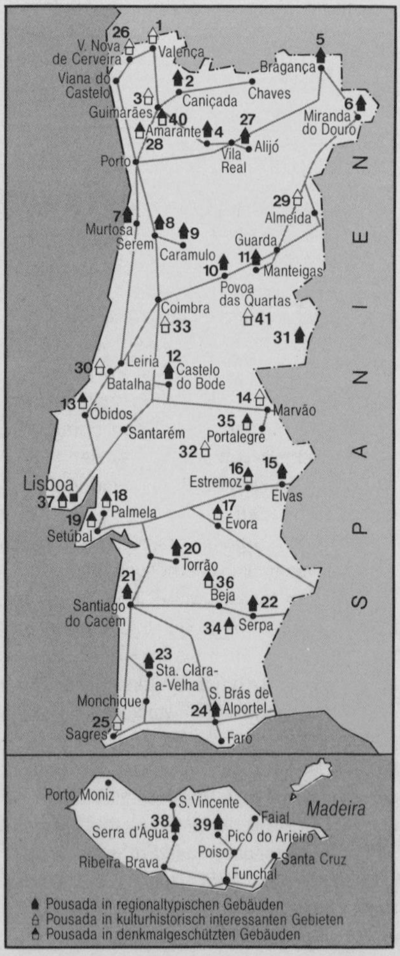

Nr.	Name der Pousada	Kategorie	Ort
01	São Teutónio	C	Valença do Minho
02	São Bento	C	Caniçada
03	Senhora da Oliveira	C	Guimarães
04	São Gunçalo	B	Amarante
05	São Bartolomeu	B	Bragança
06	Santa Catarina	C	Miranda do Douro
07	Ria	C	Murtosa
08	Santo António	C	Serem (bei Águeda)
09	São Jerónimo	B	Caramulo
10	Santa Bárbara	C	bei Oliveira do Hospital
11	São Lourenço	C	Manteigas
12	São Pedro	B	Castelo do Bode bei Tomar
13	Castelo	CH	Óbidos
14	Santa Maria	C	Marvão
15	Santa Luzia	C	Elvas
16	Rainha Santa Isabel	CH	Estremoz
17	Lóios	CH	Évora
18	Palmela	CH	Palmela
19	São Filipe	CH	Setúbal
20	Vale do Gaio	B	Torrão
21	São Tiago	B	Santiago do Cacém
22	São Gens	B	Serpa
23	Santa Clara	B	Santa Clara-a-Velha
24	São Brás	C	São Brás de Alportel
25	Infante	CH	Sagres
26	Dom Dinis	CH	Vila Nova de Cerveira
27	Barão de Forrester	B	Alijó
28	Santa Marinha	CH	Guimarães
29	Senhora das Neves	C	Almeida
30	Mestre A. Domingos	C	Batalha
31	Monsanto	B	Monsanto
32	São Miguel	C	Sousel
33	Santa Cristina	C	Condeixa
34	São Francisco (vrs. 1994)	CH	Beja
35	Flor da Rosa (vrs. 1995)	CH	Crato
36	Castelo do Alvito	CH	Alvito
37	Palácio Queluz (vrs. 1994/95)	CH	Queluz
38	Vinháticos	B	Ribeira Brava/Madeira
39	Pico do Arieiro	C	Funchal/Madeira
40	Tibães (geplant)	CH	Braga
41	Piódão (geplant)	C	Piódão

Kategorie C – Pousadas in historisch interessanten Gebieten (1993 umgerechnet ca. 97–200 DM)
Kategorie CH – Pousadas in Gebäuden, die unter Denkmalschutz stehen (1993 umgerechnet ca. 154–250 DM pro Nacht).

Estalagens *(Sg. Estalagem)* sind private Rasthäuser, die annähernd den Pousadas entsprechen.

Urlaub im ländlichen Raum *(Turismo no Espaço Rural)*
Hierbei handelt es sich um eine relativ neue Art des Individualtourismus in eigens klassifizierten Häusern, die an der Plakette TER der Generaldirektion für Tourismus zu erkennen sind und meist abseits liegen. Es gibt drei Kategorien:

Urlaub in alten Herrenhäusern *(Turismo de Habitação – TH)* ist die vornehmste Art, Ferien auf dem Lande zu verbringen. Vor allem im Norden wurden private Landsitze und Adelshäuser restauriert. Man lebt mit den Besitzern unter einem Dach. In vielen Häusern ist nur Frühstück erhältlich. Preise in etwa wie in 3*** oder 4**** Hotels.

Ländlicher Tourismus *(Turismo Rural – TR):* Hier wohnt man im Dorf – im selben Haus wie der Besitzer oder nebenan. In vielen Fällen handelt es sich um Apartments mit Kochgelegenheit.

Agro-Tourismus *(Agro-Turismo – AT)* ist am ehesten mit ›Urlaub auf dem Bauernhof‹ zu übersetzen. Hausherr ist meist ein Landwirt oder Agrartechniker, und man kann ländliche Arbeitsweisen kennenlernen.

Weitere Informationen erteilen die Vereinigungen der TER-Eigentümer:

- PIT – Promoções e Ideias Turísticas
  Rua Frederico Arouca, 72–2° F
  2750 Cascais
  ✆ 01/4867958 und 4844464
- PRIVETUR – Associação Portuguesa de Turismo de Habitação
  Rua João Penha, 10
  1200 Lisboa
  ✆ 01/690549
- TURIHAB – Associação de Turismo de Habitação
  Praça de República
  4990 Ponte de Lima (im Turismo-Büro)
  ✆ 058/942729

Ferienwohnungen *(Apartamentos Turísticos)* und **Bungalowsiedlungen** *(Aldeamentos Turísticos)* für Selbstverpfleger sind vor allem am Algarve zu finden. Klassifizierung: L = Luxus sowie 1. und 2. Klasse. Die Preise im Juli und August liegen teils 200 % über denen der Vor- und Nachsaison. Wohnungen und Bungalows haben einen oder mehrere Schlafräume, Küche und Bad, Bungalowsiedlungen oft Bar, Restaurant, Schwimmbad, manchmal auch einen Sportausrüstungsverleih.

Manche Familien räumen im Sommer ihre Häuser an der Küste, um sie an Urlauber zu vermieten. Über das Angebot informieren manche – nicht alle – Turismo-Büros (evtl. schon im Frühjahr telefonisch anfragen). Häuser im Algarve vermittelt die nichtkommerzielle *Casa do Algarve,* Rua Capelo, 5–2°, 1200 Lisboa, ✆ 01/3423240.

Privatzimmer sind billiger als Pensionen und in vielen Orten zu finden. Falls nicht beschildert *(Quartos, Dormidas oder Camas)*, werden sie von den Turismo-Büros vermittelt.

Jugendherbergen *(Pousadas de Juventude)* gibt es in (von Nord nach Süd): Vila Nova de Cerveira; Vilarinho das Furnas (Peneda-Gêres-Nationalpark); Braga; Esposende; Vila Real; Porto; Ovar; Aveiro; Mira (bei Figueira da Foz, dort gibt es auch einen Campingplatz, der zur Jugendherbergskette gehört); Penhas da Saúde (Serra de Estrela);

Coimbra; Leiria; São Martinho/Alfeizerão; Praia da Areia Branca (bei Peniche); Santarém; Portalegre; Lissabon; Sintra; Catalazete (Oeiras, bei Lissabon); Setúbal; Alcoutim; Lagos; Portimão; Faro, Vila Real de Santo António.

Auskunft/Reservierungszentrale
Agência Movi Jovem
Av. Duque d'Avila, 137
1000 Lisboa, ✆ 01/3559081-88

Die meisten **Campingplätze** (*Parques de Campismo,* * bis ****) liegen an der Küste, im Landesinneren sind sie eher dünn gesät. Die Plätze, die in kommunaler Hand sind *(Parques Municipais)* oder der Orbitur-Kette (auch Bungalowvermietung) angehören, sind für jedermann zugänglich; dagegen kann die Benutzung privater Plätze den Mitgliedern von Campingclubs mit besonderem Ausweis vorbehalten sein. Preise 1–9 DM pro Person und Nacht, zzgl. Gebühren für Auto, Zelt, Wohnwagen. Billiger und handlicher als deutsche Campingwälzer ist das alljährlich in Portugal erscheinende Plätzeverzeichnis *Roteiro Campista* (für ca. 5 DM in Buchläden, mit deutschsprachigen Zeichenerklärungen).

›Wildes Zelten‹ ist nicht erlaubt, das Verbot wird aber unterschiedlich gehandhabt (im Algarve z. B. sehr streng).

Essen und Trinken

Restaurants servieren vorwiegend einheimische Gerichte, in Großstädten gibt es hier und da auch internationale – vor allem chinesische, neuerdings italienische – Lokale.

Die Preise portugiesischer Restaurants liegen etwas unter mitteleuropäischem Niveau. Ein Hauptgericht bekommt man vielerorts schon ab 4–6 DM, in Badeorten muß man mit etwas mehr rechnen. Jedes Restaurant hat ein preiswertes und schnelles Tagesgericht *(Prato do Dia)*. Die Portionen sind in einfachen Restaurants mitunter so üppig, daß zwei Normalesser satt werden.

Viele Restaurants servieren auch die halbe Portion *(Meia Dose)*, das ist – und kostet – etwas mehr als die Hälfte; ansonsten hat man meist nichts dagegen, wenn sich zwei Personen die volle Portion teilen. Auf der Rechnung erscheint über Suppe, Hauptgericht, Dessert, Wein etc. hinaus alles, was unaufgefordert serviert und vom Gast verzehrt wurde – also auch Brot, Butter, Oliven u. ä. Bedienung und Abgaben sind inbegriffen, ein Trinkgeld wird in einfachen Lokalen nicht erwartet, allgemein werden jedoch 10–15 % gern angenommen.

Die Mahlzeiten: Frühstück *(Pequeno Almoço)* ist keine große Sache. Es besteht aus Kaffee, Brot, Butter und Marmelade (manche Hotels servieren gegen Aufpreis Käse, Schinken, Eier etc.). Dafür essen viele Portugiesen zweimal am Tag warm. Mittag- (*Almoço,* 12–14.30 Uhr) und Abendessen (*Jantar,* ab 19.30 Uhr) sind familiäre und gesellschaftliche Ereignisse – so bedeutend, daß schon ein gemeinsames Mahl zweier Politiker verschiedener Parteien Nachrichtenwert hat. (Zu Speisen s. auch S. 394).

Die portugiesische Küche ist reichhaltig und schmackhaft, manchen Mitteleuropäern jedoch etwas zu fett. Neben Fleisch, Wild und Geflügel ißt man viel Fisch und Schalentiere. Zu Fleisch gibt es meist Pommes Frites und/oder Reis (häufig beides), zu Fisch gekochte Kartoffeln oder Reis, wenig Saucen; Salat ist im Preis des Hauptgerichts nicht immer inbegriffen. Man würzt mit Salz, wenig Pfeffer, dafür viel frischem Knoblauch, Lorbeerblättern, Zitrone und Kräutern sowie Essig und Olivenöl, die man über Kochfisch und Kartoffeln gießt. Garniert wird mit Oliven oder Pickles. Zu jeder Mahlzeit kommt Brot auf den Tisch. Suppe gibt es in manchen Familien erst nach dem Hauptgang.

Aperitif- und Dessertweine: Am bekanntesten ist der **Portwein** *(Vinho do Porto),* 19–22 % Alkohol, Herstellungsprozeß und Arten s. S. 230. Er kommt aus dem Anbaugebiet des Rio Douro um Régua, gelagert wird er in den Kellereien von Vila Nova de Gaia bei Porto. Im Raum Setúbal, südlich von Lissabon, gedeihen die Trauben für den süßen Muskateller (*Moscatel,* 18–20 %). Als Aperitif oder zum Dessert trinkt man ferner den mal trockenen, mal süßen Madeira-Wein, benannt nach seiner Herkunftsinsel im Atlantik.

Rot- und Weißweine haben 10–12 % Alkohol, und es ist schwer, einen wirklich schlechten zu erwischen. In ganz Portugal schätzt man den *Dão* aus der gleichnamigen geschützten Anbauregion um Viseu; aus Nordportugal kommen ferner Weine von Pinhel (bei Guarda), Lafões (nahe Viseu) und Bairrada (bei Aveiro). Edle Tropfen liefern in der Estremadura die Weinberge um Alcobaça, Óbidos und Torres Vedras; gesetzlich geschützt sind bei Lissabon die relativ kleinen Anbaugebiete von Bucelas (vor allem Weißweine) und Colares nahe Sintra. Im Ribatejo trinkt man vor allem *Cartaxo,* im Alentejo *Borba, Redondo, Reguengos* und *Vidigueira,* im Algarve den schweren Rotwein aus Lagoa. Restaurants haben im allgemeinen einen preisgünstigen Wein des Hauses *(Vinho da Casa).*

Vinho Verde (›Grüner Wein‹) wird im gesamten Nordwesten (Minho und Raum Porto) produziert. Dieser spritzig-herbe, leicht säuerliche Wein mit nur 8–9 % Alkohol ist freilich nicht grün, sondern – wie andere Weine auch – weiß oder rot; in Restaurants des Nordwestens muß man zwischen *Vinho Branco ou Tinto, Verde ou Maduro* – Weiß- oder Rotwein, grün oder ›reif‹ wählen. Vinho Verde darf nicht lange lagern, man trinkt ihn möglichst innerhalb eines Jahres.

Roséweine erzeugt vor allem der Raum Vila Real/Trás-os-Montes; international bekannt ist der leicht prickelnde Mateus.

Schaumweine liefern die Anbaugebiete um Lamego (›Raposeira‹-Kellereien) und Bairrada bei Aveiro.

Schnäpse *(Aguardentes)* und **Liköre** *(Licores):* Jede Bauernfamilie, die Wein keltert, läßt aus dem Trester auch ihren hauseigenen *Bagaço* bzw. *Bagaceira* destillieren; getrunken wird er gern zum Kaffee. Probieren sollte man auch *Medronho* (am Algarve aus der Frucht des Erdbeerbaums gebrannt), *Aguardente de Cana* (Zuckerrohrschnaps, vor allem auf Madeira), *Brandy-Mel* (aus Honig) oder *Amêndoa-Amarga* (bitterer Mandellikör). *Macieira* ist ein Brandy, *Anis* ein Anisschnaps.

Bier *(Cerveja):* Portugal braut vor allem die hellen Biere Sagres und Superbock. Imperial ist ein kleines, Caneca ein großes Bier vom Faß, dazu gibt es – mitunter kostenlos – *Tremoços* (Lupinenkerne).

Nichtalkoholische Getränke *(Bebidas sem Álcool):* Mineralwasser *(Água Mineral)* gibt es mit oder ohne Kohlensäure *(com/ sem gás)*, wobei auch das gashaltige nur leicht sprudelt. Außer Cola, Tonic etc. erhält man nationale Fruchtgetränke (Sumol, Frutol, Tri-Naranjus) und ausgepreßte Fruchtsäfte *(Sumos Naturais),* Milch *(Leite)* und Shakes *(Batidos).* Nach Mittag- oder Abendessen trinkt man schwarzen Expresso *(Café* oder *Bica)*; großer Milchkaffee heißt *Galão;* erhältlich sind meist auch Nescafé und Tee *(Chá).*

Strände

Das ruhigste Wasser, die höchsten Luft- und Meerestemperaturen des Festlandes und die besten Sportbedingungen bietet der Algarve, wo auch die Badesaison am längsten ist; nach Norden hin werden Luft und Wasser kühler, die Saison kürzer.

An vielbesuchten Stränden findet man Cafés und Restaurants, vielfach auch Umkleidekabinen, Duschen/WC und Strandzeltverleih. Rund 200 Strände sind während der Badesaison beaufsichtigt und beflaggt (grün = Schwimmen und Baden möglich, gelb = Schwimmen verboten, rot = jegliches Baden verboten, schwarz/weiß kariert = zeitweise keine Aufsicht).

An den meisten Stränden ist die Wasserqualität gut oder akzeptabel. 1993 wurden 102 Strände (davon 88 des Festlandes und der unmittelbar vorgelagerten Inseln; s. S. 378) mit der ›Blauen Flagge‹ als Symbol für Umweltqualität ausgezeichnet.

Laut amtlichen Analysen von 1992 war die Wasserqualität vor allem an den Stränden der Stadt Porto und in Vila Nova de Gaia hingegen vielfach schlecht. Eine relativ starke Verschmutzung wurde u. a. auch an einigen Stränden von Figueira da Foz (Buarcos Süd, Figueira Relógio und Cabedelo), Sintra (Praia Grande und Praia Pequena), Sesimbra (Ouro und California), Setúbal (Galapos und Figueirinha) und an wenigen Stränden des Algarve festgestellt.

Als problematisch gilt ferner die Estoriler Küste, die jedoch bei den Analysen der Regierung 1992 nicht einbezogen wurde. Man hofft dort auf eine baldige Besserung (s. S. 116, 118).

Portugals Küste gliedert sich in folgende Touristikregionen:

Strände mit ›Blaue Flaggen‹

(s. S. 377, Aufteilung nach administrativen Planregionen; Quelle: Portugiesisches Touristikamt, Stand 1993)

Region Nord
1 Moledo
2 Afife
3 Carreço
4 Cepães
5 Suave Mar
6 Ofir
7 Apúlia
8 Frente Azul
9 Esphinho – Baía

Region Centro
10 Esmoriz
11 Cortegaça
12 Furadouro
13 Torreira
14 Barra
15 Costa Nova
16 Vagueira
17 Mira
18 Tocha
19 Quiaios
20 Pedrógão
21 Vieira
22 São Pedro de Muel

Region Lissabon und Tejo-Tal
23 Paredes da Vitória
24 Polveira
25 Pedra do Ouro
26 Foz do Arelho – Mar
27 Baleal
28 Cova da Alfarroba
29 Medão – Supertubos
30 Consolação
31 São Bernardino
32 Santa Rita
33 Física (Santa Cruz)
34 São Julião
35 Magoito
36 Adraga
37 São João da Caparica
38 Terras da Costa
39 Acácias
40 Medos
41 Moinho de Baixo

Alentejo
42 Tróia Mar
43 Tróia – Bico das Lulas
44 Tróia – Galé
45 Porto Covo
46 Praia da Ilha

Algarve
47 Monte Clérigo
48 Arrifana
49 Mareta
50 Martinhal
51 Salema
52 Luz
53 Porto de Mós
54 Meia Praia
55 Alvor
56 Três Irmãos
57 Prainha
58 Vau
59 Três Castelos
60 Rocha
61 Vale Centeanes
62 Benagil
63 Marinha
64 Senhora da Rocha
65 Armação de Pêra
66 Galé – Leste
67 São Rafael
68 Oura
69 Santa Eulália
70 Maria Luisa
71 Rocha Baixinha – Leste
72 Vilamoura
73 Quarteira
74 Vale de Lobo
75 Garrão
76 Ancão
77 Quinta do Lago
78 Ilha do Farol – Mar
79 Armona – Ria
80 Armona – Mar
81 Barril
82 Ilha de Taviara – Mar
83 Cabanas – Mar
84 Alagoa – Altura
85 Retur
86 Manta Rota
87 Monte Gordo
88 Santo António – Ponta da Areia

Costa Verde – Grüne Küste (zwischen Minho-Mündung und Espinho): Überwiegend Dünen-, bei Porto einige Steinstrände. Badesaison vor allem im Juli und August. Wassertemperatur im Sommer max. 16–18 °C.

Costa de Prata – Silberküste (zwischen Espinho und Praia de Santa Cruz/Ericeira): Auch hier vor allem Sandstrände; Saison in etwa wie an der Costa Verde, Wassertemperaturen max. 17–19 °C.

Costa de Lisboa – Lissaboner Küste (von Ericeira bis Lissabon): Teils Felsen-, teils Sandstrände. Baden von Juni bis September möglich. Wassertemperatur bei Estoril im Sommer ca. 19 °C, in ungeschützten Küstenabschnitten etwas weniger.

Costa Azul – ›blaue Küste‹ des Distriktes Setúbal, von Caparica bis Sines, vor allem Dünenstrände, westlich Setúbals Felsstrandbuchten. Höchste Wassertemperatur ca. 19 °C.

Algarve: Bis etwa Quarteira überwiegend Fels-, dann Sandstrände. Saison von Mai bis Oktober (an der weniger erschlossenen Westküste kürzer). Wassertemperatur bei Quarteira im Sommer ca. 22 °C.

Sportmöglichkeiten: Vor allem am Algarve besteht die Möglichkeit, Sportgerät (Surfbretter, Boote etc.) sowie Pferde auszuleihen und Kurse zu besuchen; manche Hotels und Feriensiedlungen stellen ihren Gästen Sportausrüstungen zur Verfügung. Solche Angebote gibt es jedoch nicht überall.

Stauseen *(Barragens)* im Landesinnern bieten vielfach ebenfalls Gelegenheit zum Baden, Bräunen und Wassersport; örtlich entstanden Hotels, Campingplätze u. ä., so z. B. an der Barragem de Montargil (s. S. 313) im nördlichen Alentejo, an der Barragem do Castelo do Bode (s. S. 287) bei Tomar und anderen Talsperren.

Wichtige Volksfeste und Veranstaltungen

Besonders in den Monaten Mai bis September gibt es in Stadt und Land eine Vielzahl lokaler Feiern, fast jedes Dorf hat seine eigene. Zu unterscheiden sind *Festas* (Feste) zu Ehren eines Heiligen oder zur Erinnerung an historische Daten, viele sind aber auch heidnischen Ursprungs; *Feiras* – Messen oder Ausstellungen für Vieh, Agrarprodukte, Kunsthandwerk; *Romarias* – Prozessionen zu Wallfahrtsstätten. Festas, Feiras und Romarias sind im allgemeinen von Straßenfesten, Folkloreaufführungen, Dorfbällen, oft auch Stierkämpfen und Feuerwerken, begleitet. Über Veranstaltungen und ihre genauen Daten (die teils von Jahr zu Jahr schwanken), informiert eine Broschüre der Generaldirektion für den Tourismus. Eine Auswahl:

Januar

Anfang Januar ist in Vila Nova de Gaia (bei Porto) die *Festa de São Gonçalo e São Cristóvão,* in Vila de Feira (Distrikt Aveiro) um den 20. die *Festa de São Sebastião.*

Februar

Karneval in Loulé (Algarve), Ovar (bei Aveiro) und Torres Vedras (Distrikt Lissabon).

März/April

Póvoa de Lanhosa (Minho) begeht im März die *Festa de São José, Fão* (Esposende/Minho) im April die *Romaria do Bom Jesus de Fão.* Bekannte März-/Aprilmesse in Aveiro. Zahlreiche Prozessionen in der Karwoche *(Semana Santa)*, vor allem in der Erzbischofsstadt Braga. Ostern beginnt die Stierkampfsaison, die bis Oktober andauert. Volksfeste und Militärparaden zum 25. April, Jahrestag der ›Nelkenrevolution‹ von 1974; konservative Kräfte spielen dieses Datum allerdings immer mehr herunter.

Mai

Zum 1. Mai traditionelle Maifeste, u. a. in Alte (Algarve), sowie gewerkschaftliche Volksfeste zum Tag der Arbeit. Um den 3. begeht der Marktort Barcelos (Minho) seine *Festa das Cruzes*, um den 4. der Fischerort Sesimbra (bei Setúbal) die *Festa do Senhor das Chagas;* Dorffest in Monsanto (Distrikt Castelo Branco) am ersten Sonntag im Mai. Am 12./13. erste Fátima-Wallfahrt des Jahres. Studentenfest *Queima das Fitas* in der Universitätsstadt Coimbra. Maimärkte in Leiria und Vila Viçosa (Alentejo). An vielen Orten Prozessionen am Fronleichnamstag *(Corpo de Deus)*.

Juni

Am ersten Wochenende ist in Amarante (Minho) die *Festa de São Gonçalo*. Ansonsten gehört der Juni den drei ›Volksheiligen‹ *(Santos Populares)* St. Anton, St. Johannes und St. Peter: Die Nacht des Santo António (12./13.) begeht man vor allem in Lissabons Altstadt Alfama, außerdem in Amares und Vila Verde (Minho), Vila Real sowie Reguengos de Monsaráz (Alentejo). Die Nacht des São João (23./24.) feiern u. a. Braga, Porto, Vila do Conde, Figueira da Foz, Lissabon, Évora. São Pedro (28./29.) ehrt man in Póvoa de Varzim, Vila Real, Lissabon, Montijo, Sintra. Große Juni-Agrarmesse in Santarém. Filmfestival in Tróia.

Juli

Anfang Juli ist in Guimarães die *Romaria de São Torcato*, in Coimbra um den 4. (nur in Jahren mit gerader Endzahl) das Fest der Heiligen Königin Isabel, in Vila Franca de Xira (Ribatejo) das Straßenstierkampffest der Roten Weste *(Colete Encarnado)*. Tomar begeht in unregelmäßigen Abständen (zuletzt 1991) das *Tabuleiros*-Fest, bei dem junge, weißgekleidete Mädchen mit vollbeladenen Tabletts durch die Straßen prozessieren. Mitte Juli ist in Faro die *Feira de Carmo*. Den 25. begehen u. a. Mondim de Basto (Minho), Mirandela (Trás-os-Montes) und Setúbal als Tag des São Tiago (St. Jakob).

Keramikmesse in Caldas da Rainha, Vila do Conde (Minho) und Cascais (bei Lissabon) haben im Juli/August Kunsthandwerksmessen. Musikfestival (Klassik, Jazz, Folklore u. a.) in Cascais.

August

Der Monat beginnt mit den *Festas Gualterianas* von Guimarães und den *Festas de São Brás* von Terras do Bouro (Minho). Mit einer Schiffsprozession bitten Fischer von Peniche bei der *Festa da Senhora da Boa Viagem* um gute und sichere Fahrt. Am 14. feiert die Bevölkerung von Batalha (bei Leiria) den Jahrestag der Unabhängigkeitsschlacht von Aljubarrota 1385. Am 15. ist das bedeutende Kirchfest Maria Himmelfahrt, das im ganzen Land begangen wird. Im Norden sollte man um den 15./20. die *Festas da*

Senhora da Agonia in Viana do Castelo nicht auslassen. Mitte August ist in Alcochete (Ribatejo) das Straßenstierkampffest der Grünen Mütze und der Salinen *(Barrete Verde e Salinas),* Straßenstierkämpfe um den 15. auch in Coruche (Ribatejo) bei der *Festa de Nossa Senhora do Castelo.* Augustmärkte in Beja und Castelo de Vide (Alentejo). Ende August ist in Foz do Douro (Porto) die *Festa de São Bartolomeu,* in Miranda do Douro (Trás-os-Montes) die *Festa de Santa Bárbara,* bekannt für lebendige Folklore. Im ganzen Norden gibt es im August Feste zu Ehren der im Ausland arbeitenden Emigranten, die die Ferien in der Heimat verbringen.

September

Am Monatsanfang Winzerfest in Palmela (bei Setúbal), um den 8. in Lamego die *Romaria da Senhora dos Remédios;* im Fischerort Nazaré beginnen Feierlichkeiten zu Ehren der Senhora de Nazaré. Viseu und Elvas bieten je eine *Feira de São Mateus.* Septembermärkte u. a. auch in Arganil (Distrikt Coimbra), Moura (Alentejo) und Ponte de Lima (Minho). Ende des Monats Fischerfest am Cabo Espichel (bei Sesimbra, Distrikt Setúbal).

Im Algarve ist im September meist ein Festival für Volksmusik und -tanz. Viele Musik- und Folklorefreunde besuchen Anfang September in Seixal bei Lissabon das Fest des kommunistischen Parteiorgans ›Avante‹, bei dem zahlreiche Künstler auftreten.

Oktober

Anfang Oktober *Feira da Ladra* in Vieira do Minho. Faro und Tomar veranstalten im Oktober je eine *Feira da Santa Iria.* Weitere Oktobermärkte in Vila Franca de Xira (Ribatejo, mit Stierkämpfen), Castro Verde (Alentejo) und Monchique (Algarve). Am 12./13. letzte große Fátima-Wallfahrt des Jahres. Ende des Monats Gastronomiefestivals in Santarém.

November

Am 1. ist Allerheiligen, die Portugiesen besuchen die Friedhöfe und gedenken ihrer Toten. Märkte um Allerheiligen u. a. in Cartaxo (Ribatejo) und Chaves (Trás-os-Montes). In der zweiten Novemberwoche Pferdeschau in Golegá/Ribatejo.

Dezember

Prozessionen am 8. 12. (Tag der unbefleckten Empfängnis).

Weihnachten ist ein Familienfest, traditionell ißt man gekochten Stockfisch.

Berühmtes Sylvesterfeuerwerk in Funchal auf der Insel Madeira.

(Änderungen möglich. Gesetzliche Feiertage s. S. 384.)

Praktische Informationen von A bis Z

Apotheken

Außerhalb der normalen Öffnungszeiten (Mo–Fr 9–13 und 15–19, Sa 9–13 Uhr) erfährt man durch Aushang die Anschrift der nächsten Apotheke *(Farmácia)* mit Nacht- oder Wochenenddienst. Apotheken führen neben Medikamenten (wobei auch Import- oder Lizenzware wesentlich billiger ist als in den Ursprungsländern) Hygieneartikel wie Zahnpasta, Seife, Tampons etc.

Banken

Geld wechseln oder Schecks einlösen kann man bei jeder Bank *(Banco)* oder Sparkasse *(Caixa Geral de Depósitos)*. Öffnungszeiten Mo–Fr durchgehend 8.30–15 Uhr. Manche Lissabonner Banken haben länger geöffnete Sonderschalter für den Geldwechsel; Banken an Grenzübergängen, internationalen Flughäfen und in Lissabons wichtigstem Bahnhof **Santa Apolónia** haben auch an Wochenenden geöffnet. Zum Tauschen muß man i. d. R. Paß oder Personalausweis vorlegen; vorher Gebühren erfragen.

Außer ausländischen Banknoten werden – zu einem etwas besseren Kurs – auch Reiseschecks akzeptiert. Euroschecks sind in Escudos auszustellen (Höchstbetrag 1993: 30000 Esc. je Scheck). Den gleichen Betrag erhalten Inhaber von EC-Karten mit Magnetstreifen an *Multibanco*-Geldautomaten (die aber häufig außer Betrieb sind). In Postämtern kann man vom deutschen Postsparbuch abheben. In manchen Touristenzentren gibt es Geldwechselautomaten für Banknoten.

Behinderte

In Portugal wurde bislang wenig behindertenfreundlich gebaut. Nützliche Hinweise auf behindertengerechte Hotels, Museen, Banken u. v. a. m. enthielt eine vom Nationalen Sekretariat für Rehabilitation herausgegebene, aber nicht aktualisierte und z. Zt. vergriffene Broschüre, die auch in englischer Sprache *(Tourist Guide)* erhältlich war. Mit einer aktualisierten Neuauflage ist evtl. vor Ablauf 1993 zu rechnen. Herausgeber:

Secretariado Nacional de Reabilitaçao
Av. Conde Valbom, 63, 1000 Lisboa

Botschaften und Konsulate

Deutschland

Botschaft
Campo dos Mártires da Pátria, 38
Lissabon
✆ 01/3523961

Konsulat
Avenida da Boavista, 5004
Porto
✆ 02/6102336,-37,-38

Honorarkonsulate
Avenida da República, 166
Faro
✆ 089/803148

ebenfalls Honorarkonsulate in Funchal (Insel Madeira) und Ponta Delgada (Insel São Miguel/Azoren)

Österreich

Botschaft
Rua das Amoreiras, 70
Lissabon
✆ 01/3874161,-62,-63

Honorarkonsulate
Praça General Humberto Delgado, 267
Porto
✆ 02/2084757

Edifício Scorpius
Rua Bartolomeu Dias
Praia da Rocha (bei Portimão)
✆ 082/416202

ebenfalls Honorarkonsulate in Funchal (Madeira) und in Ponta Delgada (São Miguel/Azoren)

Schweiz

Travessa do Patrocínio, 1
Lissabon
✆ 01/3973121

Keine weiteren Konsulate

Deutsche Kulturinstitute

Goethe-Institute gibt es in

Lissabon
Campo dos Mártires da Pátria, 37
✆ 01/3520149

Porto
Rua do Campo Alegre, 298
✆ 02/6091408

und **Coimbra**
Rua Alexandre Herculano, 21 B,
✆ 039/26925

Fado- und Folklorelokale

Hier gibt es zwei Typen von Lokalen: In manchen sog. *Restaurantes típicos* (in Lissabon, einige auch in Porto und am Algarve) werden Fados, Volkslieder und Tänze dargeboten. Anstatt eines Eintrittsgeldes wird ein Mindestverzehr an Speisen und Getränken verlangt (meist ca. 15–20 DM, die für ein komplettes Abendessen aber kaum reichen). Ausländische Reisegruppen machen oft den größten Teil der Klientel aus.

In einigen Kneipen in Lissabons Bairro Alto oder in der Alfama ist ein ursprünglicherer Fado zu hören. In einem weniger ›feinen‹ Ambiente singen einzelne Gäste, wenn nicht der Wirt selbst den Fado anstimmt (ohne die Gage auf die Preise aufzuschlagen).

Fotografieren/Filmen

Die Preise für Filme ähneln jenen in Deutschland. In vielen Orten bekommt man Abzüge von Farbnegativ-Filmen oft schon am gleichen Tag. Auch werden Diafilme relativ schnell und günstig entwickelt und gerahmt.

In vielen Palästen und Museen besteht Foto- oder Blitzverbot.

Fremdenführer

Staatlich anerkannte, deutsch-, englisch- oder französischsprachige Fremdenführer *(Guias-Interpretes)* für bestimmte Städte und Regionen vermitteln die Turismo-Büros sowie der zuständige Berufsverband mit Sitz in Lissabon (Rua do Telhal, 4–3°, ✆ 01/3467170).

Fundbüros

Für Lissabon s. S. 146, in anderen Orten bei der Polizei oder im Turismo-Büro nachfragen, welche Stelle als Fundbüro fungiert.

Geld

Portugals Währungseinheit ist der Escudo (Esc.), der sich in 100 Centavos unterteilt; Escudos und Centavos werden durch das Symbol $ getrennt (2$50 = zweieinhalb Escudos). Münzwerte: 0$50, 1, 2$50, 5, 10, 20, 50, 100 und 200 Esc., Noten zu 500, 1000, 2000, 5000 und 10000 Esc. Münzen zu 0$50 und 1 Esc. werden rar. Geschäfte runden Kleinbeträge auf oder ab. 1000 Esc. nennt man 1 *Conto*; 10 Centavos nennt man 1 *Tostão*, 2$50 sind also 25 Tostões.

Viele Geschäfte, Hotels etc. nehmen auch ausländisches Bargeld, Reise- und Euroschecks sowie Kreditkarten.

Gesetzliche Feiertage

1. Januar (Neujahr), Karnevalsdienstag (in vielen Bereichen), Karfreitag, 25. April (Sturz des Faschismus 1974), 1. Mai (Tag der Arbeit), Fronleichnam, 10. Juni (Nationalfeiertag), 15. August (Maria Himmelfahrt), 5. Oktober (Ausrufung der Republik 1910), 1. November (Allerheiligen), 1. Dezember (Ende der spanischen Fremdherrschaft 1640), 8. Dezember (Unbefleckte Empfängnis) und 25. Dezember (1. Weihnachtstag).

Achtung: Zu Ostern und Weihnachten bestehen von Ort zu Ort und von Jahr zu Jahr unterschiedliche Regelungen. So können Banken schon am Gründonnerstag mittags schließen, Geschäfte aber über Karfreitag geöffnet bleiben und am Ostermontag (offiziell kein Feiertag) geschlossen sein.

Jede Stadt bzw. jeder Kreis begeht außerdem einen **kommunalen Feiertag,** an dem die Läden geschlossen sind. Auswahl: **Januar:** 11. Óbidos, 14. Elvas; **Februar:** 18. Valença do Minho; **März:** 1. Tomar, 19. Santarém; **April:** 23. Avis, Caminha, Castelo de Vide, 26. Belmonte; beweglich: Castelo Branco (Di zwei Wochen nach Ostern); **Mai:** 3. Barcelos, Guarda, 4. Sesimbra, 12. Aveiro, 13. Vila Real de Santo António, 15. Caldas da Rainha, 22. Leiria, 23. Portalegre, 24. Matosinhos; beweglich: Beja; **Juni:** 2. Amarante, 13. Cascais, Lissabon, Vila Real, 24. Braga, Faro, Figueira da Foz, Guimarães, Mértola, Miranda do Douro, Portimão, Porto, Tavira, Vila do Conde, 29. Évora, Póvoa de Varzim, Sintra; **Juli:** 4. Coimbra, 8. Chaves; **August:** 6. Peniche, 16. Vila Viçosa, 20. Alcobaça, Viana do Castelo, Albufeira, 22. Bragança; **September:** 3. Silves, 8. Lamego, Nazaré, 15. Setúbal, 21. Viseu; **Oktober:** 20. Covilhã, 27. Lagos.

Gesundheit

Wie in anderen südlichen Ländern auch, sollte man in Portugal dem Magen Zeit zur Kost- und Klimaumstellung geben und kein ungewaschenes Obst oder Gemüse essen.

Bei akuter Krankheit oder Unfall wende man sich an die Abteilung für Notfälle *(Urgências)* im nächsten Krankenhaus *(Hospital)*. Ambulante Sofortmaßnahmen (Röntgen, Verband etc.) sind inzwischen oft nicht mehr kostenlos.

Grenzübergänge

Das ›grenzenlose Europa‹ gab es bei der Drucklegung dieser Auflage im Herbst 1993 noch nicht. Doch sollen die Paßkontrollen an der spanisch-portugiesischen Grenze noch bis Ende 1993 abgeschafft werden.

Die wichtigsten Grenzübergänge:

Portugiesische/spanische Seite

1 Caminha/La Guardia (Fähre, 1993 vorübergehend außer Betrieb)
2 Vila Nova de Cerveira/Goyan (Autofähre)
3 Valença do Minho/Tuy
4 Monção/Salvatierra (Autofähre)
5 São Gregório/Puente Barjas
6 Vila Verde da Raia/Feces de Abajo
7 Portelo/Calabor
8 Quintanilha/Alcañices
9 Miranda do Douro/Torregamones
10 Bemposta/Fermoselle
11 Freixo de Espada à Cinta/Saucelle

Offizielles Logo der Portugiesischen Touristikwerbung

12 Vilar Formoso/Fuentes de Oñoro
13 Segura/Piedras Albas
14 Galegos/Valencia de Alcántara
15 Caia/Caya
16 São Leonardo/Villanueva del Fresno
17 Vila Verde de Ficalho/Rosal de la Frontera
18 Monte Francisco (bei Vila Real de Santo António, über die neue Autobrücke)/ Ayamonte
19 Vila Real de Santo António/Ayamonte (Autofähre)

Öffnungszeiten: Die Übergänge Nr. 3, 12, 15, 17 und 18 waren 1993 immer geöffnet, die meisten anderen hingegen nachts geschlossen. Einige weitere, in dieser Liste nicht aufgeführte Stationen waren teils nur saisonweise geöffnet.

Auch nach Abschaffung der Paßkontrollen wird man sich an den Übergängen Nr. 1, 2, 4 und 19 nach den Betriebszeiten der Boote bzw. der Fähren richten müssen.

Handwerker

Für deutsche Verhältnisse durchweg sehr preisgünstig. Bei Werkstattlöhnen von 15 bis 40 DM je Stunde (plus 16 % Mehrwertsteuer) lohnen sich vor allem arbeitsintensive Reparaturen am Auto, billig sind auch Schuster, Schneider, Friseure.

Informationsbüros

Staatliche oder kommunale Turismo-Büros gibt es an größeren oder für den Fremdenverkehr bedeutenden Orten, an internationalen Flughäfen, ebenso auch an einigen wichtigen Grenzübergängen. Die Öffnungszeiten sind örtlich und saisonal verschieden; sonntags sind die Büros immer öfter geschlossen.

Kinder

Kinderermäßigungen bei der Bahn s. S. 367: in Hotelunternehmen bekommen Kinder unter acht Jahren, die im Zimmer der Eltern schlafen, 50 % Nachlaß auf den Preis des Zusatzbettes und der Mahlzeiten.

Kinos

Meist englischsprachige Filme in Originalfassung mit Untertiteln. Das Eintrittsgeld liegt zwischen 2 und 6 DM, Abendvorstellungen beginnen um 21.30 Uhr.

Im Badeort Figueira da Foz findet jeden September ein internationales Filmfestival statt. Seit einigen Jahren gibt es meist Anfang Juni ein weiteres Festival mit internationaler Beteiligung im Strandort Tróia (bei Setúbal).

Konzerte, kulturelle Veranstaltungen

Informationen über die Turismo-Büros; in Lissabon erscheint in englischer Sprache ›What's on in Lisbon‹ (kostenlos), ähnliche Publikationen bekommt man in den Algarve-Ferienorten. Wer Portugiesisch versteht, findet in der Kulturwochenzeitung *se7e* (sprich: sete) nützliche und aktuelle Hinweise für ganz Portugal.

Lebensmittel

Bei abgepackten Lebensmitteln ist mitunter Ware mit abgelaufener Haltbarkeitsfrist im Handel. Da sonntags kaum Boote auslaufen, gibt es montags selten frischen Fisch.

Nicht nur für Bier- und Limo-, sondern auch für die meisten Weinflaschen ist Pfand *(Depósito)* zu bezahlen.

Märkte

Jeder größere Ort hat eine Markthalle, die täglich außer an Sonn- und Feiertagen vom frühen Morgen bis zur Mittagszeit geöffnet ist; kleinere Orte haben zumindest einen Wochenmarkt.

Maße

Portugal verwendet für Entfernungen, Gewichte etc. das metrische System; auch Kleidungs- und Schuhgrößen entsprechen den in Mitteleuropa üblichen.

Nachtleben

Selbst auf dem Lande gibt es ein wachsendes Angebot an Nachtlokalen *(Pubs, Boites oder Discotecas)*, die selten vor 22 Uhr öffnen und sich ab Mitternacht richtig füllen, dafür aber erst gegen 4 Uhr morgens oder noch später schließen. Auf dem Lande sind solche Lokale oft nur am Wochenende geöffnet.

Getränke sind freilich meist erheblich teurer als in normalen Cafés.

Notruf

Feuerwehr, Krankenwagen und Polizei erreicht man im ganzen Land über den kostenlosen **Telefonnotruf 115**.

Öffnungszeiten

Banken: Mo–Fr durchgehend 8.30–15 Uhr, Ausnahmen s. unter Banken.

Postämter: Örtlich leicht verschieden, meist Mo–Fr 8.30–12.30 Uhr und 14.30–18 Uhr, Sa/So geschlossen, Ausnahmen s. unter Post.

Geschäfte: allgemein Mo–Fr 9–13 und 15–19 Uhr, Sa nur 9–13 Uhr, Supermärkte und Dorfläden oft länger

Ladenzentren *(Centros Comerciais):* täglich ab ca. 10 Uhr bis spät am Abend, auch Sa/So

Autowerkstätten: Mo–Fr 8/9–18/19 Uhr

Behörden: Mo–Fr, vor- und nachmittags

Museen, Paläste, Monumente: uneinheitlich, meist ca. 10–17/18 Uhr, teils mit Mittagspause. Die meisten Museen und Paläste, teils auch Kirchen und Klöster schließen an Montagen, vielfach auch an Feiertagen (die Öffnung an Feiertagen war 1991 zwischen den Beschäftigten und der Regierung umstritten). Wichtige Ausnahmen von der ›Montagsregel‹: die Paläste von Mafra und Queluz schließen dienstags, der Nationalpalast von Sintra mittwochs.

Polizei

Landeseinheitlicher Notruf 115

In größeren Orten ist die Öffentliche Sicherheitspolizei *(Polícia da Segurança Pública – PSP)* für Anzeigen sowie für Verkehrssachen zuständig, auf dem Lande die Guarda Nacional Republicana (GNR).

Post

Öffnungszeiten der Postämter s. S. 386. Ämter mit längeren Öffnungszeiten und Wochenenddienst gibt es in den Stadtzentren und an den Flughäfen von Lissabon und Porto. Wichtigste Leistungen: Briefmarkenverkauf, Telefon-, Telegramm-, Postsparkassendienst, Ausgabe postlagernder Sendungen *(Poste Restante)*.

Briefe von/nach Mitteleuropa sind meist ca. 3–7 Tage (oft aber auch länger) unterwegs; Postzustellung nur Montag bis Freitag.

Wichtig ist es, stets die Postleitzahl anzugeben, da viele Orte gleiche oder ähnliche Namen haben: Unzählige Orte heißen z. B. São Pedro, Santo António, Vila Nova, Vila Real, Vila Verde.

Anschriften und Telefonnummern – wie finden?

Türklingeln und Briefkästen haben in Portugal meist keine Namensschilder. Zur Anschrift gehören daher ggf. auch die Angabe von Etage (R/C = Erdgeschoß, 1° = 1. Etage etc.) und Wohnung (Esq° = links, Dt° = rechts).

Die meisten Portugiesen haben zwei Nachnamen (den letzten der Mutter gefolgt von dem letzten des Vaters; Ehegatten müssen keinen gemeinsamen Familiennamen führen). Im Telefonbuch sind die letzten Nachnamen alphabetisch geordnet.

Preise

Steuern und Abgaben sind meist enthalten. Wichtigste Ausnahme: Arbeits- und Materialkosten von Autowerkstätten erhöhen sich z. Zt. um 16 % Mehrwertsteuer (IVA).

Radio und Fernsehen

Deutschsprachige Sendungen der Deutschen Welle sind in Portugal auf den Kurzwellenfrequenzen 6075 kHz/49 m-Band und 9545 kHz/31 m-Band zu hören.

Immer mehr Hotels sind mit Parabolantennen ausgerüstet und bieten ihren Gästen die Möglichkeit, deutsche und andere ausländische Fernsehprogramme zu empfangen.

Im portugiesischen Fernsehen laufen viele Filme in der (meist englischsprachigen) Originalfassung mit portugiesischen Untertiteln.

Stierkämpfe

Vor allem in Lissabon und Cascais sowie im Ribatejo zwischen Ostern und Oktober, meist Do und/oder So.

Streiks

Vor allem im Transportwesen relativ häufig, allerdings sind Bahnen und Busse selten gleichzeitig betroffen.

Strom

Spannung allgemein 220 Volt Wechselstrom, Steckdosen wie in Mitteleuropa (oft aber nicht kindersicher!).

Telefon

Telefonieren kann man von Postämtern und Telefonzellen aus. Cafés, Restaurants und Hotels nehmen meist Aufschläge von 50–300 %.

Für viele Telefonzellen benötigt man Karten, die bei der Post und an manchen Kiosken erhältlich sind; teils kann man auch mit der Kreditkarte telefonieren.

Ein dreiminütiges Telefonat nach Deutschland kostet von der Post oder der Telefonzelle aus ca. 7 DM, abends und nachts (21–8 Uhr) und an Wochenenden ca. ein Viertel weniger.

Wichtige Rufnummern: Notruf 115; Auslandsvorwahlen: Deutschland 0049, Österreich 0043, Schweiz 0041; Vorwahl nach Portugal 00351 (ab Spanien 07351).

Achtung: Im Zuge des Ausbaus des Telefonnetzes können sich viele Rufnummern kurzfristig ändern. (Allein für die vorliegende 7. Auflage dieses Bandes mußten Dutzende von Nummern, die sich im letzten Jahr geändert hatten, aktualisiert werden.)

Trinkgeld

In Rechnungen von Hotels, Cafés und Restaurants sind Bedienungsgelder enthalten. Ein zusätzliches Trinkgeld *(Gorjeta, Gratificação)* wird dennoch gern angenommen.

Taxifahrer in Städten erwarten 10 bis 15 % (manche Taxifahrer leben ausschließlich von Prozenten des Fahrpreises und Trinkgeldern).

Üblich ist Trinkgeld ferner bei Fremdenführern, Palast- und Museumsführern, Parkplatzwächtern, Friseuren etc.

Wasser

Leitungswasser kann man im allgemeinen ohne Bedenken trinken, es ist jedoch regional von unterschiedlicher Qualität (diese wird auch unterschiedlich streng kontrolliert). Natürliches Mineralwasser in Flaschen ist überall erhältlich.

Zeit

Auf dem Festland Portugals gilt dieselbe Uhrzeit wie in Deutschland (die einstündige Differenz besteht seit September 1992 nicht mehr). Auch hier werden die Uhren vom letzten März-Sonntag bis zum letzten September-Sonntag eine Stunde auf Sommerzeit vorgestellt.

Auf **Madeira** hingegen ist es eine Stunde, auf den **Azoren** sind es zwei Stunden früher als auf dem Festland (Stand Ende 1993).

Zeitungen/Zeitschriften

In Großstädten und Urlaubszentren bekommt man deutschsprachige Tageszeitungen (FAZ, SZ, NZZ u. a.), Nachrichtenmagazine (Spiegel) sowie Illustrierte, Musik- und Handarbeitszeitschriften, mitunter schon am Erscheinungstag, sonst 1–2 Tage später.

Weiterreise

Für mehrtägige Ausflüge empfehlen sich die portugiesischen Inselregionen Azoren und Madeira. Günstige Inlandsflüge zu beiden Archipelen bietet die Fluglinie TAP (Verbindungen s. S. 364).

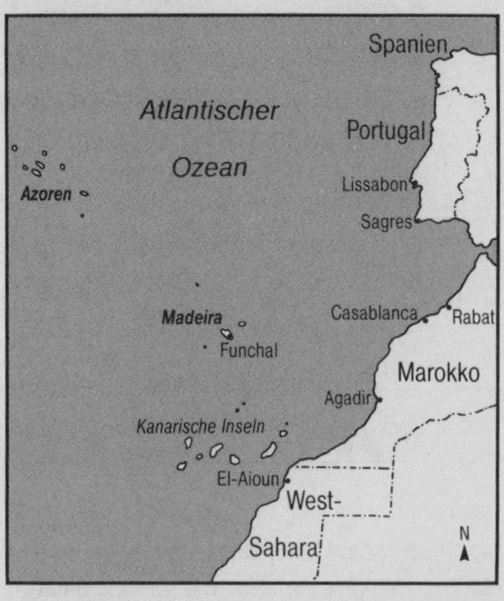

Im Turismo-Büro am Restauradores-Platz in Lissabon existiert ein Info-Schalter für die Region Madeira; die Regionaldirektion für Tourismus der Azoren unterhält eine Auskunftsstelle an Lissabons Avenida da Liberdade, 261 (im Büro der Insel-Airline SATA).

Azoren

Eine Gruppe von neun Inseln mitten im Atlantik, zwei Flugstunden (ca. 1600 km) westlich von Lissabon. Der erst im 15. Jh. entdeckte und besiedelte Archipel ist vulkanischen Ursprungs. Obwohl regelmäßig im Wetterbericht genannt (›ein Hoch über den Azoren . . .‹), sind die Inseln mit einer Fläche von 2333 km^2 auf der Karte nur schwer zu finden. Hauptreiz der Azoren ist ihre urwüchsig-schöne, stets sattgrüne Landschaft mit Bergen und Hügeln, erloschenen Vulkanen, Kraterseen und warmen Quellen. Ein feuchtwarmes, ganzjährig ausgeglichenes Klima mit relativ starken Niederschlägen ermöglicht eine teils subtropische Vegetation. Bei mittleren Tagestemperaturen zwischen 14/15 °C im Februar und 22/24 °C im August zählen die Azoren zu den wärmsten Regionen von ganz Portugal.

Seit 1976 bilden die Azoren innerhalb Portugals eine Autonome Region (s. S. 14). Ihre 240 000 Einwohner leben zum Großteil von der Landwirtschaft (Hauptprodukte u. a. Milch, Mais, Zuckerrüben, Tabak), teils auch vom Fischfang. Viele Menschen sind emigriert – vor allem in die USA, wo mehr Azoreaner leben als auf den Azoren selbst. Auf der Insel Terceira unterhalten die USA eine militärstrategisch wichtige Luftwaffenbasis.

Touristisch sind die Inseln erst wenig erschlossen. Für Nur-Badeurlaub bieten sie sich kaum an, zumal selbst im Sommer Sonnenschein und Regen sich mehrmals am Tag abwechseln können. Als Reiseziel ideal sind die Azoren für Wanderer und Naturfreunde, und die azoreanische Herzlichkeit ist ein Erlebnis für sich.

Der Archipel unterteilt sich in drei Inselgruppen: **Ostgruppe** (São Miguel und Santa Maria), **Zentralgruppe** (Terceira, Graciosa, São Jorge, Pico und Faial) und **Westgruppe** (Flores und Corvo). Alle Inseln der Azoren sind durch Flüge der Regionalfluglinie SATA miteinander verbunden. Zwischen den fünf Inseln der Zentralgruppe sowie zwischen Flores und Corvo verkehren Passagierboote.

São Miguel ist mit 747 km^2 das größte und bevölkerungsreichste Eiland. Dort befindet sich auch die größte Stadt des Archipels, Ponta Delgada, wo man beim höchsten Kirchenfest der Azoren, am fünften Sonntag nach Ostern, den ›Senhor Santo Cristo‹ mit einer pompösen Prozession ehrt. An der Kü-

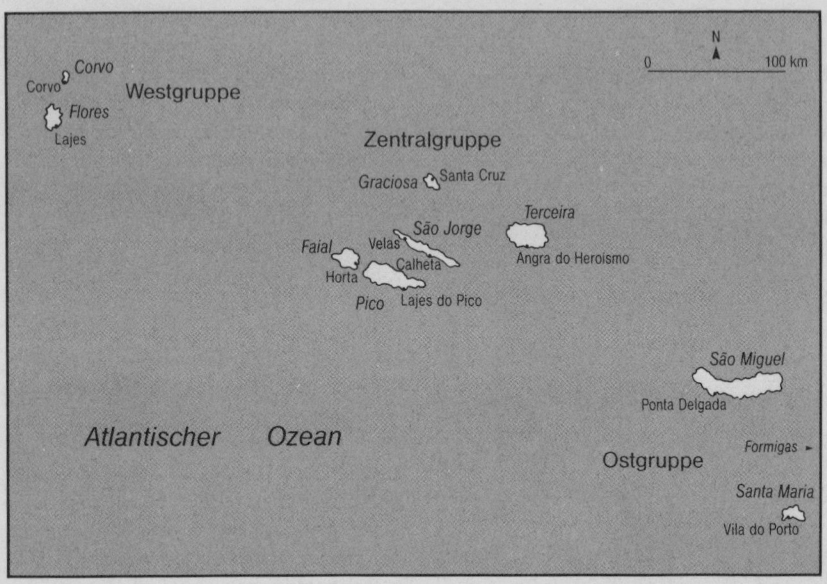

ste gibt es einige Strände mit grauem Vulkansand. Im Landesinnern der recht gebirgigen Insel liegen der malerische Vulkankrater Sete Cidades – mit einem grünen und einem blauen See – und der Kratersee Lagoa do Fogo. Bei Furnas im Osten der Insel sprudeln heiße Schwefelquellen aus der Erde. Südlich São Miguels liegt **Santa Maria,** das als erste der neun Azoren-Inseln besiedelt wurde. Auf der Rückreise von Amerika machte Kolumbus hier Station.

Hauptattraktion von **Terceira** ist die frühere, im Renaissance-Stil angelegte Azoren-Hauptstadt Angra do Heroísmo, die nach einem schweren Erdbeben am Neujahrstag 1980 wiederaufgebaut und von der UNESCO zum weltgeschichtlichen Monument erklärt wurde. Sehenswert auch der Algar do Carvão, eine Höhle in einem ehemaligen Vulkan. In Biscoitos, an der Nordküste, gibt es Meerwasser-Schwimmbecken inmitten dunkler Lava. Lohnend ist im Ort auch der Besuch des Weinmuseums der Familienkellerei Adega Brum. In fast allen Dörfern sieht man *Impérios*, kleine bunte Kapellen zu Ehren des Heiligen Geistes; die schönste findet man im Dorf São Sebastião.

Faial ist die lebhafteste Insel. Segler aus aller Welt legen im Hafen des Hauptortes Horta an, verewigen sich mit bunten Malereien auf der langen Kaimauer. Den Seewetterbericht gibt's in Peters Café Sport, wo sie bis in die Nacht hinein bei Gin-Tonic Seemannsgarn spinnen. Ausflüge führen zum Vulkankrater im Zentrum der Insel und zur Capelinhos-Landspitze im Westen, wo sich 1957/58 der letzte Vulkanausbruch des Archipels ereignete.

Von Horta blickt man über eine Meerenge auf **Pico.** Der namensgebende Vulkan ist mit 2351 m der höchste Berg Portugals. An generationenlange Traditionen des (1985 eingestellten) Walfangs erinnert ein Museum in der Stadt Lajes do Pico, wo seit 1993 während des Sommers Bootsausflüge zur Wal-Beobachtung angeboten werden.

São Jorge hat außergewöhnliche Dimensionen: Die Insel ist 56 km lang, 7 km breit, aber über 1000 m hoch. Wanderungen führen zu den sogenannten Fajãs, kleine Ebenen am Fuße der Steilküsten.

Graciosa ist mit 62 km² die zweitkleinste der neun Inseln. Ihr Hauptort Santa Cruz hat dafür ein erstaunliches Angebot an Kneipen und Lokalen. Hauptsehenswürdigkeit der Insel ist die ›Schwefelhöhle‹ *(Furna do Enxofre)* mit einem unterirdischen See.

Westlichste Insel des Archipels ist **Flores.** Sieben Kraterseen liegen im reizvollen, schroffen Hochland. Mit dem Boot kommt man nach **Corvo,** der kleinsten der neun Inseln, 17 km² groß, 400 Einwohner.

Madeira

Knapp 1000 km südwestlich von Lissabon – etwa auf gleicher Höhe wie Casablanca – gelegener Archipel, der aus der Hauptinsel **Madeira** (741 km²), der Nebeninsel **Porto Santo** (41 km²) und einigen unbewohnten Felseninselchen besteht. Er wurde 1418/19 entdeckt und bildet geographisch die Spitze eines unterseeischen Gebirges, das im Pico Ruivo auf Madeira bis 1861 m ansteigt.

So wie die Azoren bildet auch Madeira seit 1976 eine Autonome Region (Hauptstadt Funchal). Ein Teil der 250 000 Insulaner lebt noch von einer kleinbäuerlichen Landwirtschaft, die vor allem Bananen sowie den weltbekannten Madeira-Wein und Zuckerrohr produziert, von Fischerei und Handwerkstechniken wie Stickerei und Korbflechterei. Wichtigster Erwerbszweig ist heute aber der Tourismus, der in und um Funchal dominiert. Dort gibt es eine große Auswahl an Hotels (vor allem der höheren Kategorien), Discos, Nachtclubs und ein Spielcasino – aber so gut wie keine Strände, dafür lädt die Insel Madeira wegen ihrer Pflanzen- und Blumenpracht – deretwegen sie als ›Blu-

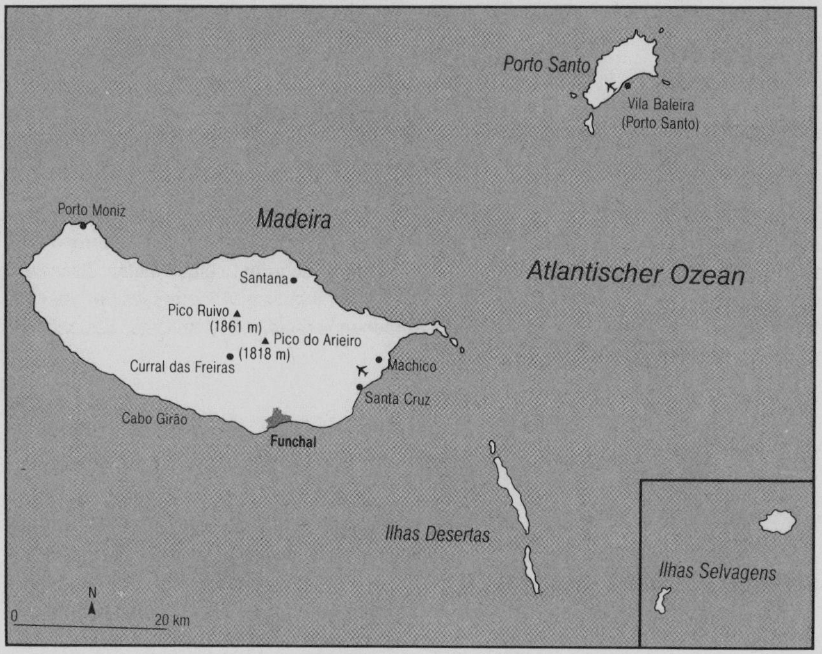

meninsel‹ apostrophiert wird – und ihrer herrlichen Gebirgslandschaft zu langen Wanderungen ein. Die kahle, trockene Nebeninsel Porto Santo hat einen luxuriösen, 9 km langen Sandstrand.

Bei mittleren Tagestemperaturen (in Funchal) zwischen 17 °C im Winter und 22 °C im Sommer ist der Archipel ganzjährig ein lohnendes Urlaubsziel. Zwischen Madeira und Porto Santo gibt es eine Flug- und eine Schnellbootverbindung.

Auf der Insel Madeira sollte man allein schon für Funchal einige Tage einplanen. Sehenswert sind vor allem die Kathedrale (15. Jh.), das Museum Vicentes (Portugals ältestes Fotostudio), der Herrensitz Quinta das Cruzes (heute Museum), die Markthalle (Mercado dos Lavradores) und das Fischerviertel Santa Maria. Darüber hinaus lohnen Kurzausflüge zum Botanischen Garten und zur Wallfahrtskirche Nossa Senhora do Monte (6 km von Funchal, 550 m. ü. d. M.).

Eine Auswahl weiterer Reiseziele der Insel: Das Dorf Curral das Freiras, im Krater eines erloschenen Vulkans; der ca. 600 m hohe Steilfelsen des Cabo Girão; in der Inselmitte die Hochebene Paúl da Serra; an der Nordküste der Ort Porto Moniz mit natürlichem Schwimmbecken aus schwarzem Lavagestein; das Dorf Santana mit typischen strohgedeckten Häusern; am Ostende Madeiras Machico, wo 1419 der als Entdecker des Archipels gefeierte João Gonçalves Zarco an Land gegangen sein soll; die Gipfel Pico Ruivo (1861 m) und Pico do Arieiro (1818 m).

Einzige Attraktion von Porto Santo ist der lange Strand, der die gesamte Südküste einnimmt, dort liegt der Hauptort der Insel, Vila Baleira (auch Porto Santo, ca. 5000 Einwohner), mit einigen Hotels/Pensionen, einer Handvoll Cafés und anderthalb Dutzend Taxis, die zwei- bis dreistündige Inselrundfahrten anbieten.

Sprachführer

Die portugiesische Sprache ist romanischen Ursprungs und im Wortschatz vor allem mit der spanischen verwandt, beide Sprachen klingen hingegen völlig verschieden. Während Spanisch relativ scharf gesprochen wird, ist das Portugiesische mit seinen vielen Zisch- und Nasallauten für Ausländer ausgesprochen schwer verständlich. Andererseits verfügen die Portugiesen über eine beachtliche Fremdsprachengewandtheit (häufigste gesprochene Fremdsprachen sind Französisch und Englisch).

Betonung und Aussprache im Portugiesischen

Die Betonung liegt bei Wortendungen auf a, e, m, o, s auf der vorletzten, bei anderen Endungen auf der letzten Silbe; abweichend von dieser Grundregel wird eine Silbe mit Akzent oder Tilde (˜) stets betont. Vokale: In unbetonten Silben werden a und e abgeschwächt, o wie u gesprochen. Vokale mit Tilde bilden ebenso wie Silbenendungen -am, -em, -im, -om, -um Nasallaute. Akzente: ˆ verlängert den Vokal, ´ öffnet ihn. Diphthonge: Bei ai, au, ei, eu, iu, ou werden beide Vokale einzeln, wenn auch zusammengezogen, gesprochen.

c – vor a, o, u wie dt. k, vor e/i wie stimmloses s;
ç – vor a, o, u wie stimmloses s;
ch – wie dt. sch;
g – vor a, o, u wie in dt. Gas, vor e/i wie in Etage;
gu – vor e/i wie in dt. Gas;
h – stumm (außer ch, lh, nh);
j – wie g in Etage;
lh – wie dt. lj.;
nh – wie dt. nj (bzw. span. ñ);
qu – vor a/o wie dt. ku, vor e/i wie dt. k;
s – am Wort- oder Silbenende wie sch;
v – wie dt. w;
x – je nach Wort wie dt. ks, s oder sch;
z – am Wortanfang wie stimmhaftes s, am Ende wie sch.

Artikel/Präpositionen

Es gibt zwei grammatikalische Geschlechter, bestimmte und unbestimmte Artikel werden oft mit Präpositionen zusammengezogen. Artikel: um/uma – ein/eine, o/a – der/die, os/as – die (Plural); Präpositionen: em – in, no/na – in dem/der; de – von, do/da – des/der.

Plural

Wird meist durch Anhängen von s oder es gebildet. Sonderfälle (Singular-/Pluralendung): -ão/ãos, -ães oder ões, -em/-ens; -il/-is; el/-eis; -al/-ais; -ol/ois.

Personalpronomen

eu – ich, tu – du, ele/ela – er/sie, você – Sie, nós – wir, vós – ihr, eles/elas – sie, vocês – Sie (Pl.). Das Personalpronomen wird im allgemeinen weggelassen, es ist – wie im Lateinischen – in der Konjugationsform des Verbs ›inbegriffen‹.

Die Anrede

Männer werden mit Senhor (Herr) und Familien-, bei näherer Bekanntschaft mit Senhor und Vornamen (z. B. Senhor Fernando) angeredet; Frauen werden meist mit Dona (Herrin) und Vornamen (praktisch nie mit Nachnamen!) gerufen. Die Anrede *tu* ist auch unter 20- bis 40jährigen noch nicht so verbreitet wie das deutsche Du.

Wichtige Vokabeln und Redewendungen

Allgemeines

bom dia – guten Morgen
boa tarde – guten Tag
boa noite – guten Abend, gute Nacht
até logo – bis später
adeus – auf Wiedersehen
sim/não – ja/nein
por favor – bitte
(muito) obrigado – (vielen) Dank
de nada – keine Ursache
com licença – gestatten Sie
desculpe – Verzeihung
não entendo – ich verstehe nicht
fala inglês/francès/alemáo – sprechen Sie Engl./Franz./Deutsch?
queria – ich möchte
onde fica...? – wo ist...?
qual é o caminho para...? – wo ist der Weg nach...?
grande/pequeno – groß/klein
maior/mais pequeno – größer/kleiner
muito – viel/sehr
mais/menos – mehr/weniger
bom/boa, mau/má – gut/schlecht
quente/frio – heiß/kalt

An der Grenze
fronteira – Grenze
entrada/saída – Ein-/Ausreise
alfândega – Zollbehörde
passaporte – Reisepaß
bilhete de identidade (B.I.) – Personalausweis
nada a declarar – nichts zu verzollen

Im Hotel
há quartos livres? – haben Sie Zimmer frei?
um quarto individual/duplo – ein Einzel-/Doppelzimmer
com/sem banho mit/ohne Bad
com uma/duas cama(s) – mit einem Bett/zwei Betten
para...noites – für ... Nächte

Geld, Einkauf
dinheiro – Geld
aceitam cheques? – nehmen Sie Schecks?
preço – Preis
quanto custa – was kostet
barato/caro – billig/teuer
é muito caro – das ist sehr teuer
há...? oder tem...? – haben Sie...?

Länder/Nationalitäten
Alemanha – Deutschland
o alemão/a alemã – der/die Deutsche
Suiça – Schweiz
o suiço/a suiça – Schweizer(in)
Austria – Österreich
austríaco/austríaca – Österreicher(in)

Im Restaurant
lista oder ementa – Speisekarte
prato – Teller
prato do dia – Tagesgericht
(meia) dose – (halbe) Portion
faca – Messer
garfo – Gabel
colher – Löffel
copo – Glas
garrafa – Flasche
guardanapos – Servietten
traga-me por favor... – bitte bringen Sie mir...
a conta – die Rechnung

Brot, Vorspeisen, Gewürze
pão – Brot (fast immer weiß)
broa – Maisbrot
manteiga – Butter
azeitonas – Oliven
empadas de carne bzw. peixe – Fleisch-, Fischpasteten
caracóis – Schnecken
sal – Salz
pimenta – Pfeffer
azeite – Olivenöl
vinagre – Essig
limão – Zitrone
alho – Knoblauch
açúcar – Zucker

Zubereitungsarten
cru – roh
frito – gebraten
cozido – gekocht
grelhado – gegrillt
assado – Braten
à brasa – am Holzkohlegrill
no espeto – am Spieß
mal passado – auf englische Art

Fleisch (carne)
porco – Schwein
lombo – Lende
costeleta – Kotelett
escalope – Schnitzel
leitão – Spanferkel
chispe – Haxe
carne à alentejana – Schweinefleisch mit Muscheln
fiambre – gek. Schinken
presunto – Räucherschinken
chouriço – Räucherwurst, überw. aus Schwein
vaca – Rind
vitela – Kalb
escalope de vitela – Kalbsschnitzel
novilho – Jungstier
bife – (Rump-)Steak
bife à portuguesa – mit ger. Schinken
cordeiro – Lamm
carneiro – Hammel
cabrito – Zicklein
chanfana – Zickleinragout
pratos de caça – Wildgerichte
veado – Hirsch
javali – Wildschwein
coelho – Kaninchen
aves – Geflügel
frango – Hähnchen
pato – Ente
arroz de pato – Reis mit Entenfleisch
peru – Truthahn
ganso – Gans
codornizes – Wachteln

Fisch (peixe)
bacalhau – Stockfisch

sardinhas – Sardinen
carapaus – Stichlinge
pescada – Weißling
salmonete – Rotbarsch
espadarte – Schwertfisch
linguado – Seezunge
atum – Thunfisch
polvo – Krake
lulas – Tintenfische
trutas – Forellen
enguias – Aale

Meeresfrüchte (mariscos)
lagosta – Languste
lavagante – Hummer
camarão – Krabbe
ameijoas und berbigões – Muscheln

Beilagen
batatas – Kartoffeln
batatas fritas – Pommes Frites
arroz – Reis
massa – Nudelwaren
molho – Sauce
salada mista – gem. Salat
alface – grüner Salat
tomate – Tomate
cebola – Zwiebel
pimento – Paprika
legumes – Gemüse
pepino – Gurke
cenoura – Mohrrübe
espargo – Spargel
favas – dicke Bohnen
feijão branco – weiße Bohnen
feijoada – Bohneneintopf
cogumelos – Pilze

Nachspeise (sobremesa)
queijo – Käse
pudim – Pudding
arroz doce – Milchreis mit Zimt
mousse de chocolate – Schokoladencreme
mel – Honig
gelado – Eis

Obst (fruta)
maçã – Apfel
pêra – Birne
uvas – Trauben
laranja – Apfelsine
morangos – Erdbeeren
pêssego – Pfirsich
ameixas – Pflaumen
figos – Feigen
melão – Melone
melancia – Wassermelone

Kleinigkeiten (petiscos)
bifana – Brötchen mit gebratenem Schweinefleisch
prego – Brötchen mit Rindfleisch
cachorro – Brötchen mit Würstchen
tosta mista – Schinken- und Käsetoast

Wein (vinho)
branco – weiß
tinto – rot
verde – grün
vinho de mesa – Tischwein
reserva – Qualitätswein
região demarcada– gesetzlich geschützte Anbauregion
aperitivo, digestivo – Aperitif-, Dessertwein
espumante – Schaumwein
seco – trocken
doce – süß

Datum, Tageszeit
data – Datum
dia – Tag
mês – Monat
ano – Jahr
manhã – Vormittag
tarde – Nachmittag
noite – Abend, Nacht
hoje/ontem/ amanhã – heute/gestern/ morgen
cedo/tarde – früh/spät
que horas são? – wie spät ist es?

Wochentage
segunda-feira – Montag
terça-feira – Dienstag
quarta-feira – Mittwoch
quinta-feira – Donnerstag
sexta-feira – Freitag
sábado – Samstag
domingo – Sonntag

Auf der Post
correio – Postamt
selos – Briefmarken
carta/postal – Brief/Postkarte
expresso – per Eilboten
registado – per Einschreiben
poste restante – postlagernd
telefone público – öffentl. Fernsprecher

indicativo – Vorwahl
lista – Telefonbuch

Öffentliche Verkehrsmittel
autocarro – Bus
paragem – Haltestelle
central de camionagem – Busbahnhof
expresso – Schnellbus
comboio – Zug
estação – Bahnhof
avião – Flugzeug
aeroporto – Flughafen
um bilhete para... – eine Fahrkarte nach...
em primeira/segunda classe – in der 1./2. Klasse
ida (e volta) – hin (und zurück)
chegada/partida – Ankunft/Abfahrt

Rund um's Auto
carro – Auto
cheio, por favor – bitte volltanken
normal/super/gasóleo – Normal/Super/Diesel
sem chumbo – bleifrei
mudar óleo – Öl wechseln
verificar – prüfen, nachsehen
o nível de óleo – der Ölstand
a pressão dos pneus – den Reifendruck
afinar – einstellen
avariado – defekt

Straßenschilder (von A bis Z)
areia – Sand
atenção – Achtung
autoestrada – Autobahn
bermas baixas – unbefestigte Seitenstreifen
desligue o motor – Motor abstellen
desvio – Umleitung
gelo – Glatteis
obras – Bauarbeiten
parar – anhalten
passegem de nível – Bahnübergang
perigo – Gefahr
portagem – Autobahnzahlstelle
proibido – verboten
trânsito – Verkehr
vento – Wind

Richtungen
norte – Norden
sul – Süden
oeste – Westen
leste – Osten
à esquerda/direita – nach links/rechts
em frente – geradeaus
atrás – zurück

in Stadt und Land unterwegs (von A–Z)
aldeia – Dorf
avenida – Allee
bairro – Stadtviertel
barragem – Stausee, Talsperre
beco – Gasse
cabo – Kap
câmara municipal – Rathaus
capela – Kapelle
casa – Haus
castelo – Burg
cidade – (Groß)Stadt
claustro – Kreuzgang
convento – Konvent
costa – Küste
estádio – Stadion
estrada – (Land)Straße
fortaleza – Festung
foz – Flußmündung
hospital – Krankenhaus
igreja – Kirche
ilha – Insel
jardim – Garten
lago, lagoa – Binnensee
largo – (kleiner) Platz
mar – Meer
mercado – Markt
miradouro – Aussichtspunkt
monte – Berg
mosteiro – Kloster
muralha – Mauer
museu – Museum
palácio – Palast
parque – Park
pelourinho – Prangerpfahl
ponte – Brücke
porto – Hafen
praça – Platz
praça de touros – Stierkampfarena
praia – Strand
rua – Straße
rio – Fluß
sé – Kathedrale
serra – Gebirge
solar – Herren-, Adelssitz
torre – Turm
vale – Tal
vila – (Klein)Stadt

Zahlen

1	– um, uma
2	– dois, duas
3	– três
4	– quatro
5	– cinco
6	– seis
7	– sete
8	– oito
9	– nove
10	– dez
11	– onze
12	– doze
13	– treze
14	– catorze
15	– quinze
16	– dezasseis
17	– dezassete
18	– dezoito
19	– dezanove
20	– vinte
21	– vinte e um
30	– trinta
40	– quarenta
50	– cinquenta
60	– sessenta
70	– setenta
80	– oitenta
90	– noventa
100	– cem
164	– cento e sessenta e quatro
200	– duzentos
300	– trezentos
400	– quatrocentos
500	– quinhentos
600	– seiscentos
700	– setecentos
800	– oitocentos
900	– novecentos
1000	– mil
1987	– mil novecentos oitenta e sete

Bitte schreiben Sie uns, wenn sich etwas geändert hat!

Alle in diesem Buch enthaltenen Angaben wurden vom Autor nach bestem Wissen erstellt und von ihm und dem Verlag mit größtmöglicher Sorgfalt überprüft. Gleichwohl sind – wie wir im Sinne des Produkthaftungsrechts betonen müssen – inhaltliche Fehler nicht vollständig auszuschließen. Daher erfolgen die Angaben ohne jegliche Verpflichtung oder Garantie des Verlags oder des Autors. Beide übernehmen keinerlei Verantwortung und Haftung für etwaige inhaltliche Unstimmigkeiten.
Wir bitten dafür um Verständnis und werden Korrekturhinweise gerne aufgreifen:
DuMont Buchverlag, Postfach 10 10 45, 50450 Köln.

Literaturhinweise

Land und Leute allgemein

Ellen Heinemann (Hrsg.), Lissabon. Ein Städtereisebuch, Freiburg 1989 (Sammlung teils sehr amüsanter Texte über Lissabon von in- und ausländischen Autoren aus mehreren Epochen)

Marion Kaplan, The Portuguese, The Land and its People, Marmondsworth 1991

Geschichte

H. V. Livermore, A New History of Portugal, Cambridge 1976

Manfred Kuder, Portugal-Skizzen, Bammental 1983

Spanien-Ploetz, Spanische und portugiesische Geschichte zum Nachschlagen, Freiburg/Würzburg 1986

Kolonialismus

Eberhard Schmitt (Hrsg.), Dokumente zur Geschichte der europäischen Expansion, Bd. 2 – Die großen Entdeckungen, München 1984

Heinrich Loth, Das portugiesische Kolonialreich, Ost-Berlin 1982

Revolutionsjahre 1974/75

Horst Bieber, Portugal, Hannover 1975

Hans Hübner, Portugal: Prüfstein der Demokratie?, Köln 1976

Günter Wallraff, Aufdeckung einer Verschwörung. Die Spinola-Aktion, Köln 1976

Wirtschaft

Peter Weber, Portugal. Räumliche Dimension und Abhängigkeit, Darmstadt 1980

Literatur

Helmut Siepmann, Portugiesische Literatur des 19. und 20. Jahrhunderts, Darmstadt 1987 (Übersetzungen von Werken portugiesischer Autoren s. S. 68 ff.)

Curt Meyer-Clason, Portugiesische Tagebücher 1969–1976, Königstein/Ts. 1979

Sprachführer

Jürg Oettinger, Portugiesisch für Globetrotter, Bielefeld 1985

Historischer Lissabon-Führer

Fernando Pessoa, Lisboa: o que o turista deve ver/Lisbon: what the tourist should see, Lissabon 1992 (zweisprachige Ausgabe mit der englischen Originalfassung und der portugiesischen Übersetzung eines Stadtführers aus den 20er Jahren)

Spezialhefte

Geo Special Portugal, Hamburg Nr. 6 (13. 12. 1989)

Merian, Lissabon und Portugal, Hamburg Nr. 2/46 (2. 2. 1993)

Bild- und Quellennachweis

Farbabbildungen

Andreas Bartels, Bad Münstereifel 14, 23
Werner Dieterich, Stuttgart 16
Thomas Fischer, Köln 1, 4, 7, 11, 15, 20, 21, 25, 26, 28, 30, 36, 37
Klaus Francke, Hamburg Umschlagrückseite, 17, 19, 32
Wolfgang Fritz, Köln Umschlagvorderseite
Mette Heinicke, Köln 8, 24, 31
Wolfgang Otto Hugo, Würzburg 5
Wolfgang Kunz, Hamburg 40
Werner Rau, Stuttgart 3, 35
Werner Richner, Saarlouis Umschlaginnenklappe hinten, 2, 6, 9, 10, 12, 13, 18, 22, 27, 29, 33, 34, 38, 39

Schwarzweißabbildungen

Luís Carregã, Coimbra (Portugal) S. 38, 189
Werner Dieterich, Stuttgart S. 42, 42/43, 190, 238/239, 337
Direcção-Geral da Comunicação Social, Lissabon S. 21, 47, 48, 49, 50, 51, 52/53, 55, 57, 59, 60/61, 63, 65, 67, 76, 99, 120, 159, 176 o., 228 l.
Thomas Fischer, Köln S. 2, 12/13, 17, 18/19, 19, 27, 30/31, 33, 74/75, 75, 78, 104/105, 111, 115, 122, 123, 124, 126/127, 131 o., 140, 150/151, 154/155, 163, 164/165, 172, 179, 182, 185, 211 u., 212/213, 214, 218, 220, 224, 226/227, 231, 237, 240, 248, 254/255, 256/257, 258, 259, 261, 263, 267, 272/273, 276, 281, 288, 305, 308, 312, 314, 317, 318, 327, 328, 330/331, 345, 348/349, 355, 358, 360, 377
Max Grönert, Köln S. 166, 168/169, 192, 245, 306/307, 341, 353, 356/357
Willi Kleinfeld, Ettlingen S. 23, 24, 40/41, 97, 106/107, 118, 131 u., 132, 134/135, 209, 271
Varela Pecurto, Coimbra (Portugal) S. 20, 315
Werner Richner, Saarlouis S. 34/35, 80, 149, 279
José Luís Santos, Lissabon S. 26, 36/37, 44
Hans Strelocke, Berlin S. 324
Jutta Westmeyer, Köln S. 332/333
Klas Winter, Meschede S. 147, 228/229, 235, 250/251, 286, 338/339, 344, 350/351

Karten und Pläne wurden vom DuMont Buchverlag erstellt. Alle übrigen Abbildungen stammen aus dem Archiv des Autors oder des Buchverlages.

Register

Personen- und Sachregister

Ortsregister